정상운 교수 정년퇴임 기념
한국성결교회와 사중복음

정상운 교수 정년퇴임 기념
한국성결교회와 사중복음

발행	2023년 12월 4일

지은이	정상운
발행인	김상식/ 윤상문
디자인	박진경, 표소영
발행처	성결교회와 역사연구소/ 킹덤북스
등록	제2009-29호(2009년 10월 19일)
주소	경기도 용인시 기흥구 동백동 622-2
문의	전화 031-275-0196 팩스 031-275-0296

ISBN 979-11-5886-299-2 03230

Copyright ⓒ 2023 정상운
이 책은 저작권법에 따라 보호받는 저작물이므로 무단전재와 복제를 금지하며,
이 책의 내용의 전부 또는 일부를 이용하려면 반드시 저작권자와 킹덤북스의
서면 동의를 받아야 합니다.

이 책은 성결교회와 역사연구소 지정 고병헌연구기금에 의해서 발행되었습니다.

※ 잘못된 책은 구입한 곳에서 교환하여 드립니다.
※ 책 가격은 표지 뒷면에 있습니다.

킹덤북스
Kingdom Books

킹덤북스(Kingdom Books)는 문서사역을 통해 하나님의 나라를 확장하고,
한국 교회와 세계 교회를 섬기고자 설립된 출판사입니다.

정상운 교수 정년퇴임 기념

한국성결교회와 사중복음

지은이 **정상운**

성결교회와 역사연구소 킹덤북스
Kingdom Books

Korea Holiness Church

and

The Four-Fold Gospel

by

Sang-Un Jeong, Ph.D.

2023

Institute of the Sungkyul Church and History

서문

　한국성결교회는 1907년 5월 30일 이 땅에 동족을 구원하고자 하는 열망(熱望)을 가지고 초교파적으로 선교활동을 펼친 한국인 정빈과 김상준 두 전도자의 자생적 개척(自生的 開拓)에 의해서 시작되었습니다. 그러나 형성과정과 달리 신학적인 면에 있어서는 19세기말 성결운동의 영향을 받아 동양선교회(東洋宣敎會)가 주창한 사중복음(四重福音, the Four-fold Gospel)의 강조점을 그대로 수용하였습니다. 한국성결교회 초기에 사중복음은 전도표제의 신앙적 유산을 넘어서서 성결교회의 교리적 강조점인 사중교리(四重敎理)로 발전되었고, 오늘날에 와서는 성결교회만의 특화된 신학적 전통으로까지 발전되었습니다.

　교회사적인 면에서 한국성결교회의 신학적 배경을 면밀히 살펴볼 때, 한국성결교회를 특징짓고 타교단과 구분짓는 판별적인 신학전통은 18세기 웨슬리신학이 아니라 19세기 성결운동에서 유래된 사중복음입니다. 단적으로 말하자면, 한국성결교회는 칼빈주의와 대조적인 입장에서는 웨슬리신학 입장에 서 있으나, 웨슬리 신학전통을 물려받은 감리교회와는 달리 19세기 성결운동의 다양한 신학적 전통들을 물려받았습니다.

따라서 '**한국성결교회는 왜 웨슬리신학이어야 하는가? 동시에 한국성결교회는 왜 웨슬리신학이 아니어야 하는가?**' 이 두 질문에 양자를 모두 포괄하는 분명하고도 바른 신학적 이해와 입장을 견지하고 나가야 합니다.

한국성결교회는 그동안 웨슬리신학 입장에서 사중복음을 이해하고 정리하는 입장을 주로 기성교단 중심으로 펼쳐 왔습니다. 이같은 신학적 흐름의 양상에 대표격으로 서울신대 조종남 박사가 그 중심에 서 있습니다. 필자는 지금으로부터 34년전인 1989년에 한국성결교회 신학을 웨슬리신학의 구원론 테두리 속에 사중복음을 포괄시켜 전개하고자 하는 조종남 교수의 신학방법론에 대해 문제점을 제기한 적이 있습니다. 그것은 성결교회사적 검토를 거치지 않은 일방적인 웨슬리신학 중심의 신학방법은 지니간 한세기 어간 한국성결교회의 정체성을 차지하는 신학적 전통과 유산을 자칫 훼손시키거나 상실할 수 있는 위험성을 가지고 있기 때문입니다. 이러한 염려스런 의구심의 문제 제기는 이후에 실제적으로 나타났는데 그 대표

Korea Sungkyul Church & The Four-fold Gospel

적인 것이 바로 기독교대한성결교회에서 그동안 시행해 온 헌아식을 폐지하고 유아세례를 채택한 일입니다.

한국성결교회의 모체(母體)는 동양선교회로, 동양선교회는 1905년에 천명한 바대로 일본 국내를 비롯하여 외국의 어느 단체에도 종속되지 않은 독립선교단체로서 동양(東洋)에 순복음인 사중복음을 전파하는 것이 설립 목적입니다. 따라서 본서는 주께서 동양선교회를 통해 한국성결교회에 허여하신 사중복음을 바로 이해하고 바로 전하려는 작은 바램과 소신에서 만들어 졌습니다.

2023년 올해로 창립 116주년을 보내며 한국성결교회는 성결교회의 신앙적 유산과 교리적 전통을 바로 세울 뿐만 아니라, 21세기 새로운 시대적 상황에 적용하는 신학적인 재해석도 꾀해야 할 것입니다. 과거의 전통과 현대의 변화가 성서적 복음주의 입장에서 균형있게 조화되어 한국성결교회의 교리적 정체성을 분명히 드러내며 또한 오늘의 구체적인 삶에 적용하고, 미래의 방향을 제시하는 작업이 부단히 진행되어야 합니다.

본서는 필자가 성결교단 신학과 역사 정립의 목적으로 교회사에서 바라본 사중복음의 이해를 주제로 단기간이 아닌 1987년 성결대 교수로 부임한 이후 틈틈히 연구하고, 연구소를 통해 발표한 글들을 모아 교수생활 37년으로 마무리하는 정년퇴임을 기해 사중복음의 작은 지침서로 만들게 되었습니다. 이전에 『교회사에서 바라 본 사중복음』 개정판을 수정, 보완하여 출판하는 이 책이 한국성결교회 신학정립에 작은 디딤돌을 놓음으로 한국성결교회의 교리적 정체성이 더욱 견고히 자리매김되고, 확장되는 지속적인 학문적 작업이 일어나기를 바랍니다. 무엇보다도, 사중복음의 신학화라는 이론적인 신학정립을 넘어서서 사중복음의 생활화, 사중복음의 문화화를 통해 사중복음의 목회적 적용과 선교적 지평이 확장되기를 소원합니다.

그동안 필자가 24년간 연구소 소장으로 섬기며 일할 때 성결교회와 역사연구소를 위해 물심양면으로 도와주신 모든 분들께 지면이지만 깊은 감사를 드립니다. 특별히 연구소 발전을 위하여 지정 연구기금을 조성해 주신 ㈜금비, 삼화왕관㈜ 고병헌 회장님께 깊은 감사를 드립니다. 본서가 나오도록 협력해 주신 김상식 총장님

Korea Sungkyul Church & The Four-fold Gospel

    을 비롯한 모든 분들께 감사드리며, 출판을 맡아 수고한 킹덤북스(Kingdom Books) 윤상문 대표님을 비롯한 편집진과 자료 정리를 도와준 조교들에게도 감사의 마음을 전합니다.

    모쪼록, 본서를 통해 한국성결교회가 초기로부터 강조해오고, 주창해 온 성경적이고, 복음적인 사중복음이 주님 오실 때까지(Till He Comes) 동아시아를 넘어 세계로(Beyond the East Asia to the World)까지 전해지기를 바라며 모든 영광을 성삼위 하나님께 돌립니다

수리산 기슭에서
2023. 12. 4.
정 상 운

목차

서문 5

I부 사중복음의 교회사적 이해

1. 사중복음의 역사적 유래 14
2. 중생론 이해 43
3. 성결론 이해 63
4. 신유론 이해 88
5. 재림론 이해 123

II부 사중복음 관련 논문

1. 성결교회성 회복에 대한 연구: 164
   사중복음의 고조(高調)로서의 성결교회성을 중심으로
2. 성결교회의 사중복음과 영산의 오중복음 비교 ... 208
3. 김상준의 신학사상과 사중복음 247
4. 영암의 신학사상과 사중복음 269
5. 이명직의 신유론 303
6. 심프슨(A. B. Simpson)의 신유 이해 324
7. 예수교대한성결교회의 신학적 배경과 역사 및 현황(1907-2000년) ... 344

Korea Sungkyul Church & The Four-fold Gospel

 부록

1. 동양선교회가 가라치는 사중복음 /이. 에이. 吉寶崙 378
2. 일본성결교회의 회고와 전망 /이시하라 기요시 394
3. 『朝鮮耶蘇教 東洋宣教會 聖潔教會 教理及條例』/이. 에이. 吉寶崙 418
4. 예수교대한성결교회 헌장(16판) 2002년 468
5. 기독교대한성결교회 헌법(11판) 2002년 477
6. 사중복음의 신약적 근원 /홍성국 482
7. 한국성결교회 세례 이해: 헌아식과 유아세례를 중심으로 /정상운 522

1

사중복음의 교회사적 이해

1

사중복음의 역사적 유래

여는 글

1907년 시작된 한국성결교회는 2007년에 창립 100주년을 맞이하였다. 백 주년이라는 결코 짧지 않은 역사 속에 지난 한 세기 동안 이루어낸 눈부신 외형적 성장과 한국교회와 사회에 끼친 공헌과 과실을 정리, 평가하는 일과 병행하여 신학적인 자기 정체성 확인과 역할 규명에 대한 작업도 동시에 시행되어야 한다. 한국성결교회는 창립 2세기에 진입하기 전에 한국성결신학의 자리매김과 검토를 마감함으로 한국성결신학의 정체성을 공고히 하고 더 나아가 분명한 자기 신학적 기반 위에 21세기에 있어서의 다양한 목회적 전통과 방향을 제시하여야 한다.

즉, 지난 한 세기 동안 한국성결교회가 강 조하고 지켜온 신학적 전통에 대한 고수와 그것에 대한 해석까지도 균형있게 재해석함으로써 전통을 견지하면서도 21세기 시대적인 요구와 변화를 수용하고 담을 수 있는 전통과 미래의 온전한 조화를 이루어 선교의 극대화를 창출할 수 있는데까지 발전해 나가야 한다.

2004년 서울신학대학교에서 교수 논문집「신학과 선교」제 29집을 성결교회 창립 100주년을 3년 앞두고 성결교회 신학연구회 특집호로 만들었다. 서울신대 거의 모든 교수들이 참여하여 성결교회의 전통적인 신학적 유산인 사중복음과 웨슬리신학을 각기 자신의 세부 신학영역과 관련시켜 연구한 18편의 논문이 발표되었다. 한국성결교회의 한 세기를 마감하는 역사적 시점에서 성결신학에 대한 총체적인 학문적 접근을 시도하고 정리를 한 점은 매우 귀중한 일이 아닐 수 없다.

　그러나 성결교 신학사상사에 있어서 이같은 작업은 사중복음과 웨슬리신학의 양자를 함께 채택한 점에서 처음 있는 일 이었으나, 성결교단 신학정립의 차원에 있어서는 그렇지 않다. 웨슬리신학을 성결교단 신학으로 정립하려는 시도가 조종남 교수를 중심으로 1972년 서울신대 교수 논문집 창간호인「신학과 선교」를 통해 일어났고, 이와달리 1998년에 성결교단 신학정립의 차원으로 성결대 성결신학연구소 초대 소장인 필자를 중심으로 연구소 특별 논문집인 「한국성결교회와 사중복음」이 발간되었다.

1. 사중복음의 전래과정

1) 19세기 성결운동-동양선교회와 사중복음

　초기부터 일본과 한국, 중국 그리고 그 밖의 다른 나라들로부터 발전되어 온 동양선교회와 그것과 관련된 교회들의 교리적 강조점은 웨슬리안(Wesleyan) 전통을 반영하고 있다. 이것은 동양선교회 설립자들의 성서적 신앙이었고, 지금까지 충실하게 고수한 것이었다.

이것은 ①신생 또는 중생 ②성화 또는 성령세례 ③신유 ④그리스도의 재림에 대한 성서적 가르침의 확신이다. 나카다(Nakada)는 이러한 강조점들을 쉽게 기억하도록 하기 위해 호기심을 돋구는 말들을 만들어냈다. 일본어로 그것은 "Shijuu no Fukuin(Four-fold Gospel): Shinsei, Seika, Shinyu, 그리고 Sairin"이었다. 그러나 사중복음(Four-fold Gospel)은 동양선교회나 일본 동양선교회 성결교회(일본성교단)의 독특한 전유물만은 아니었다. 그것은 19세기 후반부 미국 서부지역에서 풍미하던 성결운동의 강조점이었다.[1] 따라서 교회 역사적인 면에서 보았을 때 사중복음의 역사적인 기원은 19세기 말 성결운동에서 비롯된다.

사중복음은 19세기말 부터 20세기 초에 성결-오순절운동에서 자주 보여지는 사중유형의 교리선언으로 온전한 복음(Full Gospel)이란 말로 표현되었는데, 온전한 복음에는 4중유형과 5중유형이 등장한다. 역사적으로 선행하지는 않지만, 논리적으로 5중유형에 선행하는 사중유형들 가운데 온전한 성화(Entire Sanctification)라는 테마는 성결파 계통의 특징으로 나타났고, 나머지 테마들은 성결-오순절 운동의 다양한 모든 파들에서 나타나는 보편적인 것이었다.[2]

소박한 성서적인 복음의 진수를 담고 있는 사중복음은 '구원의 복음(The Gospel of Salvation)', '사각복음(Four Square Gospel)', '온전한 복음(The Full Gospel)'으로도 달리 불리워진다.[3] 데이튼(D. W. Dayton)의 설명

---

1) John J. Merwin, "The Oriental Missionary Society Holiness Church in Japan 1901-1983," *Dissertation* (Fuller Theological Seminary, 1983), 73-74.
2) Donald W. Dayton, *Theological Roots of Pentecostalism* (Peabody: Hendrickson Pubishers, 1994), 21-22.
3) 정상운, 『聖潔敎會와 歷史硏究』(서울: 이레서원, 1997), 88.

을 빌리자면, '온전한 복음'이라는 용어는 오순절운동에서 특징적으로 쓰여지는 용어로서 북미 오순절협회(Pentecostal Fellowship of North America)의 광범위한 교리선언 속에서 일부분이 침잠되어 있는 주제군을 말한다.[4]

구원, 성화(성령세례), 신유, 재림이라는 사중 유형의 네 가지 테마가 19세기말 성결-오순절운동에서 유래된 교회들로부터 다소간 신학적 차이를 나타내면서도 '온전한 복음(Full Gospel or Whole Gospel)'이라는 용어로 각 교단(교회)들마다 강조하였다. 이것은 19세기 심프슨(A. B. Simpson)을 통해서 성결-오순절운동의 복잡한 발전과정의 마지막 단계와 정점을 이루게 되었다.[5] 심프슨은 복음성막에서 가진 1890년 3월 대회의 개회식에서, "사중복음(Four-fold Gospel)"이라는 표현이 그에게 영감에 의해서 갖게 되었다고 언급하였다.[6] 심프슨이 1887년 올드 오챠드(Old Orchard) 총회의 첫 번째 설교에서 "사중복음(The Four-fold Gospel)"이란 제목으로 말씀을 전할 때 처음으로 사중복음이란 용어가 사용되기 시작했다.[7] 심프슨에게 사중복음의 중요성은 그의 책을 탐독하거나, 그리고 동맹의 여러 헌법들을 통한 간행물(1882-1919년)들에서 나타난다.[8]

동양선교회는 초기에 심프슨의 '사중복음'이란 말을 사용하지 않고, 1897년 냅(M. W. Knapp)과 리스(Seth C. Rees)에 의하여 오하이오 신

---

4) Ibid.
5) Dayton, 22.
6) John Sawin,"The Four-fold Gospel," *The Birth of A Vision*, eds. David F. Hartz-feld and Charles Niekirchen(Regina: Canadian Theological Seminary, 1986), 3.
7) *The Word, The Work and The World*(September. 1887), *Supplement*, 48f.
8) Sawin,"The Four-fold Gospel," 1.

시내티(Cincinati) 만국사도 성결연맹과 기도동맹(International Apostolic Holiness Union and Prayer League)의 설립목적에 나타난 바 사중 유형의 '온전한 복음(Full Gospel)'을 가르쳤다.9 그러나 동양선교회 초대 총재 나카다 쥬지(中田重治)가 처음에 사중 유형의 온전한 복음을 가르치고, 전도하였으나 타교회 신자들이 용어 사용을 이상하게 생각함으로 오해를 하자 온전한 복음을 사중복음이란 명칭으로 변경하고, 그 네가지 주제를 신생(新生), 성결(聖潔), 신유(神癒), 재림(再臨)으로 불렀다.10 나카다는 '그리스도인과 선교사 동맹(Christian & Missionay Alliance)'의 심프슨(A. B. Simpson) 박사로부터 사중복음(Four-fold Gospel)이란 용어를 채택하였음을 말하고 있다.11

그는 진리(성서의 기적, 新生의 실재, 그리스도의 육체적 부활 등)를 부정하는 당시 자유주의 신학을 부르짖는 교회와의 구별을 위해 사중복음이란 용어를 사용하게 되었다. 왜냐하면 나카다에게 있어서 사중복음은 신약성서의 순복음(pure gospel)이었고, 사도적 기독교를 반영하는 것이기 때문이다.12 따라서 1901년 4월 1일 동경 간다오못데 진보쵸(神田表 神保町)에서 중앙 복음전도관으로 시작할 때부터, 동양선교회가 가진 주된 목표는 동양의 모든 나라에 온전한 복음, 즉, 사중복음을 전하기 위한 것이었다. 나카다 목사는 1905년 12월 2일자로 동양선교회 초기 조직을 끝낸 후, "동양선교회란 무엇인가" 글을 「불의

---

9) *Manual of International Apostolic Holiness Union and Churches* (1905), 3.
10) 米田勇 編, 「中田重治全集」, 第1卷 (東京: 中田重治全集刊會, 昭和 50), 363.
11) 米田勇 編, 「中田重治全集」, 第2卷 (東京: 中田重治全集刊會, 昭和 50), 283.
12) Merwin, "The Oriental Missionary Society Holiness Church in Japan 1901-1983," 78.

혀(焰の舌)」에 발표하면서 동양선교회의 목적이 사중복음 전파에 있음을 다음과 같이 말한다:

> 본회의 목적은 일본을 비롯하여, 동양 여러 나라의 교회로서, 그리스도의 신부된 성(聖)교회를 세우는 것이다. 곧 주의 재림에 대한 준비이다. 이 일을 위하여 '사중의 복음'이라고 일컫는 구원, 성결, 주의 재림, 신유를 주장한다. '구원'이란 죄를 회개하고 주 예수를 믿음으로써 즉시 죄는 용서되고 의롭다함을 받아 새로 나서(신생) 하나님의 아들이 되는 일, '성결'이란 온전히 헌신하고 주의 보혈을 믿음에 따라서 성령세례를 받고 죄의 뿌리부터 깨끗하게 되어 성령으로 충만하게 되는 일, '주의 재림'이란, 천년시대 전에 재림을 가르키는 말인데, 주께서 오늘 밤이라도 성도들을 불러 모으기 위하여 공중에 나타나고, 그리고 성도들을 데리고 지상(地上)으로 오셔서, 천년 동안 전 세계를 지배하시는 일, '신유'란 어떤 병이라도 낫게 되는 일이다.[13]

킬보른(E. A. Kilbourne)은 "東洋宣教會가 가라치는 四重福音(一)"에서 예수 그리스도와 바울이 전도하는 일에 있어서 최상의 문제로 생각한 사대요점(四大要點)이 바로 동양선교회가 가르치는 사중복음(四重福音)임을 말하고 있다:

> 그리스도는 우리의 救主요, 聖潔케 하시는 분이요, 神癒를 베푸시는 분이요, 再臨하실 萬王의 王이다. 우리 主 예수 그리스도의 福音

---

13) 「불의 혀(焰の舌)」, 제 144호, 1.

이 4가지 方面은 혹은 四 重福音이라, 혹은 四角福音이라고 부르는 것이며, 또 우리의 傳道함에 있어서 힘 있게 傳할 必要가 있는 榮光스러운 福音의 特別한 要點을 約言한 것이다.[14]

따라서 사중복음[15]은 동양선교 뿐만 아니라 한국성결교회에 이르기까지 다른 단체와 판별성을 이루는 가장 중요한 특성 가운데 하나로 고착(固着)되기 시작했다.

2) 한국성결교회와 사중복음

한국성결교회의 처음 시작은 능동적으로 초기 개척의 장을 열고 선교활동을 펼친 정빈과 김상준의 자생적 개척에서 시작되었으나, 교리적인 면에 있어서는 19세기 말 성결운동을 반영한 동양선교회의 신학적 강조점을 그대로 채택하는 교리적 답습이라는 종속적인 면을 보였다.[16]

동양선교회 초기 한국성결교회의 교리적 내용을 표명한 인물은 나카다 쥬지, 킬보른, 그리고 그들에게 영향을 받은 한국성결교 창립자인 정빈, 김상준의 순으로 살펴보고자 한다. 먼저 해방 이전 초기 한국성결교회가 가르친 사중복음의 내용을 1925년은 킬보른이

---

14) 吉寶崙, "東洋宣敎會가 가라치는 四重福音(一)," 「活泉」, 통권 78호(1929. 5), 11.
15) '純福音'이란 용어는 Nakada의 영향에 의해 일본성결교회 뿐만 아니라 한국성결교회에도 점차적으로 四重福音으로 정착되어 가도록 영향을 준 것으로 사료된다. 그것은 Nakada는 피어선 마크엘의 '四角福音(four-square gospel)'이라는 용어보다 나카다 목사가 C&M.A.의 A. B. Simpson의 '四重福音(Four-Fold gospel)'을 더 선호하였기 때문이었다.
16) 정상운, "한국성결교회의 기원에 대한 연구(1907-1910)," 「聖潔神學硏究」, 第2輯 (안양: 성결대학교 성결신학연구소, 1997), 71.

출간한 『東洋宣敎會 聖潔敎會 敎理及條例』의 '제3장 신앙개조'에서 다음과 같이 알 수 있다:

> 중생 - 第七節 稱義
>
> 사람이 하나님 앞에 올타함을 얻는 것은 우리의 善行과 功勞로는 엇을 수 없고 오직 예수 그리스도의 功勞와 우리의 信仰으로 말미암아 義롭다 하심을 엇나니 이것이 明白한 敎理도 되고 마암에 眞正한 安心도 엇나니라.[17]
>
> 성결 - 第八節 聖潔
>
> 完全한 성결이라 함은 그리스도로 말미암아 聖神의 洗禮를 밧음이나 卽, 거듭난 後에 신앙으로 瞬間에 밧을 經驗이니라. 또한 完全한 聖潔은 原罪에서 淨潔하게 씻슴과 그 사람을 聖別하야 하나님의 聖旨를 일울 能力을 주심이니라[18]
>
> 신유 - 第十四節 神癒
>
> 聖經에 病을 고치는 敎理가 記錄되어 잇슴은 우리가 밋는 바라. 마가 16장 17-18절과 야고보 5장 14-15절의 말삼대로 하나님의 子女들이 信仰으로 祈禱하야 病고침을 밧을 特權이 잇나니라. 그러나 이대로 하지 못하고 醫藥을 의지하는 者에게 對하여 批判도 하지 말지니

---

17) 李明稙, 『朝鮮耶蘇敎 東洋宣敎會 聖潔敎會 略史』(京城: 東洋宣敎會 聖潔敎會 出版部, 1929), 12. 이하 『略史』로 줄임.

18) Ibid., 13.

라[19]

재림 - 第十五節 再臨

　주께서 肉體를 가지시고 親히 千年時代 前에 再臨하실 일이 切迫함을 우리가 밋노니 主께서 思치 아니한 時에 空中에 오시기는 聖徒들을 迎接하실 일과 그 聖徒들과 갓치 地上에 臨하실 일을 區別할지니라. 또한 地上에 臨하시기 前에 이스라엘人들이 一處에 會集되고 거짓 그리스도가 나타난 後에 오셔서 千年王國을 建設하시나니라.[20]

이같은 동양선교회 신앙개조는 동양선교회-한국성결교회에 이르기까지 동일한 교리적 강조로 나카다 쥬지, 킬보른, 정빈, 김상준에게 나타나고 있다. 도표로 이들의 사상을 정리하면 다음과 같다:

	나카다 쥬지 (中田重治)	킬보른 (E. A. Kilbourne)	정빈(鄭彬)	김상준(金相濬)
중생	'영적인 생명을 부여 받음', 또한 '성령의 사역'을 통하여 의롭게 새사람으로 만들어진 新化를 가리킴(新生, 新化)	구원받아 믿음으로 자범죄에서 사함받고 죄와 악한 교제에서 분리된 新生에 들어가는 것(新生)	죄인이 구주의 높으신 십자가 공로를 믿어 천국으로 영접함을 받는 일, 죽은 자가 다시 살아남(新生)	선행과 공로가 아닌 믿음으로 말미암아 의롭다하심을 얻음(新生)
성결	제2차의 은혜로 행위의 변화 즉, 자범죄 제거를 말하는 것과 달리 유전죄의 뿌리를 잘라 제거시키는 성질의 변화 (원죄 제거; 聖化)	내주(內住)하는 죄의 원질의 근절로 순간에 되는 역사, 이것은 헌신이 아니나, 헌신을 포괄하고 또한 헌신을 유효하게 만드는 청결케 하는 샘과 불을 공급함(원죄 제거)	오순절에 예비하신 둘째 은혜, 성신의 불로 마음가운데 적고, 큰 모든 더러운 것을 완전히 소멸하여 버림(원죄 제거)	罪根, 즉 인간 내부에 잔재한 원죄와 마음의 죄를 주의 보혈과 성령의 불로 씻어서 정결케 됨(원죄로부터 정결케 씻음)

---

19) Ibid., 14.
20) Ibid., 15.

신유	순간적으로 하나님의 능력으로 병자가 일어남(신유=康化; 육체적 성결)	금일에도 신유를 베푸시는 그리스도, 믿음의 기도를 통한 병고침	하나님의 권능을 빌고 기도하여 병이 나음(약 아니 쓰고 기도만 하여 병나음을 받음)	의약을 쓰지 않고 다만 믿음으로 기도함으로 병고침을 받는 일 (그러나 의약을 절대적으로 반대하지 않음)
재림	대환란 후에 천년왕국이 시작됨, 그리스도와 더불어 영광의 형태로 변화됨(전천년설)	천년왕국 시대에 앞서서 예수 오심, 예수의 공중재림과 지상재림을 주장함(전천년설)	* 사료의 제한으로 인해 아직까지 정확한 정빈의 재림론을 알 수 없음.	천년왕국 전에 육신으로 예수께서 다시 강림하시는 일

따라서 동양선교회로부터 한국성결교회에 이르기까지 약간의 강조의 차이는 보이고 있으나 공통적으로 나타난 바 사중복음의 내용은 중생을 믿음을 통한 신생(新生)으로, 성결은 중생 후에 신앙으로 순간에 받을 경험, 성령세례를 통한 원죄 제거(정결), 신유를 믿음의 기도를 통한 병고침으로, 재림은 전천년설로 가르치고, 주장되었음을 살펴볼 수 있다.

해방 이후, 한국성결교회의 사중복음의 내용도 나카다 쥬지-김상준까지의 내용과 별다른 차이가 없이 이명직, 김응조, 이성주, 이현갑 목사 순으로 반복적 강조점으로 나타나고 있다.[21]

1907년 이땅에 성결교회(당시 염곡 동양선교회 복음전도관)가 세워질 때부터 창립자들을 통하여 전파되어진 것은 중생, 성결, 신유, 재림, 사중복음이었다. 그러나 복음전도관이 늘어감으로 교단조직의 필요성으로 인해 1921년 종래 선교본위의 복음전도관 명칭을 폐지하고,

---

21) 이명직 목사의 사중복음은 자신이 1952년에 집필한 「基督敎의 四大福音」에 잘 나타나 있고, 김응조 목사의 사중복음을 필자(정상운 교수)가 2002년에 발표하여 2004년에 간행된 『성결교회 역사총론』에 정리되어 있고, 이성주 목사의 사중복음은 1984년에 초판을 내고 계속 증보 발간한 자신의 저서 『四重福音』에 소개되고 있고, 이현갑 목사의 사중복음도 1999년 발간한 『四重 福音』에 담겨져 있다.

목회본위의 성결교회란 이름으로 교단 명칭이 전환되자, 복음전도 관 선교단체와 달리, 성결교단의 교리적 정체성에 대한 물음이 제기 되었다. 그러자, 성결교회가 기성교단으로 종료되자 4년 뒤인 1925 년 간행된 『東洋宣敎會 聖潔敎會 敎理及條例』에서는 다음과 같이 성결교회의 교리에 대해 말하고 있다:

> 본 단체에서 주창하는 교리는 새로 만든 별교리가 아니오. 오직 옛 날 웨슬레 씨와 감리회의 초시대 성도들이 주창하는 교리, 즉 하나 님의 단순한 근본적 진리니라. 이 진리를 동양 천지에도 널리 전하여 야 되겠다는 창립자들의 열렬한 주의하에서 본 단체가 조직되어 옛 날 감리회 창립자들과 같이 하나님의 지시하심을 받아 그대로 행하 는 중이니라. 하나이라도 새로 만든 것이 아니고 숯혀 성경 중에 있 는 진리 즉, 최초 감리회에서 주장하는 진리 그것뿐인데 웨슬레 씨의 주장 하던 진리와 조금도 다름이 없나니라.[22]

성결교회 교리는 최초 감리회에서 주장하던 웨슬리가 주장하였 던 진리와 동일한 내용이라는 언급이 이명직 목사의 글에도 별 차 이 없이 1929년에 그대로 나타나고 있다:

> 오직 감리교회 개조인 요한 웨슬레를 니어 니러나 곧 초시대 감리교 회와 같이 중생, 성결, 신유, 재림의 복음을 고죠하며 미신자에게는 진 격적으로 전도하야 뎌들을 바른 길노 인도하고저 함이니, 곳 우리의

---

22) 吉寶崙, 『東洋宣敎會 聖潔敎會 敎理及條例』(京城: 東洋宣敎會 本部, 1925), 1-2. 이하 「敎理及條例」로 줄임.

교리나 정신이 순초시대 감리교회로 인정해야 틀림이 없을지니라.[23]

이같은 내용은 1933년 『臨時約法』이나 1936년, 1945년 그리고 해방이후의 『헌법』에서도 그대로 전수되어 강조되어 왔다.[24] 따라서 지금까지 통념적으로 성결교회는 초기부터 줄곧 웨슬리의 핵심인 성화론에 따라 성결을 강조해 온 교단으로 인식되었다. 이것은 성결은 사중복음의 핵심이며, 성결교회 신학의 핵심으로 성결을 체험하고 전하며 생활하는 고착(固着)된 인식으로 까지 발전되었다.

조종남 박사는 성결교회의 신학의 특징으로 웨슬리신학에서 나타나는 바, ①성서적인 기독교, ②만인을 위한 복음, ③은총만으로의 구원, ④모든 죄에서의 구원, ⑤체험을 강조하는 신학(성령의 증거), ⑥세계를 위한 강조 등 여섯 가지의 웨슬리신학의 강조점을 말하였다.[25] 그리고, 한국성결교회가 온전한 성화를 강조하는 웨슬리에게서 그 신학적 유산을 물려받았고, 성결교회 신학은 복음적인 웨슬리신학이라고 결론지음에 무리가 없음을 주장하였다.[26] 따라서 그는 성결교회가 공적으로 주창하고 있는 신학적 입장은 웨슬리신학이라고 말한다.[27] 더 나아가 그는 사중복음이 성결교회의 신학이 아닌 단순한 전도 표제에 불과하기 때문에, 사중복음을 웨슬리의 구원론 테두리안에 전개시키는 것이 바람직하다는 주장을 다음과 같이 펴

---

23) 『略史』, 2-3.
24) 정상운, 『한국성결교회사(Ⅰ)』, 165.
25) 조종남, 『요한 웨슬레의 신학』(서울: 대한기독교출판사, 1993), 220.
26) Ibid., 218.
27) 조종남, "성결교회의 신학적 배경과 계통(1991)," 『한국성결교회사』(서울: 기독교대한성결교회출판부, 1992), 652.

고 있다:

> 어떤 이들은 성결교회가 사중복음을 고조하여 왔기에 사중복음이 바로 성결교회의 신학이라고 설명하려고 한다. 그러나, 사중복음은 교회 헌법이 규정하는 대로 교회가 고조해 온 전도 표제로서의 중생, 성결, 신유, 재림의 복음이지 이것이 교회의 신학체계나 계통이라고 말하는 것은 무리다.[28]

> 둘째, 사중복음은 웨슬레신학의 체계 속에서 발전시켜야 한다는 것이다. 사중복음은 전도의 표제이다. 이것이 성결교회의 신학 전반을 포괄하고 있지는 않다. 따라서 사중복음, 곧 중생, 성결, 신유, 재림의 교리를 웨슬레신학의 체계 속에서, 특히 웨슬레의 구원론의 테두리 안에 전개 시키는 것이 바람직하다.[29]

이러한 주장은 웨슬리신학 입장에서 살펴볼 때는 별로 무리가 없는 것처럼 보이나, 한국성결교회의 교리적 근간을 이루며 처음부터 지금까지 주창되어온 사중복음 입장에서 조명할 때는 많은 문제점들이 제기된다. 만일 한국성결교회가 성결교회의 신학과 교리를 웨슬리신학에 국한시켜 웨슬리의 구원론 테두리 안에, 또한 웨슬리의 성결론 중심에서만 일체의 신학적 유산과 방향을 찾고, 그것을 교단

---

28) 조종남, "이명직 목사가 주창한 성결교회의 신학적 계통과 입장," 이현갑, 『이명직 목사 생애와 신학』, 223.
29) 조종남, 『요한웨슬레의 신학』, 215. cf. 조종남, "웨슬레신학과 성결교회(1)," 「活泉」, 통권 405호 (1983. 10), 70-80.

신학으로 고착화시키고, 현시대에 적용하려는 노력을 경주한다면 상대적으로 교리적인 면에서 많은 역사적인 유산들을 잃어버리는 우를 범하게 되기 때문이다.[30]

배덕만이 지적하는 바와 같이, "성결교회 신학은 웨슬리신학이고, 사중복음은 신학이 아닌 전도 표제 일 뿐이다"라는 조 박사의 주장과 강조점은 웨슬리의 성결론 중심으로 그외의 것들은 부수적, 종속적인 것으로 평가하고, 사중복음의 가치를 폄하시키는 웨슬리 신학에 대한 강한 편협성에서 나온 것이다.[31] 필자는 1989년 성결대 「敎授論文集」에서 웨슬리신학 체계속에서의 사중복음의 전개라는 신학적 도식은 사중복음의 역사적이며, 신학적인 특수성을 배제시키는 것으로서 성결교단 신학 연구에 있어서 단편적인 시각에 불과하다는 지적을 한 바가 있다.[32]

웨슬리신학의 체계 속에서의 사중복음의 전개는 '현 성결교회 교역자들이 웨슬리신학에 입각하여 목회사역을 수행하고 있느냐'라는 현실적인 물음과 웨슬리신학이 전도 표제를 넘어서서 온전한 구원의 복음의 요체로서의 사중복음을, 특별히 재림론과 신유론을 포괄할 정도로 사중복음이 표방하는 전반적인 교리 내용을 수용하고 있느냐? 라는 물음에 자명하고도 명쾌한 답을 주어야 한다. 웨슬리

---

30) 한영태 박사는 "성결교회 성결론"에서 다음과 같이 말한다: 이제 우리는 선조들의 분명한 선언을 알고 더 이상 배경이니, 계통이니, 정체성이니 하는 논의는 그쳐야 할 것이다. 우리가 모르고 지내온 것뿐이다. 이제 우리의 신학적 과제는 뿌리 찾기가 아니라, 주어진 신학의 뿌리에서 줄기와 가지를 뻗게 하고, 꽃이 피고 열매맺는 작업이다. 한영태, 「웨슬레의 조직신학」(서울: 성광문화사, 1993), 362.
31) 배덕만, "사중복음을 통해 본 한국성결교회 신학사상사," 195.
32) 鄭祥雲, "聖潔敎會性 回復에 對한 硏究," 「敎授論文集」, 第18輯 (聖潔敎神學校, 1989), 165.

신학체계 속에서 사중복음을 전개시키고 형성하려는 지금까지의 신학적인 시도는 먼저 지나간 초기 동양선교회와 성결교회사의 역사적 검증의 관문을 거쳐야 한다.[33] 이것은 1907년에 출발한 한국성결교회사의 역사, 더 나아가서는 1901년 동경에서 중앙복음전도관과 성서학원으로 출발하고 1905년에 새롭게 발족한 동양선교회의 신학적이며 역사적인 검증을 거치지 않을 때에는 그 어떠한 신학형성의 시도나 모색도 무의미하기 때문이다.

또한 우리는 웨슬리신학 체계 속에서의 사중복음 전개라는 시도는 지금까지 한국성결교회가 타교단과는 다르게 고유한 우리만의 특성으로 자타로부터 인식되어 온 성결교회의 신학적이며 신앙적인 전통적 유산들이 이러한 시도에 있어서는 간과(看過)되어 버리거나 다가오는 역사 속에 사장(死藏)되어 버리고 말 위험성을 내포하고 있다는 사실이 발견된다.[34]

웨슬리신학과 앞서 살펴 본 동양선교회-한국성결교회 사중복음을 비교하여 보면, 웨슬리신학과 분명한 차이를 다음과 같이 보여주고 있다.

(1) 성결

일차적으로 성결을 통해 성결교회의 성결론이 원죄가 제거된다는 주장에 있어서는 웨슬리 성화론과 유사점을 보이나, 몇가지 차이점을 분명히 갖고 있다. 웨슬리는 성화(성결)에 있어서 순간적인 면과

---

33) Ibid., 166.
34) 정상운,『한국성결교회사(Ⅰ)』, 170.

점진적인 양면적인 역사를 강조하고 있으나, 사중복음의 성결론은 순간적인 면만을 강조하는 급진적인 면을 갖고 있다.

또한 사중복음 성결론에서는 웨슬리신학에서 강조되는 그리스도인의 완전(Perfection)의 내용인 사랑(Love) 보다는 원죄 제거, 정결함, 능력 받음이 강조되는 차이를 보이고 있다. 이 점에서 웨슬리는 성결을 성화(Sanctification)로 말하고 있으나, 동양선교회-한국성결교회에서 주장되어온 성결 곧, 성령세례(Baptism of the Holy Ghost)를 말하지 않는다. 한국성결교회가 성령세례를 강조하는 것은 19세기 말 웨슬리안 성결론에서 나타난다.

(2) 신유

한국성결교회가 사중복음의 하나로 초기로부터 주장해온 신유의 복음은 웨슬리를 통해서 전수되지 않고, 19세기 미국에서 일어난 신유운동의 유산으로 전수되었다. 웨슬리가 킹즈우드(Kingswood)에 사는 여인을 위해 기도하였고, 그 결과 병고침 받은 일이 *Journal*(20 May, 28 October 1739)에서 소개되고 있지만 그는 신유를 강요하지는 않았다. 즉, 웨슬리는 신유를 부정하지는 않았지만, 신유를 강조하지도 않았다. 박명수 교수는 웨슬리가 신유를 부정하지는 않았지만 그의 주된 관심사가 신유보다 약을 통한 치유였기 때문에 웨슬리를 신유 제창자로 볼 수 없음을 말하는데 이것은 바른 주장이다.[35]

19세기 말 컬리스(Chares Cullis)를 비롯하여 심프슨(A. B. Simpson)과 보드만(W. E. Boardman) 또한 고든 (A. J. Gorden)이 대표적인 신유운동가

---

35) 박명수, "성결운동과 신유운동," 「活泉」, 통권 475호 (1993. 5), 106.

로 활동하여 성결운동에 더 나아가서 동양선교회에 지대한 영향을 끼쳤다.[36]

(3) 재림

이현갑 박사는 재림론에 대한 웨슬리의 견해를 다음과 같이 말한다:

> 종말에 대한 웨슬레의 견해는 당시 영국 국교회가 지니고 있던 전통적인 교리를 대부분 수용하였다. 또한 그의 신학의 중심과제인 구원론이나 성화론은 근본적으로 종말론적인 성격을 지니고 있었다. 그는 자신의 저술 가운데 많은 부분에서 죽음, 중간상태, 부활, 그리스도의 재림, 심판 그리고 천국과 지옥의 종말론적인 주제를 다루었다.[37]

그러나 웨슬리신학에서는 동양선교회-한국성결교회 사중교리에 나타난 전천년설(재림의 이중국면)이 전체적으로 볼 때 주장되고 있지 않다. 한국성결교회의 재림론은 흔히 세대주의라 불리우는 세대주의적 전천년설이다. 세대주의적 전천년설은 다비(John Nelson Darby)에 의해 발전되었는데, 그 특색중의 하나는 휴거(Rapture)이론이다. 웨슬리신학은 후천년설적 전통에 머무는데 반하여, 한국성결교회는 웨슬리로부터 이탈된 휴거론을 주창한 19세기 산물인 세대주의적 전

---

36) 정상운, 『한국성결교회사(Ⅰ)』, 181.
37) 이현갑, 『기독교 사중복음』(서울: 도서출판 청파, 1995), 30.

천년설을 받아들였다. 목창균 박사는 동양선교회-한국성결교회의 재림론 유래 과정을 다음과 같이 설명한다:

> 한국성결교회의 재림론은 심프슨이나 만국성결교회 중 한 근원으로부터 유래했다기보다 오히려 그들 모두를 포함한 여러 근원으로부터 유래했다. 동양선교회 창립자들이 전천년설적 재림신앙을 강조하게 된 것은 심프슨, 무디성서학원, 만국성결교회의 영향이었다. 한편 한국성결교회는 동양선교회 창립자들뿐 아니라 블레스톤과 왓슨의 재림론으로부터 직접 영향을 받았다. 이 근원들을 관통하고 있던 공통적 흐름이 세대주의적 전천년설이었다. 따라서 세대주의는 이들을 통해 성결교 재림론에 유입되었다.[38]

2. 21세기 한국성결교회와 사중복음의 재해석

여러 가지 도전과 변화를 갖고 오는 21세기의 미래적 상황을 맞이하는 한국성결교회는 신학적인 과제로서 복음의 요체인 사중복음의 신학화 작업을 전통 보존과 함께 변화된 현대적 상황에 대응할 수 있는 신학의 새로운 패러다임의 모색으로 발전시켜 사중복음의 신학화를 꾀해야 한다. 20세기초 한말 정치적 불운한 상황에서부터 8·15 해방을 거쳐 오늘에 이르기까지 우리 선조들은 사중복음을 우리에게 신앙적 유산과 교리적 전통으로 남겨주었다. 따라서 21

---

38) 목창균, "성결교회 재림론 연구," 「신덕교회 창립 70주년 기념 학술 논문집」(서울: 신덕성결교회, 1997. 4), 67.

세기에 진입한 우리는 사중복음을 신학화 하는 패러다임의 전환을 통해 지금까지의 전도 표제로서의 사중복음 강조나, 웨슬리신학의 편향성을 넘어서고, 더 나아가 사중복음의 현대적 해석을 통해 새 천년 새 시대에 적용할 수 있는 성결교회신학이 되도록 신학적 지평을 넓혀감으로, 한국성결교회의 발전과 성장의 거름과 디딤돌 역할을 해야 할 것이다. 신앙적, 교리적 전통은 과거 뿐만 아니라 오늘에 와서도 보존되어야 하지만 다원화 된 21세기 현시대에 이해되고 적용되어 목회현장, 선교현장에서 결실을 맺지 못하면 아무 의미가 없기 때문이다.

따라서 교단의 신학적인 정체성 규명 아래 오늘의 상황에서 새롭게 해석하는 신학적 패러다임 모색이 신학교에서 출발하여 성결교회의 목회현장과 선교사역지로 연결되어 구체적으로 그 결과가 나타나야 할 것이다. 왜냐하면 신학은 역사연구와 마찬가지로 과거를 인식하는데 끝나서는 안 되고, 오늘의 상황에 대한 해답과 미래의 나아갈 방향에 대한 전망이 되어야 하기 때문이다.

사중복음이 성결교단의 신학이 되어야 하는 이유는 앞에서 이미 설명한 바이지만, 초기 복음전도관 시대부터 전도 표제로 그리고 교단으로 경화된 이후에 교리적 강조점으로 지금까지 한국성결교회가 타교단과 다른 판별적인 성결교회의 특성으로 자리 잡았기 때문이기도 하지만 무엇보다도 웨슬리신학의 구원론과 성결론 안에 포괄시키는 신학적 주장의 틀은 중생·성결·신유·재림이라는 4가지 복음, 즉 사중복음을 모두 수용할 수 없기 때문이다.

그러나 기존의 사중복음의 내용은 창립 1세기를 넘어선 오늘의 상황에서 다시 조정할 필요가 있다고 생각한다. 한스 큉은 기독교

신학사에 있어서 이미 축적된 지식에 다시 지식을 축적하거나, 지식의 유기적 발전을 추구하거나, 새로운 시각과 해석을 통해서 약간의 새로운 측면을 밝혀내거나, 아니면 덜 풀린 문제를 풀어내는 신학작업들이 있어 왔는가 하면, 위기들을 통해서 획기적인 패러다임 변화들을 초래하는 경우가 많이 있어 왔다고 주장한 바 있다.[39]

사중복음의 성결의 복음과 재림의 복음에 대하여서 논하면 다음과 같다.

1) 성결

성결교회 성결론은 성령세례 즉 중생한 후 그리스도를 믿음으로 순간에 받을 경험과 원죄에서도 정결케 씻음을 받고, 성별하여 능력받음으로 요약할 수 있다. 이같은 내용은 19세기 미국의 부흥운동이 성결과 연결되어, 성령세례를 강조하면서 따라온 자연적인 결과로 '능력받음' 외에는 모두가 웨슬리와 그의 후계자들에 의해서 주창되어온 성결의 개념이다.[40] 그러나 사중복음의 성결론은 많은 장점과 함께 보완점의 필요성을 갖고 있다. 이것은 과거의 성결론에 대한 패러다임에서 21세기를 향한 새로운 패러다임의 요청으로 볼 수 있다. 몇 가지로 정리하면 다음과 같다.

첫째, 사중복음의 성결개념은 성결의 순간적인 면만 강조하고, 점진적인 역사가 강조되지 않는 약점을 보인다.

성령에 의한 순간적인 세례를 강조하기 위한 점에서는 이해가 되

---

39) 이형기, 『21세기를 향한 새로운 신학적 패러다임의 모색』(서울: 장로회신학대학교 출판부, 1997), 201.
40) 한영태, 『웨슬레의 조직신학』(서울: 성광문화사, 1993), 388.

지만, 점진적인 성화의 과정을 무시해서는 안 된다. 이 점을 무시할 때 완전성화를 위한 성도의 영적 생활이나 실제적인 삶에서의 헌신이나 노력이 약화되어 결국 도덕 무용론(Antinomianism)에 빠질 위험이 있다.[41] 이것은 또한 다른 교파 신학자들에 의해 성결교회의 성결교리가 기독교의 전통적인 성화의 교리와는 다른 별개의 것으로 오해될 여지도 있다.[42] 21세기 위기중의 하나인 생명 위기의 문제가 도덕성 파괴로 이어지는 바, 이것에 대응하는 웨슬리신학 입장에서의 성결론에 대한 보완이 필요하다고 생각한다. 즉, 성결의 복음에서는 웨슬리신학의 포괄적 수용의 필요성이 제기된다.

둘째, 사중복음의 성결체험 강조는 개인적인 체험 강조로 이어지는 바 신자 개인의 신앙에 대한 확신을 가져다 주는 반면에 상대적으로 개인주의나 분파주의로 발전되어 결과적으로 사회적인 무관심과 역사의식의 소홀함을 보일 수 있다.

이 문제 역시 웨슬리신학에서 극복되는 바 개인적 성화는 사회적 성화로 나가야 한다:

> 웨슬리는 성화를 성결과 사랑으로 이해하였다. 성결이 개인적 성화라면 사랑은 성육신적인 요소로 사회적 성화라 볼 수 있다. 사랑을 바탕으로 한 성화를 말함으로써 중생의 체험을 한 성도는 단연히 그 관심이 사회적으로 나타나야 한다는 것이 웨슬리의 주장이다. 즉, 웨슬리는 한편으로는 경건주의적인 요소를 갖고 인간의 타락한 죄악성

---

41) Ibid., 389.
42) 조종남, 『요한 웨슬레의 신학』, 239.

을 지적하며, 개인 영혼의 내세구원과 개인적 성화를 강조하면서도, 또 한편으로는 경건주의식 내세 지향적 천국관에 머무르지 않고 후기 자유주의에서 나타나는 현세적 천국을 실현하는 사회적 성화를 주장한다. 근본적으로 하나님 사랑과 이웃 사랑을 포함한 웨슬레의 성화 이론은 역사적으로 어느 한 면만 강조하는 것을 극복하고 신앙과 인간적인 노력 또한 신비주의와 행동주의 두 극단의 양자 균형을 유지하려는 것으로 교회사에 나타났다.[43]

21세기에 들어선 현 사회상황에서 사중복음의 하나인 성결의 개념이 기독교 윤리와 사회적 적용에 있어서 그 어떤 시대보다 폭 넓게 적용해야 하는 시대적 요청을 받고 있다. 성결의 복음과 그 능력은 개인적인 차원에서 뿐만 아니라, 사회적 차원에서도 열려 있어야 한다.

셋째, 성결의 복음이 종말론적인 강조와 함께 선교로 이어지거나, 현실 삶에서 역동적이 되지 못할 때, 이것은 단순히 타계적인 신앙이 되기 쉽다.[44]

따라서 단편적인 사중복음의 각론 이해에서 네 가지 복음 사이의 상관관계 해석을 통해 각 복음의 내용을 현 상황에서 극대화시킬 필요가 있다. 실제로 19세기 후반 성결론자들은 성서적인 종말론 구조속에서 성결론을 이해함으로 그리스도 재림을 맞이하기 위해서는 성결의 흰옷을 준비해야 함을 강조했다.

---

43) 정상운, "기독교 영성과 성화에 대한 소고 논평," 「聖經과 神學」(한국복음주의 신학회 논문집 23권), 183-84.
44) 한영태, 391.

넷째, 한국성결교회 성결론의 핵심은 죄성 제거라는 웨슬리안 성결론의 범주 내에서 강조점을 두고 발전해 왔으나, 이것은 현 시대적 상황에서 '하나님의 형상 회복'이라는 범주를 확대하는 성결론의 패러다임 변형으로 생각해 볼 수 있다. 박명수 교수는 성결론의 새로운 정립에 대한 제언 가운데 다음의 말을 하고 있다:

> 사실 부패성의 제거는 다른 말로 하면 하나님의 형상 회복이다. 이런 점에서 부패성의 제거보다 적극적으로 하나님의 형상 회복이 더욱 폭 넓은 신학구조가 될 수 있다고 생각한다. 또한 하나님 형상 회복이라는 주제는 동방교회, 서방교회를 포괄할 수 있는 깊은 신학적 주제이기도 하다.[45]

2) 재림

사중복음 중의 또 하나인 '재림'에 대해서도 새로운 패러다임이 요청된다. 『敎理及條例』에는 재림에 대해 다음과 같이 설명한다:

> 주께서 육체를 가지시고 친히 천년시대 전에 재림하실 일이 절박함을 우리가 믿노니 주께서 생각치 아니한 때에 공중에 오시기는 성도들을 영접하실 일과 그 성도들과 갓치 지상에 임하실 일을 구별할 지니라. 또한 지상에 임하시기 전에 이스라엘인들이 한 곳에 회집되고 거짓 그리스도가 나타난 후에 오셔서 천년왕국을 건설하시나니라.[46]

---

45) 박명수, 『근대 복음주의의 주요 흐름』(서울: 대한기독교서회, 1998), 135.
46) 『敎理及條例』, 17-18.

위의 '재림의 복음'의 내용은 한국성결교회의 재림사상으로, 이것은 19세기말 미국에서 유래한 세대주의적 전천년설에 근거하고 있다.[47] 한국성결교회 재림론이 세대주의적 전천년설에 치중된 것은 세대주의적 전천년설의 핵심인 전천년적 재림 즉, 환란적 휴거나 현현(이중 국면), 천년왕국의 유대주의적 강조의 내용을 재림론 내용으로 가르쳤기 때문이다.[48]

세대주의적 전천년설은 성경의 강조와 경건주의적인 삶의 실천 그리고 임박한 종말에 앞선 세계 복음화, 선교를 강조하는 장점을 가지고 있는 반면에 보완의 필요성도 갖고 있다.[49]

첫째, 성결교회 재림론 강조는 교회론의 약화로 흐를 가능성이 있으므로 종말론 강조와 함께 교회론도 병행하여 강조해야 한다.

세대주의 종말론의 이스라엘과 교회 분리 주장에 대해, 그리스도의 몸이며, 하나님 나라 확장을 위한 도구로서 존재하는 교회의 역할은 무엇인가?라고 물어오는 질문에 대해 적절한 답을 주어야 할 필요성이 새 천년에 와서는 더욱 제기될 것이다. 소종파의 전형적인 현상과 같이 교회론을 무시하고, 재림론만을 강조하는 것은 신학적인 재고가 필요하다고 생각한다.

둘째, '재림'의 복음은 비관주의를 표방하고 있기 때문에 이 땅에 하나님의 뜻을 이루려는 역동적인 신앙관보다 타계적이고 현실도피적인 신앙관으로 흐를 위험성을 갖고 있기 때문에 현실의 책임과

---

47) 박명수, 497.
48) 정상운, "교회사에서 본 성결교회와 세대주의," 『성결교회와 세대주의』(안양: 성결대 출판부, 1999), 129.
49) Ibid., 128.

역할을 지양하고 내세에 대한 소망으로만 흐르는 이원론적인 사고를 배태케 할 위험성을 안고 있다는 점을 들 수 있다.[50]

따라서 성결교회 재림론은 그리스도의 주권을 강조하는 장점이 있는 반면에 역사에 대한 무관심으로 흐를 약점을 갖고 있기 때문에 21세기 한국성결교회 재림론은 통전적인 새로운 패러다임으로서의 종말론으로 나가야 한다고 생각한다.

아래의 글은 새로운 패러다임의 가능성을 시사해 주는 면을 보이고 있다:

> 한국성결교회는 재림론을 강조하여 왔다. 그런데 이 종말론이 현실도피적으로 이해된 것은 사실이다. 우리는 몰트만에게서 종말론이 어떻게 현재화 될 수 있는 가를 보았다. 오히려 그리스도의 종말 때문에 여기에서 우리의 삶이 변화되는 것이다. 이런 점에서 우리의 종말론은 지금 여기에서 미래에 이루어질 하나님의 나라를 미리 실천해 보는 것으로 바뀌어야 한다. 한국성결교회는 이미 그런 신앙체험을 하였다.[51]

셋째, 성결교회의 재림론은 한국교회로 하여금 역동적이고, 적극적인 복음전파를 축으로 하는 교회를 태동시키는데 기여했지만, 재림의 일시에 지나치게 초점을 맞추려는 소위 시한부 재림론의 경향이 있었다는 오해의 소지를 불식시켜야 한다.

---

50) Ibid., 129.
51) 박명수, 『근대복음주의의 주요 흐름』, 502.

총신대 박용규 교수는 길선주와 이명직 목사가 바로 부정적인 영향을 미치는 결과를 낳았다고 지적한다.[52] 이명직 목사는 『耶蘇再臨講話』에서 주님의 재림 일자를 단정하지는 않았으나, 1927년부터 69년이 지난 1996년을 의량적(擬量的)으로 그날로 예견하기도 하였다:

> 창세기에 보면 하나님께서 천지와 만물을 창조하시대 6일간에 맛초시고 제7일에 안식하셧는대 그 7일을 베드로후서 3장 8절에 '주께는 1일이 천년과 갓고 천년이 1일과 갓흔지라' 한 말삼에 의지하야 창조하시던 6일은 6천년의 예표로 제 7일 안식일은 7천년시대의 예표라할 수 있나니라. 그럼으로 지금 그 년수를 계산하건대 기원전 4천년과 기원후 1927년(사실은 서기 1927년이 1941년이니라)을 합하면 (4004+1927=5931년) 천지창조된지가 1927년까지가 5931년이니 69년 부족한 6천년이라 단언할 수는 업스나 지금 69년 후가 천지 창조 7천년의 안식년이 될지도 모르나니라.[53]

이후에 이명직 목사는 종말론에 대한 자신의 이같은 주장에서 완전히 벗어나 25년이 지난 1952년에 출간한 자신의 주저인 『基督教의 四大福音』에서는 언급하지 않고 있다. 인위적이며 주관적인 숫자계산식 성경본문의 해석은 성서적 바른 종말론의 경계선을 넘어가 시한부 종말론으로 치달을 위험성을 안고 있다. 한국성결교회는

---

52) 박용규, "한국교회 종말신앙: 역사적 개관,"「제 34차 한국복음주의 신학회 논문발표회 원고」, (1999. 10. 22), 6.
53) 李明稙, 『耶蘇再臨講話』(京城: 耶蘇教 東洋宣教會 出版部, 1927), 59-60.

1907년 출발부터 지금까지 세대주의의 시대 구분에 따라 성경역사를 구분하는 체계를 받아들이고 이중 국면을 강조하는 세대주의적 전천년설을 주장했으나, 재림에 대한 준비보다 시한부 종말론식의 재림의 일자에 대한 관심과 날짜 단정이라는 극단적인 잘못된 주장으로 나가지 않았다.

21세기를 향한 새로운 신학적 패러다임으로서의 '재림의 복음'에 대한 해석과 신학적 작업은 19세기말부터 20세기까지 블랙스톤, 이보다 더 대중화된 스코필드 관주 성경으로 대표되는 고전적 세대주의가 1960년대부터 세대주의 학자인 왈부어드(J. F. Walvoord), 라이리(C. C. Ryrie)를 비롯한 학자들로부터 수정되어 스코필드 교리가 변경된 수정세대주의를 낳았고, 1980-90년대 초에 이르러서는 다시 점진적 세대주의에 이르러 두 목적 이론을 파기하는 등 재해석의 발전 과정을 거쳐왔음을 주목할 필요가 있다. 재림론에 대한 재해석은 18세기 웨슬리의 낙관주의와 19세기 비관주의를 동시대에 갖고 있는 한국성결교회가 창립 100주년을 맞기 전에 풀어야 할 또 하나의 신학적인 연구과제로 남아 있다.[54]

닫는 글

이제 한국성결교회는 2007년 5월 30일 창립 100주년을 맞이하였다. 급변의 시대인 21세기에 들어와 한국성결교회만 역사의 장(場)

---

54) 정상운, "교회사에서 본 성결교회와 세대주의," 131.

가운데 외딴 섬처럼 홀로 놓여져 있지 않다. 창립 100주년을 보낸 한국성결교회는 첫째로 전통적인 신학의 정체성을 되찾고, 둘째로 이것을 21세기 다원화된 시대가 요구하는 제반 문제와 상황에 대해 복음주의 신학의 입장에 굳게 서서 새로운 신학적 패러다임의 모색을 통하여 힘있게 나가야 한다. 새 술은 새 부대에 넣어야 한다. 즉, 신학적 전통에 대한 현대적인 재해석을 통해 '미래 쇼크'로 상징되는 21세기 현대사회의 다원화된 질문에 대해 다원주의가 아닌 복음적이며 성서적인 다원적인 답을 주어야 한다. 한국성결교회의 신학과 새 천년 현장과의 괴리 극복을 위한 새로운 패러다임 변화 없이는 변화되는 세대에 대처할 수 없고, 성결교회의 창립 2세기의 발전된 모습을 기대할 수 없다.

세계화의 물결 속에서 남북통일의 과제와 정치적 민주화, 복지사회를 향한 경제 정의, 실업 환경문제 등 지금의 한국사회는 교회에 각양의 사회적 책임을 요구하고 있다. 한국성결교회는 이 과제로부터 피할 수 없고 어떤 형태든지 풀어야 할 숙제를 안고 있다.

한국성결교회는 사중복음의 전파를 그 사명으로 하여 왔다. 21세기 새 시대 새로운 신학적 패러다임으로 사중복음의 귀중한 신앙적, 교리적 유산을 신학화하여 발전시키고, 약점을 보완하여 21세기 한국교회를 주도하는 한국성결교회 시대로 만들어 가는 과제는 오늘 우리에게 주어진 지상 명령이다.

[한국복음주의역사신학회, 「역사신학총론」, 1권(1999년)]

중생(重生)

사람이 하나님 앞에 올타함을 얻는 것은 우리의 善行과 功勞로는 엇을 수 없고 오직 예수 그리스도의 功勞와 우리의 信仰으로 말미암아 義롭다 하심을 엇나니 이것이 明白한 敎理도 되고 마암에 眞正한 安心도 엇나니라.

2

중생론 이해

I. 여는 글

한국성결교회연합회(이하, 한성연 약칭) 초대 신학위원장을 맡을 때인 2002년 필자는 예성, 기성분립 이후 처음으로 양교단이 함께 참여한 한성연 공동학술대회를 성결대와 서울신대에서 개최한 바 있다. 당시 양교단의 대표적인 중심인물인 이명직, 김응조 목사를 택하여 상호 소개 형식의 성결신학 공동 연구의 일보를 내딛으면서 2차 학술대회에는 한국성결교회의 판별적인 교리적 전통인 사중복음에 대한 공동연구를 학술대회 주제로 미리 제안한 바 있었다.[1] 그러나 이 일은 한성연에서 이루어지지 않고, 2005년 5월 한국성결신학회와 성결교회와 역사연구소 공동으로 양대학 교수 중심의 학술대회로 진행되었으나 양교단의 신학적 동질성을 좀더 발전적으로 재확인하는 시간을 갖지 못한 아쉬움을 남긴 바 있다.[2]

---

1) 정상운, "발간사," 한국성결교회연합회 신학분과위원회 편, 「이명직·김응조목사 생애와 신학사상」(서울: 바울서신, 2002), 10-11.
2) Ibid., 표지 날개 안쪽 면.

이미 한성연에서는 합의한 공동성명서(2001년 4월 12일) 6개항을 통해 양교단의 공통적인 신학적 입장을 2항에서 '복음주의 신학'으로 3항에서 '사중복음을 교회 신학과 신앙적 삶의 근간으로 하며, 특히 성결한 삶을 최고의 덕목으로 고백한다'고 천명한 바 있다. 한국성결교회의 신학적 배경과 그 정체성은 무엇인가?

한국성결교회의 신학적 입장은 교회사적으로 크게 보면 개신교 복음주의 신학으로서 구체적으로는 웨슬리신학의 맥락에 기초한 19세기 성결운동에서 발원된 사중복음의 강조로 말할 수 있다. 필자는 1997년 3월에 출간한 『한국성결교회사(I)』를 통해서 '한국성결교회신학은 복음주의적인 웨슬리신학의 맥락에서 신학적 전통을 가진 19세기 말 북미 성결교회(주로 만국성결교회 그리고 더 나아가서 기독교연합선교회를 포함한)가 동양선교회를 통해 발현되고 전수된 신학'이라고 정의한 바 있다.[3] 즉, 중세 로마 카톨릭교회와 대조하여 16세기 종교개혁을 통해 일어난 개신교 복음주의 신학에 서 있으나, 그중에서도 칼빈주의신학과 반대의 입장에 서 있는 웨슬리신학의 토대에 놓여 있다. 그러나 웨슬리신학을 계승한 감리교회를 비롯한 구세군, 나사렛교회와 달리 19세기 성결운동에서 주창한 사중복음을 강조하는 점에 있어서 교리적 강조점이 다르다. 한국성결교회의 교리적 근간을 이루는 주요한 두 요소는 웨슬리신학과 사중복음으로 구성되어 있다. 1907년 초기 출발 때 전도 표제로 시작되어 한 세기를 마감하는 오늘에 있어서까지 한국성결교회 교리적 근간과 판별적 신학전통으로 고착화된 사중복음은 16세기 종교개혁에서 '중생'의 교리를

---

3) 정상운, 『한국성결교회사(I)』(서울: 은성, 1997), 166.

18세기 웨슬리신학에서는 '성결'의 교리를 그리고 신유와 재림의 복음은 19세기 성결운동, 즉 만국성결교회와 더 나아가 기독교 연합선교회로까지 폭넓게 영향을 받아 형성되었다.

II. 중생의 정의

중생(重生)이라는 말은 문자적 의미로 '새로 지음', '거듭남', '재건'의 뜻을 의미하고 있는데 희랍어 아나겐나오(ἀναγεννάω)는 '위로 부터', '다시'의 아나(ἀνά)와 겐나오(γεννάω)의 합성어로 '거듭난다. 중생하다'의 뜻을 가지고 있다(요 3:3, 7, 벧전 1:3, 23). 이것은 또한 마음을 철저하게 변화시켜 새로운 생활과 하나님의 뜻을 순복하는 변화된 체험을 말한다. 예수께서 니고데모에게 말씀하신 대로(요 1:1-12) 처음 난 것은 육신으로 난 것이요, 거듭난 것은 성령으로 난 것이니 회개한 후에 새로 받는 신앙체험이 바로 중생의 성서적 의미인 것이다. 따라서 하나님을 배반하고 여러 악령의 속박아래 놓여 있었던 인간이 하나님의 성령의 역사에 의하여 그의 본질이 전혀 새롭게 되어 옛 생활을 끊고 새로운 하나님의 생명을 받는 경험을 의미하고 있다.[4] 또한 중생이라는 용어로 팔링게네시아(παλιγγενεσία)가 있는데 '새로운 탄생, 재생'(딛 3:5)을 의미하는 말로 개인의 중생과 만물의 새롭게 됨을 말하고 있다.[5]

---

4) 고영민 편저, 『성서원어대사전』(서울: 기독교문사), 28.
5) Ibid., 284.

티이슨(H. C. Thiessen)은 '하나님 편에서의 마음의 변화는 중생과 신생으로 말한다면, 인간편에서 이것은 회심으로 불리운다'고 말한다.[6] 중생은 세부적으로 구분하면 세가지로 나누어진다. 첫째는 객관적 중생으로 하나님이 우리를 위하여 그리스도 위격 안에서 이루신 새창조이다. 둘째는 주관적 중생으로 믿음을 통하여 죄와 사망에서 생명으로 옮기는 것으로 새로운 피조물이 되는 것이다(고후 5:17). 셋째는 포괄적 중생(Comprehension Regeneration, 혹은 우주적 중생)으로 만물의 새로움인 신자들의 중생의 결과(롬 8:19-23)로 세분된다.[7]

2. 칭의

'의롭다고 부르다'의 뜻을 가진 칭의(justification)는 '의롭다고 인정하다'는 의인(義認)용어와 일반적으로 같은 의미로 사용된다. 의(義)의 히브리어 원어로서 전형적인 단어는 체테크(צֶדֶק, 남성형), 체다카(צְדָקָה, 여성형)로서 구약성서에서 각기 100회 이상 사용되고 있다. 이 말은 사람들이 그들의 정당함을 갖고 있고, 이것이 원고나 피고 모두에게 적용될 수 있다는 관점에서 통치자나 재판관, 그리고 특히 야훼 하나님에 대하여 사용되었다. 또한 의를 의미하는 말로서 '공의', '공정'으로 번역되는 미슈파트(מִשְׁפָּט)가 있는데, 이것은 '판결, 재판'을 의미하는 것보다 넓은 의미의 말로서 쓰였다.[8]

---

6) Henry C. Thiessen, *Lectures in Systamatic Theology* (Grand Rapids: Wm. B. Eerdmans Pub. Co., 1975), 367.
7) 성결교회 신학연구위원회, 『성결교회 신학용어사전』(서울: 기독교대한성결교회 출판부, 2005), 360.
8) 『성서원어대사전』, 269.

신약성서에서는 디카이오수네(δικαιοσυνή)로 번역하여 91회 가량 사용 되었으나 구약의 의의 개념과 동일한 연장선에 서 있다.⁹ 디카이오오(δικαιόω)는 히브리어 히츠디크를 번역한 말로 '무죄로 선언하다. 올바른 것으로 간주하다.'는 뜻으로 사용되었다. 칭의는 사법적인 행위로 죄인인 나를 택해 의의 재판관이신 하나님이 무죄를 선언하시는 것이다. 그러므로 칭의는 하나님께서 그리스도의 의에 근거하여 우리 죄를 용서하시고, 그의 의를 우리에게 전가하시므로 의롭다고 인정하시는 은혜의 행위를 말한다.¹⁰ 대개 현대 신학자들에게 있어서 믿음에 의하여 칭의와 중생 사건이 동시에 발생하지만 중생을 논한 후 칭의 문제를 다루는 칼빈의 설명의 순서와 달리 논리적인 순서로는 중생보다 칭의를 우선으로 보고 있다.

III. 웨슬리 전후의 중생론 이해

1. 웨슬리(J. Wesley) 이전의 중생론 이해 : 루터, 칼빈

1517년 루터(M. Luther)는 면벌부(indulgence)의 남용을 보고 95개 논조로 된 교황의 정책을 함축적으로 비판하였다. 루터는 그 당시 교회에서 발견되었던 로마 카톨릭 교회의 타락과 부패에 대하여 신약성서에서 발견하였던 2가지 개신교 원리로 기독교를 다시 회복시키

---

9) Ibid., 270.
10)『성결교회 신학용어사전』, 363.

고자 하였다.[11] 첫째, 교회는 늘 개혁의 필요성 아래 선다. 둘째, 개혁은 늘 그것의 원칙을 하나님의 말씀인 성경에서 찾아야 한다는 것이었다.[12] 루터는 어거스틴 수도원 탑 안에 있는 서재에서 시편을 연구하는 중에 시편 22편에서 하나님의 의에 직접 부딪히게 되었고, 이어서 로마서를 읽는 중에 그의 전생애를 변화시키는 인격적인 계시의 빛을 받게 되었다. 주지하는 바와 같이 로마서 1:17의 "의인은 믿음으로 말미암아 살리라"의 말씀은 종교개혁의 신 새벽을 여는 열쇠로 한스 릴제(Hans Lilje)의 말대로 종교개혁이 탄생하는 순간이었다.[13]

루터는 이전에는 '하나님의 의를 불의한 자를 심판하시는 무서운 의로 알았으나, 이제는 그리스도의 복음에서 죄인을 용서하시는 사랑의 의로 나타난 것을 알게 되었다. 따라서 그 의는 능동적으로 심판하시는 의가 아니라, 오직 피동적인 의, 곧 십자가 복음에 나타난 의로 알게 되었는데 하나님께서는 그 의를 믿는 우리를 보시고 죄인을 의롭다고 인정하는 것을 깨닫게 되었다.[14] 결국 루터는 중세 천 년간의 인간의 선행과 노력에 의해 공적을 쌓고 그 결과에 따라 하나님께서 의롭다고 인정하는 행위 구원에 반대하므로 복음주의 원래 형태를 회복시킨 종교개혁 시대를 열게 되었다. 따라서 16세기 종교개혁은 루터의 칭의론에서 비롯되었음을 알 수 있다. 루터가 쌓

---

11) M. Luther, 『卓上談話』, 池元溶 編譯 (서울: 大韓基督教書會, 1977), 241.
12) Hans, Lilje, *Luther and Reformation*, trans by Martin O. Dietrich (Philadelphia: Fortress Press, 1967), 127.
13) G. Ruff, *Luther's Progress to the Diet of Worms* (New York: Harper & Row, 1964), 33-34.
14) Ibid., 23.

아놓은 칭의론에서 개신교는 비로소 중세 구원관에서 벗어나 인간은 자신이 쌓은 행위 공적에 따라 구원을 얻을 수 없고, 그리스도의 십자가 공로를 믿음으로 말미암아 우리 밖에서 우리에게 전가된 그리스도의 의를 통하여 구원을 받을 수 있다는 것이다.

하지만 중생을 신학적으로 체계화 한 사람은 칼빈(John Calvin)이다. 루터보다도 한 세대 뒤에 활동한 칼빈은 루터의 종교 개혁 원칙을 받아들이면서도 그 한계를 인식하고 그것을 보완하려고 노력하였다.[15] 칼빈은 루터와 달리 칭의 일변도의 신학을 지양하고 칭의와 중생을 함께 강조하였다. 기독교인의 생활에서 칼빈이 가장 중요시 한 것은 그리스도와의 연합이다. 그리스도와의 연합을 통해서 신자의 생활은 이루어진다. 그런데 그리스도는 의로운 분이며, 동시에 거룩한 분이다. 그리스도에게 의와 거룩은 둘로 나누어 질 수 없다.

따라서 우리가 그리스도와 연합할 때 우리는 의롭게 되며, 동시에 거룩하게 된다. 물론 두가지를 이론적으로는 구분할 수 없다. 칭의는 그리스도가 우리를 위하여 객관적으로 이루어 놓으신 사역에 근거하고 있는 것이다. 중생은 그리스도가 우리 안에서 성령을 통하여 우리를 구체적으로 변화시키는 사역이다. 칼빈은 그리스도를 통하여 신자가 얻는 두 가지 신앙의 열매로 중생과 칭의를 보았다.[16]

---

15) 박명수, 『근대복음주의의 주요 흐름』(서울: 대한기독교서회, 1998), 19.
16) Ibid., 23.

2. 웨슬리의 중생론 이해

웨슬리에게 있어서 성령의 특별한 역사는 회심(回心)의 동의어인 신생(the new birth)과 함께 시작한다. 그는 '중생(the regeneration)'이라는 용어보다도 '새로운 영적인 출생'을 의미하는 '신생(新生)'이라는 말을 더 선호했다.

웨슬리는 기독교의 근본적인 중요 교리를 어느 무엇보다 의인(justification)과 신생(the new birth)의 두 교리로 보았다.[17] 신생은 하나님이 인간의 심령속에서 역사하시는 순간적인 변화로 새생명을 가져오게 하는 것이다. 그리고 새생명의 생활은 죄에 대해서 죽고 의에 대하여 사는 변화된 생활을 의미한다. 즉, 하나님의 생명과 형상을 상실한 세상을 사랑하는 마음이 변하여 하나님을 사랑하는 마음으로, 세속적이고 악마적인 마음이 변해 예수 그리스도의 마음으로 바뀌어 진 것을 말한다.[18]

웨슬리에게 있어서 의인과 신생은 동일한 순간에 모든 믿는 자들에게 주시는 선물이지만, 관계성 면에서는 서로 다른 내용을 나타낸다. 의인은 하나님께서 죄인인 우리의 죄를 사해주시는 외적인 변화를 의미하는 관계적인 객관적 사랑이고, 신생은 실재적인 내적인 변화로 죄인이 의인으로 바뀌어지는 것이다. 좀 더 부연하여 설명한다면, 의인은 하나님이 예수 그리스도를 통하여 우리를 위해(for us) 하시는 일이고, 신생은 하나님이 성령을 통해 우리 안에서(in us) 하시

---

17) *Sermon*, XLV. the New Birth, 65.
18) Ibid., 71.

는 일을 말한다.[19] 서로 다른 성질의 이 둘은 시간적으로 본다면 하나로 결합되어 있어서 어느 하나가 다른 하나를 앞서지 않는 동시적인 사건으로 나타난다. 그러나 논리적인 순서로는 의인이 신생과 양자보다 먼저 앞서 설명한다.[20] 웨슬리는 죄인된 우리가 하나님 앞에서 의롭다고 칭해질 때 죄책(the guilt)을 제거하게 되고, 동시에 중생할 때에는 죄의 능력(the power of sin)을 제거하는 것으로 보았다. 웨슬리는 신자가 성령안에 거하고 성령을 따라 끊임없이 살아나갈 때 죄책과 죄의 능력으로부터 자유롭게 되는 것으로 생각했다.[21] 웨슬리는 칭의 받고 중생한 신자의 죄는 남아 있기 때문에 성령을 거스르는 부패한 본성, 즉 원죄를 해결하기 위해서는 성령의 은총(온전한 성화)의 단계로 나아가야만 하는 필요성을 역설하였다. 따라서 웨슬리의 구원론의 신학의 핵심은 의인, 중생과 함께 성화의 3단계로 선행적 은총을 통한 인간의 자유의지를 강조 하는데로 나아간다.

3. 동양선교회의 중생론 이해

1) 나카다 쥬지(中田重治)

나카다는 1901년 4월 1일에 일본에 교파적 배경없이 독립선교사로 오게 된 카우만(C. E. Cowman) 부부와 함께 초기에 순복음으로 불리운 사중복음 전파를 위해 동경에 중앙복음전도관과 성서학원을

---

19) Ibid., 65.
20) Ibid., 66.
21) *Sermon* XII., on sin in believers, 152.

설립하고 동양선교를 위한 성결운동을 개시하였다.[22] 나카다는 사중복음의 첫 번째 주제를 신생(新生)이라 말하며, 신생의 정의를 '영적인 생명을 부여받음'(요 3:3-7, 5:21, 고전 5: 17, 엡 1:11)을 말하는 것으로 성령의 사역을 통하여 의롭게 새 사람으로 만들어진 영적인 변화 즉, 신화(新化)로 정의한다.[23] 이성주는 나카다는 신생의 결과로 죄의 용서를 받게 된다고 말하는데 이 죄는 아담으로 유전된 죄가 아닌 자범죄라고 말한다. 그리고 그에게 있어서 속죄의 결과로 얻게 된 칭의는 신생과 동시성을 가지고 있으나 순서를 결정할 때는 반드시 칭의(의인) 다음에 신생을 말하고 있다. 그리고 칭의는 하나님과의 관계적 변화이고, 신생은 실제적 변화를 말하는 점에 있어서 웨슬리의 칭의론과 동일함을 말하고 있다.[24]

그리고 나카다는 중생을 성결과 구분해서 성결은 신생이 출생해서 변화된 것으로 행위의 변화, 즉 자범죄 제거를 말하는 것과 달리 유전죄의 뿌리를 잘라 제거시키는 성질의 변화로 말하고 있다.[25]

2) 킬보른(E. A. Kilbourne)

킬보른은 카우만에게 그리스도의 복음을 들고 회심의 체험을 가진 후 평생 카우만의 신앙의 동반자와 조력자로서의 역할을 감당하였다.[26] 1901년 카우만 부부가 일본으로 간 후 일년이 지난 1902년

---

22) 정상운,『한국성결교회사(I)』, 82.
23) 米田勇 編,『中田重治 全集』第2券 (東京: 中田重治全集 刊行會, 昭和 50), 453-60.
24) 李成周,『四重福音』(安養: 聖潔大學校, 2001), 492.
25) 米田勇 編,『中田重治 全集』第1券, 404-9.
26) Edward. & Esther Erny, *No Guarantee But God: The Story of the Forunders of the Oriental Missionary Society* (Green wood: The Oriental Missionary Soci-

카우만의 협력사역 요청을 받고 목사 안수를 받아 일본으로 건너갔다.²⁷

이후 킬보른은 카우만의 소천한 1924년 전부터 카우만 부인과 함께 동양선교회를 이끌어 가며 사중복음을 가르치고, 전하는 일에 몰두하였다. 킬보른의 사중복음의 사상은 활천에 기고한 '東洋宣教會가 가라치는 四重福音'에 잘 나타나고 있다. 그는 중생의 정의를 죄를 회개하고 주 예수 그리스도를 믿는 모든 사람에게 하나님께서 값없이 주시는 것으로 내렸다. 즉, 이것은 신령적 중생(神靈的 重生), 이로 인해 구원을 받고 죄와 악한 교제에서 분리된 신생(新生)에 들어가는 것이 중생인 것으로 말하고 있다.²⁸

킬보른은 나카다와 마찬가지로 중생시 예수께서 우리의 죄를 사하시나 유전한 죄의 원질(原質)은 면케 할 수 없음을 말하며 성결의 은혜의 필요성을 말하고 있다. 그는 구체적으로 다음과 같이 중생과 성결을 구별하여 말하고 있다. "성신으로 중생함은 용사(容赦)를 낫코 성신세례는 정결을 낫는다."²⁹

---

ety, 1969), 49.
27) Ibid., 51.
28) 吉寶崙, "東洋宣教會가 가라치는 四重福音(一),"「活泉」, 通卷 78號(1929. 5.), 12.
29) Ibid., 21-22.

IV. 한국성결교회의 중생론 이해

1. 김상준(金相濬)

김상준은 『묵시록 강의(默示錄 講義)』(1918년), 『사중교리(四重敎理)』(1921년), 『단이리서 강의(但以理書 講議)』(1932년) 3권의 책을 출간하여 한국성결교회 교리 형성에 기초석을 놓았다.[30] 『사중교리(四重敎理)』는 한국성결교회 초기 시대인 복음전도관 시절에서 기성 교단으로 경화되어 가는 전환기 시점에서 성결교 신학의 교리 근간을 세우는데 있어서 결정적인 역할을 하였다.[31]

김상준은 사중복음의 첫 번째 주제와 명칭인 중생을 그대로 쓰지 않고, 나카다와 같이 신생(新生) 이라는 표현의 용어를 중생보다도 더 선호하였다. 그는 '第五章 聖父로 重生 卽 新함'에서 신생(중생)은 칭의만 되면 그 시간에 신생이 일어나는 시간적으로 칭의와 동시적인 일이지만 인간의 의견으로 말하면 칭의가 선재하고, 신생이 후재(後在)하는 것으로 봤다. 김상준은 웨슬리를 인용하여 칭의란 하나님께 마땅히 죽어야 할 죄인들을 위하여 예수로 하여금 이루어 놓으신 대공(大功)을 인하여 인간이 속죄함을 받아 구원얻는 것이요, 신생(新生)이란 것은 하나님께 성령으로 죄중에서 죽은 자의 심중에서 이루신 대공(공로, 그 사람의 영을 중생케 하신 大功)을 인하여 타락한 본체(本體)를 하나님의 형상(形象)을 회복케 하시는 것으로 말하고 있다.[32] 즉, 신생

---

30) 鄭祥雲, 『聖潔敎會와 歷史硏究(I)』(서울: 이레서원, 1997), 57.
31) Ibid., 63.
32) Ibid., 22-24.

은 내부에서 사역하시는 성령의 방법으로 신생명이 들어와 태초의 아담(亞當)의 하나님의 형상적 심령(神像的 心靈)을 회복케 하시는 것으로 보았다.³³

2. 이명직(李明稙)

이명직 목사는 앞서 살펴본 김상준 목사의 사중복음의 저서에 이어 두 번째에 해당하는 사중복음에 관한 책을 1952년에 『基督敎의 四大福音』으로 출간하였다. 그는 서언에서 '사대복음'을 정의하면서, 사중복음을 다음과 같이 설명하였다:

> 四重福音이란 것은 무엇이뇨. 이는 곧 重生과 聖潔과 再臨과 神癒를 가라침이니 이것은 心靈의 救援과 靈肉의 救援과 肉體의 救援인대 靈的 物質의 今生 來生의 구원이 包含되였나니라.³⁴

이명직 목사는 중생을 '신생(新生), 재생(再生)'으로 난 것, 다시 난다는 뜻으로 성경에 기록한대로 신창조(新創造)를 의미하는 것으로 보았다.(고후 5:17) 그리고 중생은 이 세대를 본받지 않고 변화된 새 마음(롬 12:2)과 새 사람(엡 4:24)을 뜻하는 것으로 이미 창조된 영혼이 파손된 것을 다시 만드는 것을 의미한다. 즉, 중생은 영적인 변화로 원상회복(原狀回復)하여 신인격(新人格)이 창조되는 것을 말한다.³⁵ 하나님께

---

33) 金相濬, 『四重敎理』 (京城: 東洋宣敎會 聖書學院, 1921), 23.
34) 李明稙, 『基督敎의 四大福音』 (서울: 기독교대한성결교회 출판부, 1952), 1.
35) Ibid., 10.

서 하나님의 형상대로 인간을 만드는 것은 형체의 형상이 아닌 무형(無形)한 영(靈)의 형상으로 하나님의 속성을 따라 만든 인간의 영혼을 말한다. 즉 하나님의 형상이란 무형한 영성(靈性)의 형적(形蹟), 즉 의(義), 진(眞), 성(聖), 지(知), 생(生)등의 형상이다.[36] 이것이 죄로 인해 파손되었으므로 새로 영혼을 창조하는 것이 중생이라는 것이다.[37] 그는 웨슬리와 김상준의 중생(신생)론에서 공통점으로 나타나는 내용과 달리 칭의를 중생의 결과로 보고 있다.[38]

이명직 목사는 칭의는 하나님께서 의를 강조하시는 무조건 주시는 은혜(롬 4:2-8)로 예수의 보혈과 무한하신 공로로 값없이 은혜로 결정되는 것으로 설명한다.[39] 그리고 믿음이 없으면 칭의를 받을 수 없는 것이다.[40]

또한 중생을 성결과 구분하여 중생은 범죄자가 회개함으로 용서함을 받을 때 행위와 영성에 나타나는 문제이나, 성결은 유전죄를 사함 받을 때 영성에 나타나는 은혜로 두 관계를 설명한다. 따라서 중생은 성결의 초보 시작이요, 성결은 중생의 완성이고, 성결을 10이라고 하면 중생은 1이라고 말한다.[41] 그러나 이 두 가지 은혜를 2기로 구분하는 것은 인간 편에서 보는 또는 체험에 따라서 나누어지는 것이다. 따라서 하나님 편에서는 이미 은혜가 준비되었으나 이 은혜를 받을 사람이 중생과 성결의 은혜를 동시에 받을 만한 지식

---

36) Ibid., 7.
37) Ibid., 11.
38) Ibid., 27.
39) Ibid., 29-31.
40) Ibid., 32.
41) 李明稙, 『神學大綱』(서울: 基督教大韓聖潔教會 出版部, 1952), 249.

의 준비가 되어 있지 못하였기 때문에 중생과 성결 2기로 구분된다고 한다.[42] 또한 아직 중생하지 못한 자로서 진리 즉, 구원의 진리를 따라서 신앙의 지식이 준비되고, 참으로 은혜 받을 때에 중생이니, 성결이니 구별할 것 없이 동시에 체험할 수 있음을 말하며, 그 예로서 십자가상의 강도를 들고 있다.[43]

3. 김응조(金應祚)

김응조 목사는 『四重福音 敎理』를 1985년 집필한 것으로 자신의 도서 목록표에 포함시키고 있으나 목록표에서도 발행처가 표기되어 있지 않고, 지금까지 발행 여부가 미확인되어 공란으로 비어 있다. 김응조 목사는 사중복음을 김상준과 이명직 목사와 같이 체계적으로 정리하지 못했다. 그러나 자신의 신학을 '성서적 정통신학'이라고 정의하며, 1969년 『성서적 정통신학』을 출판하였다. 김응조 목사는 중생의 의의(意義)를 다음과 같이 신창조(新創造)로 말하고 있다:

> 사람들이 중생에 대하여 여러 가지 말로서 표현하나니 혹은 '다시 난다.'(再生), '새로 난다.'(新生), '거듭난다.'(重生) 이것을 좀 더 구체적으로 말한다면 새로 창조(創造) 한다는 뜻이니 누구든지 그리스도 안에 있으면 새로운 피조물이라.[44]

---

42) Ibid.
43) Ibid.
44) 김응조, 『성서적 정통신학』(서울: 성청사, 1969), 184.

그리고 중생은 '영적 부활(靈的 復活)'로 설명하였는데, 그것은 인류가 범죄함으로 영혼이 죽음의 상태 가운데 있다가(창 2: 17, 겔 18:4, 엡 2:1), 예수 그리스도를 믿음으로 다시 살아나서 원상회복(原狀回復)을 하였기 때문으로 본다. 그리고 중생을 구체적으로 세상을 본받지 않는 소극적 방면과 변화의 새마음을 받는 적극적 방면으로 구분하고 있다. 세상을 본받지 않는 것은 행위상의 변화요, 새 마음을 받는 것은 심령상의 변화로 설명한다.[45] 이명직 목사와 같이 중생의 결과로 사죄의 특권과 관계 칭의의 특권, 성자(成子)의 특권이 주어짐을 말한다.[46] 김응조 목사는 루터의 종교개혁이 한마디로 말해서 칭의에서 시작되었음을 말하고, 칭의는 기독교 교리에서 가장 중요한 교리가 되는 동시에 인간이 하나님께 받은 은총중에 가장 위대한 축복으로 강조하고 있다.[47] 죄의 사면과 죄의 전가(轉嫁)로 다음의 내용을 말하고 있다:

전가(轉嫁)

우리가 의롭다 함을 얻는 것과 그리스도가 우리의 대신으로 죄인을 삼으신 것은 우리 죄를 그리스도에게 전가(轉嫁)함과 같이 우리가 의롭다 함을 얻는 것도 우리가 본질적으로 의인이 되었다거나 우리의 무슨 노력으로 된 것이 아니라 오직 그리스도의 공로로 의롭게 간주하셨다는 뜻이다. … 이것이 우리의 죄는 그리스도에게 전가하고 그리스도의 의는 우리에게 전가되는 교환조건이 되셨나니라. 이러므로

---

45) Ibid.
46) Ibid., 190-91.
47) Ibid., 191.

우리는 믿음의 의요 행위의 의가 아니니라.⁴⁸

그는 '신창조'와 '영적 부활'의 중생과 달리 성결은 아담으로부터 유전하여 내려오는 죄성에서 구속함을 받는 일과 인간의 정(情)과 욕심을 십자가에 못박는 일로 구분하여 설명하고 있다.⁴⁹ 즉, 그리스도는 다만 우리의 범죄만 용서할 뿐 아니라 죄의 본성(本性)까지 정결케 하시려고 죽으셨음을 강조한다.⁵⁰

V. 닫는 글

지금까지 한국성결교회 신학정론에 중요한 역할과 자리매김을 차지한 신학자들의 사상을 살펴본 바, 이들의 중생론을 1925년 한국성결교회가 교리 정초 작업을 하며 출간한 『東洋宣敎會 聖潔敎會 敎理及條例』에 수록된 16개 신앙개조 '제7절 칭의'와 '제8절 성결'의 내용과 동일한 것으로 나타난다.⁵¹ 한국성결교회의 중생론의 특징은 다음과 같이 몇 가지로 나타난다.

---

48) Ibid., 194.
49) Ibid., 201.
50) Ibid., 202.
51) 吉寶崙, 『東洋宣敎會 聖潔敎會 敎理及條例』(京城: 東洋宣敎會 本部, 1925), 12-13.
제7절 칭의- 사람이 하나님 압헤 올타함을 엇는 것은 우리의 선행과 공로로 엇을 수 업고 오직 예수 그리스도의 공로와 우리의 신앙으로 말매암아 의롭다 하심을 엇나니 이것이 명백한 교리도 되고 마암에 진정한 안심도 엇나니라.

제8절 성결 - 완전한 성결이라 함은 그리스도로 말매암아 성신의 세례를 밧음이니 곳 거듭난 후에 신앙으로 순간에 밧을 경험이니라. 또한 완전한 성결은 원죄에서 정결케 씨슴과 그 사람을 성별해야 하나님의 뜻을 일울 능력을 주심이니라.

첫째, 한국성결교회 중생론은 루터의 칭의론에서 비롯된 16세기 종교개혁의 전통을 잇는 연장선에서 예수 그리스도의 십자가 공로를 믿는 믿음으로만 우리에게 전가된(imputed) 그리스도의 의를 통하여 구원이 주어지게 됨을 강조하는데서 시작된다. 그러나 18세기 웨슬리를 통하여 구원의 첫 단계인 의인, 중생, 양자됨의 초기 구원에서 완전한 구원인 두 번째의 구원인, 성화의 과정을 받아들이는 점에서 개신교의 구원론의 전통을 넘어서고 있다.

둘째, 한국성결교회의 중생론은 웨슬리와 마찬가지로 인간의 전적인 타락과 동시에 선행적 은총으로 인간의 자유의지를 통한 낙관적인 인간 삶의 가능성을 인정하고 있다. 따라서 루터와 달리 칭의 일변도의 신학을 지양하고 칭의와 중생을 동시에 강조한 칼빈은 우리가 그리스도와 연합할 때 의롭고, 거룩하게 된다는 주장을 하며 중생을 신앙생활의 중심에 두었다.[52] 그러나 반면에 웨슬리를 비롯한 19세기 웨슬리안 성결운동에서 중생은 성결의 시작이며, 인간의 부패성으로부터의 정결은 성결의 2차적 은혜(19세기 성결운동에 있어서는 성령세례)를 통해서 이루어질 수 있음을 말하고 있다.

셋째, 나카다와 킬보른에 의해 주장된 동양선교회 중생론은 김상준 목사, 이명직 목사, 김응조 목사에 이르기까지 의인, 중생, 양자의 논리적 개념의 순서가 다소 다르고 양자를 성자(成子)로 표현하는 차이를 보인다. 그러나 대체적으로 18세기 웨슬리의 중생과 성화론을 표방한 19세기 성결운동의 중생과 성결론의 내용과 같이 동일하게 나타나는데 한국성결교회가 주장한 이론은 다음과 같다. 중생은 즉

---

52) 박명수,「근대복음주의의 주요 흐름」(서울: 대한기독교서회, 1998), 79.

칭의되고, 신생된 자는 원죄와 자범죄의 죄책의 문제가 해결되지만 원죄의 부패성(악의 경향성, 生來的 罪)이 남아있기 때문에 중생의 완성인 2차적인 은혜인 성결의 은혜를 받아야 할 것을 표방하는데 공통점을 보이고 있다.

성결(聖潔)

완전한 성결이라 함은 그리스도로 말미암아 성신의 세례를 받음이니 곧 거듭난 후에 믿음으로 순간(瞬間)에 밧을 경험(經驗)이니라. 또한 완전한 성결은 원죄에서 정결케 씻음과 그 사람을 성별(聖別)하여 하나님의 뜻을 이룰 능력을 주심이니라.

3

성결론 이해

I. 여는 글

1832년 구츨라프(K. F. A. Gutzlaff)에 의해 충청도 고대도에 복음이 전해지고, 미국 북장로교 선교사 알렌(H. N. Allen)에 이어 다음해인 1885년 이 땅에 언더우드(H. G. Underwood)와 아펜젤러(H. G. Appenzeller)에 의해 장로교, 감리교의 교파형 선교가 이루어졌다. 이후 200년이 채 안되는 짧은 기간 동안에 한국교회는 세계교회 역사에 있어서 유래가 없는 비약적인 성장을 하게 되었다.

그러나 양적인 성장에 비해 오늘날 한국교회는 너무나 세속적, 물질주의적, 향락주의적, 권력 지향적 그리고 분열주의적 나락에 추락되어 있다. 세속적인 가치관들이 교회내에도 팽배하여 교회가 세상에서 소금과 빛의 역할을 하기는 커녕 오히려 지탄의 대상이 되고 있으며, 온갖 파렴치한 범죄들이 교인들에 의해 저질러지는 현실 속에 교회 갱신이 가장 시급한 문제로 떠오르고 있다.[1]

---

1) 김인수, "한국교회 청교도주의: 한국교회사적 입장," 『한국기독교사상』(서울: 연세대학교 출판부, 1998), 355.

이러한 중에 한국사회는 세기의 전환과 함께 급속한 변화 속에 경제 효율의 법칙을 향한 무한경쟁의 질주 속에서 전통적 가치에 대한 혼란과 도덕성 상실 등의 위기상황을 연출하고 있다. 교회가 비틀거리는 현대사회의 병폐를 치유하고, 인류의 나아갈 방향을 제시하기에는 교회안의 비리가 너무나 심각한 상태에 놓여 있어 건전한 사회건설 첨병으로서의 기능을 상실한지 이미 오래 되었다. 오늘 한국교회안에서 근검, 절약의 정신이나 도덕적 청결주의는 중세 수도사들에게나 요청되었던 낡은 사상의 편린(片鱗)으로 인식되고 있는 것이 사실이다.[2] 이 시대는 16세기 기독교를 갱신시킨 종교부흥 운동이었던 종교개혁(Reformation)을 재차 요구하고 있고, 교회갱신의 필요성을 오래 전부터 요청하고 있다.[3] 본래 교회는 늘 개혁의 필요성 아래 서야 한다. 그리고 갱신되어야 한다.[4] 참으로 오늘날 한국교회는 교회 개혁과 갱신을 통하여 교회 본래의 자기 역할을 다해야 한다.

한국성결교회는 이제 2년 후면 창립 100주년을 맞게 된다. 지금까지 성결교회를 있게 하신 하나님의 섭리를 생각할진대, 이미 장로교, 감리교에 이어 1890년에 시작한 성공회 또한 침례교, 구세군 등 다른 교파들과 함께 성결교회를 이 땅에 뿌리를 내리게 하신 특별한 뜻은 무엇인가? 그것은 다름이 아닌 성결교회가 이 땅의 수많은 교파 가운데 존재해야 하는 존립의 당위성인 사중복음의 강조, 구체

---

2) Ibid., 377.
3) R. H. Bainton, *The Reformation of 16Century* (London: Hodder Stongton Ltd., 1957), 3.
4) W. A. Scott, *Historical Protestantism: An Historical Introduction to Protestant Theology* (New Jersey: Englewood Cliffs, 1971), 1.

적으로 성결의 복음의 주창이라고 생각한다.

현시대에 한국교회와 한국사회가 갖고 있는 문제점 중의 하나는 성결교회가 강조하는 고유한 특성중의 핵심인 성결의 실천을 상실하고, 교회와 개인의 삶의 원동력으로 삼지 않은 점이다.

따라서 본고에서는 성결교회의 교리적 근간인 사중복음 중의 하나인 성결의 복음을 교회사적으로 이해하고, 분석함으로 성결론의 내용 이해 뿐만 아니라 성결론의 현재적 재해석을 궁구함으로써 한국성결교회와 더 나아가 한국교회의 나아갈 방향과 신학적 지평의 확산을 모색하고자 한다.

II. 한국성결교회 성결론의 이해

한국성결교회는 1907년 5월 30일에 한국인 정빈과 김상준 두 전도자에 의해 동양선교회 복음전도관이란 이름으로 시작되었다. 이들은 매일 저녁마다 장등(長燈)을 들고, 북을 치며 황토현(黃土峴)에 가서 찬미가를 부르며 노방전도를 하였다.[5]

길가에서 모여든 사람들에게 전도하고, 다시 행렬을 지어 전도관에 돌아와서 야간 집회를 하며 사중복음을 전하였다. 순복음(純福音, Full Gospel)이란 용어로 초기에 병행하여 사용하던 사중복음은 중생, 성결, 신유, 재림의 복음으로서 이것은 현재까지 성결교회의 교단적인 교리적 판별성을 이루는 신학 요제이다.

---

5) 李明稙, 「朝鮮耶蘇敎 東洋宣敎會 聖潔敎會 略史」(京城: 東洋宣敎會 聖潔敎會出版部, 1929), 51. 이하 「略史」로 표기.

'복음전도관'이란 초기 명칭과 같이 초기 성결교회는 처음에는 사중복음을 전파하는 전도에만 전념하고, 목회에 주력하지 않는 교파형 선교를 지양하는 모습을 보였다.[6] 그러나 1921년에 와서는 15년간 설립된 전도관이 33개소가 생기고 수많은 신도를 가짐으로 전도본위에서 목회본위의 선교정책의 전환과 함께 제도적인 기성교단으로 경화되는 결과에 봉착하게 되었다. 따라서 1921년 9월에 종래로 사용하던 복음전도관 명칭을 폐지하고 '성결교회'라는 교회명칭으로 개칭하였다.[7] 교단 명칭 변경과 더불어 동양선교회 복음전도관시대(1907-1921년)와 달리 동양선교회 성결교회시대(1921-1945년)부터는 중생, 성결, 신유, 재림 사중적 강조에서 '성결교회' 교단 명칭의 강조와 함께 오순절적인 성령의 역사를 강조하는 성결의 복음이 사중복음의 중심 위치에 놓여지게 되었다.

그러나 성결의 복음 강조는 성결교회 교단 명칭의 영향도 있겠지만, 19세기 중엽 이후의 웨슬리안 성결교파들의 공유된 성결운동의 강조점이 만국성결교회를 통해 동양선교회에 전수된 영향의 반영이기도 하다.

이것은 오늘날까지 한국성결교회를 사중복음을 전체적으로 이해하기 보다는 단순한 부흥회 전도 표제나 교단의 홍보적 표지 정도의 피상적인 이해에 머물게 하므로 밖에서는 성결교회를 단지 성령의 역사로 이루어지는 개인의 성결체험을 강조하는 교단인 것으로 인식하게 하였다.[8] 이러한 경향 가운데 성결교회 안에서는 성결체험

---

6) Ibid., 16.
7) Ibid., 16-17.
8) 19세기 웨슬리안 성결운동의 전통적인 성결그룹인 전국성결연합회(National Ho-

을 18세기 웨슬리와 동일시하며 웨슬리신학 편중의 입장에서 한국 성결교회의 사중복음을 바라보게 하는 결과를 낳기도 하였다.

1. 한국성결교회 성결론에 대한 기존의 웨슬리신학적 입장

한국성결교회는 1970년대에 들어오면서 성결교회의 신학적 배경에 대한 정체성 문제가 야기되었다. 20세기 중엽에 미국에서는 웨슬리의 재발견이 한창이었고, 60년대 말에는 이런 영향이 한국 성결교회에 미치기 시작하였다. 이들은 성결교회의 정체성이 18세기 웨슬리에게 있다고 주장하면서, 웨슬리에게 돌아가자는 운동을 전개하였다.[9] 구체적인 작업은 1972년 서울 신학대학 교수논문집인 「神學과 宣敎」 창간호를 통해 시작되었다.[10]

웨슬리신학적 전통을 기반으로 하여 모든 것을 그 속에 포괄시키고, 수용시키는 신학방법론이 서울신학대학교 소속 교수들을 중심으로 일어났는데 대표적 주자격인 조종남 교수에 의해 진행되었다. 조종남 교수는 성결교회신학을 바로 복음주의적인 웨슬리신학으로 규정하고, 웨슬리신학의 특징이 성결교회 신학의 특징임을 말하며, 성결교회의 설교와 생활에 반영되어 전통을 이루어 왔음을 주장하

---

liness Assocation)와는 달리 만국성결연맹과 기도동맹(International Holiness Union and Prayer League, 1897년)이 성결의 복음과 함께 재림과 신유의 복음을 받아들인 것에 유의해야 한다. 동양선교회와 한국성결교회에 지대한 영향을 미친 만국성결연맹과 기도동맹은 전국성결연합회가 가장 반대한 세대주의적 전천년설을 받아들이는 급진적인 모습을 보이고 있다. 참조, 정상운,『한국성결교회사(I)』(서울: 은성, 1997), 36-51.

9) 박명수,『근대복음주의의 주요 흐름』(서울: 대한기독교서회, 1998), 464.
10) 정상운, "성결교회성 회복에 관한 연구,"「敎授論文集」, 제18집(1989, 성결교신학교), 165.

였다.[11] 그는 교회의 전도 사명이 사람의 영혼을 구원하여 성결의 은혜로 이끈다는 웨슬리의 강조는 성결교회의 목회와 전도의 지침이 되고 있음을 말한다.[12] 특별히 그는 성결교회의 신학적 유산인 사중복음을 웨슬리신학과 관련시켜 웨슬리신학과의 만남에서의 사중복음을 강조하고, 사중복음을 웨슬리신학 체계 안에서 발전시켜야 함을 천명하였다:

> 우리는 여기에서 전도 표제로서의 사중복음과 웨슬레신학을 관련시켜서 두 가지 점을 지적하고자 한다. 첫째, 사중복음에 대한 강조는 웨슬레신학과의 만남에서 발전되었다는 것이다. 성결교회 교역자들은 중생을 설교하면서 웨슬레의 중생의 체험을 외쳤고, 성결을 말할 때 웨슬레의 성결의 교리를 가르쳤다. 사실 사중복음을 강조하는 전도집회는 체험을 강조하는 웨슬레신학을 밀접하게 반영시키고 있었던 것이다. 성결교회의 부흥집회가 건전한 운동으로 지속될 수 있었던 것도 웨슬레신학에 근거한 체험을 말했기 때문이라고 본다. 둘째, 사중복음은 웨슬레신학의 체계 속에서 발전시켜야 한다는 것이다. 사중복음은 전도의 표제이다. 이것이 성결교회의 신학 전반을 포괄하고 있지는 않다. 따라서 사중복음, 곧 중생, 성결, 신유, 재림의 교리를 웨슬레신학의 체계 속에서, 특히 웨슬레의 구원론의 테두리 안에서 전개시키는 것이 바람직하다.[13]

---

11) 조종남, 『요한 웨슬레의 신학』(서울: 대한기독교출판사, 1984), 219.
12) Ibid., 237.
13) 조종남, "웨슬레신학과 성결교회(1)-성결교회의 신학적 유산," 「活泉」, 405호(1983. 10. 31), 73.

이러한 입장은 한영태 교수에게도 그대로 별 차이 없이 반영되어 나타난다. 그는 성결교회의 신학적 배경에 대해 지금까지 대두되는 견해로 문헌에 공개된 자료는 오직 요한 웨슬리의 신학이라고 주장한다.[14] 성결교회 신학이 웨슬리신학임을 말하여 조종남 교수에 대해 다음과 같이 말하고 있다:

> 서울신학대학의 발전에 지대한 공헌을 이루고, 오랫동안 학장을 역임했던 조종남 교수는 요한 웨슬레신학을 우리 교단과 신학교 뿐만 아니라, 한국 전체에 본격적으로 소개한 분이다. 그 이전의 역대 교장이나 목사들이 웨슬레의 신학적 입장이 웨슬레라고 선언한 것에서 더 나아가 웨슬레신학의 참된 내용을 소개하고 가르침으로 그 동안 선언적 수준에 있었던 웨슬레신학을 교단신학의 실제적 내용이 되게 하였다.[15]

조 교수의 주장에서나 10년 뒤인 1993년 한 교수의 글에서도 반복적으로 동일하게 초기 문헌을 들어 성결교회 신학은 곧 웨슬리신학임을 말하고 있다:

> 본 단체에서 주창하는 교리는 새로 만든 별 교리가 아니요, 오직 옛날 웨슬레 씨와 감리회의 초시대 성도들의 주창하던 교리 곧 하나님의 단순한 근본적 진리니라… 즉 최초 감리회에서 주창하던 교리 그

---

14) 한영태, 『요한 웨슬레의 조직신학』(서울: 성광문화사, 1993), 362.
15) Ibid., 366-67.

것뿐인데, 웨슬리 씨의 주창하던 진리와 조금도 다름이 없느니라.[16]

계속해서 또한 성결교단이 복음주의의 전통과 웨슬리신학에 기초하고 있다는 사실을 이명직 목사의 글을 인용하여 강조하고 있다:

> 혹시 동양선교회(성결교회)는 어떤 교파이며 어떤 계통인가 알고자 하는 사람이 있는 줄 안다. 그런데 우리 동양선교회는 창립자 자신이 어느 교파에 반대하여 일어남도 아니요, 오직 감리교회의 개조인 요한 웨슬레를 이어 일어나, 곧 초시대 감리교회와 같이…복음을 고조하며 미신자에게는 진격적으로 전도하야 저들을 바른 길로 인도하고자 함이니, 곧 우리 교리나 정신은 순초시대 감리교회로 인정하여 틀림이 없을지니라.[17]

이들은 위의 글에서 순초시대 감리교회란 두말할 것도 없이 웨슬리에게서 이탈되지 아니한 복음주의적 교회를 말하는 것으로서 성결교회신학은 복음주의적인 웨슬리신학이라고 결론 지음에 무리가 없다고 단정을 내리는 공통점을 보이고 있다.[18] 또한 앞서 언급한 것과 같이 더 나아가 웨슬리신학 체계 속에서 사중복음의 교리를 전

---

16) 吉寶裔, 『東洋宣敎會 聖潔敎會 敎理及條例』(京城: 東洋宣敎會本部, 1925), 1-2. 이하 『敎理及條例』로 표기.
17) 『略史』, 2-3.
18) 조종남, 『요한 웨슬레의 신학』, 216-17; 한영태, 『웨슬레의 조직신학』, 365-68.

개시켜야 함을 주장한다.[19]

그러나 한국성결교회 신학은 광의적으로 볼 때 칼빈주의와 대조되는 웨슬리안 신학적 입장에 서 있으나, 협의적인 면에서는 웨슬리 신학 전체를 포함하고 있지 않다.[20] 교회사적인 면에서 봤을 때 18세기 웨슬리신학과 19세기말 성결운동을 통해 동양선교회를 거쳐 한국에 전수된 중생, 성결, 신유, 재림의 사중복음을 신학적 유산으로 가진 성결교회 신학과는 큰 차이가 있다. 신유의 복음과 전천년적인 재림의 복음은 웨슬리의 직접적인 영향이라기보다는 19세기말 북미 성결운동의 부산물이다.[21]

2. 한국성결교회 성결론과 웨슬리 성화론의 비교

재림과 신유의 복음과 달리 성결의 복음에 있어서 한국성결교회는 웨슬리신학의 전통에 서 있는 것은 분명한 사실이다. 초기『臨時約法』,『敎理及條例』나 이명직 목사의 글과 헌법에 나타난 바, 1921년 성결교단으로 경화된 후 한국성결교회는 요한 웨슬리가 주창하던 성결의 도리를 그대로 전하려는 사명하에서 일어난 단체임이 분명하다. 앞서 언급하였듯이 1921년 교단화되어 성결교회로 칭하였

---

19) Ibid., 219.
20) 정상운, "사중복음의 역사적 유래,"『한국성결교회와 사중복음』(안양: 성결대학교 성결신학연구소, 1998), 66.
21) 중생, 성결, 신유, 재림의 사중복음 가운데 신유와 재림의 복음을 웨슬리신학 체제 안에 포괄시켜 전개시키는 신학방법론에 대해서 이미 그 역사적 부당성을 지적한 바 있다. 정상운, "성결교회성 회복에 대한 연구,"『敎授論文集』18집 (성결교신학교, 1989), 157-84. 정상운,『한국성결교회(I)』(은성, 1997), 163-205. 정상운,『성결교회와 역사연구(II)』(이레서원, 1999), 11-47을 참조하라.

을 때는 더욱 사중복음 중에 성결의 복음이 강조된 바 교단신학의 핵심으로 고착되었고, 이에 앞서 성결론의 강조는 한국성결교회 성결론의 역사적인 신학적 뿌리는 웨슬리에게서부터 구체적으로는 19세기 성결운동에서 비롯되었음이 확실하다. 따라서 한국성결교회 신학은 성결론의 신학적 맥락에서 볼 때 18세기 웨슬리를 계승하고 있으나, 신유론과 재림론에 있어서는 일치하지 않고 있다. 이 점에 대해서 박명수 교수는 다음과 같이 말하고 있다:

> 한국성결교회의 성결론은 크게 보아서 웨슬리의 성결론과 같다. 물론 한국성결교회의 성결론이 웨슬리의 성결론과 그대로 일치하는 것은 아니다.[22]

한국성결교회의 성결론에 대한 내용은 초기 글(『敎理及條例』, 『臨時約法』, 『略史』)에 반복적으로 나오는데 그 내용은 다음과 같다.

저서	내용
① 「朝鮮耶蘇敎 東洋宣敎會 聖潔敎會 敎理及條例」(1925년)	제八節 완전한 聖潔이라함은 그리스도로 말미암아 성신의 세례를 받음이니 즉, 거듭난 후에 신앙으로 순간에 받은 경험이니라. 또한 완전한 성결은 원죄에서 정결케 씻음과 그 사람을 聖別하여 하나님의 聖旨를 이룰 능력을 주심이니라(고전 1:30, 살전 5:23, 히 13:12, 요 1:17, 20, 벧전 1:2, 롬 15:16, 행 2:1-4, 요일 1:9, 눅 24:49).[23]

---

22) 박명수, 『근대복음주의의 주요 흐름』, 467.
23) 『敎理及條例』, 12-13, 현대체로 일부 바꿈.

②「朝鮮耶蘇教 東洋宣教會 聖潔教會略史」(1929년)	제8절 성결(聖潔) 완전한 성결이라 함은 그리스도로 말미암아 성신의 세례를 받음이니 곧 거듭난 후에 믿음으로 순간(瞬間)에 밧을 경험(經驗)이니라. 또한 완전한 성결은 원죄에서 정결케 씻음과 그 사람을 성결(聖別)하여 하나님의 뜻을 이룰 능력을 주심이니라.[24]
③「朝鮮耶蘇教 東洋宣教會 臨時約法」(1933년)	제8절 성결 제1조 완전한 성결이라함은 그리스도로 말미암아 성신의 세례를 받음이니 곳 거듭난 후에 신앙으로 순간에 받을 경험이니라. 또한 완전한 성결은 원죄에서 정결하게 씻음과 그 사람을 성별하야 하나님의 뜻을 일우게 할 능력을 주심이니라.(고전 1:30, 살전 5:23, 히 13:12, 요 1:17, 20, 벧전 1:2, 롬 15:16, 행 2:1-4, 요일 1:9, 눅 24:49).[25]

1925년 『教理及條例』에서 '신앙개조(총16절)'가 1929년 「略史」에서 '동양선교회 신앙개조'로, 1933년 『臨時約法』에서는 '教理(총16절)'로 제목만 약간 바뀌었을 뿐, 그 내용은 『教理及條例』 내용을 그대로 옮겨다 놓은 동일한 내용에 불과하다. 신앙개조 총 16절 중에 8절 '성결'을 특징적인 몇 가지 내용으로 구분하여 정리하면 다음과 같다. 즉, ① 성령(성신)세례, ② 중생 후 순간에 받을 경험, ③ 원죄에서 정결하게 씻음, ④ 성별하여 하나님의 뜻을 이룰 능력 받음의 4가지 주제로 요약할 수 있다.

1) 성령세례

웨슬리는 구원의 역사는 성령의 역사이며, 따라서 마음속에 일어나는 어떠한 변화도 성령의 역사란 점을 믿었다. 웨슬리는 성령

---

24) 『略史』, 13.
25) 李明稙(編), 『朝鮮耶蘇教 東洋宣教會 臨時約法』(京城: 東洋宣教會出版部, 1933), 13.

을 받기 전까지는 아무도 크리스천이 아니며, 성결이나 기독자 완전이 우리 안에 행하시는 성령의 역사라는 것을 확신하였다.[26] 그러나 웨슬리는 성화를 성령의 역사로 보았으나, 이것을 강조하여 성화를 성령세례라고 주장하지 않았다. 성결을 오순절적인 성령세례와 관련시켜 보기 시작한 것은 18세기가 아닌 1850년대 이후의 현상이며, 이런 용어가 나타난 배후에는 아더(William Arther)의 『불의 혀(The Tongue of Fire)』, 팔머여사(Mrs. Phoebe Palmer)의 『아버지의 약속(The Promise of the Father, 1859)』, 마한(Asa Mahan)의 『성령세례(The Baptism of the Holy Ghost, 1870)』 등이 자리잡고 있다고 보았다. 즉, 데이튼(Dayton)에 의하면 성결의 오순절적 해석은 19세기 미국 복음주의의 산물이라는 것이다.[27] 1983년 웨슬리신학에 편중된 조종남 교수는 웨슬리신학에 성결교회의 사중복음을 포괄시켜 발전시키는 신학방법론을 말하면서도 한국성결교회 성결론이 성결을 성령세례로 표현한 점을 들어 웨슬리신학에서 그 내용을 찾아볼 수 없음을 다소나마 인지하고 있다:

> 즉, 성결은 본질적으로 웨슬레의 이해와 같다. 그러나 성결은 성신의 세례로 표현한 점은 주목할 만하다. 웨슬레가 친히 온전한 성화를 성신세례로 표현한 예를 찾기는 힘드나, 그 내용으로 보아 본질적으로는 같은 것으로 볼 수 있는 것이다.[28]

---

26) 한영태, "성결교회 성결론 분석," 「活泉」, 427호 (1988. 1. 2), 65.
27) Donald W. Dayton, "The Doctrine of the Baptism of the Holy Spirit: Its Emergence and Significance," *Wesleyan Theological Journal* 13 (Spring, 1928): 118, 114; 박명수, 『근대복음 주의의 주요 흐름』, 125에서 재인용.
28) 조종남, 『요한웨슬레의 신학』, 238-9.

2) 중생 후 순간에 받을 경험

성결을 성령세례로 표현하며, 순간에 받을 경험으로 정의한 것은 성결이 사람의 도덕적인 노력이나 선행을 통해 얻어지는 것이 아니고, 하나님 편으로부터 인간의 공로와는 상관없이 선물로 주어짐을 강조하기 위한 의도로 볼 수 있다. 성화는 감리교의 중심 교리였으나, 19세기 중엽 남북전쟁 시기에 이르러 거의 잊혀진 주제, 사문화된 신조가 되어버렸다.[29] 1861년에 일어난 남북전쟁 이후 패배한 남부 동맹주들은 그들의 위안을 찾아 종교에 매달리게 되었다. 산업사회로의 급속한 전환과 함께 미국사회의 종교와 도덕적 공황을 동시에 맞이하게 되었다.[30] 따라서 인간의 잔혹함과 비도덕성을 체험한 전후의 웨슬리안들은 인간의 부패성을 그 어느 때보다 실감하지 않을 수가 없게 되었다. 또한 19세기 전반부터 시작된 성결론에 대한 감리교 신학 내에서의 새로운 해석은 19세기 후반에 성결운동 지도자들을 자극했다.

19세기 후반 인간의 부패성을 믿은 웨슬리안들은 전적 타락으로 인한 부패성으로 근본적으로 성결의 역사에 의한 순간적인 결정적인 계기 없이는 성결을 이룰 수 없다고 생각하였다. 따라서 19세기 웨슬리안들은 18세기 웨슬리안과 달리 성화과정이 점진적인 개념에 순간적인 요소가 결합되어 종말론적으로 성장하는 성화의 단계 즉 초기 성화, 점진적 성화, 온전한 성화로의 발전적 단계과정을 보이지 않고 있다. 조종남 교수는 웨슬리의 성화론에 다음과 같이 말

---

29) 목창균, 『종말론 논쟁』(서울: 두란노, 1998), 161.
30) Vinson Synan, *The Holiness-Pentecostal Movement in the United States* (Grand Rapids: William B. Eerdmans Publishing Co., 1971), 34.

하고 있다:

> 웨슬레는 중생을 성화의 시작이라고 한다. 이를 그는 초기의 성화 (initial sancti- fication)라고 불렀다. 중생한 때로부터 점진적인 성화(the gradual work of sanctifi- cation)가 시작된다. 이 점에서 그는 칼빈주의와 동일하다. 그러나 웨슬레는 이 점진적인 과정에서 순간적인 요소가 결합되어 목적론으로 그 완결을 향한 계속적인 성장이 따른다고 주장한다. 따라서 성화에는 단계가 있다. 곧 중생에서 초기의 성화로서 시작된 성화는 성장하는 과정에서 두 번째로 순간적인 체험을 하는 단계가 있다고 한다. 이것이 온전한 성화이다.[31]

웨슬리에 의하면 이 순간적인 체험을 통해 신자는 마음 속에 남아있는 죄성으로부터 정결함을 받으며, 승리하는 생활을 하는 계기를 갖게 되지만, 이것은 그리스도인의 최종 목표가 아니고, 성도로서 승리할 때까지 온전한 성화를 위해 계속 전진하며 앞으로 나아갈 것을 말한다.[32] 다시말해, 단계로서의 완전(Perfection)은 없으며, 계속적인 발전을 할 필요가 없는 사람은 이 땅에는 아무도 없다는 것이다.[33]

웨슬리는 성화의 점진적 발전과정의 중요성을 언급한 반면, 19세기 웨슬리안은 성결운동을 성결 체험후 성장의 측면을 완전히 무

---

31) 조종남, 『요한웨슬레의 신학』, 234.
32) *Works of John Wesley* Vol. XI (Grand Rapids, Michigam: Baker Book House, 1958), 442.
33) *Wesley's Standard Sermons* Vol. II (London: The Epwattn Press, 1968), 156.

시하지는 않으나 중생 후 순간에 받을 경험으로 성결을 설명하는데 그치는 분명한 차이를 보이고 있다.

3) 원죄에서 정결하게 씻음

웨슬리는 성화에 대한 폭넓은 주장을 갖고 있었다. 웨슬리는 성화를 성도의 심령에 내주하는 죄(indwelling Sin)로부터 정결케 하는 하나님의 은혜의 역사라고 말한다.[34] 다시 말해 내적 죄로부터의 정결케 씻어주는 은혜의 상태로 하나님 형상의 회복과 인간 내면적인 변화로 이해했다. 19세기말 성결운동도 웨슬리의 위와 같은 성화론의 범주에서 벗어나고 있지 않지만 성결 개념을 원죄 개념과 결부시켜 이해하는 급진적인 데까지 나아갔다. 박명수는 이 점에 대해 웨슬리가 인간의 부패성을 강조한 것은 사실이나 그 부패성이 죄에 대한 경향성인지 혹은 인간 속에 있는 어떤 본질적인 요소인 지를 분명히 밝히고 있지 않음을 지적하며 다음과 같이 말하고 있다:

> 인간 내면의 부패성의 제거가 곧 성화라는 것이다. 물론 이것은 웨슬레에게도 있는 사상이다. 그러나 웨슬레는 부패성의 제거가 성화라고 주장한 적이 없다. 19세기 웨슬리안은 웨슬레가 다소 모호하게 말한 성화의 개념을 분명하게 (혹은 과격하게) 정의하였던 것이다. 19세기 미국 웨슬리안은 인간의 본성에 대한 논란 속에서 인간의 본성에 대한 낙관적인 견해에 반대하기 위해, 인간의 부패성을 더욱 분명히 강조하게 되었고, 따라서 웨슬레가 모호하게 정의한 것을 좀더 과격

---

34) *Works of John Wesley*, Vol XI, 387.

하게 정의하여, 죄성을 인간의 몸 속에 있는 어떤 요소로 이해하고, 성화는 이것을 제거하는 것으로 보게 되었다. 이것은 분명히 19세기 웨슬리안의 강조점이다.[35]

4) 성별하여 하나님의 뜻을 이룰 능력 받음

매트케(Mattke)는 완전성화라는 용어를 강조하는 측에서는 모든 죄로부터 마음의 정결을 강조하고, 반면에 성령세례가 강조되는 측에서는 성령세례의 결과로 봉사를 위한 능력 받음을 강조한다고 말하고 있다.[36] 19세기 웨슬리안 성결운동 뿐만 아니라 케직 사경회도 기본적으로 성결운동이었다. 두 진영에 있어서 성결은 일차적 관심사였고, 그리스도인의 봉사는 어디까지나 성령세례에 의한 성결체험의 결과였다.

그러나 19세기 후반 미국 복음주의 중심에 서 있던 무디(D. L. Moody)와 무디성서학원 교장인 토레이(R. A. Torrey)의 주된 관심은 성결이 아니라 섬김을 위한 능력 부여(Empowering of service)에 있었다. 초기 성결교회 문헌에 나타난 바 '성결'의 내용중에 '하나님의 뜻을 이룰 능력받음'이라는 내용이 포함된 것은 한국성결교회가 이들의 영향도 성결운동과 함께 부분적으로 받았음을 말해주고 있다.

따라서 19세기 웨슬리안과 달리 성령세례를 통한 죄의 제거보다는 섬김의 능력 부여에 대한 이들의 주장도 한국성결교회 성결론

---

35) 박명수, 『근대복음주의의 주요 흐름』, 124.
36) 한영태, 『웨슬레의 조직신학』, 387.

형성에 전체적인 내용에 있어서 부분적이지만 영향을 끼친 것을 부정할 수 없다. 이미 주지하는 바와 같이 동양선교회 창립자들은 대부분 무디성서학교 출신들이었고, 그들이 세운 성서학원도 무디성서학원이 전형적인 모델이 되었다.³⁷ 그러나 성결론에 있어서 무디와 토레이가 한국성결교회에 미친 영향은 웨슬리안과 비교해 볼 때 미미한 것이라고 하겠다. 한영태 교수는 성결교회 성결론을 분석하면서 '능력주심'의 개념이 한국성결교회 성결론에서 나타나는 것에 다음과 같이 말하고 있는데, 이것은 바른 평가이다:

> 웨슬레가 성도의 승리, 죄로부터의 자유, 완전한 사랑, 기독자 완전 등 구원의 일면을 설명할 때에는 능력 주심을 언급하거나 암시되었다. 능력은 성령을 통하여 역사하시는 하나님의 은혜이다. 그러나 능력 주심의 개념은 웨슬레 자신보다도 19세기 미국의 부흥운동과 관련이 더 깊은 것 같다. 특히 웨슬리안 교단이 아닌 사람들에게 이 점이 강하게 나타난다. 찰스 피니(Chales Finney)나 아사 마한(Asa Mahan), 무디(D. L. Moody) 등이 대표적 인물이다. 이들은 오순절적인 성령세례의 체험과 성결을 연결시켰다. 토레이(R. A. Torrey) 같은 이는 성령세례는 죄 씻음과는 무관하고 단지 능력주심과만 연결시켜 버린다. 이들은 거의 마음의 정결이라는 웨슬레의 개념에는 미치지 못한다.³⁸

---

37) 정상운, 『한국성결교회사(I)』, 116-19를 참조하라.
38) 한영태, 『웨슬레의 조직신학』, 87-88.

Ⅲ. 한국성결교회 성결론의 평가와 발전적 제언

지금까지 한국성결교회 성결론의 내용을 살펴본 바와 같이 성결교회의 성결론의 내용은 18세기 웨슬리신학의 범주 내에 전체적인 면에서 머물고 있지만 오히려 웨슬리보다는 19세기 성결운동에 직접적인 영향을 받고 형성 되었음을 살펴볼 수 있다.

한국성결교회 성결론은 오늘의 시점에서 재조명하여 보면 그것이 가진 신학적인 장점과 더불어 보완해야 할 점을 갖고 있다.

1. 긍정적 측면에서의 성결론의 특색

박명수 교수는 19세기 성결운동 즉 웨슬레안 성결론의 신학적 특징을 다음과 같이 들고 있는데, 이것은 웨슬레안 성결론의 신학적 유산으로 그것이 가진 긍정적인 면을 보여 주고 있다. 이것을 요약하여 정리하면 몇 가지로 다음과 같이 살펴볼 수 있다:

> 첫째, 구원론에서 웨슬레안 성결론은 기독교의 구원론을 좀 더 깊은 차원에서 다루게 한다. 지금까지 개신교의 구원론은 죄와 용서라는 칭의교리를 중심으로 발전해 왔다. 이 칭의교리를 통해 하나님의 은총을 발견한 것은 루터의 위대한 공로이다. 그러나 이 칭의교리는 용서에 강조점을 둔 나머지 실제로 거룩해지는 삶을 추구하는 면에서는 소극적이었다. 반면 웨슬레안은 일면 루터의 칭의교리에 굳게 서 있으면서도 그 죄의 근원이 되는 인간의 내면적인 변화에 강조점을 두어 외적인 죄의 용서와 더불어 죄의 근원적인 해결책, 즉 성령

의 능력을 통한 죄성의 제거를 강조하고, 이것을 온전한 성화라고 말했다. 이런 점에서 웨슬레안은 죄의 문제를 더욱 깊은 차원에서 해결하려고 했던 것이다.

둘째, 인간론에서 웨슬레는 인간의 죄성을 심각하게 인식하지만 그럼에도 하나님의 은총으로 죄성에서 승리할 것을 말한다. 웨슬레안은 정통 보수 신학과 같이 인간이 전적으로 타락했다고 주장한다. 그러나 이 타락은 본질적인 것이 아니고, 인간의 타락과 더불어 첨가된 것이기 때문에 제거될 수 있다고 본다. 또한 웨슬레안은 인간의 육체를 죄악의 근원으로 보지 않기 때문에 죽음 이전에는 온전 한 성화가 불가능하다는 주장에 동의하지 않는다. 그러나 무엇보다 중요한 것은 하나님의 은총에 대한 강조이다. 인간의 죄성이 심각하다 할지라도 그것을 이기시는 하나님의 능력은 더 큰 것이다. 웨슬레안 성결론의 적극적인 측면이다.

셋째, 웨슬레안은 율법주의도, 율법폐기론도 피하고 복음적 완전을 견지하려고 노력하였다. 펠라지안의 완전론은 율법을 준수하는 율법적 완전이다. 웨슬레안은 성결을 이렇게 율법주의적으로 이해하는 것에 반대했다. 아울러 도덕을 무시하고 신앙만 있으면 된다고 주장하는 신앙지상주의도 반대한다. 19세기의 웨슬레안은 플리머스 형제단에게서 이런 경향을 보았고, 이것에 대해 반대했다. 웨슬레안은 오히려 성령체험으로 인한 속사람의 변화에서 시작되는 사랑의 회복이야말로 온전한 성화라고 보았다.

넷째, 목회적 차원에서 성결운동은 신자의 참 신자화운동이다. 성결운동은 근본적으로 전도운동과는 구별된다. 전도운동이 불신자를 신자로 만들어 구원받게 하는 것이라면, 성결운동은 구원받은 신자를 참 신자로 만드는 운동이다. 전도가 성결과 연결되지 않는다면 그것은 명목상의 신자 양산에 불과하게 될 것이다.[39]

2. 성결론의 한계점

19세기말 성결운동은 웨슬리의 신학 범주에 서 있지만 당시 상황에서 자신들의 교리적 강조점을 포함시켜 발전시키는 특징을 보이고 어떤 면에서는 다소 급진적인 모습을 보이고 있다. 이러한 교리적 강조점들이 동양선교회(동양선교회 16개 신앙개조)를 통해 초기 한국성결교회 신학을 형성하였다. 한국성결교회는 21세기 새 천년과 다원주의 상황이라는 현시점에서 재조명하여 성결론이 가진 귀중한 특성은 계속 발전시키되 또한 상대적으로 갖는 한계점들도 극복해야 할 것이다. 한영태는 성결교회 성결론이 가지는 몇 가지 문제점을 들고 있는데, 그 요점은 대략 다음과 같다.

첫째, 우리는 성결의 순간적인 면만 강조하고 있다. 웨슬리와 후계자 어느 누구도 점진적 역사를 부인하지 않았다. 성령에 의한 순간적인 세례를 강조하기 위한 점에서는 이해가 되지만, 그러나 점진적인 성화의 과정을 무시해서는 안 된다. 이 점을 무시할 때 완전성화를 위한 성도의 영적생활이나 실제적인 삶에서의 헌신이나 노력들이 약화되어 결국 도덕무용론(Antinomianism)에 빠질 위험이 있다.

둘째, 완전성화의 개인적인 체험을 강조함으로 개인주의나 심지

---

39) 박명수, 『근대복음주의의 주요 흐름』, 133-35.

어 분파주의의 위험성이 있게 된다. 이 점은 미국의 수백 개나 되는 성결파 교단의 분열에서 잘 나타난다.

셋째, 개인주의와 관련하여 생각할 것은 사회적인 무관심이다. 나 혼자 성화를 체험하고 은혜 안에 사는 것으로 만족하기 쉽다. 사회적인 무관심이 웨슬리나 그 후 성결 부흥운동가들과는 거리가 멀었다. 성결의 복음과 그 능력을 개인적 차원에서 사회적 차원으로 확장해야 한다.

넷째, 우리가 강조하는 성령세례는 성결의 본질적인 내용이 아닌 성화가 이루어지는 방법을 말하는 것이다. 즉 성화는 성령세례 받음으로 가능하다는 것이다. 우리는 이 면에 대하여 언급이 없다. 단지 정결, 능력받음을 체험과 함께 강조한다. 성화의 체험이 사랑으로 가득찬 인격의 완성이 되지 못할 때, 광신주의나 신비주의로 빠질 위험이 있다.

다섯째, 성결을 성령세례, 성령충만, 불세례 등으로 강조할 때 생기는 위험은 성령론은 강조되지만 기독론의 약화를 가져온다. 성서적인 기독론 위에 성령론이 강조되어야 한다. 성결이 종말론적인 강조와 함께 선교로 이어지거나 현실 삶에서 역동적으로 적용되지 못할 때, 이것이 단순히 타계적인 신앙이 되기 쉽다.

성결교회 성결론이 개선해야 할 한계점의 지적 사항은 이미 한영태에 10년 앞서 조종남에게 나타나는데, 그는 성결론의 체계적인 신학적 이해의 필요성을 제기하였다:

> 성결의 교리를 정의함에 있어서 그것은 성화의 개념으로 다루든지 혹은 성신 충만의 개념에서 다루든지 간에 '순간적인 경험'으로서만

언급하고 성화의 과정과 관련시켜 설명하지 않은 점이라든가, 성신세례를 계속적인 성신충만과의 정당한 연결 없이 설명한 것은 이 교리에 대한 오해를 초래할 염려가 없지 않으리라 생각된다. 또한 성령충만과 성화는 내재적인 죄(부패성)나 인간의 연약성, 또는 영화의 단계등과 관련되어 구원론의 테두리안에서 포괄적으로 설명되어야 할 것이다 … 여기에서 이 귀중한 성화(성결)의 신학을 보다 체계있게 제시할 필요성을 느낀다.[40]

3. 한국성결교회 성결론에 대한 발전적 제언

교회사 연구는 과거 역사를 연구하고 이해하는데서 끝나면 안 되고, 오늘 현실의 문제를 분석하여 진단하고, 더 나아가 미래의 새로운 역사를 전망할 수 있어야 한다. 교회사적인 면에서 한국성결교회의 성결론도 과거에 대한 연구를 통하여, 교단의 정체성을 규명하고, 전수시키는 일에만 그치는 과거지향적 태도에 머무르지 않고, 현재와 함께 미래에 대해서도 열려있는 가치 지향적인 연구가 동시에 행해져야 한다.

따라서 한국성결교회 성결론도 귀중한 신학적 유산의 발굴, 분석, 복원 뿐만 아니라 그것을 오늘의 시점에서 정체성을 보존하며 다원화 상황에 적용시키는 신학적인 지속적인 작업을 통하여 보완함으로써, 이 시대에 성결복음이 성결교회를 넘어서서 한국교회의

---

40) 조종남, 『요한 웨슬레의 신학』, 239.

발전과 성장 그리고 나아갈 방향에 대해 지표와 견인차의 역할을 다하도록 해야 할 것이다.

필자는 1999년에 성결대학교 성결교회와 역사연구소 창립기념 학술대회에서 '새 천년을 향한 한국성결교회의 신학적 과제'[41] 논문 발표를 통해 새 천년 오늘의 상황에서 한국성결교회의 신학으로서 사중복음의 현대적 신학화 작업의 필요성에 대해서 언급한 적이 있다. 그 한 시도로 한국성결교회의 성결론은 웨슬리신학을 통하여 다음의 몇가지 점에서 보완되어야 함을 다음과 같이 언급하였다.

첫째, 한국성결교회 성결론은 점진적인 성화의 과정에 대해 열려 있어야 한다.[42] 점진적인 과정에서 순간적인 요소가 결합되어 완결을 향한 계속적인 성장을 즉, 순간에 받은 경험 후에 점진적인 역사가 있다는 웨슬리의 견해를 받아들여야 한다.

둘째, 성결교회의 개인적인 성결체험의 강조는 내세구원과 개인적 성화를 강조하면서도 사회적인 무관심과 역사성을 무시하지 않는 사회적 성화를 포괄하는 양자의 균형적인 모습으로 나타나는 쪽으로 발전되어야 한다.

셋째, 한국성결교회 성결론은 종말론적인 재림의 강조와 함께 이것이 역동적인 복음 선교로 이어가야 한다.

넷째, 한국성결교회 성결론은 부패성 제거보다는 하나님의 형상 회복이라는 범주로 확대해야 할 필요성이 있다.[43]

---

41) 성결대학교 성결교회와 역사연구소에서 1999년 12월 1일 '새 천년 한국성결교회의 역할과 과제'라는 주제로 학술대회를 열고, 논문집을 발간하였다.
42) 박명수 교수는 19세기 성결운동이 성장의 측면을 전적으로 무시하지 않고, 성결을 근본적으로 하나님의 선물인 것을 강조한 것으로도 설명하고 있다.
43) 성결론의 발전적 방향을 위한 보완점의 지적은 필자가 작년에 발표한 "새 천년을

IV. 닫는 글

지금까지 교회사적으로 살펴본 바, 한국성결교회 성결론은 칼빈주의와 대조하여 살펴볼 때 18세기 웨슬리신학의 맥락과 그 범주에 속해 있으나 웨슬리신학의 성화론과는 상당한 차이가 있음을 알 수 있다. 따라서 18세기 웨슬리신학과 19세기 성결운동은 신학적인 맥락에서는 동일한 노선이지만, 그 강조점과 세부 내용에 있어서는 서로 다른 상이한 부분이 있기 때문에 웨슬리신학과 19세기 성결운동의 신학은 구분되어야 한다. 한국성결교회 성결론은 19세기 성결운동의 특색에서 나타나는 바 도덕성 파괴와 배금주의 세속적 가치관이 팽배한 오늘의 상황에서 양적인 성장은 지양하고, 질적인 성숙을 향해 나아가야 할 한국교회에 새로운 시사점과 가능성을 가져다 주고 있다. 그러나 또 한편에서는 성결교회의 성결론은 오늘의 시점에서 재조명하여 볼 때 웨슬리신학을 통하여 좀 더 체계적인 신학적 이해를 할 필요가 있다. 한국성결교회는 새천년의 변화와 새로운 상황에 진입하면서 사중복음의 균형적인 강조와 함께 성결의 복음 전파를 목적으로 설립된 성결교회의 사명을 더욱 견지하고, 그 본분에 매진하되 신학적인 한계는 보완하고, 장점은 더욱 보존시킴으로 한국교회와 세계교회에 한국성결교회의 분명한 역할과 자기 존립의 당위성을 드러내야 할 것이다.

[성결대학교 성결교회와 역사연구소, 「성결교회와 역사」, 2권(2000년)]

향한 한국성결교회의 신학적 과제"(성결교회와 역사연구소 편, 『새천년과 한국성결교회』(서울: 도서출판 바울, 1999)라는 논문 88-90쪽을 참조하기 바란다.

신유(神癒)

第十四節 聖經에 病을 고치는 敎理가 記錄되어 잇슴은 우리가 밋는 바라. 마가 16장 17-18절과 야고보 5장 14-15절의 말삼대로 하나님의 子女들이 信仰으로 祈禱하야 病고침을 밧을 特權이 잇나니라. 그러나 이대로 하지 못하고 醫藥을 의지하는 者에게 對하여 批判도 하지 말지니라

신유론 이해

I. 여는 글

20세기에 들어서면서 인간의 삶에 대한 인간중심주의적인 접근방식이 팽배해져 만일 신체 및 그것의 화학적 결정에 대한 충분한 지식과 과학자의 행동의 자유만 주어진다면 질병은 완전히 정복될 수 있는 것처럼 보였다.[1] 이것은 새 천년에 들어온 현 시점 많은 사람들에게 이제는 생명을 복제하고 인간의 유전자를 분석하는 것을 넘어서서 인간의 건강과 장수를 보장하는 생명조작의 새로운 지평이 열리고 있다는 확신을 더해주고 있다.

이에 대해 대부분의 교회지도자들은 동물은 물론, 인간을 복제해 낼 수 있는 현대생명 공학이 생명의 신비를 풀어보려는 과학적 기대심과 오만이 야기시킬 인류의 불행한 파국을 경고하고 있다. 그러나 생명복제를 찬성하는 생명공학자들은 인간복제 기술을 통하여 노화와 질병을 방지, 치료할 수 있음을 강조하며 인간의 수명을

---

1) Morton T. Kelsey, 『治癒와 基督敎』, 裵相吉 역(서울: 大韓基督敎 出版社, 1993), 20.

120-150살까지 연장하여 살 수 있음을 예측하고 있다.[2]

이러한 일련의 노력들은 확실히 로마 카톨릭교나, 개신교든 전체적으로 기독교인들의 생각에서 신앙적 치유라는 개념을 말끔히 사라지게 했다. 한편으로는 의학의 성공이 그것을 불필요하게 만들었고, 또 다른 한편으로는 현대의 신학이 그런 믿음을 가질 수 없게 만들었다.[3]

그러나 최근 들어와서 교회에서의 치유사역의 중요성과 재인식이 보수주의적인 교회 내의 오순절주의 영향으로 새롭게 부각되고 있다. 피어슨(Mark A. Pearson)은 최근 수십 년간 교회에서 일어난 가장 큰 축복 중의 하나가 기도를 통한 치유사역의 부흥이라고 지적한다. 이제는 많은 교회들이 치유예배를 드리고 있고, 그 숫자는 점차 증가 추세에 있음을 말하고 있다.[4] 그는 현재 우리가 경험하는 치유는 새 하늘과 새 땅에서의 치유처럼 완전한 것은 아닐지라도 그것은 분명히 치유를 경험하는 것이고, 하나님께서는 치유의 4가지 방법으로 일하고 계신다고 말한다.

첫째는 의학적 기술과 과학으로, 둘째는 로마 카톨릭적인 교회의 의식, 성직자, 성례를 통해서 그리고 셋째는 오순절 교회식의 방법으로 교회에 허락하신 여러 가지 영적 은사들의 사용을 통해서 치유를 베푸시고, 마지막 넷째로는 복음주의 교회의 특징처럼 모든 그리스도인들의 기도를 통해서 치유를 베풀어주신다고 말한다. 즉, 복

---

2) David Jefferis, *Megatech : Frontiers of Genetic Engineering*(Crabtree Puglishing, 1999), 29; 박충구, 「생명복제 생명윤리」105-6에서 재인용.
2) Kesley, 『治癒와 基督敎』, 41.
3) Mark A. Pearson, 『치유의 은사를 베푸시는 하나님(Christian Healing)』, 윤수인 역 (서울: 은성, 1996), 9.

음주의 교회는 성경을 우선에 두고 성경에 권위를 부여하는 입장을 고수하며 모든 믿는 자들이 치유 사역하는 것을 지지하고 있다는 것이다.[5]

새 천년에 들어와 치유사역의 중요성 회복과 신유에 대한 바른 성서적 이해가 신학교와 교회에서 일어나야 할 필요성을 절감하므로 필자는 본 연구소의 신학연구계획에 따라 1997년에는 한국성결교회와 사중복음, 1999년에는 한국성결교회와 재림론, 2000년에는 한국성결교회와 성결론 이해를 공 동주제로 정해 집중 연구하여 책(논문집)으로 출간하였고, 그 연장선으로 한국성결교회와 신유이해라는 공동 주제아래 본고에서는 한국성결교회의 신유론의 역사를 논하고자 한다.[6]

---

5) Ibid., 18-21.
6) 필자가 성결대 성결신학연구소 소장으로 있을 때『한국성결교회와 사중복음』의 제목으로 단행본을 출간하고 학술대회를 1998년 12월 1일에 개최하였다(발표자는 성기호/사중복음의 신학적 의의, 한영태/사중복음의 성결론 이해, 정상운/사중복음의 역사적 유래, 홍성국/사중복음의 신약적 근원). 1999년에는 성결교회와 역사연구소(발족 1999. 5. 4)의 소장으로 추대되어, 성결신학연구소와 성결대 연합으로 학술세미나를 개최하고『성결교회와 세대주의』책을 출간하였다. 그리고 2000년 11월 16일 '21세기 한국성결교회의 성결론 이해'의 주제로 학술대회를 개최하고 연구소 논문집(2집)을 출간하였다.
   1907년 성결교회가 창립된 후 95년이 지난 지금까지, 사중복음의 신유론은 한국성결교회와 관련하여 본격적인 학술대회나 세미나를 통해 집중적으로 연구된 적이 없었다. 다만, 2002년 2월 20일에 출간된 서울신대 개교 90주년 기념 학술논문집「21세기와 서울신학대학교」에 조갑진 교수의 사중복음의 신유에 대한 해석학적 평가가 유일하고, 그 외는 학위논문(주로 D. Min)이나 아니면 책 중의 부분적으로 언급하고 있는 것이 지난 과거 신유론에 대한 연구의 전부이다.

Ⅱ. 한국성결교회 신유론의 역사적 배경

1. 웨슬리를 넘어선 19세기 신유운동

개혁파 전통은 신유의 은사를 보다 쉽게 다른 시대로 이관시켰다. 그 한 예로 칼빈(J. Calvin)은 종부성사(extreme unction)와 야고보서 5장 14-15절에 대해 설명하면서 다음과 같이 주장하였다:

> 야고보는 교회가 아직도 하나님의 은총을 향유했던 때에 대해 말하였다. … 그러나 우리는 다른 방법으로 경험을 한다. 참으로 주께서는 어느 세대나 그의 백성과 함께 하신다. 그리고 그는 옛날과 마찬가지로 필요할 때마다 그들의 약함을 고쳐주신다. 그러나 계속 이러한 분명한 능력을 나타내시지 않을 뿐 아니라, 사도들의 손을 통하여도 기적을 베푸시지 않는다. 왜냐하면 그것은 일시적 은사였고, 그러기에 곧 사라졌다.[7]

신유를 사도 시대의 것으로 국한시키는 세대주의적인 주장(dispensational assignment)은 보다 더 엄격해졌고, 개혁파 전통의 입장으로 인정되었다. 청교도주의자인 오웬(John Owen)은 일반 은사와 특별 은사를 구분하였고, 후자를 계시의 시대와 관련시켰다. 이러한 입장은 19세기에 있어서 워필드(Benjamin B. Warfield)의 구학파(Old School)의 칼

---

7) John Calvin, *Institues of the Christian Religion*, Library of Christian Classics edition, ed. John T. Mcneil (Philadelphia: Westminster press, 1960), bk.4, Ch. 19, Sect. 19, 1467 ; Donald W. Dayton, *Theological Roots of Pentecostalism*, 116-117 에서 재인용.

빈주의에서 극도로 발전된 것처럼 보인다. 워필드는 20세기 전환기에 오순절 이전 여러 치유운동가(pre-Pentecostal healers)들을 공격하였다.[8]

한국성결교회 신유론은 18세기 웨슬리보다 19세기 신유운동가들에게서 오히려 더 큰 영향을 받았다. 그것은 웨슬리의 두통과 그의 타고 다니는 말의 절뚝거리는 것이 즉시 치유됨을 들어 그를 신유에 관한 정통파(ortho-dox on divine healing)라고 주장하지만, 그 증거가 모호하다. 웨슬리는 은혜와 윤리적인 변화 대신에 은사와 초자연적인 활동을 반대하면서도 초대 교회의 성령의 초자연적인 사역의 회복을 추구하는 양면성을 갖고 있다.[9] 웨슬리가 킹즈우드(Kingswood)에 사는 여인을 위해 기도하였고, 그 결과 병 고침을 받은 일이 *Journal* (20 May, 28 October 1739)에서도 소개되고 있지만 그는 신유운동가가 아니었다. 웨슬리는 신유를 부정하지는 않았지만, 신유에 대한 적극적인 주창자는 아니었다.

웨슬리는 질병에 고통을 당하는 자들을 위해 기도했고, 기도의 결과로 병 고침을 받는 일을 말하고 있지만, 그의 주된 관심은 하나님의 능력을 통한 신유가 아니었다. 오히려 그는 진료소를 통한 치료와 기초 의학 지식을 통한 건강회복에 주력하였다. 웨슬리는 교도소와 도시의 하층민을 위한 사역에서 민간요법을 통한 치료를 실행하기도 했다:

---

8) Donald W. Dayton, *Theological Roots of Pentecostalism* (Grand Rapids: Francis Asbury Press, 1987), 115-16.
9) Ibid., 117-18.

> 나는 1703년부터 감옥을 방문하여 도시의 가난하고 병든 사람들을 돕기 시작했다. 그리고 다른 선한 사역으로서 모든 자들의 육체나 영혼을 위하여 내가 필요한 곳이라면 나의 얼마 되지 않은 물질이라도 그들을 위해 할 수 있다면 모든 것을 서슴지 않고 하였다. 이 목적을 위하여 생활 규모를 줄이고 생필품까지도 절약하였다.[10]

19세기 근대 신유운동에 있어서 웨슬리보다는 독일의 블룸하르트(Johann Christoph Blumhardt)의 영향이 오히려 지대하였다. 블룸하르트를 통한 19세기 중엽 유럽의 신유운동과 더불어, 미국에서 일어난 신유운동의 중심 인물은 컬리스(Charles Cullis), 그리고 그 이후에 보드만(William E. Boardman) 여사, 고든(A. J. Gordon) 또한 심프슨(A. B. Simpson)을 들 수 있다. 이 중에서도 신유운동을 신학적 체계 안으로 끌어들여 가장 잘 발전시킨 사람은 심프슨이었다. 따라서 19세기 후반 신유운동은 성결운동과 자연스런 조우를 경험하였다. 성결 촉진을 위한 전국천막협회의 초대 회장인 인스킵(J. Inskip)은 1871년 신유를 경험하였고, 이것을 컬리스의 잡지를 통해서 발표했다.[11] 이러한 신유운동들은 1867년에 오직 성결의 고양을 주요 목표로 세워진 전국성결연합회보 이와는 달리 중생과 성결의 이중복음과 함께 웨슬리안 성결운동에만 매이지 않고 신유와 재림을 강조하는 만국성결연맹 및 기도동맹에 더 큰 영향을 끼치게 되었다. 따라서 동양선교회가 강조한 사중복음의 세 번째 주제인 신유의 복음은 19세기 웨슬

---

10) *The Works of John Wesley*, Vol Ⅱ.(Grand Rapids: aker book house, 1984), 99.
11) Dayton. *The Theolgical Roots of Pentecostalism*, 132.

리안 성결운동과 함께 일어난 신유운동에 영향을 받고 형성되었는데, 이것은 구체적으로 '만국성결연맹 및 기도동맹' 뿐만 아니라 '만국성결연맹 및 기도동맹'에까지 영향을 미친 심프슨과의 관련에서 비롯되었음을 알 수 있다.

심프슨의 신유론은 초기 동양선교회 창립자들에게 지대한 영향을 끼쳤다. 이에 대해 동양선교회의 초기 역사를 기록한 우드(R. D. Wood)는 동양 선교회의 창설자인 카우만이 심프슨에게 받은 영향을 다음과 같이 말하고 있다:

> A. B. Simpson의 신유에 대한 강조는 Charles Cowman과 동양선교회에 깊은 감명을 가져다주었다. 심프슨은 신유를 영혼뿐만 아니라 육체에 대해서도 완전한 구세주가 되시려는 주님의 의도의 지시로서 간주하였다. 1919년 그가 로스 엔젤레스에 머물며 카우만은 전혀 깨닫지 못했던 *The Bible Readings on Divine Healing or Studies from the Scriptures*를 출판하기 위해 준비했다. 그는 요한 3서 2장을 본문으로서 정했다. 그가 자신의 상태 때문에 도움을 얻기 위한 훈련으로서 연구를 했다는 것은 서론에 잘 나와 있다. … 카우만은 회개와 신앙에 기초를 둔 속죄 가운데 신유의 준비를 발견하고, 그의 질병은 과로로 인해서 주어졌다는 자신의 믿음을 반복하였다.[12]

동양선교회의 사중복음의 4가지 주제 가운데 하나인 신유 강조는 웨슬리의 직접적인 영향보다는 19세기 미국 교회 신유운동의 산

---

12) Robert D. Wood, *In These Mortal hands: The Story of the Oriental Missionary Society, the first 50 Years* (Greenwood: OMS International, 1983), 30-31.

물로 보는 것이 타당하다.[13]

III. 한국성결교회의 신유론의 발전과정

1. 기독교연합선교회(C&MA)와 심프슨의 신유론

심프슨이 1881년 11월 7일에 13번가 장로교회를 사임한 일은[14] 칼빈주의 장로교 목사로서 신유 체험을 갖고, 신유가 사도 시대의 일시적인 은사로 곧바로 사라지지 않고, 지금도 계속해서 일어나고 있다는 확신에서 비롯되었다.

심프슨은 어릴 적부터 여러 질병으로 인해 고생을 하였다. 14살 소년 시절에는 죽음의 지경에까지 이른 적이 있었고, 심장질환으로 인해 주머니에는 늘 약을 가지고 다녔다.[15] 앞서 언급한 대로 건강이 약화되면서 첫 목회지를 켄터키 루이빌로 정해 1874년부터 6년간 목회하였지만 건강이 몹시 약화되어 있었다.[16] 뉴욕 13번가 장로교회에서 사역할 때도 내적으로는 교리적인 문제로 인한 갈등에 젖게

---

13) 정상운, 『한국성결교회사(I)』(서울: 은성, 1997), 191.
14) Charles Edwin Jones, *A Guide to Study of the Holiness Movement* (Metuchen: the Scarecrow Press, 1974), 498.
   이 책에서는 기독교연합선교회(Christian and Missionary Alliance)의 처음 시작을 기성교회에서 소외된 무산대중을 위한 사역의 필요성으로 Simpson이 1881년 장로교단을 떠났음을 말하고 있다.
15) A. E. Thompson, *A. B. Simpson - His Life and Work* (Harrisburg: Christian Publication, 1960), 73
16) Keith M. Bailey, *Bringing Back the King: An Introduction to the History and Thought of the Christian and Missionary Alliance* (Nyack: Christian and Missionary Alliance, 1985), 3.

되었고, 육체적으로는 건강이 악화되어 또 한번의 위기를 맞게 되었다.[17]

뉴욕의 유명한 의사는 심프슨의 생명이 몇 달 밖에 남지 않았음을 말해 주었다. 심프슨은 그해 여름 동안 사라토가 온천장(Saratoga Springs)에서 휴식을 취하였다. 그곳에는 인디언 야영장이 있었고 어느 주일 오후에 복음전도집회가 열리고 있었다. 심프슨이 낙심되어 이리저리 서성거리며 걷고 있을 때, 갑자기 전도집회에서 울려나는 찬송 소리를 듣고 마음에 깊은 감동을 받게 되었다. "예수는 만군의 주시니, 아무도 주님처럼 역사할 수 없네(My Jesus is the Lord of lords : No man can work like Him). 아무도 주님처럼 역사할 수는 없네. 아무도 주님처럼 역사할 수는 없네."

그들이 부르는 찬송은 하늘로부터 들려오는 음성과 같이 심프슨의 마음을 흔들어 놓았다. 이 일 후, 심프슨은 몇 주 후에 가족과 함께 공기 좋고, 대서양 해변가 가운데서도 가장 좋은 곳으로 알려진 메인주 올드 오챠드 해변(Old Orchard Beach, Me.)으로 휴양을 떠났다.[18]

심프슨이 휴양하러 간 때는 1881년 7월 말이나 또는 8월 초로[19], 마침 그 곳에는 보스톤의 의사인 컬리스(Charles Cullis) 박사가 집회를 인도하고 있었다. 심프슨은 컬리스 박사의 올드 오챠드 신유 예배에 참석하였고, 많은 사람들로부터 신유에 대한 간증을 듣게 되었다.[20]

---

17) Ibid., 4.
18) Thompson, *A. B. Simpson - His Life and Work*, 74-75.
19) Robert L. Niklaus, John S. Sawin and Samuel J. Stoesz, *All for Jesus : God at Work in the Christian and Missionary Alliance over One Hundred Years* (Camp Hill: Christian Publications, 1986), 40.
20) Ibid.

컬리스는 성서 연구를 통해 하나님은 오늘날에도 치유하시고, 교회는 신유목회를 반드시 수행해야 한다고 확신하였다.[21] 그러나 심프슨은 신유에 대한 분명한 확신을 가지지 못했다. 심프슨은 주님께 그 문제를 의뢰했고, 성경에서 그 해결책을 찾기 시작했다. 그가 숲 속에서 기도할 때 하나님의 영은 말씀 가운데서 그에게 신유의 진리에 분명한 확신을 주었고, 그 순간 자신의 육체의 질병이 치유되는 신유의 체험을 갖게 되었다.[22]

심프슨의 신유의 은혜 체험은 신유 은사는 사도 시대로 종결되었다는 개혁주의 장로교단의 교리와 상충될 뿐만 아니라, 은혜를 체험한 1881년 말, 이 일은 동역자들로부터 비난을 받게 되었고, 결국 '13번가 장로교회'를 사임하게 되었다. 이로부터 그는 형식적이고 진부한 장로교 목회를 떠나 성령의 자유로운 역사에 모든 것을 맡기는 새로운 사역을 시작하였다. 심프슨은 신유가 강조되기를 원하였다. 그는 신유에 있어서 믿음의 기초는 예수 그리스도의 속죄라는 것을 가르쳤다. 만일 질병이 인간의 타락으로 온다면 그것은 구원자에 의해 원상태가 되어야 할 것을 주장하며, 그것의 결론을 이사야 53장 4-5절, 마태복음 8장 17절, 시편 103편 2-3절, 출애굽기 15장 25-26절과 같은 성경구절들로부터 이끌어 냈다.[23]

따라서 심프슨은 그리스도의 생애를 중심으로 신유론을 주장하며, 아담의 타락으로 인해 죄와 질병이 이 땅에 들어오게 되었다면

---

21) Bailey, *Bringing Back the King*, 4.
22) Ibid., 4; Thompson, *The Life of A. B. Simpson*, 72-78 참조.
23) Sawin, "The Four-fold Gospel," *The Birth of A Vision*, eds. David F. Hartzfeld and Charles Nienkirchen (Regina: Canadian Theological Semimary, 1986), 12.

그리스도의 사역으로 말미암아 사죄와 신유, 무엇보다도 그리스도의 부활을 통한 신유의 가능성이 주어졌음을 말하고 있다. 부활하신 그리스도는 영과 육을 포함한 통전적인 구원을 보여주는 사건이므로 신유의 복음은 온전한 구원을 보여주는 온전한 복음으로 강조했다. 속죄의 주님은 인간 가운데 우리의 고통과 필요에 대해 당신의 손을 뻗쳐 구원과 신유를 가져다 주시는 분으로 나타나신다.[24] 그의 목회 후반부에서 신유에 대해서 그는 다음과 같은 부분을 상세히 말하기도 했다:

> 신유는 약을 포기하는 것이나 또는 의사와 다투는 것과 치료에 대해 반대하는 것이 아니다. 그것은 믿음의 기도와 신유를 가르치는 남자와 여자를 믿거나, 그 교리가 진실되다는 것을 믿는 것이 아니다. 그것은 우리 몸의 초자연적 힘(Supernatural Strength)과 우리 신체적 생활의 공급으로써 우리 안에 계신 그리스도의 인격적 삶을 진실로 받아들이는 것이다. 신유는 살아있는 사실이며, 단순한 이론이나 교리가 아니다.[25]

심프슨은 신유(divine healing)를 '인간 육체 속에 하나님께서 주입하시는 초자연적인 능력으로써 하나님의 생명과 능력에 의해 그들의 힘을 새롭게 하고 고통당하는 인간의 육체의 약함을 되돌리는 것'

---

24) A. B. Simpson, *The Gospel of Healing* (Harrisburg: Christian Publications, 1915), 7.
25) *The Word, the Work and the World* (July/Aug. 1887), 75; Sawin, "The Fourfold Gospel," 13에서 재인용.

으로 정의하며[26], 하나님의 말씀은 기적이 사라졌다는 사실을 어디에서도 내비친 적이 없다고 말한다.[27] 심프슨의 신유론의 특징은 다음과 같이 몇 가지로 정리할 수 있다.

첫째, 그는 신유를 예수 그리스도의 생애와 관련시켜 그리스도의 구속사역의 일부로 이해하였다.[28]

둘째, 그는 그리스도의 십자가 죽으심과 부활을 영적인 차원으로만 국한시키지 않고 육체를 포함한 영·육의 전인적 구원(holistic salvation)으로 이해하였다.[29]

셋째, 그는 의학적인 치유 수단에 앞서서 신유를 우선하는 특징을 말하고 있다. 그는 신유는 의학적 수단이 아님을 강조하고 있으나, 의학적 치료방법도 나름대로 제한된 가치를 갖고 있음을 인정하였다.[30]

2. 동양선교회와 신유론

1901년 4월 1일 동경에서 중앙복음전도관으로 시작할 때 한국성결교회의 모체라 할 수 있는 동양선교회가 가진 주된 목표는 동양의 모든 나라에 온전한 복음, 즉 사중복음을 전하기 위한 것이었

---

26) A. B. Simpson, *The Four-Fold Gospel* (New York: Christian Alliance Publishing Co., 1925), 56-57.
27) Simpson, *The Gospel of Healing*, 52-53.
28) Ibid., 32.
29) Ibid., 7.
30) Ibid., 68.

다.³¹

　나카다 쥬지(中田重治)는 처음에 사중복음을 온전한 복음으로 가르치고 전도하였으나, 타 교회 신자들의 용어 사용을 이상하게 생각하는 오해를 없애기 위해 순복음 즉, '온전한 복음'을 '사중복음'이란 명칭으로 변경하고, 그 4가지 주제를 신생(新生), 성결(聖潔), 신유(神癒), 재림(再臨)으로 불렀다.³² 나카다는 기독교연합선교회(Christian & Missionary Alliance)의 심프슨 박사로부터 사중복음(Four-Fold Gospel)이란 용어를 채택하였음을 말하고 있다.³³ 그는 진리(성서의 기적, 新生, 그리스도의 육체적 부활 등)를 부정하는 당시 자유주의 신학을 부르짖는 교회와의 구별을 위해 사중복음이란 용어를 사용하게 되었다. 왜냐하면 나카다에게 있어서 사중복음은 신약성서의 순복음(pure gospel)이었고, 사도적 기독교를 반영하는 것이기 때문이다.³⁴ 동양선교회는 사중복음 가운데 하나인 신유를 처음 시작부터 현재까지 주장하여 왔다. 우리의 죄를 용서해주신 그리스도께서 인간의 질병까지도 치유하신다는 소박한 성서적 믿음이다.³⁵

1) 나카다와 신유론

　나카다(中田重治)는 사중복음 가운데 세 번째 주제를 신유(또는 康化)

---

31) 정상운, 『한국성결교회사(Ⅰ)』, 99. 또한 米田勇 編, 『中田重治全集』第二 卷, 282를 참조.
32) 米田勇 編, 『中田重治全集』第一卷, 363.
33) 米田勇 編, 『中田重治全集』第二卷, 283.
34) Merwin, "The Oriental Missionary Society Holiness Church in Japan 1901-1983," D. Miss. Dissertation, (Fuller Theological Seminary, 1983), 78.
35) 米田勇 編, 『中田重治全集』第一卷, 404-9.

로 언급하며, 그것은 순간적으로 하나님의 능력으로 병자가 일어남으로 설명하고 있다.[36] 그는 다음과 같이 신유를 말하고 있다:

> 첫째, 신유는 신적 치유로 순간적으로 하나님의 능력으로 병자가 치유됨을 말한다.
> 둘째, 영적인 것만을 추구하는 기독교에 있어서 육신의 질병을 치료하는 신유는 하찮은 것만은 아니다. 그것은 그리스도께서 복음을 전하셨고, 백성들의 병을 치료하셨기 때문이다.
> 셋째, 교회가 물질주의적 현대사상과 과학 문명으로 인해 하나님의 능력을 부정하고 신유의 이적을 미신과 이단으로 규정하여 타락하였으나, 사도 시대는 신유를 가르쳤기 때문에 부흥되었다.[37]

2) 킬보른(E. A. Kilbourne)과 신유론

킬보른은 신유란 예수의 지상사역 중에 대부분을 차지하는 것으로 질병을 고친 일이 예수께서 이 땅에 오신 이유의 일부분임을 강조하였다. 그러나 복음의 단순성으로 돌아가 현재에도 주께서 질병을 고치신다고 주장하였으나, 신유를 구원의 결과와는 연관시키지 않았다.[38]

그는 신유(神癒)는 '예수 그리스도의 속죄(贖罪)로 인하여 우리를 위

---

36) 米田勇 編, 『中田重治全集』第一卷, 404-9.
37) Ibid., 428-31.
38) 정상운, 『한국성결교회사(Ⅰ)』, 191.

해 구득(購得)한 은택(恩澤)'으로 정의하였다.³⁹ 킬보른은 신유에 대해 열렬한 신앙을 가질 것을 피력하며, 자신도 30년 전부터 예수 그리스도를 자신의 의원으로 삼았으며, 신유의 은혜 가운데 다른 의원을 부르지 않았다고 회고하였다.⁴⁰ 그의 신유론을 체계적으로 알 수 없지만, 다음과 같이 정리해 볼수 있다.

첫째, 예수 그리스도께서는 오늘날에도 병을 고치신다.

둘째, 질병의 고침은 예수께서 행하신 역사의 대부분으로서 그가 오신 이유의 일부분이다.

셋째, 질병 가운데 어려움을 당할 때 세상 의원의 도움을 구하기 전에 하나님께 먼저 나가야 한다.

넷째, 교회에서 신유의 역사를 행할 때 사용한 3가지 방법은 신유의 은사를 가진 자나 장로들의 기도 그리고 자기 자신의 간절한 기도이다.⁴¹

3. 한국성결교회와 신유론

동양선교회와 마찬가지로 한국성결교회(초기 복음전도관)의 설립목적은 중생·성결·신유·재림의 복음을 고조(高調)하며 전파하는 일이다.⁴² 따라서 처음 설립 때 사중복음은 전도 표제에서 시작되었으나,

---

39) E. A. Kilbourne, "東洋宣敎會가 가라치는 四重福音(一)," 「活泉」, 第78號(1929年), 11.
40) E. A. Kilbourne, "東洋宣敎會가 가라치는 사중복음(三)," 「活泉」, 第80號, 16.
41) Ibid.
42) 정상운, 『한국성결교회사(Ⅰ)』, 161.

이제는 성결교회를 특징짓고, 성결교회를 드러내는 판별적인 교리적 전통으로 굳어졌다. 신유의 복음도 1907년 초기 복음전도관 시절 정빈과 김상준에 의해 한국 땅에 소개되고, 전해지는 과정에서 일부 미신으로 간주되며 많은 오해를 받기도 하였지만 중생·성결·재림의 복음과 함께 이제는 단순히 '복음'에 머물러 있지 않고 교리적 강조로까지 가르쳐지고, 전파하게 되었다. 한국성결교회 신학사상의 중요한 맥을 이루는 김상준, 이명직, 김응조 목사의 신유론을 간략히 살펴보면 다음과 같다.

1) 김상준(金相濬)과 신유론

1921년 출판된 김상준 목사의 『四重教理』는 『默示錄 講義(1918년)』에 버금가는 사중복음(四重福音)의 중요한 내용을 담은 책으로 성결교 신학의 교리 근간을 이루는데 결정적인 역할을 하였다.[43]

이 책은 김상준 목사가 경성성서학원의 교수로 임직했을 당시에 성결교회의 교리를 설명하기 위해 강의용으로 집필했던 것인데 성결교회를 떠난지 수년이 지난 후에야 등사본(謄寫本) 서책으로 출간하였다.[44] 기독교의 진리를 사중교리 즉, 중생(重生)·성결(聖潔)·재림(再臨)·신유(神癒)의 교리로 응축시킨 이 책은 한국성결교회가 개척된 지 15년만에 얻은 귀중한 열매였다. 김상준은 심프슨과 나카다 쥬지와

---

43) 한영제, 『한국기독교 문서운동 100년』(서울: 기독교문사, 1987), 69에서는 김상준의 『四重教理』를 다음과 같이 설명하고 있다. 1921년 발행된 성결교 교리서, 저자 김상준(金相濬), 발행처 성서학원(聖書學院), 22.2 15.5cm 한지 85매 등사본 국한문 혼용 내려쓰기.
44) Ibid., 70.

는 달리 중생·성결·재림·신유의 순서로 설명하였다.[45] 이것은 신유가 교리보다는 은혜의 복음으로 받아들여지기 때문인 것으로 생각된다. 따라서 사중복음은 삼중교리(중생·성결·재림), 사중의 복음(중생·성결·신유·재림)으로 달리 불려지기도 했다.[46] 김상준 목사에 의해서 사중교리가 출간되기 전까지는 사중복음은 단순히 전도 표제(傳道標題)에 그치는 부분적이며 제한된 내용으로 강조되었으나 이 책이 나온 뒤부터는 체계를 갖춘 성결교 교리로서의 사중복음으로 강조되기에 이르렀다.[47] 김상준 목사는 신유를 다음과 같이 정의한다.

첫째, 신유는 의약을 쓰지 않고 다만 믿음으로 기도하여 병 고침을 받는 일이다.[48]

둘째, 신유는 순전한 진리요, 미신이나 사마(邪魔)의 능력이 아니다. 만일, 신유가 미신이 되면 사죄를 믿는 신앙(뿐만 아니라 神性과 성결을 믿는 믿음)도 동일한 미신이라고 할 수 있다.[49]

셋째, 신유는 타물(他物)을 일체 의뢰하지 않고 하나님만 의뢰하며 세상의 의약을 사용치 않는 것을 말하나, 병든 자의 신앙에 따라서 행해져야 할 것이고, 절대적으로 절금(絶禁)하는 것이 아니다. 따라서

---

45) 吉寶崙, 『朝鮮耶蘇教 東洋宣教會 聖潔教會 教理及條例』(京城: 東洋宣教會 聖潔教會, 1925), 21.

46) 이천영 교수는 '성결교회 60년의 회고'에서 다음과 같이 말한다. "성결교회가 유달리 수난을 겪음은 사중복음이 교리화했기 때문이라 하겠다. 일시 사중교리라고 불렀던 것이다. 중생·성결·재림은 교리의 신학이다. 그러나 신유만은 은혜의 복음이다. 또한 「活泉」제3권 1호 '성결교회사 小考 1'에서 신유를 너무 강조한 나머지 부작용이 있었던 것은 자타가 공인하는 바이지만 그리스도의 이적을 믿는 순수한 신앙심이 고조된 것은 유익된 일이라 할 것이다."라고 말하였다.

47) 정상운, 『한국성결교회사(Ⅰ)』, 195.
48) 金相濬, 『四重教理』(京城: 東洋宣教會 聖書學院, 1921), 65.
49) Ibid., 74.

의약을 의지하는 자들을 대하여 비평을 하지 말아야 한다.⁵⁰

2) 이명직(李明稙)과 신유론

이명직 목사의 생애에 있어서 중생과 성결 체험은 자신의 간증 기록인 '은혜기'(상·하)에 분명히 나타나고 있지만, 신유에 대해서는 이렇다 할 기록을 찾아볼 수 없다.⁵¹ 그러나 과거 성결교회 역사에 있어서 김상준 목사에 못지 않게 이명직 목사는 사중복음을 1952년에 저술한 『基督敎의 四大福音』을 통하여 체계적으로 정리하였다. 이명직 목사는 나카다 쥬지(中田重治)와 달리 김상준의 『四重敎理』의 순서에 따라 사중복음의 목차 순서를 중생·성결·신유·재림이 아닌 중생·성결·재림·신유로 그리고 '사중복음'이란 전통적인 표제를 따르기보다는 '기독교의 사대복음'으로 책 제목을 바꾸어 출판하였다.⁵² 그는 사중복음 중의 하나인 '신유'에 대해서 정의하기를, 하나님의 이적 중의 하나로 신자가 질병에 있을 때에 하나님의 약속하신 성경의 말씀을 믿고, 하나님의 능력으로 고침을 받는 것으로 말하고 있다.⁵³ 그는 신유를 다음의 몇 가지로 정리하여 그 특징을 다음과 같이 설명하고 있다.

---

50) Ibid., 17, 76.
51) 이명직의 "은혜기(상)," "은혜기(하)"는 「活泉」 제2권 10호, 11에 기록되어 있다.
52) 『基督敎의 四大福音』은 1952년에 기독교대한성결교회 출판부에서 발행하였다. 그러나, 출판사가 명시되지 않고, 『基督敎의 四大福音』이 「四重福音」으로 바뀌어 1952년에 출간된 책이 나와 있다. 그러나 필자도 『基督敎의 四大福音』이 이명직 목사의 원본이라는데 동의한다. 사중복음의 신유는 『신유의 복음(능력있는 기도의 七大 조건)』으로 저자는 이명직·이성봉(공저)으로 그리고 이건덕을 발행인으로 발행년도의 표기없이 발행된 책이 시중에 나와 있다. 그러나 이 책도 『基督敎의 四大福音』 중의 '신유'의 내용을 반복적으로 중복한 것 이외에 다른 내용을 보여 주고 있지 않다.
53) 李明稙, 『基督敎의 四大福音』(서울: 基督敎大韓聖潔敎會 出版部, 1952), 177.

첫째, 신유는 명백한 하나님의 약속으로 인생을 죄에서 깨끗케 하심이 하나님의 뜻인 것과 마찬가지로 불행한 질병에서 고침을 받아 건강하여지는 것은 하나님의 뜻이다.[54]

둘째, 신유는 그리스도의 속죄의 일부로 예수 그리스도께서 십자가에서 속죄하신 공로로 영혼 뿐만 아니라 육체도 나음을 받는 것이다.[55]

셋째, 의학적인 방법이 아닌 하나님의 고치시는 직접적인 역사(役事)이지만, 의약 사용도 죄가 아니다.[56]

넷째, 의약을 쓰지 않고 믿음으로 하나님께 기도하여 병이 나음도 신유이지만, 일생 동안 질병에 상관없이 건강하게 사는 것도 역시 신유이다.[57]

다섯째, 신유의 이적은 과거보다 현재에 증대되고 있으며, 신유는 교회에 허락된 은사이다.[58]

3) 김응조(金應祚)와 신유론

김응조 목사는 이명직 목사와 달리 신유에 대한 분명한 체험을 가지고 있다. 김응조 목사는 1930년 9월 10일 목포 유달산에서 7가지 질병(신경쇠약, 소화불량, 폐병, 피부병, 신경통, 치질, 종기)[59]으로부터 치유받은

---

54) Ibid., 179.
55) Ibid., 179-80.
56) Ibid., 181, 203.
57) Ibid., 203.
58) Ibid., 210.
59) 김응조 목사가 유달산에서 성령의 불세례를 받고 신유의 체험을 한 날짜에 대해 1971년에 쓴 『나는 기도해서 얻었다』(예성 출판부, 1993년 4판) 72쪽에서는 1930년 9월 30일로 적혀 있고, 1983년에 쓴 『은총 九十년』 48-49쪽에는 1930년 9월

체험을 다음과 같이 하였다:

> 때는 1930년 9월 30일이다. 내가 기도를 시작한지 만 한 달이다. 하나님은 내 기도를 들으셨다. 죽음을 주시지 않고 은혜를 주셨다. 나에게 이상을 보여 주셨다. 내가 앉아서 기도하는 반석이 갈라지면서 밑창에서 생수가 솟아 오른다. 넘치는 생수에 내 몸이 둥둥 떠 있다. 이 환상이 지나간 후 정신을 차리니 내 마음에 기쁨과 소망과 평화가 샘처럼 솟는다. 그리고 마음이 뜨거워지고 온 몸에 불이 붙는다. 그때에 내가 내 몸을 보니 유리알처럼 맑아지며 마음에 기쁨이 충만하고 몸은 날아갈 것 같이 가벼워진다. 그때에 내 입에서 나오는 무심출의 말은 나는 살았다, 받았다, 나는 자리에서 분연히 일어나서 목마른 자들아 다 이리 오라 이 곳에 좋은 샘이 흐르도다(합동 239) 이 찬송을 몇 번 불렀는지 알 수 없다.[60]

김응조 목사의 신유 체험은 분명하지만 아쉽게도 그의 신유론은 김상준, 이명직 목사의 경우처럼 체계적으로 정리되어 있지 않다. 김응조 목사는 1983년 출간한 자서전 『은총 九十년』에 『四重福音(敎理)』을 자신의 저서 목록에 포함시켰지만, 이 책의 출간 사실은 아직까지 확인된 바가 없다. 영암의 신유론은 『성서적 정통신학』에서 중생·성결·재림론과 달리 언급되고 있지 않으나,[61] 『聖書大講解』 12권

10일로 말하고 있다. 필자는 9월 10일로 보고자 한다. 그것은 위에서 언급한 『나는 기도해서 얻었다』의 유달산 바위에서 제목의 글이 본문의 9월 30일과는 달리 상단부에서는 9월 10일로 날짜를 표기하고 있기 때문이다.
60) 김응조, 『나는 기도해서 얻었다』(서울: 예성출판부, 1993), 72.
61) 정상운, 『聖潔敎會와 歷史硏究(Ⅳ)』(서울: 한국복음문서간행회, 2002), 107.

야고보서 5장 15-16절의 주해를 보면 신유에 대한 분명한 입장을 보여주고 있다.[62] 그의 신유론은 다음과 같이 몇 가지로 정리할 수 있다.

첫째, 의약을 쓰지 않고 믿음의 기도를 통하여 병자를 침상에서 일으키는 능력을 신유로 정의하고 있다.

둘째, 모든 질병으로부터 치유권은 하나님께만 있고, 인간의 의학적인 기술과 간호는 보조적인 것이다.

셋째, 질병의 원인이 죄인 경우에는 주께서 먼저 죄를 사해주시고, 그 결과인 병까지 사해주신다.[63]

Ⅳ. 한국성결교회의 신유론 분석

1. 한국성결교회 신유론의 공통점

한국성결교회 개척 초기 순복음(Full Gospel)으로 불렸던 사중복음은 온전한 복음, 더 나아가 온전한 구원(Full Salvation)으로 지난 한 세기 간 한국성결교회의 판별적인 교리적 전통을 이루며 이것을 전하고, 가르치는 것이 이 땅에서 시행해야 할 성결교회의 우선적인 교회 사명이었다. 복음서의 중심되는 교리인 신유(divine healing)도 중생·성결·재림의 복음과 같이 4가지 주제로 집약된 사중복음 중의

---

62) Ibid.
63) 金應祚, 『聖書大講解』 12권, 218, 221.

한 주제로 1907년부터 오늘날까지 강조되었다. 지금까지 논의된 바 기독교연합선교회(C&MA)의 심프슨, 동양선교회(OMS)의 나카다 쥬지, 킬보른, 한국성결교회의 김상준, 이명직, 김응조의 역사적 순서에 따른 연구의 결과는 서로간의 차이를 약간 보이고 있으나[64], 이것은 향후의 연구 과제로 남겨둔다. 이들에게서 도출되는 내용은 다음과 같은 몇 가지 공통점으로 정리된다.

첫째, 신유는 교회에 허락된 은사로서 초대교회 시대에 국한되지 않고 오늘날에도 행해진다.

둘째, 신유는 그리스도의 속죄의 일부로 그리스도의 속죄는 영혼의 죄 뿐만 아니라 육체의 질병까지도 구원한다.

셋째, 신유는 순간적인 하나님의 능력의 역사로, 의학적인 방법을 쓰지 않고 믿음으로 기도하여 질병으로부터 고침을 받는 일이다.

넷째, 의약을 쓰지 않고 믿음의 기도로 질병으로부터 치유를 받지만, 의약이나 과학적 치료를 부인하거나 이러한 일을 행하는 것을 죄로 여겨 비판하는 것은 잘못된 일이다.

이같은 신유론의 공통되는 설명들은 예수교대한성결교회「헌장」'제2장 신조 제6절 신유'에서 아래와 같이 그대로 반복되어 나타나고 있다:

---

64) 신유에 대한 본격적인 연구는 본고에서 연구된 6인중에서도 심프슨과 김상준 그리고 이명직으로 좁혀진다. 그리고 이들의 신유론의 차이는 서로 약간씩 다른 차이를 보이거나, 설명을 좀더 구체적으로 하는 다른 내용을 보이고 있다. 그리고 '병자를 위하여 기름을 바르고 기도하라'(약 5:13-14)는 구절에서 이명직 목사는 '기름'을 유대 습관에 따른 '소독'이나 '위안'으로 해석하나, 김응조 목사는 '성령을 예표하는 것'으로 말하고 있다. 신유론에 대한 비교연구는 앞으로 행해야 할 연구과제로 사료된다.

제6절 신유

제17조 우리는 그리스도의 속죄로 말미암아 하나님의 능력으로 육체의 질병을 고쳐주시는 신유(神癒)를 믿는다.

1. 신유의 뜻: 신유라 함은 하나님의 보호로 육신이 항상 건강한 것과 병날 때에 하나님께 기도함으로써 병 고침을 받는 경험을 이름이니, 이는 하나님의 뜻이며(마 8:2-3), 하나님의 약속이며(출 15:26, 신 7:15, 약 5:15), 하나님의 능력의 역사이다(시 103:3).

2. 신유에 대한 태도: 신유는 현재 신자의 육체에 임하는 그리스도 구속의 은총의 일부로서, 주님 친히 채찍에 맞으심으로써 모든 사람의 질병을 맡으신 것이다(사 53:4-5, 마 8:17). 주님 세상에 계실 때에 많은 병자들이 고침을 받았거니와, 주님 고난받으신 후 이 초자연적 신유의 역사는 세계 각처에서 계속하여 나타나고 있으니, 신자들은 마땅히 병날 때에 회개와 믿음과 기도로 이 은혜를 받을 것이며(약 5:16-17), 또는 전도할 때에 이 은혜를 증거하며, 이 은혜가 나타나기 위하여 기도할 일이다(행 4:30).

3. 신유와 의약: 신유는 의약을 쓰지 않고 오직 하나님의 전능하심과 그 약속의 말씀을(출 15:26) 믿고 기도하여 고침을 받는 것이다. 그러나 우리가 신유를 믿는다 하여, 의약과 과학적 치료를 부인하거나 남이 의약을 쓴다고 하여 비평하지 말 일이다.[65]

---

65) 예수교대한성결교회 헌장개정전권위원회, 『예수교대한성결교회 헌장』(서울: 성청사, 1984), 30.

2. 한국성결교회에 있어서 신유론의 위치

앞서 살펴본 바와 같이 한국성결교회는 중생과 성결을 영적인 구원으로, 그리고 신유를 육체적인 구원으로 그리고 우리의 궁극적 구원은 그리스도의 재림의 날에 이루어진다는 온전한 구원을 가르쳤다. 즉, 예수 그리스도의 십자가의 공로는 인간의 영혼 뿐만 아니라 육체까지도 구원하시기를 원하신다는 온전한 구원의 복음이다. 이것은 복음전도관 체제에서 1921년 교단으로 전환한지 4년 뒤인 1925년 한국성결교회가 교리와 조례를 처음으로 제정할 때 분명히 「16개 신앙개조」 '10조 교회'에서 교회의 사명에 잘 드러나고 있다:

> 第十節 敎會
>
> 敎會는 하나님께 부르심을 밧아 世上과 分離하고 그리스도 예수를 自己의 救主로 밧아 밋는 活信仰을 가진 者들이 모혀 組織된 것이라. 敎會의 使命은 純福音을 本國과 外國에 傳함이니 諸罪에서 救援함과 神癒와 主가 再臨하신 後 千年王國을 建設하심이니라(고후6:17, 12:2, 갈 1:4, 약4:4, 요일5:19, 히11:6, 행10:8, 히7:25, 약5:14-16, 행4:10, 마10:8, 19:2, 25:6, 계 18:7, 15-16, 살전4:16-17, 행 1:9-11, 막16:5).[66]

윗 글의 내용처럼 한국성결교회의 사명은 『敎理及條例』(1925년)에 모든 죄에서의 구원함 즉, 중생과 성결 그리고 신유와 전천년 재림

---

66) 『敎理及條例』, 14. 이 책 5쪽에 보면, '동양선교회 목적'의 결론에서 "우리의 第一 큰 目的은 罪人으로 重生하게 하고, 重生한 者로 聖潔케 하되, 또한 神癒의 權能을 나타내며 再臨하샤 千年王國을 建設하실 것과 全世界에 福音을 傳할 일을 가라칠 것이니라."고 말한다.

으로 분명하게 나타나고 있다. 그리고 이것은 예수교대한성결교회 『헌장』에서 거의 동일한 내용으로 나타나지만, 현재 기독교대한성결교회(이하 기성)에서는 이것에 대한 분명한 직접적 표현 대신에 다른 내용으로 설명하고 있다. 즉, 전도 표제로서 사중복음을 강조한 기독교대한성결교회는 『헌법』제 1조에 '제1조 본 교회 목적'에서 성결교회의 목적을 다음과 같이 말하고 있다:

> 제1조 (본 교회의 목적)
> 본 교회는 성결교회의 초대 창립자들의 정신과 전통을 계승하며 그 중요한 내용은 아래와 같다.
> ① 국내외에 그리스도의 복음을 전파하여 모든 영혼들을 구원하며 모든 성도에게 성결의 은혜, 즉 성령세례(聖靈洗禮)를 전하여 교회로 하여금 거룩되게 하기를 힘쓴다.
> ② 교회를 설립하여 영혼을 구원함과 윤리의 실천을 힘쓰며 십자가의 복음과 성경의 권위를 보수하며 재림의 주를 대망하도록 한다.[67]

그리고 '기독교대한성결교회의 사명'을 다음과 같이 설명하고 있다:

> 초대 창립자들이 성결교회를 창립하였음은 또 하나의 교파를 만들려고 한 것이 아니고 그들의 받은 바 신앙의 체험을 통하여 복음의 도리를 세상에 한층 더 높이 드러내려는 열의에 있었다.

---

67) 기독교대한성결교회, 『헌법』(서울: 기독교대한성결교회 출판부, 1996), 9.

곧 요한 웨슬리가 주장하던 '성결'의 도리를 그대로 전하려는 사명 하에서 본 교회는 중생, 성결, 신유, 재림의 사중복음을 더욱 힘있게 전하여, 모든 사람을 중생하며 성도들을 성결한 신앙생활로 인도하여(* 신유 설명 빠짐: 필자 주) 주의 재림의 날에 티나 주름잡힘 없이 영화로운 교회로 서게 하려는 것이다.

그러나 사중복음 중에 신유를 빼놓은 기독교대한성결교회와 다르게 예수교대한성결교회(이하 예성) 『헌장』에서는 성결교회의 사명을 「제7조 사명」에서 중생·성결·신유·재림 사중복음의 증거에 있음을 다음과 같이 분명히 말하고 있다:

> 제 7조 사명
> 이 교회의 사명은 다음과 같다.
> 1. 그리스도의 성경적 복음을 만민에게 전파하는 일이다(막 16:15, 행 1:18).
> 2. 하나님의 말씀을 혼잡하게 하지 아니하고, 진실하게 가르치는 일이다(마 28:20, 9:35, 고후 2:17).
> 3. 사중복음 곧, 중생(重生)·성결(聖潔)·신유(神癒)·재림(再臨)을 증거하되, 특히 성결을 강조하는 일이다.[68]

예성 『헌장』과 기성교단 『헌법』을 초기 『敎理及條例』(1925년)와 『聖潔敎會 臨時約法』(1933년)을 통하여 비교하여 보면, 기성교단은

---

68) 예수교대한성결교회 헌장개정전권위원회, 『헌장』, 17.

'영혼의 구원, 윤리 실천, 복음 옹호, 성신의 권위 보수'등이 첨가되고 사중복음을 중생·성결·신유·재림으로 설명하나 사중복음 중에 신유 항목을 삭제하는 내용을 보이고 있다. 그러나 예성교단은 초기와 동일한 내용을 보이고 있다. 즉, 예성은 '성결교회 신조'에서 성경 / 하나님 / 사람 / 중생 / 성결 / 신유 / 재림 / 부활 / 천년왕국 / 영생과 영벌 10개조로 성결교회 교리신조를 밝히고 있으나 기성은 '제 2장 교리와 성례전'에서 신유를 빼고 성삼위 하나님 / 원죄/ 자유의지 / 칭의 / 성결 / 칭의 후에 범죄 / 재림 / 인류의 구원 / 신약의 제사권 / 성례전으로 국한하고 있다.

예성과 달리 기성은 스스로 전도 표제로 사중복음을 폄하시키거나, 21세기에 들어선 오늘날에도 19세기 천막집회 때의 부흥회 표제로 한정하여 경시하므로 사중복음이 아닌 삼중복음을 강조하는 교단으로 전락되어 한 세기간 성결교회의 교리적 유산인 사중복음의 전통을 훼손시킬 위험성을 보이고 있다.

기성교단이 신유론의 중요성을 간과하는 것은 신유를 강조하지 않는 웨슬리신학의 편중성과 또한 신유를 반 과학적인 미신적 태도나 광신적 행위로 간주하는 합리주의적 사고에 편승하거나 세칭, 3중교리 4중복음 즉, 지나친 신유복음의 오용에 대한 반동으로 신유의 복음을 빼고 중생·성결·재림을 교리로 보는 연장선에서 신유 복음의 중요성을 간과했기 때문이다. 자유주의나 보수주의를 막론하고 대부분 현대 교회는 대체적으로 질병으로 어려움을 당한 인간을 치유하는 신유사역에 대하여 부정적인 입장을 표하고 있다. 특별히 세대주의 신학도 신유는 하나님께서 잠시 교회를 일으키기 위한 방편으로써 초대 교회만 유효했다고 본다.[69] 그러나 이같은 주장과 이론들은 복음서에서 가르치는 교리와 정면으로 대치된다. 하나님의 말씀은 우리에게 신유의 이적이 오늘날에만 사라졌다는 사실을 어느 곳에서도 말하고 있지 않다.

V. 닫는 글: 평가 및 제언

1. 평가

주지하는 바와 같이 한국성결교회는 그리스도께서는 우리의 영혼 뿐만 아니라, 육체까지도 구원하신다는 온전한 구원, 즉 사중복음을 전하여 왔다. 따라서 한국성결교회는 1907년 경성에서 출발할 때부터 질병으로부터의 치유인 신유(divine healing)를 사중복음의 한 복음으로 주장하여 왔다.

그러나 거의 한 세기간 긴 세월을 지나오면서 한국성결교회는 중생, 성결, 재림의 복음과 함께 균형 잡힌 신유론에 대한 중요성을 인식하지 못하고 신유가 교회성장과 발전에 미치는 긍정적 영향과 치유목회의 가능성을 통한 신앙의 역동성을 신학적으로 검토하고, 현실에 있어서 적용하는 순기능적인 역할을 게을리 해왔다.

성결교단 내의 신유집회가 거의 전무한 현실에서 사중복음 중의 신유의 복음은 오순절 순복음교회나 은사를 강조하는 일부 기도원

---

69) Morton kelsey, *Healing and Christianity* (Minneapolis: Ausburg, 1995), 17-20.

으로 반납(?)하는 것으로 만족하고, 일부 교회에서 예배 순서 중의 하나로 축약되거나, 아예 생략되어 간과됨으로 사중복음이 아닌 삼중복음을 전하고 가르치는 교단으로 변형되는 현실적 위기상황에 놓여졌다고 해도 과언이 아닐 것이다.

1) 『헌법』(기성) 교리와 신조에서 '신유' 항목 삭제

성결교 신학사상사 면에서 보았을 때 이같은 상황은 전통적인 사중복음이 아닌 실제에 있어서 삼중복음의 성결교회로 고착화시키는 결과를 가져오게 할수 있다. 앞서 논했던 바 기성 『헌법』'제6조 본 교회의 전도 표제'에서 신유가 중생·성결·재림과 같이 설명되고 있으나, '제8조 본 교회의 사명'에서 신유 설명이 생략되어 있다. 그리고 '제2장 교리 및 성례전'에서는 기독교대한성결교회가 믿는 교리와 신조는 개신교 개신교회가 공통으로 믿는 복음주의로서 신앙의 생명과 골자를 이루는 것으로 설명하면서, 칭의(제17조)와 성결(제18조) 그리고 재림(제20 조)을 교리와 신조에 포함시켜 설명하고 있으나, 신유는 아예 항목마저 빠졌다.[70]

이와는 대조적으로 예수교대한성결교회 『헌장』은 '제7조 교회의 사명'에서 '신유'를 포함시켜 설명하고 있고, '제5장 신조'에서 제4절(중생), 제5절(성결), 제6절(신유), 제7절(재림)에서 신유를 신조에 포함시켜 설명하고 있다. 이것은 결국 예성과 달리 기성은 사중복음의 한 복음인 신유를 전도 표제로서는 인정을 하지만 교리와 신조로서는 인정할 수 없다는 뜻을 명백히 말하는 것이고, 이 점에 있어서 예

---

70) 기독교대한성결교회, 『헌법』, 14.

성과 기성은 큰 신학적 차이를 보이고 있다.

2) 목회현장에서의 신유복음에 대한 경시

신유에 대한 경시 내지 약화는 목회현장에서 분명히 드러난다. 홍순우 목사의 『교회성장과 설교-기독교대한성결교회를 중심으로』(대한기독교 출판사, 1985년)에 보면, 성결교회가 사중복음 기치를 들고 이 땅에 복음을 전한 교단이지만, '사중복음에 대해 1년에 몇 번 설교를 하십니까?'라는 질문에 1~5회 이하가 179명으로 전체 비율의 71.9%를 차지하고 있다. 또한 '사중복음 중에 어느 것을 제일 강조하고 싶습니까?'라는 질문에 중생·성결·재림·신유의 순으로 그 비율의 순이 나타나는데, 전체 설문 대상 교역자 247명 가운데 신유는 1.6%에 해당하는 4명에 불과한 것으로 나타난다.

표 5. 사중복음 중 제일 강조하고 싶은 것은?[71]

		중생	성결	신유	재림	합계
교역자	빈도	12.7	87	4	29	247
	구성비	51.4	35.2	1.6	11.7	100

홍순우 목사는 신유는 예수님의 사역의 중요한 부분으로 예수님은 치유를 통하여 생명의 주 되심을 나타내셨고 또한 이러한 기적을 통하여 하나님께서 역사 속에 들어오셔서 개입하고 있다고 말한다. 그리고 우리 성결교회는 이 신유를 4가지 중요한 전도 표제 가운데 하나로서 생각하고 있으나, 설문에 나타난 것에 의하면 신유를

---

[71] 홍순우, 『교회성장과 설교 -기독교대한성결교회를 중심으로』(서울: 대한기독교출판사, 1985), 70.

주장하는 교역자는 거의 없다고 단정하고 있다.[72] 1985년에 출간된 책(ACTS의 D. Min. 논문)의 통계이지만 오늘에 있어서는 그 비율이 오히려 감소되었으면 되었지, 증가하지는 않았을 것으로 사료된다. 그것은 1985년부터 지금까지 기성과 예성을 막론하고 한국성결교회 내에서 신유 대중집회가 개최된 적이 거의 없었고, 또한 필자가 소장으로 있는 성결교회와 역사연구소가 학술대회를 '신유' 주제로 열기 전까지 '신유' 한 주제로 본격적으로 개최된 학술모임이 전무하기 때문이다.

3) 사중복음 퇴조의 주요한 원인으로서 웨슬리신학에 대한 편중성

사중복음 가운데 신유의 복음에 대한 퇴조는 예성(김응조 목사 중심)보다는 이명직 목사 사후를 전후로 하여 기성에서 현저히 드러난다. 이같은 결과의 요인은 앞서 언급한 대로 개혁주의인 사고의 연장으로서 초대 교회 사도 시대 이후의 신유 은사의 종식 주장을 비롯한 신유에 대한 다소 폄하적인 교리적 선입견과 비성서적인 신유사역을 통한 광신주의, 치유를 빌미로 한 기복주의가 가져다주는 피폐의 심각성 그리고 신유를 반과학적인 미신적 태도로 간주하는 합리주의적 현대적 사고의 영향도 있다. 하지만 또 하나의 요인은 상대적으로 신유를 강조하지 않는 웨슬리신학의 편중에 대한 반동(reaction)으로도 볼 수 있다.

기성은 1970년대 초반 이후로 웨슬리신학과 사중복음이라는 통합적인 두 틀로 성결교단 신학을 조명하거나, 이해하지 않고 오직

---

72) Ibid.

단선적인 한 틀인 웨슬리신학에서만 사중복음을 바라보고, 그 틀 가운데 사중복음을 흡수하려는 노력을 경주하여 왔다. 이 같은 신학적 노력들은 교회사적 검증을 거치지 않은 것으로 성결교회의 역사적 전통과 유산을 훼손시킬 심각한 우려가 있다. 이미 이 문제에 대해서 필자는 1989년부터 지적하여 왔다.

1921년 복음전도관에서 성결교회 명칭으로 기성교단(概成敎團)으로 경화된 후 웨슬리신학에서 성화론이 비중이 클수록 한국성결교회에서 성결이 차지하는 비중이 늘어났고, 그 결과 신유와 재림의 복음은 소홀히 다루어졌다. 필자가 출간한『한국성결교회사(Ⅰ)』책에서 이미 언급한 것처럼, 한국성결교회 신학적 배경에는 18세기 웨슬리 뿐만 아니라, 19세기 근대 복음주의운동 무엇보다도 성결운동의 요소가 복합적으로 놓여 있음으로 웨슬리신학에서만 한국성결교회의 교리적 유산을 찾는 것은 잘못된 신학방법임을 지적한 바 있다. 웨슬리신학에서는 한국성결교회가 초기부터 강조한 신유 강조와 전천년적 재림이 포함되지 않거나, 강조되어 있지 않다. 웨슬리신학에서는 신유와 전천년적 재림이 아닌 성화가 유독 강조된다:

> 웨슬리는 두 개의 근본적 교리로서 칭의(Justification)와 성화(Sanctification)에 중요 관심을 두고 있다. 이 중에서도 더욱 중요시되는 것은 성화이다.[73]

한국성결교회(주로, 기성)는 1972년 이후 (서울신대 교수 논문집「신학과 선

---

73) Harold Linderström, *Wesley and Sanctification* (London: The Epworth Press, 1956), 14-15.

교」 창간호) 웨슬리신학적 전통을 기반으로 해서 모든 것(심지어 사중복음)을 그 속에 포괄시키고 수용하는 신학방법론을 통해서 과거 신학이 없는 교단, 무분별한 성결체험 강조의 열광주의라는 불명예를 떼는 데는 공헌을 남겼지만[74], 그 결과 사중복음 중의 신유와 재림을 경시하고, 현금에 와서는 사중복음은 교리신조에서 삭제해버리고, 전도표제로만 묶어둠으로 정체성 상실의 위기를 가져다 줄 수 있는 결과를 야기시켰다.

초기 한국성결교회의 전도 표제에서 시작되어 이제는 성결교회의 판별적인 교리적 전통의 근간이 된 사중복음 중의 신유에 대한 이같은 경시와 소홀함은 신유복음의 퇴조로 인한 한국성결교회의 정체성 혼란의 위기뿐만 아니라, 많은 사람들에게 성서적인 바른 신유복음의 이해를 갖지 못하게 함으로 반성경적인 신유운동을 통해 자신의 세력과 입지를 강화시키려는 이단 세력들의 표적 대상이 되고, 치유 그 자체만을 추구하는 잘못된 길로 들어서는데 제동을 걸지 못하게 하는 결과를 빚게 할 수 있다. 확언하는데 신유복음의 강조로 인한 폐해보다는 성서적 신유복음의 퇴조로 인한 폐해가 오히려 더 심각하다.

지금이라도, 한국성결교회는 웨슬리신학의 편중에서부터 벗어나 웨슬리신학과 함께 사중복음을 전도 표제가 아닌 성결교회의 교리적 유산으로 인식하고 웨슬리신학과 사중복음 양자의 균형잡힌 통전적 이해와 신학교육을 시행하여야 한다. 이러한 점에 있어서 신유의 신학적 체계화 작업이 우선되어야 한다. 그리고 교단적 차원에

---

74) 정상운, 聖潔敎會性 回復에 對한 硏究," 「敎授 論文集」18집 (성결교신학교, 1989), 165.

서도 헌장(헌법)에서 뿐만 아니라, 목회현 장에서도 신유의 복음이 가르쳐지고 잘못된 신유운동은 배격하며 바른 신유 체험을 갖고 전할 수 있도록 신유사역의 회복을 위해 노력해야 한다.

또한 목회사역과 선교에 있어서 구체적인 적용이 이루어지도록 이론-실제 병행의 모델을 제시해야 한다. 그리고 과거 한국성결교회의 신유론 이해를 전제로 하여 치유 영역의 패러다임 전환을 통해 신유를 인간-사회- 환경에까지도 확장시켜 이 땅의 다원화 시대의 변화의 요구에 따른 사중복음의 역할을 다하는데 주력해야 할 것이다.

[성결대 성결교회와 역사연구소, 「성결교회와 역사」, 4권(2002년)]

재림(再臨)

주께서 肉體를 가지시고 親히 千年時代 前에 再臨하실 일이 切迫함을 우리가 밋노니 주께서 思치 아니한 시에 空中에 오시기는 聖徒들을 迎接하실 일과 그 聖徒들과 갓치 地上에 하실 일을 區別할지니라. 또한 지상에 임하시기 전에 이스라엘인들이 一處에 會集되고 거짓 그리스도가 나타난 後에 오셔서 千年王國을 建設하시나니라.

5

재림론 이해

I. 여는 글

새 천년을 맞이한 인류는 과거 어느 세기보다도 새로운 변화의 장으로 급격하게 진입하고 있다. 따라서 세기적 전환기의 각양 변화들은 교회로 하여금 그 어느 때보다 종말에 대한 강한 관심을 불러 일으키고 있다. 세기말적 현상중 하나로 1992년 다미선교회의 잘못된 극단적인 시한부 종말론 해프닝 이후 한국 교계는 종말론에 대한 관심이 고조되면서 잘못된 종말론 경계와 더불어 바른 종말론 체계의 수립과 필요성을 절감하고 이에 대한 학문적 토론의 장이 활발히 일어나게 되어 무척 다행스러운 일이 아닐 수 없다.

종말론(Eschatology)이란 단어는 헬라어의 두 단어가 합성되어 있는 에스카토스(ἔσχατος)와 로기아(λογια, 말, 논의, 가르침)에서 유래된 것으로 [1] 어원적으로 볼 때 마지막 일들에 대한 논의나 가르침으로 정의된

---

1) Thomas Sheldon Green, *A Greek Lexicon to the New Testament*, 75, 111.

다.² 따라서 종말론은 개인과 이 세상에 관해서 마지막에 일어날 사건들에 관련된 것으로 본질적으로 말하면 마지막 해결에 대한 신앙이다. 하나님에 대한 현재의 불완전한 경험이 해결되고, 하나님에 대한 갈증이 충족되며, 구원의 욕구가 실현된 것이라는 신자의 소망으로 기독교의 부록이 아니라 그 면류관이요, 정점에 해당한다. 만일 기독교 교리에 종말론이 없다면 그것은 미완성으로 남게 된다.³

따라서 종말론은 원시 교회 설립기부터 현재까지 이천년 기독교 역사에 있어서 중요 관심사이다. 기독교 메시지의 중심을 차지한, 그리스도의 재림은 지금까지 교회가 일관되게 믿어온 전통적 신앙이었다. 재림에 대한 종말론 신앙은 성결교회의 귀중한 역사적 유산이다. 한국성결교회는 1943년 12월 29일 일제로부터 교단이 강제해산 당하는 비운을 겪었다. 교단 해산이라는 비극을 갖게 된 것은 성결교회가 1907년 설립 때부터 강조해 온 재림신앙 때문이었다. 한국성결교회는 이 땅에 교회(복음전도관)를 설립할 때부터 중생, 성결, 신유, 재림이라는 사중복음을 전하였는데, 사중복음의 재림신앙이 일본 천황과 국체에 비례(非禮)가 된다고 하여 강제 해산 당한 것이었다.⁴ 성결교회는 1921년 과거 선교본위의 복음전도관 체제를 폐지하고, 목회본위의 기성교단인 '성결교회'로 경화될 때 사중복음 네 가지를 균형있게 전하는 초기 형태에서 '성결' 한가지 복음을 강조하는 편향성을 보이므로 나머지를 약화시키는 결과를 낳았다. 이것

---

2) Anthony A. Hoekma, 『개혁주의 종말론』, 류호준 역(서울: 기독교문서선교회, 1986), 11.
3) 목창균, 『종말론 논쟁』(서울: 두란노, 1997), 10-11.
4) 鄭祥雲, 『聖潔敎會와 歷史硏究 I』(서울: 이레서원, 1997), 10-11.

의 반영으로 그동안 성결교회의 신학적 배경을 연구하는 자세도 성결론 - 웨슬리신학이라는 한 시각에서 주로 논의하는데 그쳤다. 성결론에 대한 교리적인 접근과 해석은 상대적으로 신유와 재림의 복음을 강조하고, 신학적으로 정리하는데는 미흡한 점을 보였다. 이것은 성결교회의 신학적 근원을 편향적으로 웨슬리신학 한쪽으로만 바라본 결과이기도 했다.[5]

성결론에 못지 않게 재림론도 한국성결교회의 귀중한 신학적 유산이다. 그러면 한국성결교회의 재림론의 내용은 무엇인가? 성결교회 재림론은 전천년설과 환란전 휴거를 골자로 하는 미래적 전천년설이라 불리우는 세대주의적 종말론의 영향을 받고 형성되었다. 한국성결교회는 1925년 3월 25일에 간행된 『朝鮮耶蘇教 東洋宣教會 聖潔教會 教理及條例』와 1933년에 간행된 『朝鮮耶蘇教 東洋宣教會 臨時約法』에서 다음과 같이 표명하고 있다:

主께서 肉體를 가지시고 親히 千年時代 前에 再臨하실 일이 切迫함을 우리가 믿노니[6]

본고에서는 성결교회 재림론의 내용을 이루는 세대주의적 전천년설이 한국성결교회에 끼친 영향과 형성과정을 살펴봄으로써 성

---

5) 성결교회의 신학적 배경과 근원은 웨슬리신학 단선으로만 접근해서는 안 된다. 그것은 사중복음이라는 성결교단 신학이 웨슬리신학 전통과 함께 이것과 이질적인 내용인 신유와 재림의 복음을 포함하고 있기 때문이다. 필자가 쓴 논문 사중복음의 역사적 유래," 『한국성결교회와 사중복음』 (성결신학연구소, 1998)을 참조하라.
6) 吉寶崙, 『朝鮮耶蘇教 東洋宣教會 聖潔教會 教理及條例』 (京城: 東洋宣教會 聖潔教會 本部, 1925), 17. 李明稙 編, 『朝鮮耶蘇教 東洋宣教會 聖潔教會 臨時約法』 (京城: 東洋宣教會 理事會, 1939), 17.

결교회와 세대주의 관계와 내용에 대해 규명하고자 한다.

II. 세대주의적 전천년설

1. '세대주의'란 무엇인가?

세대주의(dispensationalism)란 용어는 킹제임스역(KJV) 고린도전서 9장 17절, 에베소서 1장 10절, 3장 2절, 골로새서 1장 25절에 나타나는 바 영어의 economy(경륜)가 유래된 희랍어 οἰκονομία에서 생긴 말이다.[7]

οἰκονομία란 희랍어는 οἶκος(집)와 νομος(법)의 합성어로 직역하면 '집을 운영하는 법'이란 뜻을 갖고 있는데, 그것은 '관리(stewardship), 집의 운영(management of household)'으로 해석된다.[8]

비유컨대 이 세상을 하나님이 운영하는 집으로 볼 때, 시대에 따라 하나님이 집을 운영(경륜)하시는 방법이 다르다고 보는 것이다. '세대'란 말은 시대(period)와 경륜(eonomy)을 의미하는 바, 신학적으로 세대(dispensation)는 시간적 측면(age)과 하나님의 구원 경륜(eonomy)의 측면 모두를 내포한다.[9] 스코필드(C. I. Scofield)는 '하나님의 의지의 특

---

[7] G. W. Grogan, "dispensationalism," J. D. Douglas, *The New International Dictionary of the Christian Church* (Zondervan Publishing House, 1978), 303. 以下 N. I. D. C. C로 함.

[8] Green, 126.

[9] Arnold D. Ehlert, *A Bibliographic History of Dispensationalism* (Grand Rapids: Baker Book House, 1965), 33.

별한 현현(Some specific revelation of the will of God)에 대하여 복종과 관계하여 인간이 시험받는 기간'으로 보는데 반해,[10] 라이리(C. H. Ryrie)는 '세대'를 '하나님의 목적을 성취하는 과정에서 구분이 가능한 경륜'으로 정의하였다.

메이슨(Clarence E. Mason)은 세대주의 중요 논지는 '하나님께서 자신의 점진적인 자기 계시 속에서 여러 시대로 나누어 인간을 다루셨다는 사실에 지지되는 것'으로 말한다.[11] 김동완 교수는 세대주의를 다음과 같이 정의한다:

> 세대주의는 복음주의의 일부로 하나님의 주권과 은혜를 강조하고, 인간 구속하에 있어 세대에 따라 하나님의 운영 방법에 차이가 있음을 인지하는 가운데 현 세대의 교회의 독특한 위치를 강조하며, 성경을 보다 문자적으로 해석하는 가운데 그리스도의 지상재림 후, 천년왕국이 세워지고 이스라엘의 민족적·정치적 회복이 이루어진다고 보는 신학체계이다.[12]

따라서 세대주의자들은 세대에 따라 하나님께서 인간을 경륜하시는 방법이 다르다는 사실을 강조하므로, 성경의 바른 이해를 위해 역사를 여러 부분의 세대로 나누어 구분한다. 다비(J. N. Darby), 블랙스톤(W. E. Blackstone), 스코필드, 이명직 목사, 김응조 목사는 7세대

---

10) Grogan, 126.
11) Clarence E, Mason, Jr. "A Review of 'Dispensationalism' by John Wick Bowman(part Ⅱ)," Bibliotheca Sacra, 114:1:15 (Jan. Mar., 1957); Clarence B. Bass, 『세대주의란 무엇인가?』, 황영철 역, 14에서 재인용.
12) 김동완, "세대주의의 새로운 동향," 「목회와 신학」, 통권 68호 (1995, 2), 95.

로 역사를 구분하고 있으나,[13] 모두 한결 같지 않고 어떤 이는 4세대, 다른 이는 8세대를 주장하기도 한다. 실제로 블랙스톤의 *Jesus is Coming*에서는 도표화하여 설명하고 있다: ①순결, 무지(Eden the aion of Innocence), ②자유(the aion of freedom), ③악한 권위 아래 놓인 인간, 정부(the aion of government), ④순례, 족장정치(the pilgrim aion), ⑤모세 (the Israelitish aion), ⑥그리스도인(Christian, the aion of mystery), ⑦천년왕국 (Millennium, the aion of man-ifestaion).[14]

2. 미래적 전천년설-세대주의 전천년설

하나님의 세계 통치에 구분 가능한 세대가 있다는 신념을 세대주의로 정의하는 것은 일반적인 것에 불과하다. 세대가 있다는 것을 인정한다고 해서 모두 다 세대주의자는 아니다. 그것은 세대 구분자체가 세대주의의 본질이 아니기 때문이다.

세대주의자가 아니면서도 세대의 존재를 인정한 사람이 많았다. 저스틴, 이레니우스, 알렉산드리아의 클레멘트, 어거스틴, 칼빈 등이 그러하다. 칼빈주의 조직신학자 벌콥(L. Berkhof)은 세대 구분은 했으나 세대주의 체계는 거부했다. 따라서 세대의 구분이나 세대의 명칭이 세대주의의 본질적인 요소는 아니라고 할 수 있다.[15]

---

13) 金應祚, 『末世와 예수의 再臨』(서울: 聖靑社, 1973), 85. 김응조 목사는 이 책에서 창세 후로 역사를 7세대로 구분한다. ①무죄시대 ②양심시대 ③허락시대 ④족장시대 ⑤율법시대 ⑥은혜 시대 ⑦안식시대
14) W. E. Blackstone, *Jesus is Coming* (NewYork: Fleming H. Revell Company, 1932), 222-23.
15) 목창균, "세대주의 논쟁," 「목회와 신학」, 통권 58호 (1994, 4), 167.

초대 교회에서 통념으로 형성된 기독교인의 사관은 그리스도의 재림과 더불어 역사의 종말이 도래한다는 사상이었다. 이러한 사관에서 특이한 현상은 천년왕국에 대한 기대와 소망이었다. 정의를 내린 것은 아니었으므로 천년왕국이 있다는 것에 대한 동일한 이 천년왕국사상은 특별하게 이론적으로 발달시켜 전천년설이나 후천년설에 대한 뚜렷한 입장을 가지고 있을 정도였다.[16] 그러나, 대체적으로 좀 더 자세히 살펴볼 때 사도 시대부터 3세기까지 교회의 지배적인 종말은 전천년설이었고, 그 이후 중세를 거쳐 종교개혁 시기까지는 무천년설이 지배적인 견해를 가지게 되었다. 17세기 이후 전천년설이 다시 부흥하기 시작하여 19세기 중엽 이후에 크게 확산되기 시작함으로 18-19세기에 지배적인 위치에 있었던 후천년설은 20세기에 들어와서 지지를 상실하고 쇠퇴하고 있다.[17]

그러나 아직까지도 요한계시록 20장 본문에 대한 해석의 차이로 그리스도의 재림과 천년왕국에 대한 논쟁은 끝나지 않고 있다. 논쟁의 세 이론은 후천년설, 무천년설, 전천년설로 나뉘어지는데, 후천년설(Post Millennialism)은 그리스도께서 천년왕국 이후에 재림하심으로 그리스도 재림전 교회 시대 말기에 기독교가 세상에 편만하게 되고 지상에 황금시대가 있다고 주장한다.

무천년설(Amillennialism, Non-Millennialism)은 계시록 20장의 사건들이 현재 진행중인 것으로 보고 그리스도의 재림은 천년 기간이 없이

---

16) 정일웅, 『천년왕국과 종말』(서울: 한국교회문제연구소, 1993), 92.
17) 목창균, 『종말론논쟁』, 287. 이와 달리, L. Berkhof은 무천년설이 2, 3세기 교부들이 주장했던 바와 같고, 그 견해가 널리 받아들여졌고, 항상 개혁파 교회의 지배적인 견해가 되어왔음을 주장하고 있다. cf. L. Berkhof, *Systematic Theology*, 708; *The History Christian Doctrines*, 262-64.

바로 있게 될 것으로 주장한다. 따라서 후천년설자 및 전천년설자들이 계시록 20장을 천년 기간 동안 지상에 축복이 있을 것으로 가르친 것은 잘못된 해석을 범한 오류로 주장한다. 그들은 주님이 오시기전 복음전파로 인하여 세상이 변화되지 않을 것이라는 전천년주의자들의 입장에 동의하면서도, 한편으로는 주님의 재림이 세상의 종말과 최후의 심판 및 최후의 변화한 상태를 예고한다고 후천년설자들의 주장에 동의하고 있다.[18]

전천년설은 그리스도께서 재림하신 후 천년 기간 동안 지상왕국을 다스리시고, 그 이후에 하나님의 구속사역의 최후 절정을 이룰 신천신지가 도래한다는 견해이다.[19]

전천년설을 신봉하는 자들은 예언적인 본문들에 대해 그들이 근본적인 이해의 차이에 따라 세분하여 하위 두 그룹으로 나누어진다.[20] 그것은 세대주의적 전천년설주의자들(Futurist Premillennialists)과 역사적 전천년설주의자들(Historicist Premillennialist)이다. 역사적 전천년설자들은 다니엘서와 계시록에 기록된 말세에 대한 예언들은 상징적인 형태로써 교회의 전역사를 통해 성취된다고 확신한다. 그러므로 그들은 교회의 과거와 현재를 예언의 성취들로부터 찾고, 예언서의 날(days)은 대부분 해(years)로 계산한다. 그러나 미래적 세대주의자들은 마지막 날에 대한 예언은 교회의 역사 가운데 성취되지 않으

---

18) W. J. 그리어, 『재림과 천년왕국』, 명종남 역(서울: 세순출판사, 1992), 26.
19) Robert G. Clouse, 『천년왕국』, 권호덕 역(서울: 성광문화사, 1980), 155.
20) Timothy P. Weber, *Living in the Shadow of the Second Coming; American Premillennialism 1875-1982* (Chicago: the University of Chicago Press, 1987), 9-10.

며 그리스도의 재림 직전 짧은 기간에 이루어질 것으로 믿는다.[21] 또한 역사적 전천년설주의자들은 그리스도의 재림을 공중재림과 지상재림 즉 이중재림으로 구분하지 않고 환란 통과설을 주장한데 반해서, 미래적 전천년설주의자들은 그리스도의 재림의 이중 단계와 환란전 휴거설을 중요한 주장으로 삼는다. W. J. 그리어는 역사적 전천년설과 미래적 전천년설의 상이점을 다음과 같이 설명한다:

> 그들(역사적 전천년설자)은 비밀 휴거를 믿지 않으며, 또한 교회가 환란을 통과할 것이며, 적그리스도가 부상하여 통치하는 기간에도 여전히 땅에 머물러 있을 것으로 믿고 있다. 그러므로 이 전천년설의 입장은 천년왕국 이전에 그리스도께서 이중으로 재림하신다는 사상을 거부한다.[22]

미래적 전천년설은 7년 대환란을 기점으로 그리스도께서 교회를 위해 환란이 시작되기 전에 아니면 중간에 또는 그 이후에 오신다는 3가지 견해로 나뉘어져 환란전 휴거설, 환란중 휴거설, 환란후 휴거설로 구분된다. 웨버는 다음과 같이 분류하고 있다:

---

21) Ibid., 10.
22) 그리어, 23.

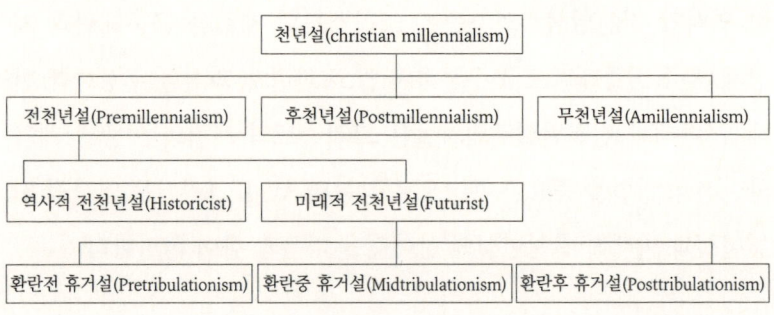

대부분의 세대주의자들은 환란전 휴거(pretribulational rapture) 곧, 그리스도께서 교회를 위해 환란이 시작되기 전에 오신다는 교리를 지지하고 있다.[24] 19세기 중엽 이후 미국 복음주의자들 사이에서 크게 확산된 전천년설은 세대주의로 불리웠고, 그것은 미래적 전천년설과 환란전 휴거로 구분되었다. 미래적- 환란전 휴거설을 일반적으로 세대주의적 전천년설(dis-pensational premillennialism)로 부른다.[25]

1) 기원

세대주의 전천년설이 언제부터 시작되었는가? 하는 것은 아직도 논란이 있는 문제 가운데 하나이다. 세대주의자들은 세대주의의 연대기(Chronlogy)와 방식이 사도 시대의 신학에까지 거슬러 올라갈 수 있다는 것을 입증하려고 반복해서 시도하며, 전천년주의는 교회의

---

23) Weber, 10.
24) 김동완, "세대주의의 새로운 동향," 94.
25) 박명수, 『근대복음주의의 주요 흐름』(서울: 대한기독교서회, 1998), 175.

역사적 신앙임을 주장하고 있다.[26] 그러나 일부 세대주의자들이 세대주의의 기원을 사도 시대에서 찾고 있는데 반해, 비판가들은 최근에 생긴 것으로 보고 있다. 그러나 양자 모두 신학적 체계로서의 세대주의는 19세기 후반 다비와 그가 지도자로 있었던 플리머스 운동에 의해 시작되었다는 것을 인정하고 있다.[27] 19세기 이전의 전천년설은 역사적 전천년설로 세대주의라 불리운 미래주의적 전천년설은 아니다. 그것은 19세기 이전 어느 누구도 환란전 휴거와 이중재림으로 정리되는 미래적 전천년설을 주장하지 않았기 때문이다. 미래주의적 전천년설은 어거스틴(Augustine)에게서 일부 그것의 요소가 보이지만 세대주의 창시자인 다비(John Nelson Darby)에게서부터 처음으로 비롯되었기 때문이다.[28] 다비는 세대주의(dispensationalism)란 불리운 미래적 전천년설의 새로운 다양성을 발전시켰다.[29]

지역적으로 세대주의의 초기 역사를 살펴보면, 영국과 아일랜드(Ireland)의 몇 지방에서 모인 독립적인 단체들의 모임에서부터 비롯된다. 1825년경 불만을 품은 여러 집단들이 기성교회에서 벗어나려는 움직임을 보이기 시작했다. 그 중에서도 영국의 플리머스(Plymouth)와 브리스톨(Bristol), 아일랜드의 더블린(Dublin)시의 집회가 중심적이었다. 시기와 영향 면에서는 더블린의 집회가 다른 두 집회보다 앞섰기 때문에, 더블린은 세대주의의 진원지로 간주된다.[30] 아일

---

26) Bass, 9 참조.
27) 목창균, "세대주의 논쟁," 167.
28) Grogan, 303.
29) Weber, 17.
30) Hy Dickering, *Chief Men Among the Brethren* (London: Pickering & Inglis, 1931), 23.

랜드의 영국 국교회 전직 성직자인 다비(J. N. Darby)는 더블린과 브리스톨보다는 플리머스 근교에서 1830년경 활동하여 많은 추종자들을 얻게 되므로 사람들은 다비와 그의 추종자들을 플리머스 형제단(Plymouth Brethren)으로 불렀다.[31]

1800년 런던에서 태어난 다비는 아일랜드의 더블린에 있는 트리니티 대학을 우수한 성적으로 졸업하고, 잠시 변호사 일을 하다가 그만두고 아일랜드 교회 교구목사로 열정을 가지고 교회를 섬겼다.[32] 그러나 시간이 흐를수록 국교회 형태인 교회 제도에 깊은 회의를 갖게 되었다. 결국 제도에 묶인 가시적 형태의 국교회는 참된 교회가 아님을 깨닫고, 그리스도와 연합한 성도들의 순수한 신앙 공동체를 찾다가 믿음과 기독교적 사랑만이 그들의 진정한 결합체로 주장하며 19세기 초 국교회의 영적 고갈에 대한 반동에서 성장한 플리머스 형제단에 합류하게 되었다.[33] 1820년대에 영국 국교회 내에서 교회 갱신의 기치를 내세우고 그로브스(A. N. Groves), 뉴톤(B. W. Newton), 돌만(W. H. Dolman), 트레겔리스(S. P. Tregelles)을 중심으로 시작한 형제단에 나중에 가입한 다비는 시간이 흐름에 따라 지도권을 잡게 되고, 지도력을 둘러싼 내부 논쟁에 휘말렸다.[34] 이 분쟁은 주도권 쟁탈만이 아니라 뉴톤과의 신학적인 논쟁을 포함하고 있었다. 뉴톤은 전형적인 역사적 전천년설주의자로 그리스도의 이중재림을

---

31) W. Walker, *A History of the Christian Church* (NewYork; Charles Scribner's Sons, 1969), 500.
32) C. C. D. Mowley, Darby, John Nelson(1800-1882), N. I. D. C. C., 282.
33) Walker, 500.
34) 박명수, 181.

부정하고, 환란후 휴거설을 주장하였다. 이에 반해서, 다비는 그리스도의 공중재림과 성도의 휴거후에 7년 대환란이 일어나고, 그 이후에 그리스도의 지상강림이 있다는 미래주의적 세대주의 즉, 이중재림과 환란전 휴거설을 강조하였고, 둘 사이에는 교회론에 있어서도 큰 차이점을 보였다. 논쟁의 결과 1848년 형제단은 분리되어 온건파와 강경파로 나뉘었고, 강경 배타파를 이끄는 다비는 플리머스 형제단의 주도권을 갖게 되었다.³⁵

새로운 추종자들을 많이 얻게 된 다비는 1860년경 유럽과 미국에 세대주의적인 전천년설을 전하기 시작하였고, 1870년대에 와서는 미국 전역에 걸쳐서 큰 지지와 호응을 얻게 되었다.³⁶

7회에 걸쳐 다비는 미국에 들어가 세대주의 신학체계를 가르쳤으나, 그의 종파 플리머스 형제단보다는 오히려 그의 성서 예언 해석 방법이 미국 교회, 특히 칼빈주의 배경을 지닌 목사들로부터 많은 호응을 받게 되었다. 세대주의는 1870~80년대에 성경대회와 예언대회운동을 통해 지지 기반을 확보했으며, 문서출판, 대중매체 활용, 성서학원 설립 등을 통해 미국전역에 확산 되었다. 특히 그것은 블랙스톤의 *Jesus is Coming*에 의해 대중화되었고, 브룩스와 스코필드에 의해 체계화 되었다.³⁷

블랙스톤(William Eugene Blackstone)은 1841년 뉴욕 아담스(Adams)에 태어난 자로 감리교 평신도 전도자와 부흥사로 신학교에서 정식으

---

35) Bass, 99-100, 120-21.
36) Ibid., 125-26.
37) George M. Marsden, *Fundamentalism and American Culture* (Oxford: Oxford Univ. Press, 198), 46, 51; Gorgan, 303.

로 교육을 받지 않았지만, 시카고에서 사업가로 있을 때 갖게 된 세대주의적 전천년설을 전파하기 위해 세속 사업을 포기하고 복음전도에 헌신하였다. 그는 1878년 문서선교를 통해 효과적으로 재림신앙을 전하기 위해 진력하였다.[38]

42개 이상의 언어로 번역한 *Jesus is Coming* 책을 수십만 권 보급하는 등 세대주의의 확산에 공헌하였다. 블랙스톤의 책은 한국에서 선교사업을 한 게일(James S. Gale) 선교사를 통해 1913년 조선야소교 서회에서 『예수의 재림』으로 출간되기도 하였다.[39] 이 책은 그리스도의 재림에 대해 독창적인 해석을 제시한 것이 아니고, 당시 풍미하였던 세대주의 운동의 일반적 개념과 내용을 쉽게 정리한 것으로 다비의 종말론 내용을 대부분 수용하였고, 대체적으로 스코필드 입장과 비슷했다. 출판 초기에는 널리 사용이 안되었지만, 블랙스톤의 책은 1908년 이후에는 수십만 부가 출판되어 무료로 배포되었다.

블랙스톤의 책과 함께 미국에서 세대주의적 종말론이 큰 호응과 지지 기반을 갖게 된 것은 1909년에 출간되었던 『스코필드 관주성경(Scofield Reference Bible)』이었다.

다비는 앞서 언급한 대로 1860년대 미국에 가서 세대주의적 전천년설을 열심히 전파하였다. 그 결과 '성서연구를 위한 신자의 모임(Believer's Meeting for the Bible Study)'이 생겨났고, 이것은 1883년부터 캐나다 나이아가라로 옮겨져 15년간 '나이아가라 성서대회'로 매년

---

38) George M. Marsden, *Fundamentalism and American Culture*, 303.
39) Harold R. Cook, Blackstone, William Eugene, N. I. D. C. C., 134.

열리게 되었다.

1876년부터 시작된 성서연구회 모임은 미국 기독교내의 자유주의와 인본적 세속주의에 대항하기 위해 성경의 교리적 핵심 내용들을 1878년에 14개 조항의 신조로 발표하였다:

1) 성경은 축자적으로 영감되었다.
2) 하나님은 삼위일체이시다.
3) 인간은 하나님의 형상이지만 죄에 빠졌다.
4) 모든 사람이 죄를 유전 받았다.
5) 인간은 성령과 하나님의 말씀으로 중생해야 한다.
6) 구원은 그리스도의 보혈로써만 이루어진다.
7) 인간은 이 구원을 믿음으로만 얻게 된다.
8) 모든 신자는 구원의 확신을 가질 수 있다.
9) 그리스도는 모든 성서의 중심이시다.
10) 교회는 분파적이기보다 세계 보편적이요, 영적이어야 한다.
11) 성령은 우리와 함께 하시는 인격체이시다.
12) 그리스도인은 성령에 따라 거룩하게 살아야 한다.
13) 죽음 이후에 그리스도인은 하나님의 축복을 받아 누리고 불신자들은 심판을 받아 고통의 장소에서 영원히 신음하게 된다.
14) 천년왕국 이전에 그리스도께서 재림하시고 이스라엘 국가가 회복된다.[40]

---

40) 한영제 편, 『한국기독교문서운동 100년』(서울: 기독교문사, 1987), 106.

나이아가라 성서대회 모임은 위의 신조들을 가르치며, 세대주의적 전천년설을 강력히 전파하는 가운데 1895년 근본주의에서 강조하게 된 다섯가지 교리들을 집약하여 천명하기에 이르렀다:

    1) 성경무오설
    2) 그리스도의 신성과 동정녀 탄생
    3) 그리스도의 대속적 죽음
    4) 그리스도의 육체적 부활
    5) 그리스도의 육체적 재림[41]

교파를 초월하여 블랙스톤, 브룩스, 어드만(W. J. Eerdman), 고든(A. J. Gordon), 피어선(A. T. Pierson) 등이 참석한 이 모임은 세대주의적 전천년설을 미국에 뿌리 내리게 하는데 효과적인 결과를 낳게 하였다. 여기에 19세기말 미국의 상황은 도시에로의 농촌의 인구 이동을 통한 도시의 급속한 성장으로 도시화 문제에 따른 많은 부작용을 낳음으로 현세에 대해 비관주의적인 전천년설의 확산을 도왔고, 다윈의 진화론과 성서에 대한 고등비평에서부터 하나의 도피처를 찾게 된 것이 세대주의적 천년설이었다.[42] 그러나 나이아가라 성서대회에 참석한 이들로부터 역사적 전천년설주의자와 미래적 전천년설주의자 사이에 분열이 일어나 나이아가라 대회가 붕괴될 때, 다시 미국 전역에 세대주의적 전천년설을 재흥케 한 것이 스코필드 관주성경

---

41) Stewart G. Cole, *The History of Fundamentalism* (New York: Richard R. Smith, 1931), 98.
42) Sweet, *The Story of Religion America*, 476-84.

이었다. 7년에 걸쳐 완성된 이 관주성경은 일약 200만 부 이상 팔리는 베스트셀러 자리를 차지하며 세대주의적인 입장을 가장 잘 대변해 주는 책으로 인정받게 되었다.[43]

따라서 미국에 있어서 세대주의의 신속한 확산과 성장은 블랙스톤 저서와 스코필드 성경에 힘입어 이루어지게 되었고, 그 결과 세대주의적 천년설은 20세기 중반 후천년설을 압도했고, 미국 근본주의와 복음주의 기독교인들의 가장 일반적인 종말론이 되었다.[44]

2) 세대주의적 전천년설의 특징

세대주의의 핵심 신조와 신학 개념은 문자적인 성경해석, 이스라엘과 교회의 구분, 환란전 휴거로 요약될 수 있다. 즉 문자적인 성경해석에 근거하여 체계화된 교회론과 종말론이 세대주의의 골격을 형성하고 있다.[45] 따라서 문자적인 해석원리를 성경의 예언에 대해 일관되게 적용하는 특징을 보이고 있다. 세대주의의 교회론은 독특한 특징을 보이고 있는데 이스라엘과 교회를 엄격히 구분하는 이분법적인 내용을 보이고 있다. 이스라엘과 교회는 율법과 은혜처럼 별개의 것으로 아브라함에 대한 하나님의 모든 언약은 교회가 아니라 이스라엘 민족에게서 성취되어야 한다고 믿는 것이다. 즉, 인간과 하나님의 전체 구속의 관계는 이스라엘과의 언약적 관계를 그 중심으로 한다는 구별되는 특징을 보인다. 세대주의는 교회가 신약의 오

---

43) William E. Cox, *An Examination of Dispensationalism* (Philadelphia: Presbyterian and Reformed Pub., 1974), 10.
44) 목창균, 『종말론 논쟁』, 144.
45) 목창균, "세대주의 논쟁," 169.

순절 때까지 존재하지 않았다고 말한다.

그리고 교회를 하나님의 원래 구원 계획의 일부가 아닌 그 중간에 끼여넣은 삽입(intercaiation), 괄호(parenthesis)로 생각함으로 구속의 체계 속에서의 교회의 역할과 위치를 제한하는 주장을 하고 있다. 하나님께서는 이스라엘을 교회로 대체하시지 않고, 이스라엘을 위한 왕국을 단지 연기하셨기 때문에 천년왕국을 세상과 타협한 교회의 노력이 아니라 그리스도의 재림으로 이루어지며, 이스라엘에게 다시 주어질 것으로 주장한다.[46]

세대주의 교회관과 밀접하게 연관된 세대주의적 전천년설의 특징은 하나님의 세계통치에는 뚜렷이 다른 세대가 있다는 신념에 근거한 일종의 성경해석 체계로 몇가지 특징을 나타내고 있다.[47] 목창균은 세대주의적 전천년설의 특징을 다음과 같이 몇가지로 나누어 설명하고 있다:

> 첫째, 전천년설은 성경에 대한 문자적 해석과 미래주의적 해석에 근거하고 있다. 이 해석 방법에 따라, 요한계시록 20:1-6에 기록된 천년이란 기간과 첫째 부활과 둘째 부활에 대한 증거를 마지막 때에 일어날 사건으로 간주한다.
>
> 둘째, 전천년설의 핵심은 1000년 간에 걸친 예수 그리스도의 지상 통치의 개념이다. 천년 왕국은 이 땅 위에 하나님의 뜻이 이루어지며 완전한 평화와 정의가 실현되는 그리스도의 지상 통치 기간을 의미

---

46) Bass, 29-45.
47) Charles C. Ryrie, *Dispensationalism Today* (Chicago: Moody Press, 1970), 29.

한다.

셋째, 전천년설은 천년 왕국이 예수 그리스도의 인격적이며 가시적인 재림에 의해 격변적으로 시작될 것이라고 주장한다. 그것은 점진적인 성장이나 발전의 과정을 통해 완성되거나, 인간의 노력 또는 사회적 개선에 의해 이루어지는 것이 아니다.

넷째, 전천년설은 요한계시록 20장의 두 부활을 동일한 유형의 부활, 즉 육체적 부활로 해석한다. 그것은 천 년 기간에 일어날 두 다른 집단의 부활, 즉 성도와 악인의 부활을 의미한다. 성도들은 첫 부활에 참예하여 천년왕국 동안 그리스도와 함께 왕 노릇하는 반면, 악인들은 천년왕국이 끝난 후 부활한다.

다섯째, 전천년설은 그리스도의 재림과 관련된 사건들의 순서에 대한 견해 차이로 말미암아 여러 형태로 나뉜다. 그 대표적인 것이 세대주의적 전천년설과 역사적 전천년설이다. 그들은 '그리스도의 재림 후 그리고 세상의 종말 이전에 이 땅 위에 천년왕국이 있으리라'는 주장에는 전적으로 일치하지만, 교회의 대환난 통과와 휴거의 시기 문제에 대해서는 전적으로 입장을 달리한다. 세대주의적 전천년설은 휴거가 대환난 전에 있으며, 교회는 대환난을 통과하지 않을 것이라고 주장하는데 반해, 역사적 전천년설은 휴거는 대환난 끝에 있으며 교회는 환난을 통과할 것이라고 주장한다. 또한 전자는 천년왕국의 성서적 근거를 주로 구약 성서에 두는데 비해, 후자는 그것을 오직 신약 성서에만 둔다.[48]

---

48) 목창균, 272-4.

Ⅲ. 세대주의적 전천년설과 성결교회 재림론

한국성결교회의 재림론은 흔히 세대주의라 불리우는 세대주의적 전천년설이다. 세대주의적 전천년설은 앞서 논의한 19세기 다비와 그의 추종자에 의해 발전되었는데, 그것의 특징은 이미 논의를 했다.

웨슬리신학은 대체적으로 후천년설적 전통에 머무는데 반하여 한국성결교회는 웨슬리로부터 이탈된 휴거론을 주창한 19세기 산물인 세대주의적 전천년설을 받아들였다.[49] 성결교회 재림론은 일차적으로 18세기 웨슬리보다는 19세기 미국 근대 복음주의 종말론과 성결운동과의 접촉을 통해서 이루어졌다.[50] 이것은 곧 한국성결교회 재림론이 심프슨이나 만국성결교회 중 어느 한 근원으로부터 유래했다기보다는 오히려 이 모두를 포함한 여러 근원으로부터 유래하였다. 동양선교회 창립자들이 전천년설적 재림신앙을 강조하게 된 것은 심프슨, 무디성서학원, 만국성결교회의 영향이었다.

한편 한국성결교회는 동양선교회 창립자들뿐만 아니라 블랙스톤과 왓슨의 재림론으로부터도 직접 영향을 받았다. 이 근원들을 관통하고 있는 공통적 흐름이 세대주의적 전천년설이었다. 따라서 세대주의는 이들을 통해 성결교 재림론에 유입되었다.[51] 이것에 대한 직접적 증거의 하나는 김상준 목사의 『默示錄 講義』와 『四重敎理』 저

---

49) 정상운, "사중복음의 역사적 유래," 『한국성결교회와 사중복음』(안양: 성결대 성결신학연구소, 1998), 56.
50) Ibid., 57.
51) 목창균, "성결교회 재림론 연구," 「신덕교회 창립 70주년 기념 학술 논문집」(서울: 신덕성결교회, 1997), 67.

서가 잘 드러내 주고 있다.⁵²

세대주의적 전천년설은 나카다 쥬지(中田重治)와 카우만(C. E. Cowman), 킬보른(E. A. Kilbourne) 등 동양선교회 지도자들과 한국성결교 창립자인 정빈과 김상준 목사를 걸쳐 이후에 이명직, 김응조 목사에 이르기까지 영향을 미치고, 한국성결교회 재림론의 내용으로 자리 잡게 되었다.

1. 19세기말 미국의 성결운동과 부흥운동

1) 만국성결연맹 및 기도동맹(만국성결교회)

만국성결연맹 및 기도동맹(the International Holiness Union and Prayer League)은 1897년 리스(Seth C. Ress)와 냎(Martin Wells Knapp)에 의해 공동 설립되었다.⁵³

만국성결연맹 및 기도동맹은 몇 번의 명칭 변경과 함께 1905년에는 만국사도성결연맹과 교회로 명칭이 바뀌었고, 이후에는 만국성결교회로 그리고 현재는 웨슬리안교회(Wesleyan Church, 1968년 이후 현재까지)로 남아있다.

만국성결교회는 나사렛교회와 더불어 19세기 성결운동의 주류에 속한 교회이었다. 이 연맹은 어떤 면에 있어서는 급진적인 내용을 갖고 있었는데, 그것은 특별히 신유와 예수의 전천년 재림에 대

---

52) 鄭祥雲, 『聖潔敎會와 歷史硏究(Ⅰ)』(서울: 이레서원, 1997), 93.
53) Paul Wesphal Thomas and Paul William Thomas, *The Days of Our Pilgrimage : History of the Pilgrim Holiness Church* (Marion : The Wesley Press, 1976), 10.

한 것이었다.⁵⁴ 급진적인 웨슬리안 성결운동으로 간주된 만국성결연맹과 기도동맹은 성결운동에 대한 전통적인 웨슬리안 가르침들을 너무나 협소하다고 생각하여 성결의 교리에만 머무르지 않았다. 따라서 이 그룹은 사중복음이란 용어보다도 온전한 복음(Full Gospel, 한국에서는 초기에 순복음으로 불리 움)이란 명칭의 내용으로 중생과 성결이라는 웨슬리안 구원론에 더하여 신유와 전천년적 재림론을 가르치면서 지금까지의 감리교회와는 다른 교회 조직과 신학적 배경을 가진 성결운동의 모습으로 이 땅에 나타나게 되었다.⁵⁵

따라서 만국성결교회가 견지하였던 종말론은 세대주의적 전천년설이었다. 1897년 창립 때에는 간단히 '신유와 재림(The return of our Lord)'이란 표기에서 1902년에는 '신유와 전천년적 재림(the Premillennial Coming of Christ)'으로 용어 선택이 분명해지고 있다.⁵⁶

만국성결교회는 1905년에 출간된 『헌장』(Manual, 1910-11년)에서 전천년설, 환란전 휴거, 이중재림의 내용을 포함한 세대주의적 전천년설을 언급하고 있다:

> 우리는 주님의 재림이 인격적이고, 전천년적(premillennial)이고, 또한 임박할 것이라는 것을 믿는다. 우리는 그리스도께서 그의 성도들을 맞아들이기 위해 순간에 일어날 공중에 재림하시는 휴거(살전 4장)와 그의 성도들과 함께 지상에 재림하시는 현현(revelation)을 구별해

---

54) Ibid., 16.
55) 정상운, 『한국성결교회사』, 51
56) *Constitution and By-Laws of the International Holiness Union and Prayer League* (1897) Membership 참조, *Constitution and By-Laws of the International Apostolic Holiness Union* (1902), 3.

야 하는 것을 기억해야 한다.⁵⁷

이 같은 내용은 만국사도성결교회(International Apostolic Holiness Church, 1914-15) 『헌장』에도 동일하게 나타나고 있다.⁵⁸ 뿐만 아니라, 만국성결교회는 목사 안수 대상자들이 목사고시를 위해 공부해야 할 도서가운데 재림 부분에 있어서는 블랙스톤의 *Jesus is Coming* 을 필독도서로 지정하였다.⁵⁹ 블랙스톤의 이 책은 왓슨(G. D. Watson) 의 책 『백의』(White Robes)와 함께 동양선교회 동경성서학원 수양생들을 가르치기 위한 종말론 교과서로 사용되었다.⁶⁰ 동양선교회 창립자인 카우만과 킬보른은 일본과 더 나아가서 한국에서의 선교사역에 있어서 만국성결교회의 관계를 지속적으로 친밀하게 유지하였다. 카우만은 1900년 9월 개교를 막 준비하던 신시내티에 있는 냎의 '하나님의 성서학원(God's Bible School)'을 6주간 방문하였다.⁶¹ 이것을 계기로 감리교 선교부와의 협력을 통한 일본에서의 사역이 좌절되자 1901년 1월 시카고에서 총리 리스를 비롯하여 그의 아들 바이론(Byron) 그리고 마틴 웰스(Martin Wells), 또한 스톨거(Charles Stalker)에

---

57) *Manual of the International Apostolic Holiness Union and Churches* (1910-11), 16-17.
58) *Manual of the International Apostolic Holiness Church* (1914-15), 17-18.
59) *Manual of the International Apostolic Holiness Church* (1914-15), 72. 재림에 있어서는 Blackstone의 *Jesus is Coming*, 성결은 J. Wesley의 *Christian Perfection*, 그리고 신유에 있어서 는 Gordon의 *Ministry of Healing*이 기재되어 있다.
60) E. A. Killbourne, *The Story of Mission in Japan* (Tokyo: Cowman and Killbourne, [1907]), 74.
61) Mrs. C. E. Cowman, *Charles E. Cowman: Missionary Warrior* (Los Angeles: The Oriental Missionary Society, 1946), 114.

의 해 안수를 받았다.⁶² 킬보른도 나카다 쥬지, 카우만과 합류하기 위해 일본으로 가는 도중에 1902년에 만국사도성결연맹으로부터 안수를 받았다.⁶³ 동양선교회 설립자인 카우만과 킬보른은 독립적인 선교사역을 위해 초교파적으로 동양선교회를 출발시켰어도 만국성결교회와 신학적 맥락을 같이하며, 냎의「부흥사(The Revivalist)」지를 통해 재정적 도움을 많이 받았다. 만국성결교회는 동양선교회가 별개의 조직이었지만, 그들의 동양선교의 지부로 간주하여 많은 재정적 지원과 인적 자원인 선교사들을 파송하였다. 만국성결교회의 신조(1910년, General Statement of Belief) 16항과 동양선교회의 신조(1925년, General Statement of Belief) 15항의 영문 서술이 똑같고 (성경구절 기입만 차이), 양자 모두 세대주의 내용을 표방하고 있다.⁶⁴⁶⁵ 전천년설, 환란전 휴거, 이중재림 등 전천년설 세대주의를 표방한 동양선교회의 재림론 신조는 초기 한국성결교회 신조에 그대로 반영되어 똑같은 내용으로 번역되어 기재되어 있다.⁶⁶

---

62) Daul W. Thomas & Paul Wm. Thomas, 38, 348.
63) 정상운, 『한국성결교회사(I)』, 104.
64) E. A. Kilbourne, 14-15, 만국성결교회는 카우만과 킬보른에게 재정지원을 하였는데, Manual of the International Apostolic Holiness Union and Churches (1910-11), 44쪽에 보면 카우만과 킬보른의 이름 옆에 Kashiuagi, Yodobashimachi, Tokyo-fuka, Japan 송금지 주소가 나와 있다.
65) 鄭祥雲, 『聖潔敎會와 歷史硏究(I)』, 262, 273 참조.
66) ① 만국성결교회 신조: Article 16 the Return of JESUS
We believe that the coming of our Lord is to be personal and premillennial, also that it is immi- nent. Let us remember that we must distinguish between the rapture - His coming in the air to receive His saints(I Thess. 4), which may occur at any moment, and the revelation -His com- ing down to the earth, with His saints, which latter will not occur until after the preaching of the Gospel as a witness (Matt. 24:14), the gathering of Isarael, the manifestation of Antichrist, and other prophesied events.7
② 동양선교회 신조: Article 15 the Return of JESUS

또한 한국성결교회의 재림론에는 왓슨의 재림론도 영향을 끼쳤다. 왓슨 역시 세대 개념을 이용하여 인류 역사를 구분하고, 문자적 해석과 유형론 해석을 선호하며, 환란전 휴거설을 지지하고, 대환란 기간을 40년 지속될 것으로 보았다. 김상준의 저서에서는 왓슨과 블랙스톤의 세대주의적 전천년설의 개념이 나타난다. 김상준은 『默示錄 講義』 서문에서 왓슨의 해석을 사용했음을 밝히고 있다.[67]

2) 기독교연합선교회(C. & M. A)

심프슨(Albert B. Simpson)은 1843년 제임스 심프슨(James Simpon)의 넷째 아들로 태어나 어릴 적부터 장로교회 교인인 부친의 엄한 청교도적 신앙 교육을 받으며 자랐다.[68] 그는 낙스(Knox)대학 시절 유아세례 옹호와 침수례(immersion)가 아닌 관수례(sprinkling)의 약례를 받아

We believe that the coming of our Lord is to be personal and premillennial, also that it is immi- nent. we must distinguish between the rapture - His coming in the air to receive His saints, which may occur at any moment - and the revelation, His coming down to the earth with his saints, which latter will not occur until the after of the gathering of Israel, the manifestation of anti-christ, and the other prophesied events. (1) Acts 1:9~11; I Thess. 4:14-17; Matt. 24:27, 25:13, 26:29 Rev. 22:12, (2) I Thess. 4:14~17; Rev. 20:4, (3) Ezek.36:24, 37:21, (4) II Thess. 2:8~10; Rev. 19:20
③ 이명직 목사『東洋宣敎會 朝鮮耶蘇敎 聖潔敎會 略史』제五十절 재림(再臨) 주께서 육신을 가지시고 친히 천년시대 전에 재림하실 일이 절박함을 우리가 밋노니 주께서 생각지 아니한 때에 공중에 오시기는 성도들을 영접하실 일과 그 성도들과 갓치 지상에 림하실 일을 구별할지니라. 또한 한 지상에 림하시기 전에 이스라엘 사람들이 한 곳에 회집(會集)되고 거짓 그리스도가 나타난 후에 오셔서 천년왕국을 건설하시나니라. (옛날 표기를 현대체로 약간 수정: 필자 주).
67) 金相濬,『默示錄 講義』(平壤: 朝鮮耶蘇敎監理會, 1918), 4. 왓슨을 비롯하여 갓드비 등은 세대주의적 전천년설의 구조에서는 동일하지만, 많은 차이점도 보이고 있다. 이것에 대해서 자세한 설명은 목창균 교수의『재림론 연구』39-49를 참조하라.
68) A. E. Thmopson, *A. B. Simpson: His Life and Work* (Harrisburg: Christian Publication, 1960), 3, 8.

야 한다는 논문을 썼다.[69]

신학교를 졸업하고 장로교에서 목회를 하던 그는 1880년 뉴욕의 '13번가 교회(Thirteenth Street Church)'에 청빙되었다.[70] 그러나 그는 1881년 11월 7일에 13번가 장로교회를 사임하고 이후 초교파적인 선교사업에 나서게 되었는데, 사직의 이유는 이전과 달리 장로교에서 인정치 않는 신유의 경험과 유아세례의 반대 그리고 침수례의 교리를 인정하였기 때문이었다.[71]

심프슨은 본래 종말론에 있어서 후천년주의자였으나, 1870년대 말부터 전천년주의자로 입장을 바꿨다.[72] 심프슨의 사역의 핵심은 주 예수 그리스도의 전천년적인 재림을 전파하는 것이었다. 그는 그리스도의 재림을 세계 복음화(world evangelism)와 관련시켰고, 세계 선교에 대한 과업의 완수가 주님 재림에 필수적 요소로 보았다.[73] 그는 새 교단을 설립하는 꿈을 갖고 있지 않았다. 오직 주님의 지상 명령에 대한 순종을 격려하는데 관심을 보였고, 세계 선교에 대한 지지를 얻기 위해 초교파적으로 진력을 다하였다.[74]

근본적으로 요한계시록 해석에 있어서 역사주의적 전천년설자(a historicist)였으나, 1892년 스코필드(C. I. Scofield)의 회중교회가 후원하

---

69) Ibid., 37.
70) A. W. Tozer, *WingSpread - A. B. Simpson: A Study in Spiritual Attitude* (Camphill: Christian Publications, 1943), 67.
71) Ibid., 85.
72) A. B. Simpson, "How I was Led to Believe in Premillenarianism," *CAMW*(November 13, 1891), 298; 목창균, "성결교회 재림론 연구,"에서 재인용.
73) Keith M. Bailey, *Bringing Back the King: An Introduction to the History and Thought of the Christan and Missionary Alliance* (Nyack: Christian and Missionary Alliance, 1985), 5.
74) Ibid.

는 집회에 참석함으로 세대주의적 사상에 대한 공감을 표하기도 했다.[75] 그는 교회의 환란전 휴거를 받아들였으나, 대환란기간의 가능성과 주의 재림이 어느 순간에나 일어날 수 있다고 생각하지 않았다. 또한 세대주의의 미래적 예언 해석을 오류로 간주하고 역사적 해석을 지지했다.[76] 기독교연합선교회 종말론에 대해서는 기독교연합선교회 신조(the Statement of Faith) 11항에서 다음과 같이 교리적 입장을 표명한다:

> 예수 그리스도의 재림이 임박함을 믿으며, 그의 재림은 인격적이고, 가시적이며 전천년적이다.[77]

기독교연합선교회가 만국성결교회 그리고 동양선교회 - 한국성결교회의 재림론에 미친 영향은 앞서 언급한 블랙스톤을 통하여 나타난다. 블랙스톤(William E. Blackstone)은 기독교연합선교회(그리스도인과 선교사 동맹, Christian and Missionary Alliance)의 설립 멤버로 부총재를 지냈다. 그는 심프슨 박사에게 초기부터 영향력을 미치는 동료였다. 그들의 우정은 전 생애에 걸쳐서 뜨겁고, 깨지지 않는 관계를 유지했다.
기독교연합선교회(the movement)를 조직하도록 결정짓는데 중요한 역할을 차지한 것은 다름 아닌 첫 번째 올드 오챠드(Old Orchard)선교대

---

75) Charles W. Nienkirchen, *A .B. Simpson and the Pentecostal Movement* (Peabody: Hendrickson Publishers, 1992), 21.
76) Franklin A. Pyles, *The Missionary Eschatology of A.B.Simpson, The Birth of Vision*, Hartzfeld & Nienkirchen (Alberta: Buen. Book Service, 1986), 30, 32.
77) Bailey, 72.

회에서 블랙스톤이 행한 설교였다.[78] 배일리(K. M. Baily)는 1886년 올드 오챠드 야영지에서 행한 블랙스톤의 설교가 기독교연합선교회 설립에 끼친 영향에 대해 다음과 같이 말한다:

> 심프슨의 사역이 뉴욕에서 성장해 갈 무렵 메인(Maine)주에 있는 Old Orchard 야영지를 얻어 새로운 사역을 시작하였다. 심프슨은 새로운 혁신을 가지고 나왔다. 그는 전통적인 성결형(Holiness-type) 천막집회를 벗어나, 세계 선교와 차원높은 삶(the deeper life)을 가르치는 여름수련회를 계획하였다. 메인주 Old Orchard의 야영지는 기독교연합선교회의 탄생지(birthplace)가 되었다.
>
> 1886년 여름 일리노이, 시카고의 블랙스톤(W. E. Blackstone)은 성경강사(Bible speaker) 중의 한 사람이었다. 설교 주제는 주 예수 그리스도의 재림이었다. 대회가 종료될 무렵 그는 복음이 세계에 전파되는 것과 주님의 재림사이의 관계에 대하여 설교하였다. 이 설교는 큰 감동을 주어 설교를 들은 사람의 모든 기억 속에 남아 있게 되었다.
>
> 다음해 여름에 세계 선교 사역의 가속화와 복음의 메시지를 멀리, 넓게 전해 왕이신 주님이 오시도록(bring back the king)하기 위해 단체를 조직해야 한다는 의견의 일치를 갖게 되었다.[79]

블랙스톤의 설교는 기독교연합선교회 설립의 단초가 되어 선교

---

78) Robert L. Niklaus, John S. Sawin and Samuel J. Stoesz, *All for Jesus: God at Work in The Christian and Missionary Alliance Over One Hundred Years* (Camp Hill : Christian Publications, 1986), 258.
79) Bailey, 6.

사역의 효율화를 위해 1887년 여름에 기독교인 동맹(Christian Alliance) 과 해외에 선교사를 파송하기 위해 복음주의 선교사동맹(Evangelical Missionary Alliance, 1889년에 International Missionary Alliance로 개칭됨)의 평신도 중심의 선교단체를 조직하였다.[80]

기독교연합선교회 설립 멤버인 블랙스톤이 기독교연합선교회의 창설 멤버이고, 설립에 결정적 영향을 끼친 사실은 결과적으로 만국성결교회와 동양선교회의 재림론에 미친 블랙스톤의 저서와 직접적인 관련이 있음을 보 여준다. 그것은 앞서 살펴본 바와 같이 만국성결교회 목사 안수를 위한 지정 도서가 블랙스톤의 *Jesus is Coming*이고, 또한 동양선교회가 설립한 동경성서학원에서 이 책이 종말론 교과서로 사용되었다는 것이 이 사실을 단적으로 증명해 준다. 동양선교회 설립자 중의 하나인 카우만이 만국성결교회 지도자들로부터 안수를 받았다면, 그 일 이전에 그는 기독교 연합선교회의 심프슨 박사의 선교대회에 참석하여 선교사로도 사명을 받았다.

동양선교회는 만국성결교회 뿐만 아니라 심프슨의 선교회를 통해서도 그들이 견지한 초교파적인 노선을 채택하였고, 신앙선교라는 원리에도 크게 영향을 받았다.[81] 시간이 흐름에 따라 카우만과 킬보른에 대한 심프슨의 영향을 신유 뿐만 아니라 재림론에 대해서도 증가되었고, 이후에 그들 자신의 강조점으로 나타났다. 동양선교회 설립자들은 그리스도의 전천년설적 재림론을 심프슨으로부터 들었다.[82] 따라서 동양선교회 즉 카우만과 킬보른은 심프슨을 통해 전천

---

80) Ibid.
81) 정상운, 『한국성결교회사(I)』, 61. Cowman, 83-84.
82) Rebert D. Wood, *In These Mortal Hands : The Story of the Oriental Mission-*

년설 종말론의 개념을 갖게 되었고, 블랙스톤의 세대주의적 전천년설을 표방하여 동경성서학원 수양생들로 하여금 세대주의 종말론을 가르치고 확산하는 일에 주력하였다.

위의 언급한 내용 이외에도 1897년에 설립된 만국성결교회 초대 회장인 리스(S. C. Rees)가 심프슨의 제자로, 1887년 기독교연합선교회 미시건 지부회장으로 봉사하였다.[83] 심프슨과 리스 사이에 사상과 열정에 있어서 특이할 만한 유사성을 보였는데, 그것은 세계 선교와 그리스도의 전천년적 재림 그리고 신유였다.[84] 만국성결교회가 동양선교회에 교리적 영향을 끼치기 전에, 기독교연합선교회로부터 영향을 받았다면 동양선교회는 만국성결교회 뿐만 아니라 기독교연합선교회로부터 받은 종말론의 영향을 배제해서는 안 된다.

따라서 동양선교회- 성결교회 재림론 연구에 있어서 이 양자 중에 어느 한쪽만을 지향하고, 다른 한쪽을 배제하는 시각은 견제해야 한다.

3) 무디성서학원(Moody Bible Institute)

동양선교회 - 한국성결교회 종말론은 무디성서학원으로부터도 영향을 받았다. 카우만, 킬보른 또한 동양선교회 초대 총리인 나카다 쥬지 모두가 무디성서학원 출신이라는 사실이 이것을 증명해 준다. 미국이 낳은 19세기 위대한 부흥사인 무디(Dwight Lyman Moody, 1837-1899)는 19세기 중엽이후 영국과 미국에서 대대적인 영적 부흥

---

ary Society, The First 50 Years (Greenwood: OMS International, 1983), 28-29.
83) Paul Westphal Thomas, Paul William Thomas, 12.
84) 정상운, 『한국성결교회사(I)』, 65.

운동을 일으키며, 해외 선교에 대한 강력한 호소를 통하여 기독교 신앙확산에 큰 영향을 불러 일으켰다.[85]

그는 1860년대 후반에 들어와서 종래 받아들인 후천년설을 버리고, 전천년설로 자신의 입장을 선회하였다. 무디는 앞서 언급한 세대주의적 재림론의 대표적 주자인 스코필드를 친구로 두었다. 그는 1886년 시카고 복음협회(Chicago Evangelization Society)로 시작한 무디성서학원(Moody Bible Institute)의 초대 원장으로 유능한 토레이(R. A. Torrey)를 영입하였다.[86] 토레이는 블랙스톤의 책을 가리켜 예수 그리스도의 재림을 자신에게 살아있는 실제로 만들어준 첫 번째 책으로 언급하고 있다.[87] 카우만 부인의 아래의 글을 보면, 카우만이 토레이를 통해 전천년설 재림론에 대해 분명한 영향을 받은 것을 알 수 있다:

> 어느 주일 아침에 시카고 있는 무디敎會에 出席하였는데 거기서는 토-레이 博士가 그리스도의 再臨에 關하야 講演을 하고 있는 때이었다. 이 前에는 그리스도의 再臨의 信仰이 確實치 못하였다. 저는 그 날 福音을 통하야 全世界는 다 그리스도께로 도라와야 된다는 것을 알게 되엿다. 그 때에 얼마나 저가 하나님이 이 眞理를 저에게 가라쳐 주신 것을 感謝하였는지 알 수 없다. 또한 하나님의 世世에 關한 經綸을 알게 되었는 緣故이다. 聖經은 저에게 對하야 一層 새로운 冊이 되었다. 모르고 잘 알 수 없는 句節이 별안간 알게 되며 靈眼이 열

---

85) David maas, "The Life and Times of D. L. Moody," *Christian History*, 9 No.1 (1990), 8.
86) Bruce L. Shelley, *Moody, Dwight L*, 675.
87) 정상운, 『한국성결교회사(I)』, 178.

리게 되어 이로부터 오는 새로운 힘이 저의 全生涯를 變更시키게 되었다. 저가 數年 後에 말하기를 어느 眞理라도 이보다 더 큰 恩惠가 된 것은 나의 生涯를 通하여 없다.[88]

4) 동양선교회 - 한국성결교회

한국성결교회는 동양선교회로부터 교리적인 내용을 전수받았다. 1925년 동양선교회에서 발표한 16개조 신조 내용을 초기 한국성결교회 교단신학으로 그대로 대치하여 수용하였다.[89] 동양선교회의 신조는 1925년 킬보른에 의해서 『朝鮮耶蘇敎 東洋宣敎會 聖潔敎會 敎理及條例』를 통하여 구체적으로 나타나는데, 15조 '재림(the return of Jesus)'에는 다음의 내용이 기록되어 있다:

> 재림 - 第五十節 再臨
> 주께서 肉體를 가지시고 親히 千年時代 前에 再臨하실 일이 切迫함을 우리가 밋노니 주께서 띗치 아니한 시에 空中에 오시기는 聖徒들을 迎接하실 일과 그 聖徒들과 갓치 地上에 臨하실 일을 區別할지니라. 또한 지상에 임하시기 전에 이스라엘인들이 一處에 會集되고 거짓 그리스도가 나타난 後에 오셔서 千年王國을 建設하시나니라.[90]

---

88) 카우만 부인, "宣敎의 戰士, 찰스 카우만의 所信(二)," 「活泉」, 통권 119호(1932.10), 23-24.
89) 정상운, 『한국성결교회사(I)』, 200.
90) 吉寶崙, 『敎理及條例』, 17. 『略史』에도 동일한 내용이 기록되어 있다.

이 같은 내용은 킬보른이 소천한 후, 그의 이름으로 「活泉」에 뒤늦게 기고된 "동양선교회가 가라치는 四重福音(三)"에 보면, 킬보른에게서 구체적인 설명이 나타나고 있다.

> 簡單히 말하면 하나님 말삼이 가르치는 바 곧 五百名 以上의 目擊者가 보는 가운데서 肉身을 가지시고 引上되신 그갓흔 그리스도께서 '하날노 올나가게 하심을 본대로' 오실 것을 믿는다. 곧 이는 肉身의 形狀을 가지시고 오실 것인데 그의 오심은 千年王國時代에 압서 오실 것이다. 우리는 당신의 재림하심에 二個의 階段이 잇슴을 밋나니, 卽 첫재는 空中으로 오셔서 거기서 당신을 迎接케하기 爲하야 '引上'된 變化된 聖徒를 마지실 것이요, 둘째는 그 變化된 者와 當身의 거룩한 天使를 다리시고 여러 사람 눈압헤서 地上으로 나려와 萬王의 主로 온 世界를 統治하시기 始作하실 것이다. 우리가 밋는 것은 此 王國은 千年 동안 결속되고 그 뒤에 無抵坑에 結縛밧앗던 사단을 노화주어 다시 나아가 暫時동안 나라들을 期瞞케 할 것이다. 사단의 一時的 自由가 滿期될 때에 그는 불구렁텅이에 던져 永遠히 苦礎를 밧을 것이다. 그 後에 一般的 復活이 오고 크고 흰 寶座審判이 와서 罪의 問題는 끝나고 일허바린 者의 永罰과 救援엇은 者의 新天新地에서 누릴 바 永福이 始作된다.[91]

한편, 동양선교회의 초대 총리를 지낸 나카다 쥬지는 재림을 영화(榮化)로 표현하며, 그리스도의 재림과 함께 휴거가 일어나고, 7년

---

91) 故 이. 에이. 길보른, "동양선교회가 가라치는 四重福音(三)," 「活泉」, 제7권 7호 (1935), 18-19.

대환란 후에 천년왕국이 시작된다는 세대주의적 전천년설을 주장했다.[92] 이상으로 볼 때 동양선교회는 전천년 재림, 재림의 이중 국면(단계), 환란전 휴거등 가르치는 세대주의적 전천년설을 견지하고 있음을 볼 수 있다.

재림론에 대한 동양선교회의 가르침은 그들의 교육을 받은 한국성결교의 설립자 중의 한사람 김상준 목사에게도 큰 차이가 없이 나타나고 있다. 1921년에 출간된 김상준 목사의 『四重敎理』와 『默示錄 講義』는 초기 성결교 신학의 교리근간을 이루는데 결정적인 역할을 하였다.[93] 동경성서학원을 졸업한 김상준은 『默示錄 講義』에서 계시록을 해석하는 방법 가운데 과거적, 역사적, 미래적 해석 3가지를 소개하며, 과거적, 역사적 해석 방법을 버리고, 미래적 해석 방법을 따라 저술하였음을 밝히고 있다:

> (三) 未來的 解譯 此는 本書 一, 二, 三章 外에는 다 未來에 起할 事件을 記한 者이다. 主께서 再臨하실 方丈前後에 成就될 者라 하나니 古代의 師父 等과 近世의 靈의 大家들의 太半 此設을 主唱하는고로 本著者도 亦此 解釋을 依하야 講解하노라.[94]

김상준 목사는 인류의 전 역사를 7시대로 시대 구분하며, 예수의 재림의 사건은 현재 역사 안에서 점진적으로 이루어지는 것이 아니

---

92) 米田勇編, 『中田重治全集』 1卷 (東京: 中田重治全集 刊行會, 昭和 50), 465-75, 576-78.
93) 정상운, 『한국성결교회사(I)』, 195. 자세한 내용은 필자의 논문 "金相濬論," (성결교신학교 교수 논문집 17집, 1989년)을 참조.
94) 金相濬, 『默示錄 講義』 (京城: 朝鮮耶蘇敎 監理會, 1918), 7.

고 순간적인 한 순간의 사건으로 일어나는 것으로 보았다.[95] 그리고, 미래적 해석에 근거하여 공중재림과 휴거를 강조하는 세대주의적인 전천년설 내용을 설명하고 있다.[96]

IV. 닫는 글

1. 평가

한국 선교를 개척한 개신교 선교사들의 신학을 단정적으로 규정하기 어렵지만, 대체로 복음주의(Evangelism)개념으로, 이 개념은 넓게는 루터와 영국 성공회까지 포함할 수 있으며, 좁게는 20세기 미국의 근본주의 원리로 축소할 수도 있다.[97] 복음주의 신학은 성경의 절대권위와 그리스도의 구속, 신앙의인론(信仰義人論) 그리고 그리스도의 재림과 심판이라는 보편적 신앙 원리를 공유하고 있다.[98] 초대 교회부터 지금까지 이천년 기독교 역사를 통해 일관되게 믿어온 신앙은 그리스도의 대속, 부활 그리고 재림이었다. 한국성결교회는 1907년부터 현재에 이르기까지 그리스도의 복음, 특별히 중생, 성결, 신유의 복음과 더불어 재림의 복음을 전파하고, 가르쳤다. 그러

---

95) Ibid., 246. 242.
96) Ibid., 79. 242-43. 이명직 목사의 재림 도표『基督敎의 四大福音』111쪽과 김응조 목사의 재림 도표『末世와 예수의 再臨』1쪽을 비교하여 살펴보면 확연히 드러난다. Blackstone의 72-74쪽도 큰 차이없이 동일한 재림 도표로 재림론을 설명하고 있다.
97) 이덕주, "초기 내한 선교사들의 신앙과 신학,"「한국기독교와 역사」제6호 (한국기독교 역사연구소, 1997), 53-58 참조.
98) Ibid., 53.

나 지금까지 성결교단 신학정립의 일환으로 재림론보다는 단순히 교단 명칭과 결부시켜 웨슬리신학에 관련된 성결론에 치중하는 단편적이고도 편향적인 연구에 머물렀다. 성결교단 신학 정립에 있어서 이것은 바른 연구자세가 아니다. 초기 복음관 시대에는 사중복음 중의 하나인 재림을 중생, 성결, 신유와 함께 통전적으로 강조하였다.

구체적으로 성결교회의 재림론은 미래적 전천년설로도 불리우는 세대주의적 전천년설에 가깝다고 단정할 수 있다. 세대주의 전천년설은 초대 교회로부터 걸쳐 만들어진 역사적 산물이라기보다는, 종래의 초대교부들의 전천년적 개념에다가 19세기에 들어와서 생긴 당대 역사적 상황과 결부된 성서에 대한 재해석에서 비롯된 결과로 생겨났다. 새로운 전천년설주의자들인 모든 세대주의자들은 다 전천년설주의자이지만, 전천년설주의자 모두가 세대주의자가 아니다.[99] 세대주의는 미국 복음주의의 한 형태로서 전통적인 복음주의적인 관심과 교리를 가지고 있다. 이것은 20세기 복음주의를 형성하는 중요한 요소가 되어 왔지만 역사적 연관성을 지닌 일종의 성경 접근 방법의 해석학적 가정을 제시한 지 200년도 안되는 짧은 역사를 갖고 있다.[100] 따라서 세대주의적 전천년설에 대한 따가운 비판은 지금까지도 계속 되고 있다.

세대주의적 전천년설은 성경의 축자 영감설과 무오성을 믿고 고등비평적 성경연구를 거부하고, 이후 근본주의자들의 기독교 신앙

---

99) 성기호, "세대주의 신학이 한국교회에 미친 영향," 「목회와 신학」, 통권 68호(1995. 2), 78.
100) 블레이징, "세대주의신학이란 무엇을 말하는가," 42-43.

의 핵심에도 영향을 주는 등 복음의 내용을 극명하게 단적으로 드러내 주고 있다. 또한 이것은 경건주의적인 삶의 실천적 가르침과 함께, 임박한 종말에 앞서 세계 복음화 즉, 선교를 강조하는 긍정적인 요소를 분명히 가지고 있다. 그러나 세대주의에 대한 비평의 주요 문제들로 몇 가지 질문들이 제기되고 있다.

첫째는, 전천년설에 입각한 세대주의 성경 연구는 문자해석에 치우쳐 성경 본문의 콘텍스트를 고려하지 않고, 본문으로부터 신학적인 체계 구성에 주력하여 본문의 구체적인, 역사적 사회상황에 대한 연구를 임의로 왜곡시키지 않고 있는가?라는 비평을 받고 있다.[101]

둘째는, 세대주의 시대구분의 체계는 구속역사의 다양한 기간들 간의 차이점들이 역사의 근본적 통일성을 제압하고 있는 듯한 인상을 준다는 것을 들고 있다. 인간을 다루시는 하나님의 구속적 사역의 통일성을 공평하게 취급하지 않고, 세대주의 시대 구분에 따라 세대들 사이의 심한 차이와 구별을 둔다면 신약시대에 있어서 자기 백성을 다루시는 하나님의 종합적, 영원적 구속사역의 진보를 보지 못하는 어리석음을 범할 위험에 빠지게 된다는 것이다.[102] 따라서 세대주의에 대한 비판가들은 각 세대마다 일관되게 소개하고 있는 신학적 패턴의 한계를 들며, 다양한 주제를 제공하고 있는 성경 본문의 획일적인 해석에 대해서 왜 인간 역사에 관여하시는 하나님의 뜻이 일곱이나 여덟 세대에 걸쳐 달라야 하는지 세대 구분에 대한 근거를 요구한다.

---

101) 이형원, "세대주의 성경해석을 평가한다." 「목회와 신학」, 통권 68호(1995,2), 86-89.
102) Hoekema, 268-69 참조.

셋째로, 세대주의에 대한 이스라엘과 교회 분리 주장과 함께 교회를 하나님의 구원 계획의 일부가 아닌 중간에 끼어 넣은 괄호(Parenthesis)로 생각한다면 그리스도의 몸이며, 하나님 나라 확장을 위한 도구로서 존재하는 교회의 역할은 대체 무엇인가?라는 질문을 제기한다.

넷째로, 세대주의 전천년설은 비관주의를 표방하고 있기 때문에 이 땅에 하나님의 뜻을 이루려는 역동적인 신앙관보다 타계적이고 현실도피적인 신앙관으로 흐를 위험성을 갖고 있기 때문에 현세의 책임과 역할을 지양하고 내세에 대한 소망으로만 흐르는 이원론적인 사고를 배태케 할 위험성을 안고 있다는 점이다.

2. 분석 및 제안

지금까지 살펴본 바 연구에서 나타나는 결과와 제언들은 다음과 같다.

첫째, 한국성결교회의 재림론은 문자적, 미래적 해석, 전천년적 재림, 환란적 휴거(이중재림), 천년왕국의 유대적 성경 강조 등 미래적 전천년설로 부르는 세대주의적 전천년설에 치우치는 특징을 보이고 있다. 그러나 한국성결교회에 있어서 세대주의의 영향은 성경 해석과 교회론보다는 종말론에 주로 치중되었다. 이 점에 있어서 한국성결교회의 재림론에 대한 신학적 입장을 세대주의와 전적으로 동일한 것으로 말할 수 없다. 왜냐하면 한국성결교회는 세대주의의 영향은 받았으나, 세대주의 전체 체계를 모두 신봉한 것은 아니기 때문이다.

둘째, 성결교회의 재림론은 만국성결교회와 기독교연합선교회, 그리고 무디성서학원의 종말론의 세대주의적 전천년설의 영향을 받아 이루어졌다. 기독교연합선교회, 만국성결교회, 무디성서학원의 종말론을 관통하고 있는 공통적인 요소는 세대주의적 전천년설이었다. 이것은 성결교회 재림론이 어느 한 근원으로부터 유래했다는 단적인 해석을 지양하고 있다. 그리고 분명한 사실은 블랙스톤을 통한 기독교 연합선교회의 만국성결교회와 동양선교회(성서학원)의 영향을 고려해 볼 때 성결교회 재림론 정립에 있어서 앞서 언급한 19세기 여러 근원과 연관하여 바라보는 다중적 해석이 요구된다.

셋째, 지금까지 연구의 결과로 볼 때 한국성결교회의 교리적 근간인 사중복음에 있어서 재림의 내용 즉, 세대주의 전천년설의 영향은 18세기 웨슬리신학과는 무관한 19세기 미국 복음주의와 성결운동의 산물로서 '성결교단신학은 바로 웨슬리신학이라는 등식'은 과거 단편적인 연구의 결과에서 무비판적으로 고착된 의식이라는 것을 말해 준다. 따라서 성결교회 교단 명칭을 통해 웨슬리신학의 핵심인 성화(Sanctification)를 강조하는 성결론에 대한 일방적인 과거의 연구자세보다는 재림론을 포함한 사중복음의 균형적인 강조와 연구로 본래의 교리적인 자리매김을 다해야 할 것이다.

넷째, 한국 교계에 앞서 성결교회 일부 목회자들에게서부터 먼저 전천년설에 대한 부정적인 인식과 왜곡된 이해가 바로 정립되고, 또한 이에 대한 온당한 평가를 내려야 한다고 생각한다. 그것은 1992년 비성서적인 잘못된 종말론으로 세상을 시끄럽게 하고 전도의 문을 닫게 한 다미선교회 같은 시한부 종말론을 한국성결교회 재림론과 결부시켜 혼동하는 점도 문제이지만 무천년설, 후천년설 입장에서 자신의 입장과 다른 시각을 가진 전천년설을 잘못된 것으로 인식하는 것도 문제의 여지가 있다. 그것은 무천년설, 후천년설, 전천년설 삼자 모두가 성경 가르침에 대한 해석의 시각으로 어느 것이 다른 것보다 절대적 진리로 단정하기가 쉽지 않고, 각기 문제점과 한계를 갖고 있기 때문이다. 천년설에 대한 논쟁은 주님 재림 전까지도 끝나지 않을 문제인 것 같다. 그것은 앞서 주장된 세 이론은 어느 것도 성경과 기독교 역사적 전통으로부터 이론(異論)의 여지없이 결정적 지지를 받지 못하고 있기 때문이다.

19세기 말부터 20세기까지 블랙스톤, 이보다 더 대중화된 스코필드 관주 성경으로 대표되는 고전적 세대주의가 1960년대부터 세대주의 학자인 왈부어드(J. F. Walvoord), 라이리(C. C. Ryrie)를 비롯한 학자들로부터 수정되어 스코필드 교리가 변경되어 수정세대주의를 낳았고, 1980-90년대 초에 이르러서는 다시 점진적 세대주의에 이르러 두 목적 이론을 파기하는 등 재교정하는 발전과정을 거쳐왔다. 세대주의적 전천년설의 재해석은 18세기 웨슬리의 낙관주의와 19세기 세대주의의 비관주의를 동시에 갖고 있는 한국성결교회가 새 천년을 맞기에 앞서 풀어야 할 또 하나의 신학적인 연구의 과제로 남아 있다.

[한국기독교역사학회, 「한국기독교와 역사」, 11권(1998년)]

2

사중복음 관련 논문

1

성결교회성 회복에 대한 연구
- 사중복음의 고조(高調)로서의 성결교회성을 중심으로 -

여는 글

과거, 한국성결교회는 지난 100년간의 한국개신교 교회사에서 실로 남다른 엄청난 공헌을 남겼지만, 그 평가에 있어서는 전체적이 아닌 부분적인 장에서 그것도 평가 절하식으로 온당한 대우를 받지 못하였다. 이러한 부당한 과거의 경험과 현실 속에서 성결인들은 이에 대한 반동으로 초기 복음전도관 시대부터 성결교회만이 가질 수 있는 귀중한 유산들을 보존하고 또한 이것들이 상대적으로 가지는 결점들을 보완하기보다는, 기존의 장로교, 감리교라는 류(類)의 보편성에 성결교회만이 가지는 종(種)의 특수성을 무리하게 끼워 맞추는 공동적인 유대 관계의 작업, 즉 타 교단과의 상호 문제에 지나친 관심을 가지게 되었다.

그러나 우리가 분명히 직시해야 할 문제는 오늘날에 있어서는 과거에 빚어졌던 특수성의 강조에서 오는 충돌이나 문제점보다도 오히려 그 독특한 한국성결교회만이 가진 고유한 특성을 잃어버리는 데서 오는 문제점이 더욱 크게 나타나고 있다는 사실이다. 류와 종은 서로 상호 유기적인 보완 관계로 있어야 하는데, 한국성결교회는 밖으로의 보편성 강조의 류를 크게 의식한 나머지, 자신만이 가질 수 있는 종의 특성을 간과하여 간직하지 못하는 교단 정체성 상실의 안타까운 현실을 맞게 되었다.

한국성결교회가 타 교단과 다른 차이는 무엇인가? 한국성결교회가 성결교회로서 한국교회사의 장에 존재해야 할 당위적인 필연성은 무엇인가? 이러한 질문에 한국성결교회는 충분하고도, 명쾌한 대답을 해 줄 수 있어야 한다. 교파 교회는 교파 교회로서 독특한 특수성을 가지지 못하면, 이 땅에 더이상 교파 교회로서 존속해야 할 존재 가치를 잃고 만다. 그러므로 오늘날 한국성결교회는 지나간 한국교회사에서 뼈아프게 체험하여 깨달은 교훈을 통하여 특수성과 보편성의 상호 보충이라는 자세를 견지하여 나가되, 한국성결교회만이 점유하고 또한 밖으로부터 독특하게 인식되어야 할 특수한 교단 특성을 가져야 한다.[1]

이러한 우리만이 가지는 독특한 교단 특성 내지는 성질이 바로 필자가 본고에서 강조하고 모색하고자 하는 성결교회성(聖潔敎會性)이다. 오늘을 사는 성결인에게 이 시대와 한국교회는 이제는 80년 전통처럼 굳어져서 성결교회성이라 명명해도 될 독특한 교단 개성 보존을 장년 한국성결교회에 요청하고 있다. 그러면 80년 역사 속에서 한국성결교회만이 가지는 성결교회성은 무엇인가?

---

1) 송기식, "보편성과 특수성," 「活泉」, 428號, 88.

1. 성서적 복음주의로서의 성결교회성

우리는 우선적으로 성결교회성의 하나로 성서적 복음주의(聖書的 福音主義)를 들 수 있다. 성서적 복음주의의 신학이란 성서의 권위를 중요시하고 성서에 기록된 내용을 영감된 하나님의 말씀으로 신봉하는 신학을 말한다.[2] 이명직 목사는 복음주의로 이것을 달리 설명하였는데, 그에 의하면 복음주의라는 것은 무엇인가 하면, 즉 성서를 그대로 믿고 성서 그대로 살자는 것이 곧 복음주의[3]로 이것이 바로 한국성결교회의 성결교회성을 이루는 요체(要諦)이다. 과거에 순복음(純福福), 또는 순복음주의로 불리워진 성서적 복음주의 신학은 한국성결교회를 신학적으로 규정짓고, 16세기 종교개혁주의 사상에 기인한 복음주의적 사상이 아닌 다른 유사 종교 집단과 구별짓게 하는 성결교단의 중요한 교리적 근간을 이루고 있다.

과거 동양선교회(OMS)를 전신으로 하여 국제 사회의 변화에 발맞추기 위해 새로 개칭하여 조직된 국제동양선교회(OMS International)의 신앙 신조(Articles of Faith)를 보면 한국성결교회의 직접적인 뿌리인 OMS가 역사적인 복음주의적 교회의 전통을 견지하고 있음을 보여준다:

> OMS International is a faith mission which stands in the historic evangelical tradition of the church. In response to Great

---

2) 趙種男,『요한 웨슬레의 신학』(서울: 대한기독교출판사, 1966), 223.
3) 李明稙, "福音主義,"「活泉」, 258호, 1.

Commission, OMS emphasizes unrelenting evangelism, training of national leadership for ministry, and church planting.[4]

한국성결교회는 바로 OMS의 창립 정신에 따라 복음주의를 표방하여 세워졌다. 이것을 이명직 목사는 『朝鮮耶蘇敎 東洋宣敎會 聖潔敎會 略史』의 조선야소교 동양선교회 성결교회의 신앙개조 제10절 '교회'에서 다음과 같이 말한다:

> 敎會(한국성결교회: 필자 임의로 첨가)의 使命은 純福音을 本國과 外國에 傳함이니, 모든 罪에서 救援함과 神癒와 主가 再臨하신 後을 千年王國을 建設하심이니라.[5]

따라서 한국성결교회는 성서적 복음주의신학에서 출발하였다. 초기 성결교회 창립자들과 개척자들은 순복음이라 말하는 성서적 복음주의신학의 입장에서 성서의 권위를 강조하고 성서 신학의 형성과 복음전도에 주력하였다. 그러므로 자연히 성결교회의 외연(外延)으로 나타난 특징은 성서를 강조한 나머지, 사변적(思辨的)인 신학을 부정하는 반지성적인 모습으로까지 인식되기도 하였다. 이러한 독특한 모습은 오늘에 와서는 다른 교단과 달리 한국성결교회가 점유하고, 향유하는 교단적 특색으로 부각되었다.

우리는 이러한 실증적인 실례를 교단 기관지인 「활천(活泉)」의 내

---

[4] OMS. *Outreach*, Volume 88, No. 1, 3.
[5] 李明稙, 『朝鮮耶蘇敎 東洋宣敎會 聖潔敎會略史』(京城: 東洋宣敎會 聖潔敎會 出版部, 1929), 13. 以下『略史』로 表함.

용에서 쉽게 찾아볼 수 있다. 해방 이전의 대부분 「활천」의 목차에는 신학적인 사색과 그에 대한 방법론의 글보다는 성서적 교리로 가득 찬 글들로 채워져 있다. 이것은 한국성결교회가 성서를 사랑하고 성서의 순수성을 보존하고자 애쓴 노력의 결과들로 나타난 것이다. 따라서 초기 성결교회 신앙 개조는 '성서는 구원함에 요족하다'는 성서의 충족성을 말하고 있고, 모든 신학과 교리가 성서에 기초해야 함을 강조하고 있다:

> 성경은 구원함에 필요한 모든 조건을 기록한 책이라. 그럼으로 무엇이던지 성경에 기록지 아니하고 혹은 성경에 증명치 아니한 것은 맛당히 밋을 교리가 아니며 또한 구원함에 합당치 아니한 줄노 인명할지니라. 성경은 곳 구약과 신약인대 이는 공회(公會)에서 작명한 책이니, 영구히 의심할 것이 없는 책이니라.[6]

18세기의 웨슬리신학(부흥운동)도 결국 신학이 그 변증법적(辨證法的) 관심에서 성서가 말하는 관심(곧, 구원의 복음)에로, 또 이성에 자리잡고 있던 신학의 권위가 성서의 말씀으로 돌아올 때 생기를 되찾았다.[7] 그러므로 2천 년간의 교회의 역사는 신학도 결국 성서 자체로 돌아올 때 진정한 생명력을 갖게 되고 갱신의 힘도 가질 수 있음을 증명해 준다. 따라서 오늘의 한국성결교회는 80년 지나간 역사를 통하여 형성된 성서의 권위를 강조하는 성서적 복음주의 기반에 서서

---

6) 『略史』, 11~12.
7) 趙種男, 위의 책, 225.

성서적 기독교를 세우고 재천명하는 데 계속 주력해야 한다. 존 웨슬리는 종교의 제반 문제에 있어서 최고의 권위를 성서에 두고 성서에 주어진 구원의 길에 의존하여[8] '어떠한 대가를 치루더라도 성서를 나에게 달라'[9]고 하였다.

한국성결교회는 웨슬리 신학사상의 역사적 맥락에서 시작되었다. 따라서 한국성결교회는 성서의 권위를 강조하는 성서적 복음주의의 특성을 지닌 성결교회의 신학적 유산을 귀중히 간직해야 한다. 한국성결교회는 바로 이 점에 중시하여 처음으로 1911년에 자체 신학교를 세웠을 때 성서적 복음주의의 정신을 표방하여 신학교 명칭도 '성서'가 들어간 '경성성서학원'이라는 이름으로 개교하였다. 그리고 한국성결교회가 복음주의를 표방하고 강조한 일은 처음 이 땅에 성결교회의 뿌리를 내릴 때 그 명칭을 복음을 강조하기 위해 무교정 복음전도관(武橋町 福音傳道館)이라 명명한 데서 실증적인 그 증거를 찾을 수 있다.

또한 일제가 1942년 3월에 강제로 한국교회를 일본 기독교 조선혁신교단(日本基督敎 朝鮮革新敎團)으로 개편하게 하고, 성경과 찬송가의 일부를 삭제하는 만행을 저지를 때, 성서적 진리를 사수하려다가 한국성결교회는 어느 교단보다도 더 심한 형극(荊棘)의 길을 걷게 되었다.[10] 이명직 목사는 「활천」 258호 '복음주의'의 글에서 한국성결교회의 사명을 성서적 복음주의의 진작(振作)으로 설명하고 있다:

---

8) Colin W. Williams, *John Wesley's Theology Today* (Nashville: Abingdon Press, 1982), 25.
9) John Wesley, *Wesley's Standard Sermons* Vol.I. (London: Epworth Press, 1968), 32.
10) 안수훈, 『한국성결교회 성장사』(L.A.: 기독교미주성결교회 출판부, 1981), 175.

우리는 하나님의 말씀되는 복음을 읽고 그대로 믿고 그대로 體驗하고 복음의 使臣으로서(엡 6:20)의 聖神의 能力을 힘입어 聖神의 劍을 높이 들어 新神學이나 妖雲을 헤치고 사단을 退治하고 眞理의 日月을 뚜렷하게 들어내는 同時에 우리 韓半島가 다 純福音化하기를 힘써야 할 것이다. 이 복음으로 썩어져 가는 社會를 정화시키고 暗黑하여 가는 靈界를 聖化시켜야 될 것이다. 이것이 우리의 使命인 것이다.[11]

따라서 현 한국성결교회는 앞서 언급한 성서적 복음주의의 전통에 서서 우리의 신앙 노선을 지켜나가야 함을 중시해야 하고 여타 다른 신학운동이나 교단(선교단체)과의 연대나 제휴도 이러한 역사적 맥락 위에서 성결교회성을 잃지 않고, 오히려 고무시키는 방향으로 진행되어야 하고 모색되어야 할 것이다.

한국성결교회가 1962년에 와서 예성과 기성으로 완전 양분되고 오늘에 이르기까지 27년간 진통을 겪은 일은 외적인 요인보다는 내적으로 성결교회가 성결교회성을 잃어버렸을 때, 다시 말하자면 성서적 복음주의에서 출발한 성결교회의 역사에 대한 이해 부족으로 인해 자기 정체성(正體性)과 역사성(歷史性) 그리고 주체성(主體性)을 잃어버렸을 때 일어났다는 사실을 우리는 간과해서는 안 된다. 교단 분열이 있기 수년 전인 1958년 11월 「활천」 사설에 실린 '우리의 진로'의 글처럼 "우리의 진로는 옛날에도 오늘에도 복음으로 매진(邁進)할 것 뿐이니 단체적 대립이나 편파적 행동을 삼가서 천부(天賦)의

---

11) 李明稙, "福音主義," 「活泉」, 258호, 2.

사명만 완수"하는 한국성결교회가 되었으면 분열의 아픔이 찾아오지 않았을 것이다.[12]

2. 선교우선주의로서의 성결교회성

한국성결교회가 가진 특성은 무엇보다도 두드러지게 '복음 전도'에 대한 우선 강조에서 나타난다. 초기 성결교회가 가진 특색은 뜨거운 구령열로 가득찬 선교의 열정을 가진 선교 우선주의(宣敎優先主義)였다. 따라서 외국 선교사의 힘이 아닌 한국인 정빈과 김상준 전도자의 자생적 개척에 의해 시작된 한국성결교회는 출발 당시로부터 분파적인 교파 의식을 지양하여 특별한 교단 명칭을 갖지 않고, 특정한 교파 의식과 확장에 우선하기보다는 선교 우선에 중점을 두어 구령 제일과 전도 본위의 복음전도(관)에서부터 출발하였다.[13] 이러한 초기 창립자들의 복음전도 우선의 선교 정책은 OMS와 일관된 것으로, 이러한 선교 우선의 한국 성결교의 생리적인 특성은 오늘에 와서는 성결교회성의 하나로까지 부각되게 되었다.

따라서 선교우선의 방법을 채택한 초기 한국성결교회는 구원의 복음을 불신자에게 전해야겠다는 투철한 선교 정신으로 오직 전도에만 주장을 삼고, 목회에 주력치 아니함으로 10여년 동안 기성 교단으로 경화되지 않고, 1921년 9월이 되어서야 '조선야소교 동양선교회 성결교회'로 개칭하게 되었다.[14] 이처럼 장·감보다 20년 늦게

---

12) "우리의 進路"(社說),「活泉」, 298호, 2.
13) 정상운, "정빈(鄭彬)의 생애와 사상(2),"「현대 종교」, 통권 178호, 129.
14) 위의 책.

이 땅에 선교를 시작하면서 상대적으로 모든 열세를 감수해야 했지만 14년간 계속 복음전도관으로 지속한 것은 출발부터 이미 한국성결교회가 함유(含有)하고 있었던 선교우선의 독특한 특성, 즉 성결교회성에서 연유한 때문이었다. 이명직 목사는 『略史』에서 다음과 같이 말한다:

> 우리 동양선교회는 결코 창립자(創立者) 자신(自身)이 어느 교파에서 반대하고 니러남도 아니요(빌립보서 1:15) 무삼 교리에 불평이나 불만이 있어서 새로운 교리를 창도(唱導)하고 니러남도 아니요 오직 감리교회의 개조(開祖)인 요한 웨슬네를 니어 닐어나 곳 초시대(初時代), 성결(聖潔), 신유(神癒), 재림(再臨)의 복음을 고됴(高調)하며 미신자(未信者)에게는 진격적(進擊的)으로 전도하야 뎌들을 바른 길노 인도하고저 함이니...[15]

교단 분열 이전의 교단 『헌법』(1955년)은 '제3조 우리 교파의 사명'에서 다음과 같이 말한다:

> 우리의 初代 創立者들이 聖潔敎會를 設立하였음이 무슨 敎派를 濫造하려 함이 아니고 그들의 받은 바 信仰의 體驗을 通하여 福音의 道理를 世間에 더 一層 높이 드러내려는 熱意에 있었음이라.[16]

---

15) 『略史』, 2~3.
16) 基督敎大韓聖潔敎會總會 法制部 編, 『基督敎大韓聖潔敎會 憲法』(서울: 기독교 대한 성결교회 총회 본부, 1955), 4.

따라서 한국성결교회는 선교우선 방법과 연관시켜 초기 교육기관으로 어떤 특정한 교리나 서구 신학사상의 무비판적인 이식(移植)이나 소개를 지양하여 신학교(Seminary)가 아닌 성서학원(Bible Institute)으로 시작하였다. 이러한 출발은 한국성결교회를 신학적인 사색이나 이론적인 방법 모색, 그리고 사회적 관심보다는 성서적인 내용 강조, 개인 구원과 경건의 생활, 그리고 선교 지향적인 선교우선주의의 교육적 전통으로 뿌리를 내리게 하였다. 초기 창립자들인 정빈, 김상준은 선교우선주의에 입각하여 영혼을 구원하는 일에는 개 가죽이라도 뒤집어 쓸 경우에도 사양치 않겠다는[17] 정신으로 직접 전도에 혼신의 힘을 다 쏟았다. 이천영(李泉泳) 교수는 다음과 같이 말한다:

> 전도방법도 간접적 방법을 지양하고 직접적 방법을 택하여 밤에는 노상에서 樂隊를 앞세우고 宣傳하여 會館으로 모으고 福音을 외쳐 결심자를 얻고 낮에는 그들을 訪問하여 敎派에 구애됨이 없이 가까운 敎會로 지도하곤 하였는데 이 전도가 每日 계속하게 되었으니 초시대의 전도자들의 救靈熱은 大端하였던 것이니 교회 조직이나, 교세 확장이 아니고 日久月深 救靈傳道에만 全力하였으니...[18]

위와 같이 초기 한국감리교, 장로교와는 달리 출발부터 교육이나 교회 조직이 아닌 복음 전도에 우선하여 직접 전도에 주력케 된 초

---

17) 『略史』, 51.
18) 李泉泳, 『聖潔敎會史』(서울: 기독교대한성결교회 출판부, 1970), 26.

기 한국성결교회는 장·감과는 다른 매우 인상적인 모습으로 처음부터 이 민족사(民族史)에 비춰졌다.

그러나 과거 우리의 선교우선주의의 성결교회성은 상대적으로 교육이나 사회적 관심을 통한 간접 전도의 소홀성을 드러내고, 더 나아가서는 다분히 타계주의적(他界主義的)이며, 개인 구원에만 집착하고, 신학적 사색과 방법의 모색을 거부하거나 퇴행하는 결과[19]를 낳게 하였다. 따라서 오늘에 와서는 직접 전도로 일관된 초기 전도 방법의 문제점과 개선책에 대한 논의가 빈번히 성결교회 자체 내에서 일어나고 있고, 다원화되고 급변하는 현대사회에 알맞는 교육이나 매스 미디어를 통한 간접 전도의 효율성도 강조되고 있다.

그러나 직접 전도의 선교우선주의를 표방한 초기 한국성결교회의 선교 방법에 대한 단순한 반동(反動)으로 직접 전도의 자세를 경시하고 소홀히 하려는 오늘의 경향은 경계되어야 한다. 오히려 한국성결교회는 직접 전도에 있어서 간접 전도의 구체성과 다양성을 고려한다는 전제 아래, 간접 전도로 일관하는 현 시류에서 과거 직접 전도의 선교우선주의의 내용과 열정을 더 분명히 성결교단의 독특한 특성, 즉 성결교회성으로 드러내는 데 주력해야 할 것이다.

우리는 지나간 한국교회사에서 성결교회는 직접 전도를 통해 한말(韓末)이라는 역사적 정황과 현실에 타협하여 복음이 자기 본질을 상실하고 변질됨으로 기독교가 민족 구원의 이질적인 혼합종교로 전락됨을 방지하고, 그 순수성을 잃지 않게 하는 데 결정적인 공헌을 하였다는 사실을 기억해야 한다.

---

19) 정상운, "정빈의 생애와 사상," 130.

따라서 선교 80년 장년을 맞은 한국성결교회는 초기 성결교회의 선교우선의 성결교회성을 되찾아 웨슬리가 '선교, 곧 복음 선포라는 것을 교회의 주요한 표적'으로 보고 마상(馬上)의 전도 행각에 주력한 것처럼 전세계를 성결교회의 선교 구역으로 만드는 데 앞장서야 할 것이다. 현 한국성결교회가 이 일을 바로 감당할 때만이 새 역사의 장을 여는 소망스런 교단이 될 것이다.

3. 사중복음의 고조로서의 성결교회성

1) 한국성결교회의 전통적 유산으로서의 사중복음과 웨슬리신학

사중복음(四重福音)의 고조(高調)는 인위적이며, 사변적인 교리의 틀이 아닌 성서에 근간되는 진리에 대한 강조이다. 따라서 소박한 성서적인 복음의 진수를 담고 있는 이 사중복음[20]은 전도의 표제[21]에 앞서서 '완전한 구원의 복음(The Gospel of Salvation)', 또는 '온전한 복음(the Full Gospel)'으로도 달리 불리워진다. 이것은 19세기말 북미 성결운동에서 주창되었는데, 사중복음이라는 말은 심프슨 박사에 의

---

20) Frederic H. Senft에 의하면 사중복음은 "진리의 전에 있는 4개의 큰 기둥(four great pillars in the temple of truth)"을 구성한 것으로 설명한다.
A. B. Simpson, *The Four-Fold Gospel,* (Camp Hill, PA: Christian Publications, 1984),7.

21) 이상훈 교수는 사중복음을 단순히 전도 표제(傳道標題)로만 돌리려는 의도적(?)인 시도에 대해 견해를 달리하며, 사중복음을 다음과 같이 '福音의 四重의 解釋'으로 말하고 있다.
"사중복음은(필자 첨가) 未信者들에게 宣敎나 傳道를 하기 위한 序論的인 口號가 아니다. 그러니까 '傳道의 標題'라고 함은 이 集約的 敎理의 性格을 너무나 皮相的으로 본 문제 해결인 것이다. … 중략 … 이 四重福音이 未信者에게 겨냥한 傳道 標題이기보다는 특별히 선택받은 敎會指導者들이 神學校에서 집중적으로 배우고 반복적으로 경험하고 또 불같은 信念으로 들고 나가야 할 福音의 四重의 解釋이었다." 李相勳, "聖書學者로서의 李明稙 牧師," 「神學과 宣敎」, 第9輯, 9.

해 처음으로 말하여졌다.[22] 다시 말해 사중복음이라는 용어는 1887년 올드 오차드(Old Orchard) 총회에서[23] 심프슨이 행한 첫 설교 제목인 '사중복음(the Four-fold Gospel)'에서 연원(淵源)이 되었다. 그리스도께서 우리에게 제공하신 축복을 가장 완전한 방법으로 요약한[24] 사중복음은 19세기 말엽 북미에서 뿐만 아니라 동양선교회 복음전도관 당시에도[25] 한국사회의 상황에 효과적인 영향을 끼친 복음이 되었고, 초기 성결교회에서부터 현 성결교회에 이르기까지 교단적인 전통적 특색을 이루게 하였다.

특별히 사중복음에 대한 고조는 웨슬리 부흥운동의 역사적 맥락에서 출발한 한국성결교회가 존 웨슬리의 정신과 그 사상을 그대로 전수하고, 그것을 표방하여 성립된 감리교회(Methodist Church)와 뚜렷이 구별되는 분명하고도, 중요한 교단적 상이성(相異性)을 갖게 해 주고 있다. 이정근(李正根) 교수는 한국성결교회의 교육적 전통을 역설하는 중에 다음과 같이 말한다:

> 重生, 聖潔, 神癒, 再臨으로 대표되는 四重福音이 敎理가 아닌 단순한 傳道標語라 하더라도 이것이 성결교회의 판별적 전통, 즉 다른 교파와 성결교회를 구분할 수 있게 하는 근거가 된다는 점에 이의를 제

---

22) 米田勇 編, 『中田重治全集』, 제2卷, (東京: 中田重治全集刊行會, 昭和 50), 283.
23) A. B. Simpson, *Supplment*, (1887), 18.
24) Simpson, *The Four-fold Gospel*, 7.
25) 사중복음은 복음전도관 시대에서부터 전도와 교육의 주내용이었다.
"一千九百十一年에 現 武橋同 十二番地 所在 韓國式 建物을 買收하여 聖書學院 校舍로 하고 聖書學院 臨時校舍로 設하고 남녀 學生을 募集할새 各 敎派로부터 使命感에 불타는 靑年男女가 入學하여 授業을 開始하였으며 三年의 修養을 시키고, 卒業後에는 各處 福音 未傳道地에 派送하여 전도관을 設立하고, 四重福音을 외치므로 救靈事業에 置重하였으니…" 李明稙, "紀念辭", 「活泉」, 271호, 3.

기할 수 없다. 한국성결교회는 물론 기독교의 보편적인 전통도 가지고 있고 복음주의의 공통적 전통도 있지만 역사적인 관점에서 볼 때 이 四重福音은 성결교회를 특징짓고 성결교회의 행동 반경을 만드는 요소였다.[26]

만일 한국성결교회가 성결교회의 신학과 교리를 웨슬리신학으로 국한시켜 거기에서만 일체의 신학적 유산과 방향을 찾고 웨슬리신학 체계 속에 모든 다른 여타의 것, 무엇보다도 성결교회를 성결교회로서 규정짓게 하는 사중복음까지 그대로 편승시켜 수용, 발전시킨다면 거기에는 많은 문제점을 유발시키게 한다. 단적으로 말해, '한국성결교회가 웨슬리신학의 전통적 유산을 그대로 전승한 감리교와 다른 차이를 보여 주는 것은 무엇인가?', '성결교인과 감리교인을 구분하는 그 차이는 무엇인가?'라는 교단 정체성 상실에 대한 문제점을 담은 문제 제기가 필연적으로 야기된다.

조종남 교수는 몇 해 전에 "웨슬리신학과 성결교회"라는 글을 몇 차례에 걸쳐 「활천」에 게재하면서 성결교회의 신학적 유산에 대해서 논한 적이 있었다. 4회에 걸친 논단에서[27] 사중복음과 웨슬리신학을 관련시켜, 사중복음에 대한 강조는 웨슬리신학과의 만남에서 발전되었고, 사중복음은 웨슬리신학의 체계 안에서 발전시켜야 됨을 천명하고 있다:

---

26) 李正根, "성결교회 전통과 기독교 교육의 방향," 「活泉」, 375호, 39.
27) 특별히 "웨슬리신학과 성결교회(I)" 중에서 우리는 그러한 내용을 찾아볼 수 있다.

우리는 여기에서 전도 표제로서의 사중복음과 웨슬레신학을 관련시켜서 두 가지 점을 지적하고자 한다. 첫째, 사중복음에 대한 강조는 웨슬레신학과의 만남에서 발전되었다는 것이다. 성결교회 교역자들은 중생을 설교하면서 웨슬레의 중생의 체험을 외쳤고, 성결을 말할 때 웨슬레의 성결의 교리를 가르쳤다. 사실 사중복음을 강조하는 전도 집회는 체험을 강조하는 웨슬레신학을 밀접하게 반영시키고 있었던 것이다. 성결교회의 부흥 집회가 건전한 운동으로 지속될 수 있었던 것도 웨슬레신학에 근거한 체험을 말했기 때문이라고 본다. 둘째, 사중복음은 웨슬레신학의 체계 속에서 발전시켜야 한다는 것이다. 사중복음은 전도의 표제이다. 이것이 성결교회의 신학 전반을 포괄하고 있지는 않다. 따라서 사중복음, 곧 중생, 성결, 신유, 재림의 교리를 웨슬레신학의 체계 속에서, 특히 웨슬레의 구원론의 테두리 안에 전개시키는 것이 바람직하다.[28]

이러한 주장은 웨슬리 부흥운동의 역사적인 맥락에서 살펴볼 때는 별 무리가 없는 논리의 전개처럼 생각되나, 한국성결교회의 역사적인 특수성 입장에서 조명해 볼 때는 문제점들이 야기된다. 웨슬리 신학의 체계 속에 사중복음을 편입시켜 전개시키고자 하는 신학적인 작업은 1960년대에 들어와서 잠시 움을 트다가 그 작업은 1972년 서울신학대학 교수논문집인 『神學과 宣教』 창간호를 통해 비로소 시작되었다고 말할 수 있다. 『神學과 宣教』 제1집 창간사의 "교회를 소지(素地)로 하지 않은 신학은 공허하며, 신학이 없는 교회는

---

28) 조종남, "웨슬레신학과 성결교회," 「活泉」, 405호, 73.

건실(健實)할 수 없다."²⁹는 말을 논증하듯이, 웨슬리 신학적 전통을 기반으로 하여 모든 것을 그 속에 포괄시키고 수용하는 신학 방법론이 주로 기성(基聖)을 중심으로 하여 성결교회 내에서 진행되었다. 이러한 일련의 신학 작업에 대한 노력으로 한국성결교회는 과거 신학이 없는 교단, 무분별한 열광주의 또는 주관적 신앙주의라는 의혹에 가득찬 악평에서 벗어나서 이제는 명실상부한 한국 3대 교단 중의 하나로 숫적인 면에서뿐만 아니라, 내용적인 면에 있어서도 장로교, 감리교와 대등을 꾀하게 되었다.

그러나 웨슬리신학 체계 속에서 사중복음을 포함시켜 전개하려는 이러한 노력들은 그것에 대한 반동으로 한국 감리교회와는 분명히 그 출발부터 다른 역사적 특수성과 내용을 가진 성결교회를³⁰ 상대적으로 감리교회와 같은 웨슬리안 계열의 신 감리교회(新 監理敎會, Neo-Methodist Church)로 만들게 하지 않았나 하는 의구심을 떨쳐 버리지 못하게 한다. 따라서 웨슬리신학 체계 속에서의 사중복음의 전개라는 신학적인 도식은 이러한 점을 미루어 볼 때, 단지 웨슬리신학의 체계와 시각에서만 사중복음을 조명하고자 하는, 사중복음의 역사적 특수성을 배제시키는 단편적인 시각에 불과하다는 비판적 지적을 면할 수가 없다.

---

29) 조종남, "創刊辭," 「神學과 宣敎」 제1집 (1972), 4.
30) 「活泉」 298호의 社說 '우리의 進路'에는 다음의 내용을 말하고 있다.
　　"우리 團體만 福音主義者가 아니고 적어도 韓國 內에 몇몇 神學者 指導者들 뿐이 福音이 아닐 것이고 모든 信者들은 다 福音的인 까닭이다. 韓國에 敎會가 七十年 前에 들어올 때에 純福音派 칼빈主義에 長老敎와 高級 알메니안 系統에 웨슬리 福音主義의 監理敎가 들어왔고 그 다음에 聖潔敎가 들어왔다."
　　이 글은 당시 특수한 상황에서 단편적인 입장에서 쓴 글이지만, 위의 글이 우리에게 시사하는 의미는 크다.

왜 성결교인이 웨슬리안(Wesleyan)이 되어야 하는가? 한국 성결교 신학의 형성과 정립의 시도는 웨슬리신학 체계 속에서의 사중복음의 전개라는 신학적인 범주(Category)를 조금도 벗어나서는 안 되는 것인가? 웨슬리신학의 체계 속에서의 사중복음의 전개는 '현 성결교회 교역자들이 웨슬리신학에 입각하여 목회 사역을 수행하고 있느냐?'라는 현실적인 물음과 '웨슬리 신학이 전도 표제라기보다는 완전한 구원의 복음인 사중복음을, 특별히 재림론을 포괄할 정도로 사중복음이 표방하는 전반적인 교리 내용(삼중교리·사중복음)을 수용하고 있느냐?'라는 물음에 자명하고도 명쾌한 답을 주어야 한다.

웨슬리신학 체계 속에서 사중복음을 전개시키고 형성하려는 지금까지의 신학적인 시도는 먼저 지나간 80여년의 성결교회사의 역사적 검증의 관문을 거쳐야 한다. 다시 말해 80여년의 연륜을 가진 한국성결교회사의, 더 나아가서는 1905년에 설립된 동양선교회의 [31] 역사적인 검증을 거치지 않을 때는 그 어떠한 신학 형성의 시도나 모색도 무의미하기 때문이다.

또한 우리는 웨슬리신학 체계 속에서의 사중복음 전개라는 시도는 지금까지 한국성결교회가 타 교단과는 다르게 고유한 우리만의 특성으로 자타로부터 인식되어 온 성결교회의 신학적이며, 신앙적인 전통적 유산들이 이러한 시도에 있어서는 간과되어 버리거나, 다가오는 역사 속에 사장(死)되어 버리고 말 위험성을 내포하고 있음이

---

31) 한국성결교회의 모체인 동양선교회 무교정 복음전도관은 1907년 5월 30일에 시작되었고, 동양선교회는 1905년 11월에 조직되었다. 동양선교회가 창립되기에 앞서 1901년 4월에 동경 시내의 간다구(神田區, 神保町, Jinbo-cho in Kanda district) 10번지에 중앙복음전도관(Central Gospel Hall)과 성서학원(Bible Training Institute)이 설립되었으니, 이것이 지구상의 성결교회의 첫출발이었다.

발견된다는 사실에 주목해야 한다. 우리는 그 예로 세대주의적 전천년설을 들 수가 있다. 웨슬리신학에서는 한국성결교회 초기로부터 오늘에 이르기까지 한국성결교회의 교리 신학으로 정착된 세대주의적 전천년설에 대한 언급을 찾아볼 수가 없다:

> 千年間 예수께서 此地上에 再臨하샤 以色列人과 밋 前者에 被擧한 一般異邦의 聖徒와 한가지로 此全世를 統治하시며 王노릇하실 一千年間...[32]

위의 글은 한국성결교회 창립의 한 일원이었던 김상준 목사의 『默示錄 講義』의 일부분인데, 그는 여기서 후천년설을 버리고 천년왕국 전에 예수께서 재림하시고, 이미 재림하시기 전에 모든 사건이 끝난 상태에서 새로운 역사 가운데 천년왕국이 시작할 것이라는 세대주의적 전천년설[33]을 주장하고 있다. 이러한 전천년설의 내용은 1925년 3월 25일에 발표한 『朝鮮耶蘇教 東洋宣教會 聖潔教會 敎理伋條例』와 1933년에 간행된 『朝鮮耶蘇教 東洋宣教會 聖潔教會 臨時約法』[34]에 같은 내용으로 실려 있다:

> 主께셔 肉體를 가지시고 親히 千年時代 前에 再臨하실 일이 切迫함을 우리가 밋노니[35]

---

32) 金相濬, 『默示錄講義』 (평양: 기독서원, 大正 7), 243.
33) 정상운, "金相濬論", 『聖潔大學教 敎授論文集』, 제17輯 (1988), 204.
34) 위의 글.
35) 吉寶崙, 『朝鮮耶蘇教 東洋宣教會 聖潔教會 敎理伋條例』 (京城: 東洋宣教會 聖潔教會 本部, 大正 14), 17. 以下 『敎理伋條例』로 표함. 李明植 編, 『朝鮮耶蘇教 東洋宣教

이것은 또한 1955년에 출간된 총회 『헌법』에도 그대로 별다른 내용의 차이 없이 기록되어 있다:

> 再臨은 復活昇天하신 예수께서 昇天하시던 그 몸대로 다시 오시는 일이니 親히 千年時代 以前에 再臨하실 일이 切迫함을 믿으며…[36]

앞서 열거한 이러한 일련의 내용은 웨슬리신학에서는 찾아볼 수가 없고, 오히려 이것은 '기독교연합선교회(C&MA)'의 설립자인 심프슨의 the Four-Fold Gospel에 잘 나타나 있다:

> 여기서 그리스도의 오심이 앞선다는 것과 千年時代(millennium)를 맞아들인다는 것은 의심할 여지가 없다.[37]

전천년설을 성서적 종말론으로 채택한 심프슨은 그의 신학 체계를 재림론을 중심으로 체계화시켰는데, 바로 이것이 사중복음으로 나타나게 되었다. 오늘날에도 C&MA는 전천년설을 중심한 재림론을 교리적 입장(The Doctrinal Position)으로 채택하고 있다:

> 주 예수 그리스도의 재림은 임박하고(imminent), 개인적 (personal)일

會 聖潔敎會 臨時約法』, 17.

36) 基督敎大韓聖潔敎會 總會法制部 編, 『基督敎大韓聖潔敎會 憲法』 (서울: 基督敎大韓聖潔敎會 總會本部, 1955), 20.

37) A. B. Simpson, The Four Fold Gospel 58쪽과 A. B. Simpson, The Old Faith and The New Gospels, 6장 "Socialism and the Kingdom and Coming of Christ" 68~77쪽에 보면 후천년설을 따르는 교회에 대해 논박하는 내용을 찾아볼 수 있다.

것이며, 가시적이고(visible), 전천년적(premil-lennial)이다.[38]

따라서 한국성결교회의 교리신학으로 정착된 재림론은 웨슬리에게서 보다는 심프슨에게서 직접적인 영향을 받고 형성하게 되었다는 것을 알 수가 있다. 단적으로, 이러한 내용에 대한 실증적인 근거는 OMS의 역사를 통해서 증명된다. OMS의 우드(R. D. Wood)는 C&MA 심프슨의 전천년설 교리(The Doctrine of the Pre-millennial Reign of Christ)가 그대로 OMS의 설립자인 카우만과 킬보른에게 전수되었음을 다음과 같이 말하고 있다:

> 심프슨은 그리스도의 전천년 통치의 교리를 활발하게 주창하였고, OMS 설립자들은 확실히 그것에 대한 주제를 그로부터 듣게 되었다.[39]

또한 한국성결교회의 재림론은 무디(Moody) 부흥운동으로부터도 영향을 받았음을 간과할 수가 없다. 카우만은 인도(India)로 가는 문이 모든 새로운 선교사 후보자들에게 요구하는 건강 진단에 그의 아내가 통과되지 못해 닫히게 되자,[40] 하나님의 허락하실 때를 기도하며 그 기간 동안 무디성서학원(Moody Bible Institute)에 입학하여

---

38) Keith Bailey, *Bringing Back The King* (Nyack, NY: Christian and Missionary Alliance, 1985), 72.
39) Robert D. Wood, *In These Mortal Hands: The Story of the Oriental Misionary Society the First 50 Years* (Greenwood, Indiana: OMS International, Inc., 1983), 29.
40) Edward & Esther Erny, *No Guarantee But God* (Greenwood, Indiana: The Oriental Missionary Society, 1986), 9.

1898년 6년 과정 끝에 졸업을 하게 되었다:

> 카우만은 여러 도시 교회들에서 말씀을 증거하도록 많은 초청을 받았고, 이내 그는 그의 성서 지식의 부족함을 느끼기 시작하였다. 그러므로 그는 에번스톤(Evanston)의 게렛(Garrett)신학교에서 제공하는 특별 과정을 공부하기 시작했다. 그는 전신 회사에서 오후 5시부터 자정에 이르기까지 일을 하였는데, 이 일정(Schedule)은 그에게 무디 성서학원(Moody Bible Institute)의 오전반에 다닐 수 있는 기회를 주었다. 이와 같이 그는 성경 공부에 6년을 보내게 되었다.[41]

OMS의 창립자인 카우만은 무디성서학원을 다니며, 자연스럽게 무디(Dwight L. Moody, 1837~1898)와 토레이(Reuben A. Torrey, 1856~1928)[42]로부터 그들의 선교 열정과 가르침을 받게 되었다. 따라서 OMS(더 나아가서 한국성결교회)는 초창기에 무디와 토레이에 의해 적지 않은 영향을 받으며 성장하였다.[43]

무디는 기독교의 가장 광대한 지리적 확장 시기인 19세기에 미국과 영국에서 비교파교회(Undenominational Church)[44]의 복음주의적 부흥

---

41) Lettie B. Cowman, *Charles E. Cowman: Missionary Warrior* (LA: The Oriental Missionary Sociery, 1946), 86.
42) R. A. Torrey는 Moody Bible Institute에서 원장(president)으로 1889년부터 1908년까지 재직하였다.
43) Robert C. Walton, *Chronological and Background Charts of Church History* (Michigan: Zondervan Pub-lishing House, 1986), 63.
44) 교단 기관지 「활천」을 보면 의외로 D. L, Moody와 R. A. Torrey의 글들이 (1935년 이전에) 자주 나타난다.
   ① R. A. Torrey:
      ㄱ. 토-레, "그리스도 신자들이 안식일을 지킬 것이뇨," 3회 연재, 『活泉』 제1권 5호, 6호, 7호.

운동을 일으키고, 학생들의 선교 의식을 고취시켜 해외선교운동에 막대한 영향을 끼치게 하였다.

그는 1886년에 시카고에서 무디성서학원을 세워 토레이와 함께 사역하는 중에 힘써서 그리스도의 재림[45]을 강조하였다. 재림에 대한 이들의 강조는 블랙스톤(W. E. Blackstone)의 *Jesus is Coming*에서도 일련의 같은 사상으로 나타나는데, 그리스도의 재림론에 있어서 전천년설이 강조되어 있다:

> 마 24:31에는 인자(人子)의 오심이 환난(患難, tribulation) 후에 즉각적으로 될 것을 말한다. 그러나 이 환난은 전천년적(premillennial)이거나, 또는 평화의 통치 이전이다. 그러므로 주님의 오심은 전천년적이다.[46]

위와 같은 말은 아래의 도표에 의해 잘 설명되고 있다:

ㄴ. 토레, "바울의 내적 생애," 제2권 3호.
ㄷ. 토레, "하나님이 왜 무디를 쓰셨나요," 제5권 5호.
ㄹ. 토레, "대설교자 무디" 2~7회 연재, 제5권 6호~11호,
ㅁ. 토레, "성서 연구법," 제13권 10호.
② D. L. Moody : 무디, "성서중 인물의 품성," 제3권 5호.

45) Kenneth Scott Latourette, 윤두혁 역, 『기독교사』(下) (서울: 생명의 말씀사, 1983), 14.
46) Wm. E. Blackstone, *Jesus is Coming* (Chicago: The Moody Bible Institute of Chicago, 1917), 43~44.

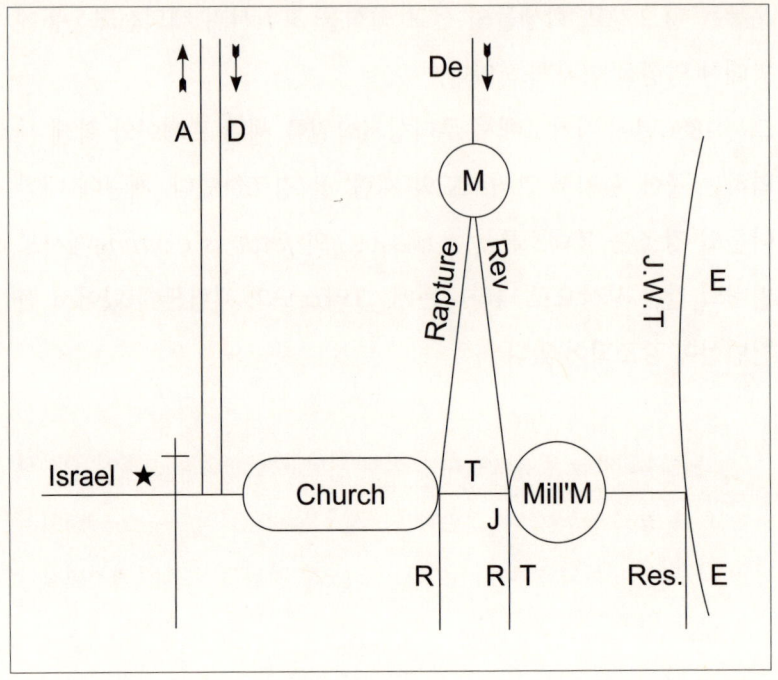

★-유대인의 왕, 그리스도의 탄생

+-그리스도의 죽음과 부활

A-그리스도의 승천(Ascension of Christ)

D-성령 강림 (Descent of the Holy Ghost)

Church-교회: 그리스도의 신비한 몸, 그리스도의 신부

De-주님의 강림(Descent of the Lord)

R-의인의 부활(Resurrection of the Just)

Rapture-휴거(들림받음)

M-공중 혼인(the Meeting of Christ and His Bride)

T-지상 환난 시대(Period of Unequaled Tribulation to the World)

Rev.-그리스도와 성도의 현현(The Revelation of Christ and His Saints)

J-나라들에 대한 심판(Judgement of the nations): 사탄 묶어둠

R.T.-순교자의 부활(Resurrection of the Tribulation Saints)

Mill's-천년왕국(The Millennium)

S-사탄이 잠시 풀려나고 곡과 마곡을 멸함(Satan loosed for a little season, and destroyed with Gog and Magog)

Res. -심판의 부활(The Resurrection of Judgement)

J.W.T. -백보좌 심판(Judgment at the Great White Throne of the remaining dead)

E. E. -영원 세계(신천신지, Eternity)[47]

토레이는 전천년설에 대한 자신의 견해를 다음과 같이 밝히고 있다 :

나는 이미 우리 주님의 재림(오심)이 전천년적일 것이라는 것을 확신하고 있었다.[48]

그러므로 무디성서학원을 졸업한 카우만과 킬보른[49]도 무디부흥운동의 영향을 받지 않을 수가 없었다. 그것은 카우만에 이어서

---

47) 위의 책, 72~74.
48) 위의 책, 2.
49) Edward & Esther Erny, *No Guarantee But God*, 50. Kilbourne도 Cowman을 따라 Moody 성서학원에 등록하였다.

OMS의 제2대 총리가 된 킬보른의 글에 잘 나타나고 있다. 킬보른이 소천(召天)한 후에, 「활천」에 뒤늦게 기고된 "동양 선교회가 가르치는 사중복음(3)"에 보면, 위에서 블랙스톤이 전천년설에 대한 주장을 도표로 설명한 것과 동일한 내용으로 나타나고 있다:

> 簡單히 말하면 하나님 말삼이 가르치는 바 곳 五百名 以上의 目擊者가 보는 가운데서 肉身을 가지시고 引上되신 그갓흔 그리스도께서 '하날노 올나가게 하심을 본대로' 오실 것을 믿는다. 곳 이는 肉身의 形狀을 가지시고 오실 것인데 그의 오심은 千年王國時代에 압서 오실 것이다. 우리는 당신의 재림하심에 二個의 階段이 잇슴을 밋나니, 卽 첫재는 空中으로 오셔서 거기서 당신을 迎接케 하기 爲하야 '引上'된 變化된 聖徒를 마지실것이요, 둘재는 그 變化된 者와 當身의 거룩한 天使를 다리시고 여러 사람 눈압에서 地上으로 나려와 萬王의 王과 萬主의 主로 온 世界를 統治하시기 始作하실 것이다. 우리가 밋는 것은 此王國은 千年동안 繼續되고 그 뒤에 無抵抗밧앗던 사단을 노화주어 다시 나아가 暫時동안 나라들을 欺瞞케 할 것이다. 사단의 一時的 自由가 滿期될 때에 그는 불구렁텅이에 던져 永遠히 苦礎를 밧을 것이다. 그 後에 一般的이 오고 크고 흰 寶座審判이 와서 罪의 問題는 끝나고 일허바린 者의 永罰과 救援엇은 者의 新天新池에서 누릴 바 永福이 始作된다.[50]

---

50) 「活泉」, 80호, 18~19.

이러한 전천년설의 내용은 이명직 목사의 『기독교 4대복음』[51]이나, 김응조 목사의 『末世와 예수의 再臨』[52]에도 그대로 반영되고 있다. 따라서 전천년설의 재림론을 중심으로 구성된 사중복음은 한국성결교회의 교단신학으로 정착되었고, 더 나아가서는 성결교회를 감리교와 뚜렷이 구별시키는 분명한 교리적인 상이성(相異性)으로 나타난다.

또한 한국성결교회의 창립자인 정빈에게 있어서는 순간적인 성결로 성결론에 대한 그의 사상이 나타나는 데 반해서, 웨슬리는 순간적이며, 또한 점진적인 성결(성화)의 양면을 인정하고 있다:

---

51) 이명직 목사의 재림 도표

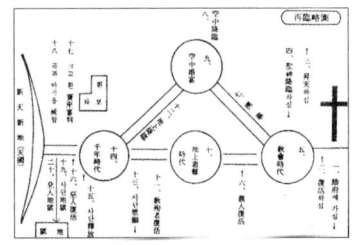

李明植, 『基督敎의 四大福音』(서울: 기독교대한성결교회 출판부, 1952), 111.

52) 김응조 목사의 재림 도표

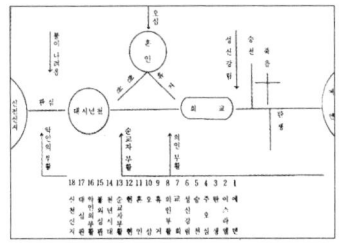

金應祚, 『末世와 예수의 再臨』(서울: 聖靑社, 1963), 1.

성화에 의해서 우리는 죄의 세력과 뿌리로부터 구원을 받으며 하나님의 은혜를 회복하게 된다. 모든 경험뿐만 아니라 성서도 이 구원의 방법이 순간적임(instantaneous)과 또한 동시에 점진적(gradual)임을 보여 준다.[53]

그러나 정빈은 웨슬리와는 달리 어떤 구별 없이 중생 후의 제2차적 은혜로서의 오순절(五旬節) 성결의 은혜 체험[54]을 강조하고 있다:

> 또 여기서 믿는 사람의 특별히 배흘 대건사가 잇스니 곳 오순절 은혜라. 믿는 사람이 흔히 회개하는 은혜만 밧으면 족한 줄노 알고 이만하면 족히 텬국에 가겠다 하나 이는 만족지 못한 생각이라. 희긔하는 은혜만 밧으면 모양보다 좀다른 거시 잇기는 하나 그 마음 가온대 영원한 안식은 엇지 못하노니 이런 사람은 신심이 든든치 못하야 믿기 전보다 괴로운 형편은 더 만흘 터이오. 하나님과 종시 친근한 관계를 엇지 못하여 기도를 할지라도 힘은 업스니 그럼으로 이 오순절에 예비하신 둘재 은혜를 받아야 하나님과 갓가와져서 그의 깃브게 밧으시는 완전한 제물을 드릴 수가 잇고 성신의 불노 마음 가온대 적고 큰 모든 더러운 거슬 온전히 소멸하여 바린 후에 아름다온 새 사람을 입을 수가 잇느니 그런 연후에야 영원한 안식에 드러가 정결한 생의 가운데 날을 보내는 즐거움이 잇슬 터이오. 영원한 기업을 내거스로 든든히 바라는 마음이 잇을 것이니 엇지 아름답지 아니하리오.

---

53) John Wesley, *The Works of John Wesley*, Vol. VI. (Michigan: Baker Book House, 1984), 509.
54) 정상운, "정빈(鄭彬)의 생애와 사상(2)," 128.

이 은혜는 우리는 자의 데일 필요하고 크게 상관되는 대건사로 생각하옵니다.⁵⁵

이 글을 보면 한국성결교회 창립자 정빈은 성결을 "오순절에 예비하신 둘째 은혜"로 설명하였는데, 이것은 킬보른에 있어서도 같은 내용으로 성결을 말하고 있다:

그러나 또 다른 經驗이 잇으니 이는 完全한 聖潔이라는 것이다. 이는 예수 그리스도의 피와 來住하시는 聖神의 우리 마음 속에서 役事하신 第二恩惠의 役事이다.⁵⁶

이명직 목사의 성결에 대한 견해도 웨슬리와는 달리 순간적인 성결에 머물고 있다:

聖潔은 다만 瞬間的 役事요, 時間을 要할 것이 업나니라. 電光石火 的으로 되는 것이니라. 가령 이사야나 바울의 경우로 볼지라도 亦然 瞬間에 일우어졌고 오랜 時間을 要하지 않았음을 우리는 잘 아는 事實이니라.⁵⁷

이러한 이명직 목사의 성결론은 이미 1925년에 작성된 『동양선

---

55) 「그리스도 신문」, 1906년 5월 10일자. 일부를 필자가 현대체에 가까운 어법으로 고침.
56) 吉寶崙, "東洋宣敎會가 가라치는 四重福音(一)," 「活泉」 78호, 12~13.
57) 李箱植, 『基督敎의 四重福音』 (서울: 기독교대한성결교회 출판부, 1952), 69~70.

교회 성결교회 교리급조례』에서 언급한 성결교회의 신앙 개조를 그대로 반영한 것임을 우리에게 보여 주고 있다:

> 完全한 聖潔이라 함은 그리스도로 말매암아 聖神의 洗禮를 받음이니 卽 거듭난 後에 信仰으로 瞬間에 밧을 經驗이니라.[58]

그러나 이상과 같이 성결에 대한 이견(異見)의 차이를 가지고 있지만, 사중복음에 있어서 성결론은 전체적인 면에 있어서는 웨슬리적인 성결(성화)의 내용과 영향에서 벗어나고 있지 않음은 분명한 사실이다. 또한 그런 반면에 해방 이전 초기 교리형성 시기에 웨슬리 저작물에 관한 직접적인 문헌을 통한 신학연구의 흔적은 보이지 않고 있다:

> 우리 곳 말하자면 '웨슬레'的 聖潔의 眞理를 밋고 經驗하고 가라치는 者들은 하나님의 말삼이 예수의 贖罪를 依支하고 모든 것 곧 罪와 그 救濟策에 對하야 信仰으로 行하는 者의게는 더 됴코 더 完全한 救援을 가라친다는 事實을 信條로 갓는다.[59]

그리고 유아세례(幼兒洗禮, Infant Baptism)에 있어서도 한국성결교회는 웨슬리신학과 상충되고 있다. 웨슬리신학 사상에서는 유아세례의 도입을 인정하나, 1955년 성결교회『헌법』에는 유아세례는 나와

---

58) 『教理及條例』, 12~13.
59) 吉寶崙, "東洋宣教會가 가라치는 四重福音(二)," 「活泉」, 79호, 18.

있지 않고, 대신 '제10장 성례전 및 의식'의 제2절 의식'에 보면 헌아식(獻兒式)이 나와 있다. 이 헌아식 제도는 지금도 교단 헌장(憲章)에 규정되어 있고, 모든 성결교회가 이것을 준수하고 있다. 그러나 근간에 와서, 성결교회는 재세례파(再洗禮派, Anabaptist) 가 아니고 웨슬리안(Wesleyan) 신학적 입장을 가졌기 때문에, 지금이라도 헌아예식 대신에 유아세례의 실행을 합법화하고[60] 준수해야 한다는 의견[61]이 제기되었다. 이러한 견해의 신학적 근거로는 웨슬리의 유아 세례관을 기초로 하고 있다.

웨슬리는 세례란 할례(割禮, circumsion) 대신에 생겨난 것으로 우리를 하나님과의 계약 속으로 들어가게 하는 입문의 성례전(initiatory sacrament)[62]으로 생각하였다. 그는 유아에게 세례를 베푸는 것에 정당성을 가져, 유아세례를 주님의 명령일 뿐만 아니라 주님 자신이 친히 유아세례를 실행한 것으로[63] 믿었다. 따라서 웨슬리는 A

---

60) 지난 1987년 10월 23~24일에 유성 경하장에서 基·聖 헌법해설집 발간위원회가 '교단 정치체제와 예배, 성례전'의 주제로 제2차 간담회를 가졌는데, 이때 유아세례 제도에 대해 다음과 같은 간담회 내용이 「活泉」, 427호(1988.1.2.), 87에 경과 보고되어 있다.
"10. 유아세례가 빠진 것.
 1) 송교 개혁 이후 재세례파들이 나와서 큰 물의가 있었는데 이들은 유아세례를 인정하지 않았다.
 2) 그러므로 재세례파를 받았다.
 3) 그 후 개신교 정통파들이 재세례파를 축출했다.
 4) 그래서 개혁교회에서는 유아세례를 주장한다. 요한 웨슬리도 유아세례를 주장한다.
 5) 그런데 성결교회는 거듭나는 사람에게 회개를 주장하다 보니, 즉 중생에 촛점을 두다 보니 (회개할 인격이 되지 않았으므로) 유아세례 제도를 받아들이지 않았다.
 6) 요한 웨슬리는 유아세례를 인정하였다. 이런 점에서 볼 때 유아세례는 도입해야 된다고 본다."
61) 정락유, "유아세례의 실행을 제언한다." 「活泉」, 통권 427호(1988. 1. 2), 79~82 참조.
62) John Wesley, *The Works of John Wesley*, Vol.X. 188.
63) 위의 책, 195

*Treatise on Baptism*에서 유아세례 무용론을 반박하였다. 지금도 웨슬리안의 정통 계열인 감리교회에서는 웨슬리의 사상에 따라 유아세례(감리교에서는 아동세례로 명명함)를 채택하여 실행하고 있다.[64]

한국성결교회의 80년 역사 속에서 성결교회성의 하나로 특징되어지는 헌아식을 버리고 유아세례를 채택하고자 한다면, 성결교회의 신학적 위상은 차치(且置)하더라도 감리교회와 다른 교단적인 위상은 무엇인가? 다음의 글은 의미심장한 뜻을 우리에게 던져 주고 있다:

> 요한 웨슬리는 유아세례를 인정하였으므로 우리도 유아세례 제도를 도입해야 한다는 의견이 제시되었다(『활천』, 427호, p.87). 또 인천 동지방의 어떤 목회자는 유아세례가 목회 전선에서 부딪혀 심각한 문제가 되므로 유아세례의 실행을 제언한다고 했다(『활천』, 427호, p.79). 여기서도 역시 우리는 재세례파가 아니니 속히 유아세례를 도입하는 것이 타당하다는 것이다. 그러나 이렇게 되면 우리는 왜 성결교회인가? 웨슬리신학 위에 유아세례를 도입하고 현대에 유행하는 해석으로 사중복음을 다 설명해 버린다면 우리는 감리교회로 돌아가 버리는 것이 낫지 않을까? … 중략 필자는 현재 목회 경력 27년째인데, 유아 세례 문제로 큰 불편을 당해 본 일이 별로 없다. 현행 헌법이 타교단의 유아세례를 인정하고 있을 뿐 아니라, 우리의 입장을 설명할 수 있는 헌아식이라는 훌륭한 제도가 있기 때문이다. 우리가 세계교회

---

64) 기독교대한감리회 교육국, 『교리와 장정』 (서울: 기독교대한감리회 본부, 1982), 55. '세례 아동은 세례받은 때로부터 12세가 되어 세례인의 반열에 편입될 때까지로 한다. 단, 입교 세례인의 반열에 편입될 때에는 문답을 필해야 하고, 아동세례는 3세까지 한다.'

의 큰 줄기에서 볼 때 웨슬리적 전통에 속한 것은 틀림이 없지만 한국성결교회가 웨슬리의 기침 소리까지 모방할 필요는 없다고 본다.[65]

한국성결교회는 교단 헌법을 처음 작성했을 때부터[66] 유아세례를 받아들이지 않고, 대신에 성서적인 내용에 입각한 헌아식을 채택하여 부모의 신앙보다는 세례받기 이전에 피세례자의 개인 신앙고백을 중시하였다. 이 점에 있어서 한국성결교회는 현 침례교회와 같은 교리적 동일성[67]을 보이고 있다. 그것은 한국성결교회가 1921년 기성교단으로 처음 출발하여 교단의 교리를 형성하여 시행했을 때 침례교와 마찬가지로 세례 의식의 방법으로 침례를 시행[68]하였기 때

---

65) 송기식, "보편성과 특수성," 87.
66) 『敎理及條例』, 86~87.
부록 제3장에 나타난 헌아식은 다음과 같다.
"제3장 헌아식
아이의 부모가 그 아이를 하나님께 바치기를 원하거든 이하의 예식대로 할지니라. (목사는 아이의 부모나 혹은 후견인으로 하여금 아이를 안고 단 앞에 나와 서게 하고 다음 성경 말씀을 읽을지니라.) 마가 10장 16절, 마태 18장 1~6절까지. (목사는 아이를 받아 팔에 안고 이름을 물어 안 후에 다음과 같이 기도할지니라.)
'전능하신 하나님! 이제 이 어린아이를 주께 바치옵고 기도하옵나니 이 어린아이를 주께서 성신으로 가르치시며 주의 말씀으로 가르치사 은혜 아래 보호하며 영원한 자비로서 영원토록 축복하시기를 우리 구주 성자 예수 그리스도의 이름으로 비나이다.
하나님이시여! 이 어린아이에게 깨닫는 마음을 주옵소서. 주의 명철하심으로 인도하사 위태함과 모든 시험과 무식함을 면케 하시며, 욕심에 이끌리어 악한 길을 행치 말게 하시며, 어리석은 일을 행치 말게 하시고, 주를 진실히 섬기다가 이후 영원한 하나님 나라에 들어가게 하시옵소서, 예수의 이름으로 구합니다. 아멘."
67) 당시의 명칭은 동아기독교회 (1921~1933년)이다. 한국침례회는 유아세례는 시행하지 않지만, 헌아식은 개교회에 따라 간혹 시행하는 곳도 있다(실례: 수원중앙침례교회, 김장환 목사 시무). 기독교한국 침례회 규약(침례교회의 이상과 주장)에는 다음의 내용이 실려 있다.
"3. 교회의 예식은 침례와 주의 만찬으로서 상징적 기념일 뿐 구원의 조건은 아니다. 7. 교회 회원의 의무는 신앙고백으로 침례를 받고 신약성서의 모든 명령에 순종하는 것이다." 「기독교 한국침례회 제78차 연차총회」 (1988년도), 301.
68) "미국 총본부의 승인을 얻어 1929년 2월 27일에 성결교회 제1회를 소집하고 성서학원 강당에서 년회가 열렸는데… 이미 실행하던 세례는 浸禮로 거행되어 왔으나 실

문이다:

> 洗禮는 信者가 聖神의 役事로 心靈이 거듭난 것을 表示하는 禮式이니 此 禮式을 執行하되 聖經을 依하야 浸禮할지니라.[69]

우리는 성결교회의 헌아식의 역사적 실례를 1938년에 헌아식을 행했던 청진 신암동교회에서 찾아볼 수 있다:

> 청진 신암동교회 헌아식
> 지난 부활 주일에 동교회에서는 김영범 목사 주례하여 29명 아동에게 헌아식을 거행하였다더라.[70]

2) OMS와 C&MA의 관계

지금까지의 문헌(사료)을 통한 실증사학적 문제 제기를 미루어 볼 때, '웨슬리신학 체계 속에서의 사중복음의 전개'라는 일률적인 시도 그리고 한정적(限定的)인 신학 방법만으로는 한국성결교회의 역사적 안목에서 발견되어지는 다소 무리한 점이 없지 않음을 발견할 수 있다. 오히려 우리는 세계교회사의 흐름 속에서 18세기 웨슬리안 전통과 신학을 성결교회의 신학적 배경으로 견지하되, 우리에게 직

행상 불편이 많음으로 병자, 노인, 산모, 기타 부득이한 사정에는 略禮로 하기로 변경하였고" 李泉泳, 『聖潔敎會史』, 48.
69) 『敎理及條例』, 16.
70) 「기쁜 소식」(Good News), 제5권 6월호, 17.

접적인 영향을 끼친 19세기 C&MA의 사중복음을 주목하고, 이것을 진작시키며, 성결교회의 신학으로 체계화(신학화)시켜야 하는 일에 주력해야 한다는 결론으로 나아가게 된다.

그것은 앞에서 살펴보았듯이 웨슬리신학이 한국성결교회의 전통적 신앙 유산과 교리를 모두 포괄하지 못하기 때문이고, 더 나아가서는 한국성결교회는 현 감리교회와는 분명히 다른 위상을 세울 수 있기 때문이다. 그리고 OMS가 북미 감리교회와의 연대나 제휴보다는 오히려 19세기 말 북미의 성결운동(The Holiness Movement)의 직접적인 부산물(outground)71)로, 무엇보다도 C&MA의 심프슨과 또한 무디부흥운동의 영향을 받고 이루어졌기 때문이다:

> 카우만과 킬보른에 대한 심프슨의 영향은 증대되었고, 후에 그들 자신의 강조점으로 나타났다. .. 중략.. OMS의 역사적인 강조점의 뿌리를 추적하자면, 우리는 복음의 증거에 대한 심프슨의 강조점을 지적한 C&MA 외국선교부 서기인 글로버(Robert H. Glover) 박사에게서 발견한다. 복음의 증거에 대한 심프슨의 강조점은 아마도 1912년 일본에서 시작된 지방 전도운동 (Great Village Campaign)과 오늘날에도 여러 가지 형태로 OMS의 영역에서 계속되어 온 점을 들 수 있다. 글로버는 말하기를 C&MA의 프로그램은 그것의 목표로서 세계 개조를 향한 것이 아니고, 오히려 복음의 증거로서 전 세계에 뻗쳐 나가고자 하는 전천년적인 것이다. ... 중략... 그는 그것을 가장 멀리 떨어져 있고, 빈곤하고, 특별히 아직도 완전히 점유하지 못한 곳을 복음

---

71) John J. Merwin, "OMS and its Founders in Relation to the Holiness Movement," 「神學과 宣敎」, 第10輯(1984), 325.

화시키려는 목표를 가진 개척 정책(a pioneer <pioneering> policy)으로서 설명한다. 따라서 C&MA의 세 번째 원리는 OMS에 채택되었다. 즉, 그것의 주요한 방법은 복음주의며 직접적이고, 적극적이며 그리고 광범위한 것이었다. 확실히 OMS의 설립자들은 4가지 입장에 찬동하였다.[72]

이로써 우리는 C&MA와 OMS의 설립자들의 밀접한 신학적인 교류가 있음을 알 수 있고, 양 기관의 친밀한 유대 관계를 1919년 10월 29일 심프슨의 죽음의 소식을 들었을 때, 킬보른이 OMS를 대표하여 보낸 조문(弔文)에서 그 상호 관계를 알 수가 있다.

그의 영향은 C&MA의 구성원에만 한정된 것이 아니고 많은 설교가, 문필가들, 그리고 모든 교파의 사람들이 영향을 받았고, 전 세계에서 그리스도를 위한 그의 불굴의 열심으로 감동을 받게 되었다. 내가 그의 발에 앉도록 허용된다면 얼마나 기쁠까! 그의 영감이 넘치는 설교는 늘 나의 영혼에 감동을 주었다.[73]

또한 우리는 C&MA의 심프슨과 OMS의 카우만의 관계를 1894년 시카고의 무디교회에서 열렸던 선교대회(A Great Missionary Convention)에서[74] 찾을 수 있다. 이 선교대회의 주강사는 C&MA의

---

72) Robert D. Wood, *In These Mortal Hands: The Story of the Oriental Misionary Society the First 50 Years*, 29~30.
73) A. E. Thompson, *A. B. Simpson: His Life and Work* (Camp Hill, PA: Christian Publications, Inc., 1960), 221~22.
74) Lettie B Cowman, *Charles E. Cowman*, 83.

설립자인 심프슨이었다.[75] 심프슨이 하나님께서 그들의 필요에 대해 공급해 주실 것이라는 것을 확신하는 단순한 믿음을 가진 한 젊은 실업가가 자기 아내와 자녀들과 함께 아프리카에 갔다는 것을 말했을 때 카우만의 마음은 이상하게 감동을 받았다.[76] 크게 감동을 받은 카우만은 한 달 봉급과 차고 있던 아름다운 금시계를 헌금하였다. 헌금 후에 사명자에 대한 부름의 시간에서 심프슨으로부터 하나님께 대한 사명의 부름을 받고, 카우만 두 부부는 자리에서 일어나 선교사로서 헌신할 것을 결단하였다.[77] 이로 미루어 볼 때, OMS의 설립자인 카우만이 선교사로서 그의 일생의 결정적인 변화를 갖게 된 것은[78] 1894년 심프슨 박사 선교 대회에서 심프슨의 메시지로부터 일어나게 되었음을 알 수 있다.

C&MA의 설립자 심프슨과 OMS의 설립자들의 제휴와 양기관의 밀접한 공동 관계는 한국성결교회에 무엇을 시사하고 있는가? 그것은 곧 한국성결교회는 웨슬리적인 전통을 역사적인 바탕으로 두고 있지만, 이것은 한국성결교회(더 나아가서는 OMS)에 직접적인 영향을 끼치지 않았다는 것을 보여 주고 있고 또한 심프슨의 사중복

---

75) B. H. Peason, *The Vision Lives: A Profile of Mrs. Charles E. Cowman* (LA: Cowman Pub. Company, 1960), 40.
76) Lettie B. Cowman, 위의 책, 83.
77) Cowman의 일기(diary)에는 그날의 일이 다음과 같이 기록되어 있다.
"1894년 9월 3일 (나는) 심프슨 박사의 설교 대회에 참석하였고, 완전히 찾게 되었다. 그리고 하나님이 찾으시는 영에 의해 벌거벗게 되었고, 노출되었고, 찾게 되었다. 나는 하나님께 향한 다른 발걸음을 갖게 되었다." 위의 책, 84.
78) Edward & Esther Erny, *No Guarantee But God*, 8.
"무디성서교회에서 열렸던 선교사 대회는 Charles Cowman을 선교사 (the Young Missionary)로 만드는 데 결정적인 역할을 하였다."

음(무엇보다도 재림론)을 거의 그대로 수용하고 있다는 사실[79]을 보여 준다. 그것은 곧 심프슨이 웨슬리신학 사상의 직접적인 영향을 받지 않았고, 오히려 독일의 국가교회(The State Church)에, 그리고 영국과 유럽에까지 영향을 끼친 신앙 대부흥운동의 주자였던 블룸하르트(J. C. Blumhardt)에게서 많은 영향을 받았기[80] 때문이다. 그리고 초기의 C&MA의 사중복음은 성서적 성격을 고무시키는 운동과 신유를 가르치는 운동일 뿐만 아니라, 전천년설을 주장하는 운동[81]들로부터 영향을 받아 형성되었기 때문이다.

한국성결교회는 미국 감리교회와는 다르게 웨슬리신학과 일차적인 접촉없이 출발하였다는 것[82]은 주지의 사실이다. 그런데 어떠한 이유로 한국성결교회는 우리와 일차적이고 직접적인 연관이 없는 메소디스트(Methodist, 감리교파)의 교리적 틀 안에 들어가려고 하는가? 성결교회는 성결교회의 고유한 특성, 즉 성결교회를 가질 때에만 비로소 성결교회다운 성결교회가 될 수 있다.

3) 초기 신학 접목 과정에 대한 검토

한국성결교회가 신학적 입장과 배경으로 웨슬리 신학사상을 근거로 하는 것은 이명직 목사의 영향에서 비롯된다고 볼 수 있다. 이

---

79) 뿐만 아니라, 「活泉」에는 A. B. Simpson의 글(주로 1920, 30년대)이 여러 편 발견된다.
　① 심손, "죽음과 부활," 제6권 7호.
　② 심손, "성신의 검," 제6권 11호.
　③ A. B. 심손, "신유의 실제적 가치," 제9권 7호.
　④ 심손, 배신환 역, "성신을 힘입어 살라," 제9권, 10호, 11호, 10권 1호, 11호(4회 연재).
80) Keith Biley, *Bringing Back The King*, 10.
81) 위의 글.
82) 한영태, "웨슬리신학에서 본 성결교회 성결론," 『神學과 宣敎』, 제12輯(1987), 89.

명직 목사는 1921년 무교정 복음전도관이 '조선 야소교 동양선교회 성결교회'라는 기성교단으로 경화(更化)할 때 이명헌 목사와 함께 동양선교회 조선교회 감독의 고문(顧問)이 된 이후[83]로부터 점차적으로 성결교회의 주도권을 잡게 되었다.[84] 그는 1924년 고문제도가 폐지되고 이사회 제도를 받아들였을 때, 이명헌, 최석모(崔錫模) 목사와 함께 이사가 되었다. 그 이듬해인 1925년 그는 조례 편찬위원이 되어 『朝鮮耶蘇教 東洋宣教會 聖潔教會 教理及條例』라는 책을 편집하였는데, 여기서 그는 한국성결교회의 신학적 노선을 다음과 같이 표명하고 있다:

> 本 團體에서 主唱하는 教理는 새로 만든 別 教理가 아니오. 오직 昔日 웨슬네氏와 監理會의 初時代 聖徒들의 教理 卽 하나님의 單純한 根本的 眞理니라. ... 하나이라고 새로 만든 것이 아니고 全혀 聖經 中에 잇는 그것뿐인대 웨슬네氏의 主唱 眞理와 조금도 다름이 없나니라.[85]

위와 같은 비슷한 내용이 1929년 이명직 목사가 집필한 『略史』에는 다음과 같이 기록되어 있다:

---

83) 『略史』, 147.

84) 1910년 J. Thomas 감독이 한국에 조선 감독으로 부임한 이래, 1923년 W. M, Heslop에 이르기까지 감독 정치가 계속되었다. E. A. Kilbourne은 1921년 조선 감독으로, 문제점을 보완하기 위해 자신이 고문회 회장이 되고, 한국인 목사 2명(이명직, 이명헌)을 처음으로 고문으로 세웠다. 이때부터 어느 정도 동양선교회 성결교회의 교회정치에 한국인 목사의 영향이 끼치게 되었으며, 그 주도권은 점차 이명직 목사에게로 넘어가게 되었다.

85) 『教理及條例』, 1~2.

혹시 동양선교회는 엇더한 교파이며 또는 엇더한 계통인가 알고저 하는 사람도 잇슬 줄 안다. 그런대 우리 동양선교회는 결코 창립자 자신(創立者 自身)이 어느 교파에서 반대하고 니러남도 아니오(빌립보서 1:15) 무삼 교리에 불평이나 불만이 잇서서 새로운 교리를 창도(唱道)하고 니러남도 아니오. 오직 감리교회의 개조(開祖)인 요한 웨슬리를 니어 니러나 곳 초시대(初時代)의 감리교회와 갓치 중생(重生), 성결(聖潔), 신유(神癒), 재림(再臨)의 복음[86]을 고됴(高調)하며 미신자(未信者)의게는 진격뎍(進擊的)으로 전도하야 뎌들을 바른 길노 인도하고저 함이니 곳 우리의 교리나 정신이 순초 시대 감리교회(純初時代 監理敎會)로 인뎡하야 틀님이 업습지니라.[87]

위의 인용한 2가지 글을 주의깊게 보면, 다음과 같은 등식의 논리로 설명한 것을 알 수 있게 된다. 『敎理及條例』에서는 '웨슬리 씨와 감리회의 초시대(初時代) 성도들이 주창하던 진리' = '하나님의 단순한 근본적 진리 또는 하나이라도 새로 만든 것이 아닌 전혀 성경 중에 있는 진리'이며, 또한 『略史』에서는 '감리교회의 개조인 웨슬리, 초시대의 감리교회' = '중생, 성결, 신유, 재림의 고조'라는 등식이 성립되어 있다.

이 등식을 보면, 이명직 목사는 웨슬리와 초기 감리교회 시대의 교리를 하나님의 단순한 진리, 하나라도 새로 만들지 않은 전혀 성

---

86) 1925년 출간된 『敎理及條例』에서는 "하나님의 단순한 근본적 진리," "전혀 성경 중에 있는 진리"라는 설명이, 1929년 『略史』에서는 중생, 성결, 신유, 재림의 복음, 즉 사중복음으로 달리 설명하고 있다.
87) 『略史』, 2~3.

경 중에 있는 진리,[88] 즉 중생, 성결, 신유, 재림의 사중복음의 고조인 것으로 단정한 것을 볼 수 있다. 바로 이 점에서 다음과 같은 문제가 제기된다. 그러면 '중생, 성결, 신유, 재림의 사중복음이 과연 웨슬리와 초기 감리교회 시대에 주창했던 그 교리인가?'이다.

우리는 여기서 이명직 목사가 어떤 신학적인 깊은 이해 없이 성결교회의 신학을 웨슬리신학과 단순 접목시켰음을 알 수 있다. 정빈과 김상준으로부터 한국성결교회가 시작되었을 때 그들이 주창한 신학적 내용은 오늘날 한국성결교회가 강조하는 웨슬리신학이 아니었다. 해방 이전, 즉 일제 당시인 동양선교회 성결교회 시대와 그에 앞선 복음전도관 시대에 한국성결교회의 주요 교리로 강조하고 가르쳤던 것은 순복음, 사중복음이었다. 그 실례로 우리는 1938년 4월 18일부터 24일까지 가진 부인심령수양대회(婦人心靈修養大會)[89]의 사경회(查經會)에서 가르친 내용[90]을 들 수가 있다:

(五) 교리 공부

우리 단체에서 부르짖는 사중복음을 오늘까지 수박 겉 핥는 격으로 내용 뜻을 자세히 모르고 지내오든 회원들도 금번에 한성과(韓成

---

88) Keith M. Bailey의 *Bringing Back The King*, 11쪽에 보면 이러한 내용을 암시해 주는 다음과 같은 글이 있다.
"결과적으로 심프슨 박사는 사중복음이라는 제목 아래 그의 생각을 철저히 연구하고 표명하였다. 이것은 어떤 인간적 수단에 의한 그의 교리적 입장을 강조한 것이 아니고, 우리 구세주이며, 성결자, 신유자, 그리고 다시 오실 왕인 예수 그리스도의 가르침을 강조하는 것이다."
89) 부인회 전국연합회 사업 가운데 연례 행사 중에 가장 중요하고 대대적인 사업으로서 그 규모가 가장 큰 것은 역시 '부인심령수양대회'였다.
裵可禮, 『聖潔敎會女性史』(서울: 기독교대한성결교회 출판부, 1987), 166.
90) 묵시록 공부-태에도 교수, 사경법-이명직 목사, 교회사-박현명 목사, 성가 공부-찌일 부인, 교리-한성과 목사, 목회법-김응조 목사, 헌법-이명직 목사.

果) 목사님의 분명한 교수로 교리적 지식을 분명히 갖게 되는 동시에 일반에 신앙 체험도 확실케 된 것이다.[91]

돌이켜 보건대, 한국성결교회는 1921년 기성교단으로 경화될 때 자체 교단의 신학적인 근거를 웨슬리의 성화의 체험과 선교 정신에 둔다[92]는 점을 분명히 하여야 했다. 해방 이전 초기 성결교회사 (주로, 『활천』)를 보면, 1930년대까지(성결교회 태동과 조직 시대까지)는 웨슬리에 관한 글을 거의 찾아볼 수 없고, 1932년과 45년 사이에도 단편적인 글 (주로 설교) 몇 편으로 끝나는 것[93]을 볼 수 있다. 그리고 무엇보다도 성결교회의 대지평을 이룬 이명직 목사의 수많은 저서와 글에는 웨슬리 신학사상에 대한 분명한 신학적 입장과 주장(웨슬리 저서에 대한 1차 문

---

91) 「기쁜 소식」(Good News), 제5권 6월호, 11.
92) 기성 역사편찬위원회, 『성결교회사』 제1집 기초 집필 초, (1981), 8.
93) J. Wesley에 관한 글이 해방 전에 아래 도표와 같이 몇 편이 나타나는데 모두 번역물에 그치고, 학문적 성격의 논문은 보이지 않는다.

	제목	내용 분류	번역자	비고
1932년	신생(1)	설교		
1933년	신생(2)	설교		
	크리스천의 완성		박현명	동경에서
1935년	기독자의 완전에 대한 요한 웨슬리의 설교	설교	蘇園生	
	성결받은 자에게 대한 권고(1~3)			3회연재
1936년	편론성을 치료하는 법(1~3)		陳晟烈	3회연재
1937년	요한 웨슬리와 소지, 화이트필드		池逸	1쪽 분량

「活泉」에 보면 많은 외국인들의 글들이 번역자 없이 소개되고 때로는 간간히 역자들이 소개되고 있다. 초기 성결교회사에서 특이한 일은 1930년 3월 제2회 年會에서 번역실을 설치하고, 廉亨雨, 朴被得 등을 임명하여 많은 글들을 번역하게 한 일이었다. 1931년 제3회 年會에서는 번역 작업의 임무가 陳晟烈, 張源(임시)에게 주어졌는데, 그 이유는 독립문 교회 집사인 廉亨雨 집사가 29세의 일기로 소천하였기 때문이다. "다년간 본지급 본부 번역 사무에 근고하고 있던 경성 독립문교회의 렴형우 집사는 지난 九月 十三日 하오 三時 三十分에 二十九세를 일기로 그만 불귀의 객이 되고 말었는데 이런 절륜지재와 철려한 신앙을 가진 전도양양한 청년 신앙가를 일흔 우리 개인, 단테, 사회 전반에 대하야 큰 손실이라 아니할 수 없다." 「活泉」, 95호, 56.

현적인 접촉)들이 나타나고 있지 않다는 점이다. 이상훈(李相薰) 교수는 이명직 목사에 대해 다음과 같이 회고한다:

> 李明稙 傳士가 서울神學校의 校長이실 때에 나는 입학하였는데, 그 후 그분의 講義나 說敎나 祈禱에서나 심지어 사사로운 對話에 이르기까지 사실 그분은 重生, 聖潔, 神癒, 再臨이 언제나 내용이었다. 그만큼 이 集約的 敎理에 對한 信念이 堅固하였다. 그분에게 있어서 救援의 實相과 경험은 이 四重福音의 敎理가 이끌어 주는 通路만이 유일한 관심사였다. 이 四重的 敎理 속에 '福된 出發'이 있으며 '福音的 中間點'이 있고, '福된 異蹟'이 있고 그리고 '福된 終末'이 있었다. 다시 말하면 모든 것이 그 안에 있었다.[94]

이러한 모든 사실들이 우리에게 시사해 주는 것은 무엇인가?

닫는 글

지금까지 앞에서 언급한 것은 한국성결교회의 교리적 노선의 혼란이나 끝없는 논쟁을 위한 논쟁을 유발하기 위함이 아니다. 오직, 현 시대 속에서 그 본래의 찬연한 빛을 발하지 못하고 지나간 역사 속에 사장(死藏)되어 가는 한국성결교회의 역사적인 전통과 귀중한 신학적 유산을 되찾고자 하는 성결교회성 회복에 대한 간절한 바램

---

94) 李相薰, "聖書學者로서의 李明稙 牧師," 9.

과 교단신학 정립에 대한 문제 제기적인 제언에 불과하다. 따라서 앞으로 이에 대한 다각적인 면에서의 지속적인 연구 작업이 요구된다. 10여년 전에 연세대 문상희 교수는 "60년 이후 성결교회는 초기의 원색적인 성결교회의 모습에서 많이 변절되었다."고 지적하였다. 이러한 비평은 오늘에 와서는 더욱 두드러져 초기 성결교회의 모습과는 상이한 다른 모습으로서 가속화된 이질화 현상으로 나타나고, 성결교단 신학은 자기 정체성 불분명이라는 위기 상황으로 놓여져 가고 있다.

1907년부터 오늘에 이르기까지 한국성결교회가 그 본연의 창립 목적을 다하려면 2000년 세계 기독교 역사가 가지는 보편성 위에 한국성결교회만이 가질 수 있는 나름대로의 독특한 교단적인 특수성, 즉 성결교회의 당위적(當爲的)인 존립의 필연성과 거기에 대한 신학적인 근거가 분명해야 한다.

다원화된 현대사회 속에서 전통성 상실은 성결교회의 천부적인 본래의 사명을 다하지 못하고, 마치 뿌리없는 나무와 같이 내적인 생명력이 고갈되고, 결국은 무방향으로 나아가게 된다. 우리는 단순히 과거 지향주의에 빠져 현시대에 탄력적인 적응력을 갖지 못하는 수구주의적(守舊主義的)인 답보(踏步)상태의 성결교회의 모습에서 탈피해야 하고, 또한 우리의 것을 가볍게 여기고 타교단의 것을 무비판적으로 모방하거나 답습하려는 비주체적인 사대주의적(事大主義的) 노예 근성도 버려야 한다.

한국성결교회사의 장은 오늘을 사는 성결인 스스로가 주체적으로 우리의 지난 과거와의 대화 속에서 새롭게 열어 가야 한다. 성서적 복음주의, 선교우선주의, 사중복음의 고조라는 성결교회성이 성결인 모두의 가슴 속에, 그리고 개교회에 쉼 없는 작업으로 회복될 때, 한국교회사에 있어서 성결교회의 위상은 보다 새로워지고, 그 반경과 역할은 더욱 넓어져 갈 것이다.

[성결대학교, 「교수논문집」 제18집(1989년)]

성결교회의 사중복음과 영산의 오중복음 비교

Ⅰ. 여는 글

6·25 한국전쟁은 1953년 7월 휴전 상태로 끝났지만 한반도는 1945년 8.15 해방 이후와 같이 남과 북으로 갈라진 채 지금까지 분단이 고착된 상태로 군사적 대결과 긴장국면에 놓여 있다. 전쟁 후 남한에서는 북한과 달리 자유로운 종교 활동이 보장되면서 전후 복구와 함께 한국교회를 대표하는 중심되는 교회로 서울에 위치한 대한 예장 통합 측 영락교회가 부상되었고, 한경직 목사는 그 교회의 담임목사였다. 그러나 이후 점차 시간이 흐르면서 한국교회의 중심축은 영락교회가 아닌 다른 곳으로 전환되었다. 그것은 모두가 주지하는 것처럼 1990년대로 들어서면서 기독교대한하나님의성회 소속인 여의도순복음교회로 옮겨졌고, 그 중심에는 영산 조용기 목사(이하, 영산)가 있다.

기독교대한하나님의성회는 여의도순복음교회가 한국교회 역사에 새롭게 등장하기 전까지는 한국교회 주류교단에 포함될 수 없을 정도로 교세나 영향력이 미미하였다. 장로교나 감리교, 성결교에 비해서 뒤늦은 후발주자 교단으로서 1953년 4월 8일에야 비로소 기독교대한하나님의성회가 창립, 결성되어 헌장(신조)을 제정하고, 교역자 양성을 위해 신학교 설립을 추진하였다. 그리고 창립총회도 체스넛과 허홍, 박성산을 비롯한 교역자 대의원이 전체 합하여 7명에 불과한 모임으로 시작하여 교단총회라는 말이 무색할 정도로 교세나 규모에 있어서 매우 열악한 형편이었다.[1] 기독교대한하나님의성회 발족에 대한 다음의 글은 기독교대한하나님성회 발족 당시의 한국오순절교회의 형편을 잘 말해주고 있다:

> 조선오순절교회는 1933년에 교회가 세워진 후로 20여년이 지나도록 10개의 교회에 500명의 교인을 채 얻지 못하였으므로 교회 성장의 측면에서 보면 오순절적 이미지에 부합되지 못하였다. 그러한 원인 중의 하나는 선교방법에 있었다고 할 수 있는데 그것은 선교가 개인적인 차원에서만 실시되었고 또 어떤 단합된 교회 조직이 없이 전도했기 때문이다. 그런데 1953년에 이르러 하나님의 성회(Assembles of God)가 발족됨으로써 비로소 조직화된 오순절운동이 시작된 것이다.[2]

그러나 이러한 교단적인 열세 속에서 그것도 1958년 5월 18일 가정교회로 단지 5명으로 시작한 여의도순복음교회는 비약적인 발전을 넘어 개신교 선교역사상 그 유래를 찾아 볼 수 없을 정도로 해가

---

1) 순복음교육연구소 편, 『하나님의 성회 敎會史(개정판)』 (서울: 서울서적, 1989), 166.
2) 순복음교육연구소 편, 『하나님의 성회 敎會史(개정판)』, 163.

갈수록 경이적인 성장을 이루었다.[3] 1979년 10만 명 교세에서 1985년에 50만 명 그리고 1992년에는 70만 명을 돌파하는 놀라운 양적 성장을 이루며 세계 최대교회로 발전하였다.[4] 이러한 급속한 성장을 두고 그 요인에 대해 저마다 성장 원인들을 말하고 있지만, 여의도순복음교회의 부흥은 남다른 영산의 탁월한 영적 리더십과 간명하면서도 강력한 설교의 능력에서 비롯되었다.

오늘의 세계적인 여의도순복음교회를 세운 영산의 카리스마적 리더십과 설교의 원천은 오중복음(五重福音)에서 시작된다. 영산의 오중복음은 삼중축복과 함께 지난 60년간 순복음(純福音)신앙의 핵심을 차지하며, 여의도순복음교회와 더 나아가서 기독교대한하나님의성회를 안팎으로 규정짓고, 상징하는 정체성의 표준이 되었다. 이미 영산의 오중복음과 삼중축복에 대해서는 오래 전부터 다양한 신학적 관점에서 한세대 영산신학연구소를 통해 다각도의 심층적 연구가 활발히 진행되어 '영산신학' 정립이 오늘에 와서는 괄목할 정도의 뚜렷한 성과를 보이고 있다.

따라서 본고에서는 오중복음에 대한 영산의 신학사상을 이해하고, 정립하는 연구 작업에 부가(附加)하여 필자가 속한 성결교 입장에서 한국성결교회 교리의 근간이 되는 1925년에 출간된 『東洋宣敎會 聖潔敎會 敎理及條例』와 영산의 원저작물(『5중복음과 삼박자축복』)을 중심으로 성결교회의 사중복음(四重福音)과 영산의 오중복음(五重福音)을

---

3) 국제신학연구원 편, 『여의도의 목회자』 (서울: 서울말씀사, 2008), 262-67.
4) 이근미, 『큰 교회 큰 목사이야기』 (서울: 月刊朝鮮社, 2005), 16. "여의도 순복음교회는 2004년 12월 현재, 목사와 전도사 613명, 해외선교사 610명, 장로 1,463명, 권사 9,957명, 안수집사 3,110명, 서리집사 8만 4,913명과 일반평신도들로 구성되어 있다."

대조하여 비교하고자 한다.

Ⅱ. 성결교회의 사중복음

1. 한국성결교회와 순복음(純福音, Full Gospel)

한국성결교회는 동양선교를 위해 1901년에 일본에서 시작한 동양선교회(Oriental Missionary Society)를 모체(母體)로 하고 있다. 주지하는 대로 한국성결교회는 전도자 육성을 목표로 동양선교회가 설립한 동경성서학원을 1907년 5월 2일에 졸업하고 귀국한 정빈과 김상준에 의해 조선 땅 한복판인 경성(현재 서울)에 동년 5월 30일에 처음 세워졌다.[5] 이들 한국인 두 젊은이들과 함께 동양선교회 선교사인 카우만(C. E. Cowman)과 킬보른(E. A. Kilbourne)이 내한하였지만, 그들의 2주간 동안 조선(한국) 방문의 목적은 본격적인 선교활동을 펼치기 위해서라기보다는 이 땅이 동양선교회 선교지로서의 적합한지 여부에 대한 가능성을 타진하기 위해서였다.

정빈과 김상준은 선교사들이 일본으로 돌아간 뒤 지금의 서울 종로3가 부근에 위치한 염곡에 다 쓰러져가는 조선가옥을 임대하여서 '東洋宣敎會 福音傳道館'이란 간판을 붙이고 구령사업(救靈事業)을 시작하였다. 이처럼 한국성결교회는 장로교, 감리교와 달리 외국선교사들의 입국으로부터 시작된 선교사 중심의 교파형 선교에서부터

---

5) 鄭祥雲, 『聖潔敎會와 歷史硏究(Ⅰ)』 (서울: 이레서원, 1997), 15.

출발하지 않고 자국인에 의해 주체적인 동족전도가 시작되는 자생적 개척(自生的 開拓)의 독특한 특징을 보여주고 있다.6 정빈과 김상준은 처음부터 교파의식을 갖지 않고 일본 동경성서학원에서 실습하며 배운 대로 오전에는 성경공부반을 열고, 밤에는 황토현에 나가서 장등을 들고, 북을 치며 사람들의 관심을 끌면서 "믿기만 하오, 믿기만 하오" 찬송을 부르며 힘있게 전도하였다.7 그리고 결신자들은 그들의 집과 가까운 교회에 나가 신앙생활을 하도록 하였다. 정빈과 김상준이 노방전도할 때 그들의 모습이 마치 시대에 맞지 않는 천루한 남사당패와 같다 하여 교회를 다니는 신자들까지도 조롱을 하는 등 어려움이 많았으나 이들은 영혼 구원하는 일에는 어떤 일도 사양하지 않고 감당하겠다는 정신으로 전도한 결과 경향 각지에서 결신자가 증대되었다.8

비근한 실례로, 성령의 강력한 역사 가운데 이들의 성과가 커서 의심의 눈길로 경계하던 근처 연동장로교회 지도자인 조사(助師) 이명헌, 집사 원세성, 배선표, 박용희, 여조사 원경신이 장로교에서 복음전도관으로 이명을 하여 성결교회 초기 일원이 되는 일이 일어났다. 그리고 신유의 복음에 대한 강조는 <대한매일신보>로부터 과학을 무시하고, 의약을 죄악시하는 미신행위를 조장하는 '남산(南山)의 여호(天狐)'와 같은 종교계의 요물로 중상모략을 당하기도 하였다.9

---

6) 한국성결교회의 기원에 대한 '자생적 개척'에 대한 이해는 필자의 "한국성결교회의 기원(1907-1910년) - 자생론적 입장에서-," 『聖潔神學硏究』 제2집 (1997년, 성결대학교 성결신학연구소)를 참조하라.

7) 李明稙, 『朝鮮耶蘇教 東洋宣教會 聖潔教會略史』 (京城: 東洋宣教會 聖潔教會 出版部, 1929), 16. 이하 『略史』로 표기.

8) 『略史』, 51.

9) 『略史』, 52-54.

정빈과 김상준이 전한 메시지 주 내용은 성결교회가 처음부터 강조하고 주창한 순복음(純福音)이라 불리웠던 사중복음(四重福音)이었다. 정빈은 김상준과 1905년 동경성서학원에 입학하였는데, 그 곳에서 새롭게 배운 것은 사중복음이었다. 정빈은 일본에서 수학하는 중에 동경성서학원을 통하여 구원(중생), 성결, 신유, 재림이라는 사중복음을 처음 접하였다.[10] 동경성서학원은 앞서 말한 대로 일본을 비롯한 동양 전역을 선교하기 위해 전도자 육성을 목표로 동양선교회가 세운 학교였다. 동양선교회는 카우만과 나카다 쥬지(中田重治)가 설립하였는데, 동양선교회 설립의 목적은 사중복음 전파에 있었다. 1905년 11월에 발행된 동양선교회의 「焰の舌」 '東洋宣教會とは何ぞゃ'에서 동양선교회의 목적에 대해 다음과 같이 분명히 언급하고 있다:

> 본회의 목적은 일본을 시작으로 하여 동양 제국(東洋 諸國)의 교화(敎化)로 그리스도(基督)의 신부(花嫁)되는 거룩한 교회(聖敎會)를 세우는 것이다. 즉, 주의 재림에 대한 준비이다. 이를 위해 사중복음(四重の福音)을 전하여 구원(救援), 성결(聖潔), 주의 재림(再臨), 신유(神癒)을 가르친다(說).[11]

동양선교회는 동양의 여러 나라에 사중복음을 전하고, 가르치는

---

10) 정빈, "셩셔학원 형편(二)," 「그리스도신문」 1906년 3월 15일자.(신문기사 내용을 필자가 현대체로 바꿈); 원문의 전체 내용은 정상운, 『새벽을 깨운 사람들: 인물로 본 성결교회사』(은성, 1995), 38-40에 수록됨.
11) "東洋宣教會とは何ぞゃ," 「焰の舌」, 144호(1905.11.28.) 1.

것을 설립목적으로 말하면서, 또한 순복음(純福音)을 전하기 위한 단체로서 일본이나 외국의 어떤 선교단체나, 교단에 의해 세워지지 않고 완전히 독립적으로 설립된 복음적인 초교파적 선교단체임을 말하고 있다. 다음의 글을 보면, 순복음을 동양 여러 나라에 전하기 위해서 세워진 독립적인 선교단체임을 피력하고 있다:

> 동양선교회는 동양 제국에 순복음(純福音)을 전하기 위해 국내외의 성도로 조성(組成)된 단체이다. 종래의 성서학원(聖書學院) 및 여러 군데(各所)의 복음전도관(福音傳道館)은 본회에 부속한다. 일본 또는 외국에 있는 하등의 어떤 단체나 교회(敎會)를 대표하는 것이 아니라 완전히 독립한다.[12]

위의 두 가지 인용 문장을 보면 동양선교회는 초창기부터 사중복음 뿐만 아니라 순복음을 전하고 가르치기 위한 선교회로 말하고 있다. 그러나 동양선교회가 사중복음과 순복음을 별개의 서로 다른 복음으로 가르치고 전한 것이 아니다. 동양선교회가 처음 세워질 때는 초기에는 'Full Gospel'을 '純福音'으로 번역하여 사용하였다. 즉 동양선교회는 처음 동경에서 출발할 때 1897년 마틴 냅(M. W. Knapp)과 셋 리스(Seth C. Ress)에 의해 설립된 '만국사도성결연맹과 기도동맹(International Apostolic Holiness Union and Prayer League, 후에 만국성결교회)'의 설립목적에 천명된 19세기 성결-오순절 운동에서 특징적으로 사용

---

12) "東洋宣教會とは何ぞや,"「焰の舌」, 1.

된 사중유형의 'Full Gospel'을 가르치고 전하였다.[13] 그러나 'Full Gospel'을 문자적 의미대로 '전복음(全福音)'이나 '만복음(滿福音)' 또는 오늘날 통상적으로 쓰는 '온전(穩全)한 복음(福音)'으로 해석하여 쓰지 않고 당시 자유주의신학과 고등비평을 부르짖는 교회와의 구별을 위해 '순복음(純福音)'으로 사용하였다. 이후 기존교회를 다니던 타 교회 신자들로 부터 기독교 복음과 달리 순복음이라는 새로운 명칭 사용에 대해서 불필요한 오해가 야기되자 사중복음으로 명칭을 변경하고, 사중복음의 4가지 주제를 신생(新生), 성결(聖潔), 신유(神癒), 재림(再臨)으로 집약하여 강조하기 시작하였다.[14]

나카다 쥬지는 피어슨 마크엘이 사각복음(四角の福音, Foursquare Gospel)[15]으로 말하는 것을 예를 들면서 사중복음은 4개의 복음이 아니라 하나의 복음을 4가지 방면에서 바라본 복음으로 이해하고 있다. 그리고 심프슨(A. B. Simpson)이 사중복음(四重福音, Four-fold Gospel)을 처음으로 말한 것을 밝히면서, 사각복음보다 심프슨이 사용한 사중복음 용어를 선호하여 순복음의 대치 용어로 심프슨의 사중복음

---

13) Constitution and By-Laws of International Apostolic Holiness Union(July 1900).
"Second, To united God's children of every name in a fraternal union for the promotion of Bible holiness through the spread of the Full Gospel."
14) 米田勇 編, 『中田重治全集』, 第1卷 (東京: 中田重治全集刊行會, 昭和 50), 363.
15) '사각복음(Foursquare Gospel)'의 메시지를 국제사각복음교회(International Church of the Foursquare Gospel) 창설자 맥퍼슨은 요 3:16에 따라 우리를 구원하시는 예수님, 행 2:4에 따라 우리를 성령으로 세례주시고, 약 5:14-15에 따라 우리 육신을 치유하시고, 살전 4:16-17에 따라 다시 오시는 예수님으로 구분한다. Raymond L. Cox has compiled the writings of Aimee Semple McPherson around this pattern as The Four-square(Los Angeles: Foursquare Publications, 1969), 9; Donald W. Dayton, Theological Roots of Pentecostalism (Grand Rapids: Francis Asbury Press, 1987), 21에서 재인용.

을 채택하여 사용하였다.[16] 나카다 초대 총리가 사중 유형의 거의 동일한 내용을 가진 두 가지 중에 사각복음보다 사중복음을 선호하여 채택한 이유는 구체적으로 알 수 없지만 동양선교회에 끼친 영향이 국제사각복음교회보다 그리스도인과 선교사동맹(오늘날 기독교연합선교회, Christian & Missionary Alliance, 약칭C&MA)이 지대했기 때문으로 사료된다.[17] 따라서 이후 동양선교회 설립목적이나 신조에서도 특별한 구분 없이 순복음 용어가 사중복음으로 바뀌 사용되거나, 혼재되어 나타나고, 이같은 현상은 동양선교회에 직접 영향을 받은 한국성결교회에 그대로 반영되어 별 구분 없이 반복되어 오다가 점차 '순복음' 용어보다는 '사중복음'으로 고착되었다.

2. 사중복음의 이해

앞서 살펴본 대로 동양선교회 초기에 'Full Gospel'은 순복음으로 번역되어 사용되었다가, 사중복음으로 대치, 병용되어 한국성결교회에 전수되었다.[18] 사중복음의 한국성결교회의 전래과정은 이미 앞서서 발표된 연구결과를 정리하면 분명해진다.[19] 즉, 19세기 말 북

---

16) 米田勇 編, 『中田重治全集』, 第2卷(東京: 中田重治全集刊行會, 昭和 50), 282-83.

17) 동양선교회 초기 역사를 기록한 Robert D. Wood, In These Mortal Hands: The Story of the Oriental Missionary Society, the First 50 Years(Greenwood; OMS International, 1983), 29-30. 이 글을 보면 카우만과 킬보른을 비롯한 동양선교회에 미친 심프슨의 영향력이 증대되어 심프슨의 강조점이 동양선교회의 강조점으로 나타난 사실들이 기록되어 있다.

18) 단적인 예로 이명직 목사에 이어 경성성서학원 원장이 된 이건 목사는 1928년에 "순복음이란 무엇이뇨," 「活泉」(통권64호) 글을 기고하였는데, 그 다음 해 킬보른은 「活泉」통권 78-80호(1929년)에 "東洋宣教會가 가라치는 四重福音"을 3회에 걸쳐 기고한 것을 들 수 있다.

19) 정상운, "사중복음의 역사적 유래," 『한국성결교회와 사중복음』 (안양: 성결대학교

미성결운동에서 부흥회 전도 표제와 교리적 강조로서 사용되었던 사중유형이 성결-오순절운동의 복잡한 발전과정의 정점을 이루며 심프슨의 사중복음으로 정리되는 과정을 가졌다. 또한 만국성결연맹 및 기도동맹을 통해 Full Gospel으로 주장되었고, 이것이 일본에서 동양선교회를 통해 순복음(純福音) 그리고 더 나아가 사중복음(四重福音)으로 한국성결교회에 전수되며 재차 강조되었다.[20]

동양선교회로부터 초기 한국성결교회에 이르기까지 사중복음에 대한 교리적 내용을 책이나 글로 정리하고, 소개한 자들은 동양선교회 총리를 지낸 나카다 쥬지와 킬보른 그리고 한국성결교회 창립자인 정빈과 김상준이다. 그러나 개인적 차원을 넘어서 공식적으로 한국성결교회의 신조로서 표명된 것은 1921년 복음전도관 체제에서 선교 본위의 교단으로 전환된 지 4년 뒤 1925년에 출간된 성결교회 교리장정(敎理章程)의 성격을 가진 『東洋宣敎會 聖潔敎會 敎理及條例』(이하, 『敎理及條例』)이다. 이 책 '제3장 신앙개조' 동양선교회 16개 신앙개조(信仰個條)에는 한국성결교회가 동양선교회로부터 전수받고, 강조한 사중복음의 내용이 들어 있다.

1) 중생(重生)의 복음

① 정의: 『敎理及條例』 12면에는 다음의 내용이 기록되어 있다:

성결신학연구소, 1998): 38-67.
20) 정상운, 『사중복음』 (안양; 성결교회와 역사연구소, 2010), 176.

第七節 稱義

사람이 하나님압헤 올타함을 엇는 것은 우리의 善行과 功勞로는 엇을수 업고 오직 예수 그리스도의 功勞와 우리의 信仰으로 말매암아 義롭다하심을 엇나니 이것이 明白한 敎理도 되고 마암에 眞正한 安心도 엇나니라.[21]

② 중생(칭의)에 대한 제7절 신조해설:

한국성결교회의 중생론은 루터(M. Luther)의 칭의론과 같이 예수 그리스도의 십자가 공로를 믿는 솔라 피데, 오직 믿음으로 인간에게 전가된 예수 그리스도의 의(義)에 의해서만 구원을 받게 된다. 그리고 또한 웨슬리와 마찬가지로 인간의 전적인 타락을 하였으나 선행적 은총으로 인해 인간의 자유의지를 통한 낙관론적인 인간 이해를 통한 그 가능성을 주장하고 있다.[22] 나카다는 중생을 신생(新生, Regeneration)으로 말하며, 신생이란 '영적인 생명을 부여받는 일'로 정의하고 중생과 성결을 구분하였다.[23] 킬보른 또한 중생은 인간이 하나님 앞에 죄를 회개하고 예수 그리스도를 믿는 만인에게 하나님께서 값없이 주시는 것으로 정의하며, 죄의 원질(原質)을 면하기 위한 성결의 은혜의 필요성을 강조하며 중생과 성결을 구분한다.[24]

---

21) 吉寶崙, 『東洋宣敎會 聖潔敎會 敎理及條例』(京城: 東洋宣敎會 本部, 1925), 11-12. 이하, 『敎理及條例』로 줄임.
22) 정상운, 『사중복음』, 60-61.
23) 米田勇 編, 『中田重治全集』, 第2卷, 453-60.
24) 이. 에이. 吉寶崙, "東洋宣敎會가 가라치는 四重福音(一)," 「活泉」78호(1929년): 12.

2) 성결(聖潔)의 복음

① 정의: 『敎理及條例』 12-13면에는 다음의 내용이 기록되어 있다:

> 第八節 聖潔
> 完全한 聖潔이라 함은 그리스도로 말매암아 聖神의 洗禮를 밧음이니, 卽 거듭난 後에 信仰으로 瞬間에 밧을 經驗이니라. 또한 完全한 聖潔은 原罪에서 淨潔케 씨슴과 其人을 聖別하야 聖旨를 일울 能力을 주심이니라.[25]

② 성결에 대한 제8절 신조해설:

제8절 성결은 3가지 특징적인 내용으로 요약되는 바, 첫째는 성결은 중생 후 순간에 받을 경험으로서 성령세례를 말하고, 둘째는 원죄로부터 정결함, 셋째는 성별하여 하나님의 뜻을 이루기 위한 능력 받음으로 정리할 수 있다.[26] 이 같은 내용은 한국성결교회 성결론이 19세기 웨슬리안 성결운동과 함께 북미의 부흥운동으로부터도 영향을 받았음을 단적으로 보여준다. 다시 말해 이것은 19세기 후반부로 갈수록 성결운동이 온전한 성화에 대한 웨슬리적인 해석에서 머무르지 않고 새로운 교파들을 형성하며 성령세례에 대한 강조점을 달리하고 있는 점을 다양하게 반영하고 있음을 말해준다. 데이튼(Donald W. Dayton)은 이것에 대해 다음과 같이 설명한다:

---

25) 『敎理及條例』, 12-13.
26) 이것에 대한 자세한 설명은 정상운, 『사중복음』, 65-87 참조.

1870년대에 이르러 미래의 발전을 위한 기초가 놓여졌다. 그 교리에 대한 결정적인 설명서들이 감리교와 장로교 진영에서 발간되었다. 이때로부터 오순절 성령세례의 가르침은 늘 동일한 형태는 아니었지만 적어도 대부분 보수적인 부흥운동파에 깊이 그 영향이 퍼져 나갔다. 사실에 있어서 이 교리에 대한 3가지 변형이 있었다. 오순절 성화에 대한 주류 성결파의 가르침(mainstream Holiness teaching) 그리고 은혜의 두 개의 분리된 경험으로 설명하는 다소 급진적인 성결파, 그리고 마지막으로 성령세례를 구원 이후에 오는 '두 번째 분명한 역사(second, definite work)'를 가르치는 웨슬리안 가르침을 반대하여 '봉사를 위한 능력 부여(enduing with power of service)' 목적으로 하는 거의 장로교 진영에 가까운 두드러진 형태가 있다.[27]

한국성결교회는 19세기 말 다양한 성결운동의 강조점들을 반영하여 완전한 성결은 성령세례로 이루어지는바, 성령세례는 중생 후 원죄로부터 심령을 정결하게 씻음과 함께 봉사를 위한 능력 부여를 동시에 주장하는 '원죄의 정결과 능력 부여'라는 이중 패턴을 보여준다.

3) 신유(神癒)의 복음

① 정의: 『教理及條例』 16-17면에는 다음의 내용이 기록되어 있다:

---

27) Dayton, *Theological Roots of Pentecostalism*, 89-90.

> 第十四節 神癒
>
> 聖經에 病을 고치는 敎理가 記載되어 잇슴은 우리가 믿는 바라. 마가十六章 十七-十八節과 야고보 五章 十四 - 十五節의 말삼대로 하나님의 子女들이 信仰으로 祈禱하야 病곳침 밧을 特權이 잇나니라. 그러나 이대로 하지 못하고 醫藥을 依支하는 자의게 대하야 批評도 하지 말지니라.[28]

② 신유에 대한 제14절 신조 해설:

한국성결교회에 사중복음을 전수한 동양선교회는 처음 시작할 때부터 신유(神癒)의 복음을 가르치고 전하는 것을 사명으로 하였다.[29] 나카다 쥬지는 영적인 것만을 추구하는 기독교에 있어서 육신의 질병을 치료하는 신유를 가리켜 '강화(康化)'로 말하고 있다.[30] 킬보른은 예수의 지상사역 중에 대부분을 차지하는 것이 병 고침으로서 그것은 예수의 사역 중에 일부분인 것을 강조하였다. 그러나 복음의 단순성으로 돌아가 지금도 예수께서 질병을 고치시지만 신유를 구원의 결과와는 연관시키지 않고 예수 그리스도의 속죄로 인해 구득(購得)한 은택(恩澤)으로 설명하였다.[31] 동양선교회 역대 총리들의 설명은 심프슨의 신유의 복음과 같은 내용으로 나타나며 신유의 가르침에 있어서 동양선교회는 그에게 지대한 영향을 받았다. 뿐만 아니라 정빈과 김상준, 이명직, 김응조에 이르기까지 성결교 신학자들

---

28) 吉寶崙, 『敎理及條例』, 16-17.
29) 정상운, 『聖潔敎會와 歷史硏究(Ⅴ)』 (안양: 한국복음문서간행회, 2004), 23.
30) 米田勇 編, 『中田重治全集』 第2卷, 284.
31) 길보른, "東洋宣敎會가 가라치는 四重福音(一)," 11.

에게서 같은 내용으로 반복되며 동양선교회 성결교회 16개 신조 중 14조 신조인 '신유'와 비교할 때 별다른 차이가 없다.

신조에서 도출되는 내용은 첫째, 신유는 교회에 허락된 은사로서 초대 교회에 국한되지 않고 오늘날에도 행해지고, 둘째, 그리스도의 속죄의 한 부분으로서 십자가 예수 그리스도의 속죄는 영혼의 죄를 고치실 뿐만 아니라 육체의 질병도 고치신다. 셋째, 순간적인 하나님의 능력의 역사로 의약이나 의학적인 방법에 의존하지 않고, 믿음으로 기도하여 질병으로부터 치유받는다. 그리고 넷째, 의약이나 과학적인 치료 방법을 부인하거나 죄악시 여김도 옳지 않은 일이다.[32]

4) 재림의 복음

① 정의: 『敎理及條例』 17-18면에는 다음의 내용이 기록되어 있다:

> 第十五節 再臨
> 主께서 肉體를 가지시고 親히 千年時代 前에 再臨하실 일이 切迫함을 우리가 밋노니 主께서 밋치 아니한 時에 空中에 오시기는 聖徒들을 迎接하실 일과 그 聖徒들과 가치 地上에 臨하실 일을 區別할지니라. 또한 地上에 臨하시기 前에 이스라엘人들이 一處에 會集되고 거짓 그리스도가 나타난 後에 오셔서 千年王國을 건설하시나니라.[33]

---

32) 정상운, 『사중복음』, 110-11.
33) 『敎理及條例』, 17-18.

② 재림에 대한 제15절 신조 해설:

한국성결교회의 재림론은 신유론과 마찬가지로 웨슬리보다는 심프슨의 신유론에 영향을 크게 받았다. 그렇다고 해서 한국성결교회에 끼친 영향이 심프슨 한 사람이라는 것을 의미하지는 않는다. 그리스도인과 선교사 동맹(C&MA) 창설자 심프슨과 1897년에 창립된 만국성결연맹 및 기도동맹(후에 만국성결교회) 회장인 리스는 심프슨의 제자(C&MA 미시견 지부 회장)로서 특별한 유사성을 보여주는데 두 사람 모두 세계 선교와 더불어 신유와 전천년적 재림론을 강조하였다.[34] 심프슨과 리스 그리고 블랙스톤(William E. Blackstone)[35]과 무디성서학원 초대 원장 토레이(R. A. Torrey)[36] 등은 그리스도의 전천년적 재림론을 강조하였는데, 이들의 전천년적 재림론은 동양선교회에 직, 간접적인 영향을 끼치게 되었다. 나카다 쥬지는 예수 그리스도의 공중재림과 동시에 지상에서는 휴거의 역사가 발생하고, 7년 대환란이 끝난 뒤에 천년왕국이 시작된다는 소위 세대주의적 전천년설을 말하고 있다.[37] 킬보른도 전천년 재림 즉, 그리스도 재림의 '두 개의 단계(이중 국면)'과 환란전 휴거를 말하며 동양선교회가 가르치는 종말론이 세대주의적 전천년설을 견지하고 있음을 강조하고 있다.[38] 『教理及

---

34) 정상운, 『한국성결교회사(Ⅰ)』 (서울: 은성, 1997), 65.
35) 블랙스톤의 전천년적 재림에 관한 책 *Jesus is Coming*은 후에 만국성결교회 목사 고시 필독서가 되었고, 동경성서학원의 종말론 교과서로 사용되었다.
36) 동양선교회 설립자 카우만은 시카고 무디교회에서 토레이 박사로 부터 세대주의적 전천년설에 관한 강연을 듣고 자신의 전 생애의 변화를 가져오는 재림신앙을 가지게 되었다. 참조; 카우만 부인, "宣教의 戰士, 찰스 카우만의 所信(二)," 「活泉」 통권119호(1932): 23-24.
37) 米田勇 編, 『中田重治全集』, 제1권, 465-75.
38) 길보른, "東洋宣教會가 가라치는 四重福音(三)," 「活泉」 제80호(1929): 18-19.

條例』의 제15절 재림 신조의 내용은 이것을 그대로 반영하고 있다.

Ⅲ. 영산의 오중복음

1. 영산 조용기 목사와 순복음(純福音, Full Gospel)

앞서 언급한 대로 1958년 5월, 천막교회에서 5명의 성도로 시작한 여의도순복음교회가 25년 단기간에 재적 30만의 세계 최대교회로 부상하며 성장하게 된 근저에는 영산 조용기 목사가 그 중심에 놓여있다.[39] 여의도순복음교회의 급속한 교회성장과 이로 인해 한국과 세계교회에 미친 영향은 철저히 성경에 기반을 둔 영산의 예수 그리스도의 십자가 영성에 근거하고 있다. 따라서 영산의 설교 메시지와 목회철학은 십자가 영성에서 시작하는 순복음 7대 신앙에서 발원(發源)된다. 순복음(純福音)은 Full Gospel의 의역으로[40], Full Gospel은 신본주의에 입각하여 성령의 감동으로 기록된 신구약 66

---

39) 조다윗, 『5중복음과 삼박자축복』 (서울: 서울서적, 1993), 32.
영산은 여의도순복음교회의 부흥의 결정적 요인이 오중복음에 있음을 다음과 같이 밝히고 있다. "'죄 사함의 중생의 복음', '성령 충만의 복음', '치료의 복음', '저주에서 해방얻는 축복의 복음', '예수 그리스도의 재림의 복음' 이것이 저의 설교의 결정적인 베이스들입니다. 만약 이러한 결정적인 설교의 베이스가 없었다면 오늘날 여의도순복음교회를 이루지 못했을 것입니다." 조용기, "나는 이렇게 설교한다," 『설교와 목회자 관리 교회성장』 (서울: 서울서적, 1986), 138-39.

40) 영산은 일본에서 동양선교회가 선교 초기에 Full Gospel을 '滿福音'이나 '全福音' 또는 '충만한 복음'이나 '온전한 복음'으로 번역하지 않고 고등비평을 의식해서 내용적으로 純福音으로 의역하여 사용한 것을 그대로 답습하고 있다. 이것은 이후 동양선교회와 마찬가지로 Full Gospel을 순복음이나 사중복음으로 별 차이없이 혼용, 병용해온 한국성결교회의 영향으로도 사료된다.

권의 내용을 '그대로(fully)', '다(totally)' 믿고 받아들이는 '충만한 복음'이다.[41] 영산은 순복음에 대해 다음과 같이 설명하고 있다:

> 순복음이란 성경을 떠난 어떤 새로운 복음이 아닙니다. 또 인간적인 특별한 이론도 아닙니다. 순복음(純福音)이란 영어의 Full Gospel 곧 '충만한 복음'을 우리말로 번역한 말입니다. 즉 순복음은 창세기부터 요한계시록까지 기록된 하나님의 말씀과 예수 그리스도의 온전한 복음을 성령으로 말미암아 우리의 생활과 신앙에 충만케 하는 복음(Full Gospel)입니다.[42]

영산에게 있어서 "순복음이란 다름 아닌 영, 혼, 육의 전인적인 구원을, 그리고 예수께서 십자가 위에서 다 이루셨다는 기쁜 소식을 우리의 삶 전체에 충만하게(full) 적용시키자는 메시지"로서 이것이 바로 순복음신앙의 핵심임을 말한다.[43] 최문홍은 영산의 신학은 철저히 성서에 기반을 두고 있으며, 특히 그의 신학은 그리스도의 십자가로부터 나온다고 주장한다.[44] 영산은 갈보리 십자가에서 출발하는 순복음 7대 신앙을 "1. 십자가의 신앙 2. 오순절 성령충만의 신앙 3. 땅끝까지 복음전하는 신앙 4. 좋으신 하나님의 축복의 신앙 5. 예수님의 치료와 신유의 신앙 6. 재림신앙 7. 사랑과 봉사의 신앙"

---

41) 국제신학연구원, 『여의도순복음교회의 신앙과 신학』 (서울: 서울서적, 1993), 13.
42) 조다윗, 『5중복음과 삼박자축복』, 12.
43) 조다윗, 『5중복음과 삼박자축복』, 47-48; 『현대인을 위한 오중복음 이야기』 (서울; 서울말씀사, 1998), 15.
44) 최문홍, "순복음 신학과 그리스도의 십자가," 「영산신학저널」 통권 제19호(2003): 228-29.

이상의 일곱 가지로 설명한다.[45] 이에 대해 류동희는 영산의 순복음 7대 신앙이 영산의 오중복음과 삼중축복의 근간임을 단언한다.[46]

2. 오중복음의 이해

영산의 신학은 순복음의 요체인 오중복음과 삼중축복으로서 영산에게 있어서 순복음은 단적으로 오중복음을 의미한다. 더 나아가 최문홍은 영산의 신학은 오중복음과 삼중축복으로 요약되는 순복음신학이라 불러도 무방할 것이라고 말한다.[47] 영산은 오중복음의 개요를 설명하면서 순복음의 메시지가 바로 오중복음임을 주장하고 있다:

> 순복음의 메시지는 바로 이 오중복음을 주장합니다. 우리는 이 장막터전을 한 치라도 양보하지 아니할 것입니다. 구원, 성령충만, 신유, 형통, 재림과 천국의 장막터전은 우리의 것입니다. 예수님께서는 이 터전을 마련하시기 위해 몸찢고 피흘리셨습니다. 이러므로 우리는 이것을 끝까지 점령하고 소유할 것입니다.[48]

영산에게 있어서 순복음의 요체(要諦)인 오중복음은 단순히 오종

---

45) 최문홍, "순복음 신학과 그리스도의 십자가," 13.
46) 류동희, "영산 조용기 목사의 십자가 영성-순복음 7대 신앙을 중심으로-," 「영산신학저널」 통권 제20호 (2010): 67-68.
47) 최문홍, "순복음 신학과 그리스도의 십자가," 236.
48) 조다윗, 『5중복음과 삼박자축복』, 53.

(五種)의 복음을 말하는 것이 아니라 예수 그리스도의 복음 안에 5가지 중요 진수(眞髓)인 중생, 성령 충만, 신유, 축복, 재림을 말한다.[49] 영산은 철저히 성경과 예수 그리스도 그리고 십자가 대속 중심의 3가지 기반에서 축출한 도식이 오중복음임을 말하며 다음과 같이 정의한다:

> 오중복음이란 십자가를 통한 그리스도의 대속인 죄를 용서함 받는 것과 성령의 은혜를 받는 것과 질병에서 치료받는 것과 저주에서 해방을 얻는 것과 예수 그리스도의 재림을 말합니다.[50]

1) 중생(重生)의 복음

① 정의: 영산은 『순복음의 진리(上)』에서 '중생(重生)'을 다음과 같이 말한다:

> 그러므로 중생이란 하나님의 은혜로, 하나님의 성령께서 말씀하신 예수 그리스도의 복음을 통하여, 믿음으로 우리를 씻으시고 새로운 피조물로 만드사(고린도후서 5:17), 신의 성품 즉 영생을 얻게 하신 사건으로 이는 하나님의 편에서 행하신 기적이요, 죄인인 인간은 오직 믿음으로 이 구원의 선물을 받아 들이기만하면 되는 것입니다.[51]

---

49) 조용기, 『현대인을 위한 오중복음 이야기』, 7.
50) 조용기, "나는 이렇게 설교한다," 129.
51) 조용기, 『순복음의 진리(上)』 (서울: 영산출판사, 1979), 219.

또한 『설교와 목회자 관리 교회성장』 130-31면('중생의 복음')에서는, "오늘날 어떤 인간이라도 회개하고 예수만 믿으면 구원받는 것입니다. 이렇게 철저한 '이신득의'(以信得義) 교리가 저의 설교의 첫째 베이스"라고 말한다.[52]

② 영산의 '중생'에 대한 해설:

개신교는 중세 로마 카톨릭교회의 이행득의(以行得義)에 반하여 이신득의, 오직 신앙에 의한 칭의(稱義) 교리로부터 시작되었다. 루터에게 있어서 이신득의는 단순히 전체 교리들 중에 일부분을 차지하는 것이 아니라 다른 모든 기독교 교리의 중심이 되는 기저(基底)였다. 루터에게 있어서 하나님의 의란 '의인은 믿음으로 말미암아 살리라' 기록됨과 같이 신앙에 의해서 자애로우신 하나님께서 우리를 의롭다고 인정하여주시는 소극적인 의(passive justice)로서, 구원은 인간의 선행의 결과가 아니라 하나님의 선물이다.[53] 따라서 영산의 오중복음 중에 첫 번째에 해당하는 중생의 복음은 16세기 종교개혁의 기수였던 루터의 신학사상과 맥을 같이한다.

영산은 요 3:16에 기록된 말씀과 같이 누구든지 우리 인류를 죄와 사망의 법에서 구원하시기 위해 십자가에 죽으시고 부활하신 예수 그리스도를 믿기만 하면 마귀의 자식에서 하나님의 자녀로 신분이 바뀌는 것으로 이것이 거듭남, 중생이라고 말하고 있다.[54] 그리고 중

---

52) 조용기, "나는 이렇게 설교한다," 『설교와 목회자 관리 교회성장』, 131.
53) WA 54,179-87; LW 34,328.; Timothy George, The Theology of Reformers (Nashville: Broadman Press, 1988), 62에서 재인용.
54) 조용기, 『새 생명의 길』 (서울: 여의도순복음교회, 1989), 48.

생의 과정에 있어서 절대 주권적인 하나님의 은혜에도 불구하고 인간이 응답해야 할 일은 회개와 믿음인 것을 강조하고 있다.[55]

2) 성령충만(聖靈充滿)의 복음

① 정의: 영산은 순복음의 '성령충만'의 복음에 대해서 다음과 같이 말한다:

> 성령세례는 중생한 자가 주의 사역을 감당하고 승리하는 삶을 살기 위해 성령께 사로잡히는 영적 체험의 출발(starting point)입니다. 성령의 은사는 성령세례의 결과로서 주의 일을 부족함 없이 하기 위해 받아야 하는 하나님의 능력이요 선물입니다. 성령의 열매는 성령의 은사를 활용한 결과로서 내적 성품이 그리스도의 형상으로 닮아 나가는 과정입니다. 그리고 성령의 은사(외적)와 성령의 열매(내적)가 계속적으로 충만하게 될 때 우리는 성령충만한 상태라고 부르는 것입니다.[56]

또한 『설교와 목회자 관리 교회성장』 131-32면('성령충만의 복음')에서는 "예수 그리스도를 믿고 구원받았다면 그 다음에는 성령을 통하여 성결함을 받으며 성령충만을 받으라고 강조합니다."라고 말한다.[57]

---

55) 조용기, 『순복음의 진리(下)』 (서울: 서울서적, 1979), 327.
56) 조다윗, 『5중복음과 삼박자축복』, 130.
57) 조용기, "나는 이렇게 설교한다," 131-32.

② 영산의 '성령충만'에 대한 해설:

영산은 오중복음의 두 번째 복음의 내용으로 한국성결교회 사중복음의 두 번째 복음인 성결의 복음이나 아니면 성령세례의 복음이란 표현을 쓰지 않고 성령충만의 복음을 사용한다. 『순복음의 진리(上)』 221면의 "성령의 세례 혹은 충만은"이라는 문구와 같이 성령세례와 성령충만을 호환적으로 쓰고 있으나, 오중복음의 두 번째 복음의 내용을 대부분 성령충만의 복음으로 명명하고 성령세례보다 성령충만을 강조하고 있다.

임형근은 영산이 성령세례의 복음을 쓰지 않고, 성령충만이라는 용어를 사용하는 데에는 3가지 특별한 의도와 이유가 있다고 말한다. 첫째는 타 교단과의 소모적 논쟁을 피하고, 둘째는 과거 일회적인 성령세례보다 성령충만이 반복적인 현재 지향적인 체험을 가져다주고, 셋째는 성령충만 용어가 성령의 포괄적 사역을 가리키는데 더 적절하다고 생각하기 때문이라고 한다.[58] 영산은 성령충만의 결과로 먼저는 권세있는 신앙을 갖게 되고, 또한 승리의 체험과 복음 증거에 주력하게 된다고 말한다. 그리고 궁극적인 성령충만의 목적은 영적인 체험이 아니라 복음의 증인으로서 지상명령 수행에 있음을 강조하고 있다.[59]

또한 영산은 "하나님께 내 영이 방언으로 기도하면 마음이 잠잠해지고 의와 평강과 희락이 가득해집니다. 저는 방언을 강조하지 않습니다. 방언은 성령충만하면 하나님께서 주시는 은사로 받을 수 있습니다."라고 말하고 있다.

58) 임형근, "목회적 관점에서 본 영산의 오중복음 이해," 『영산신학저널』 통권 제43호 (2018): 92-94.
59) 조다윗, 『5중복음과 삼박자축복』, 133.

3) 신유(神癒)의 복음

① 정의: 영산은 '신유'의 복음에 대해 다음과 같이 설명하고 있다:

> 신유(神癒, Healing)란 일반적으로 '병고침'이라 하며, 신학적으로는 '신적 치유'(Divine Healing), '영적 치유'(Spiritual Healing), 또는 '신앙 치유'(Faith Healing)라고 합니다. - 중략 - 예수께서 전하신 복음에는 영의 구원과 함께 반드시 육의 구원인 병고침이 수반되었습니다. 참된 구원이란 영과 마음과 육 모두를 치료해 주는 전인적인 구원이어야 합니다.[60]

② 영산의 '신유'의 복음에 대한 해설:

영산은 신유에 대한 올바른 이해를 하도록 돕기 위하여 신유를 다음과 같이 일곱가지로 나누어 설명한다:

> 첫 째, 신유는 하나님께서 인간의 병든 육체 속에 주입하시는 초자연적인 신적 능력이다.
> 둘 째, 신유는 하나님의 말씀인 성경에 기초한 것이다.
> 셋 째, 신유는 우리를 향한 하나님의 뜻이다.
> 넷 째, 신유는 예수 그리스도의 구속사역의 일부분이다.
> 다섯째, 신유는 오늘날에도 성령을 통하여 시행되어지는 일이시다.
> 여섯째, 신유는 인간이 믿음으로 받을 수 있는 하나님의 은총이다.

---

60) 조다윗, 『5중복음과 삼박자축복』, 172-74.

일곱째, 신유는 교회의 역사에서 증명되고 있다.[61]

영산은 지나간 장구한 시간 속에 교회가 신유의 복음에 대해 오해하고 경시한 까닭에 신유의 놀라운 역사와 능력이 나타나지 않았으나[62], 하나님의 치료를 무시한 기독교는 기독교가 아니라고까지 단언한다.[63] 그러나 의약적 치료가 죄가 되거나 비성서적인 것은 아닌 것으로 말한다.[64]

4) 축복(祝福)의 복음

① 정의: 영산은 축복의 복음에 대해 다음과 같이 말하고 있다:

> 성서가 가르치고 있는 축복은 영적 축복인 구원뿐만 아니라, 범사에 형통하는 축복을 말하고 있으며, 내세적인 축복뿐만 아니라 현세적인 축복도 약속하고 있습니다. 그리고 이 축복은 반드시 하나님과 예수님과 성령님도 관계하고 있는 자만이 누릴 수 있도록 하셨습니다. 즉 구원의 개념에 축복이 포함되어 있다는 것입니다.[65]

또한 저주에서의 해방은 곧 '축복'으로서 성경 신명기 28장 12-13

---

61) 조다윗, 『5중복음과 삼박자축복』, 176-78.
62) 국제신학연구원, 『여의도순복음교회의 신앙과 신학』, 32.
63) 조다윗, 『5중복음과 삼박자축복』, 196.
64) 조다윗, 『5중복음과 삼박자축복』, 198.
65) 조다윗, 『5중복음과 삼박자축복』, 148-49.

절에 나타난 것과 같이 하나님을 믿는 백성은 축복받게 되어 있으며, 자신이 '축복의 복음'을 힘써 전하게 된 것은 이 같은 성경의 내용에 대한 확신과 더불어 하나님의 뜻은 물질적 가난과 저주가 될 수 없다는 사실을 골수에 사무치도록 체험한 연유라고 말한다.[66]

② 영산의 축복의 복음에 대한 해설:

영산은 예수께서 그의 성도들을 위하여 십자가 위에서 모든 가난과 저주를 속량하셨으므로(고후 8:9, 갈 3:13-14), 거듭난 성도는 예수 안에서 구원을 받을 뿐만 아니라, 풍성한 삶을 살 수 있다고 강조한다. 그리고 정직과 성실로 살아가며, 충성된 믿음의 삶을 살 때 가난과 저주의 속박에서 해방되고 생활 가운데 풍성한 복을 받아 누림으로 이웃까지 사랑으로 구제하는 삶을 살게 된다고 한다.[67] 즉, 그리스도의 복음을 믿고 구원받을 때 영적 생명뿐만 아니라 육적 생명을 위한 축복도 받아 누리는 것을 의미한다.[68]

---

66) 조용기, "나는 이렇게 설교한다," 135.
67) 순복음교육연구소 편, 『하나님의 성회 敎會史(개정판)』, 247-48.
68) 조다윗, 『5중복음과 삼박자축복』, 149.
    축복의 복음에 대해, 박만은 "십자가 신학의 빛으로 본 영산 조용기 목사의 축복의 복음"에서 "십자가와 부활의 영광과 승리 뿐 아니라 십자가의 고난과 연약에도 함께 참여하는 삶을 말하고 있다. 그리고 만일 이 둘 사이의 균형이 깨어져서 어느 한 쪽이 과도하게 강조되면 우리는 한편으로는 기독교 고난주의에, 다른 한편으로는 기독교 승리주의에 빠지게 될 것이다,"고 말하며, 영산은 십자가적인 삶이 가져오는 고난과 연약함보다 십자가의 축복과 영광이 훨씬 강하게 나타남을 지적한다. 그리고 이같은 모습은 영산 개인 뿐만 아니라 다수의 한국교회의 공통 현상으로서 십자가의 영광과 고난 양자의 균형을 제기한다. 박만, "십자가 신학의 빛으로 본 영산 조용기 목사의 '축복의 복음," 『영산신학저널』 통권 제30호(2014): 119-52.

5) 재림(再臨)의 복음

① 정의: 영산은 주님의 재림에 대해 다음과 같이 간명히 설명한다:

> 주님 다시 오실 것을 철저히 믿고 바라고 전하는 복음이 곧 순복음의 오중복음 중 마지막 다섯 번째 복음입니다.[69]

② 영산의 재림의 복음에 대한 해설:

영산은 그리스도 재림의 과정에 대해 성경적 근거를 들어가며 전형적인 세대주의적 전천년설의 도식(圖式)대로 공중재림(휴거) - 7년 대환란 - 지상재림 - 천년왕국 - 백보좌 심판 - 신천신지(新天新地)시대 순으로 구분하여 설명한다.[70]

영산은 재림은 어렴풋한 종교적인 환상이 아니라 성경이 보여주는 뚜렷한 미래사(未來事)로서 "주께서 호령과 천사장의 소리와 하나님의 나팔로 친히 하늘로 좇아 강림하시리니 그리스도 안에서 죽은 자들이 먼저 일어나고 그 후에 우리 살아남은 자도 저희와 함께 구

---

69) 조다윗, 『5중복음과 삼박자축복』, 204.
70) 조다윗, 『5중복음과 삼박자축복』, 212-17. 영산은 공중재림부터 신천신지까지의 과정을 나누어 단계별로 '재림의 복음'에 대해 자세히 설명하고 있다. 임형근은 "현대 오순절운동이 19세기 말 세대주의 등장과 함께 일어났기 때문에 오순절주의자들의 종말론을 세대주의적인 종말론이라고 오해하는 자들도 있는데 그것은 잘못된 인식이다. 오순절주의자들의 종말론은 철저하게 성령론적 종말론이다. 성령론적 종말사상은 19세기 말 존 다비나 스코필드의 세대주의가 등장하기 훨씬 이전에 초대교회가 강하게 견지했던 종말사상이었다. 세대주의가 현대 오순절주의자들에게 끼친 한가지 영향이 있다면 천년왕국의 '천년'이라는 기간을 문자적으로 믿도록 한 점이었다."고 말하고 있다(임형근, "목회적 관점에서 본 영산의 오중복음 이해," 『영산신학저널』 통권 제43호<2018>, 100>. 역사적으로 볼 때 영산의 '재림의 복음'에서 나타나는 재림의 이중국면(공중재림과 지상재림)과 환란전 휴거의 내용 등은 19세기에 등장한 세대주의적 전천년설이 주창한 내용과 별다른 차이없이 분명한 일치를 이루고 있다.

름 속으로 끌어 올려 주를 영접하게 하시리니 그리하여 우리가 항상 주와 함께 있으리라"는 살전 4장 16-17절 말씀대로 다시 오실 것을 강조한다. 또한 성경은 예수 그리스도의 지상재림(계 1:7)이 있을 것과 장차 천년왕국(계 20:6)과 신천신지(新天新地) 시대가 열릴 것을 말한다.[71]

Ⅳ. 사중복음과 오중복음의 비교

지금까지 살펴본 바 초기 성결교회시대에 순복음으로 병용되어 온 성결교회의 사중복음과 순복음의 요체인 영산의 오중복음을 비교할 때 양자의 차이점은 무엇인가? 이러한 물음에 대해 영산은 다음과 같이 자신의 견해를 피력한다:

> 순복음중앙교회에서 가르치는 이 오중(五重)의 복음은 그 구조가 성결교회의 4중복음론과 유사하다고 할 수 있습니다. 즉 중생, 성결(성령충만), 신유, 재림의 4중복음에 축복의 복음을 따로 추가시킨 셈입니다. 그러나 성경적인 복음에 기초를 하고 있다는 점은 다르지 않을 것입니다.[72]

사중복음과 오중복음을 내용적으로 대비하여 비교할 때 큰 차이

---

71) 조용기, "나는 이렇게 설교한다," 137-38.
72) 조다윗, 『5중복음과 삼박자축복』, 49.

는 사중복음에는 포함되지 않은 영산의 축복의 복음이다. 따라서 여기에서는 순복음의 오중 유형으로서의 영산의 축복의 복음은 양자 비교에서 제외하고 살펴보고자 한다.

1. 동일성

1) 성서적인 순복음 강조

영산과 한국성결교회는 성서적인 복음의 진수를 'Full Gospel'을 '순복음(純福音)'으로 강조하며, 가르치고 전하는 공통적인 동일성을 보여준다. 한국성결교회는 동양선교회에 있어서도 같은 공통점으로 나타난바 처음 출발 때부터 성결교회의 본연적 사명(本然的 使命)을 '순복음 전파'에 두었다:

> 教會의 使命은 純福音을 本國과 外國에 傳함이니, 諸罪에서 救援함과 神癒와 主가 再臨하신後 千年王國을 建設하심이니라.[73]

성서적 복음주의신학이란 성서의 권위를 중요시하고, 성서에 기록된 내용을 영감 된 하나님의 말씀으로 신봉하는 신학을 말하는데[74], 성결교회 사부로 불리운 이명직은 이것을 '성서를 그대로 믿고 성서 그대로 살자는 것이 복음주의'로 정의한다.[75] 동양선교회 설립자들 뿐만 아니라 초기 한국성결교회 개척자들은 순복음이라 지칭

---

73) 『教理及條例』, 14. 참조; 『略史』, 13.
74) 조종남, 『요한 웨슬리의 신학』 (서울: 대한기독교출판사, 1986), 223.
75) 李明稙, "福音主義," 「活泉」 통권258호(1955년): 1.

하는 성서적 복음주의 입장에서 성서의 권위를 강조하고 성서신학의 형성과 복음전도에 주력하였다.[76]

따라서 초기에는 학교 명칭도 자유주의 고등비평과 신신학을 배격하여 신학교(Seminary)가 아닌 성서학원(Bible Institute)으로 정해 '경성성서학원'으로 명명하고, 교과서도 오직 신약과 구약으로 하였다.[77] 이명직은 한국성결교회 교역자 양성기관인 경성성서학원이 "순복음을 동양 전체에 전파하고 영혼을 구할 목적으로 설립한 동양선교회 교역자 양성기관"이라고 말한다.[78] 한세대학교 전신인 순복음신학교가 6·25 한국전쟁의 피해로 극심한 어려움과 상처가 남겨진 채 휴전이 된 1953년에 이 민족과 세계에 순복음신학교라는 교명이 말해주듯이 순복음을 전파하기 위해 설립되어진 점도 성서적 순복음 전파라는 공통적인 동일한 특성을 보여준다. 해방 이전의 성결교 교단잡지인 『활천』 내용이 사변신학의 이론보다는 대부분 순복음주의에 기초한 성서적인 글들로 가득 채워져 있는데,[79] 순복음-오중복음에서 발원된 영산의 글들도 이 점에 있어서 마찬가지이다.

2) 중생의 복음

영산은 구원의 단계를 3단계(3化)로 구분하여 첫째 의화(義化)단계, 둘째 성화(聖化)단계, 셋째 영화(榮化)단계로 설명한다. 즉 중생은 구

---

76) 정상운, 『聖潔敎會와 歷史硏究(Ⅰ)』, 82.
77) 『略史』, 33.
78) 『略史』, 33.
79) 정상운, 『聖潔敎會와 歷史硏究(Ⅰ)』, 82.

원의 첫 단계로서 믿음으로 의롭다고 인정받는 칭의(稱義)라는 것이다.[80] 한국성결교회도 동양선교회 성결교회 신조 '제 7절 칭의'에서 영산과 동일하게 인간의 선행과 공로 즉 이행득의(以行得義)가 아닌 이신득의(以信得義)의 예수 그리스도의 십자가 공로와 믿음으로써 의롭다 하심을 얻을 수 있다고 말하고 있다.[81]

3) 성결의 복음과 성령충만의 복음

중생의 복음 다음으로 두 번째 복음에 대해서는 영산과 한국성결교회가 중생에 대해서 같은 용어를 쓰고 있는 것과는 달리, 성결과 성령충만이라는 서로 다른 상이점을 보여준다. 그러나 두 번째 복음인 용어에서부터 양자(兩者)는 차이를 나타내고 있으나 성결-오순절 운동이라는 큰 틀에서 볼 때 영산과 한국성결교회는 약간의 차이에도 불구하고 서로 같은 동일 범주에 놓여 있다. 단적으로 말해 양자는 중생 후 둘째 은혜인 성령세례를 강조하는 점에 있어서 같다. 성결교 창립자 정빈은 이것을 가리켜서 '오순절 은혜' 또는 '오순절에 예비하신 둘째 은혜'라고 말하며 중생 이후에 오순절 성령세례의 필요성에 대해 강조하고 있다:

> 또 여기서 믿는 사람의 특별히 배울 대건사가 있으니 곧 오순절 은혜라. 믿는 사람이 흔히 회개하는 은혜만 받으면 족한 줄로 알고 이만하였으면 족히 천국에 가겠다 하나 이는 만족치 못한 생각이라. 회

---

80) 조다윗, 『5중복음과 삼박자축복』, 73.
81) 『敎理及條例』, 11-12.

개하는 은혜만 받으면 전 모양보다 좀 다른 것이 있기는 하나 그 마음 가운데 영원한 안식은 얻지 못하나니 이런 사람은 신심이 든든치 못하여 믿기 전보다 괴로운 형편은 더 많을 터이요, 하나님과 종시 친근한 관계를 얻지 못하여 기도를 할지라도 힘은 없으니 그러므로 이 오순절에 예비하신 둘째 은혜를 받아야 하나님과 가까워져서 그의 기쁘시게 받으시는 완전한 제물을 드릴 수 있고, 성신의 불로 마음 가운데 적고 큰 모든 더러운 것을 온전히 소멸하여 버린 후에 아름다운 새사람을 입을 수가 있노니.[82]

동양선교회 성결교회 신조 '제8절 성결'에서 완전한 성결은 그리스도로 말미암은 성령세례를 받음을 말하는 것으로 규정한다. 즉 중생 이후 신앙으로 순간적으로 받는 경험인 두 번째 은혜임을 말하며, 성령세례의 결과로 원죄로부터 정결과 능력 받음을 말하고 있다. 영산은 중생 이후 두 번째 은혜인 성령세례에 대해 다음과 같이 설명하고 있다:

> 성령은 우리가 거듭날 때 회개시키는 역사와 그리스도를 믿게 하는 역사와 내주(內住)하시는 역사를 행하십니다. 그러나 우리는 구원의 영이신 성령(중생)을 다시 능력의 영(성령세례)로서 체험할 수 있어야 하는데 오순절 성령강림은 바로 이 사실을 생생하게 증거해 주고 있습니다.[83]

---

82) 정빈, "감샤," 「그리스도신문」 (1906. 3.8.). 필자가 임의로 본문을 현대체로 바꿈.
83) 조다윗, 『5중복음과 삼박자축복』, 93-99.

3) 신유의 복음

신유의 복음에 대해서는 영산과 한국성결교회는 그 내용을 동일하게 공유하고 있다. 신유는 예수님의 구속사역의 일부분으로서 성경에 기초한 하나님의 뜻이며 오늘날에도 하나님의 은총과 믿음으로 행하여지는 하나님의 초자연적인 역사라는 영산의 신유에 대한 7가지 설명은 19세기 성결운동과 신유 주창자인 심프슨을 통하여 동양선교회에 전수된 성결교회의 신유론과 일치되는 교리적 동일성을 보여준다.

초기 한국성결교회의 신유에 대한 강조는 세인들로부터 온갖 비방과 불필요한 오해를 받을 정도로 성결교회의 판별적 특성으로 부각되었다. 그러나 6·25 한국전쟁 이후에는 여의도 순복음교회가 한국교회의 신유운동의 본산이 되었고, 상대적으로 성결교회 목회현장에서는 대부분의 경우 신유의 복음이 신학교에서 가르치고 배우는 사중복음 교육과정으로 끝나는 등, 신유의 복음에 대한 급격한 퇴조 현상을 보이고 있다.[84]

4) 재림의 복음

재림의 복음에 있어서도 마찬가지로 영산과 한국성결교회는 동일한 공통점을 보여주고 있다. 전천년적 (前千年的, premillennial) 재림, 환란전 휴거(携擧, Rapture), 이중재림(공중재림, 지상재림)을 강조하는 동양선교회를 통해 전수받은 한국성결교회의 재림론은 영산의 재림의 복음과 큰 차이 없이 세대주의적 전천년설(dispensational

---

[84] 이 점에 대한 심각성은 정상운, "한국성결교회 신유론의 역사," 성결교회와 역사연구소, 『神癒』 (서울: 도서출판 바울, 2002), 12-46을 참조하라.

premillennialism)의 내용을 공유하고 있다.⁸⁵ 목창균은 한국성결교회의 재림론이 세대주의적 전천년설인 것에 대하여 다음과 같이 말하고 있다:

> 동양선교회 창립자들이 전천년설적 재림신앙을 강조하게 된 것은 심프슨, 무디성서학원, 만국성결교회의 영향이었다. 한편 한국성결교회는 동양선교회 창립자들 뿐 아니라 블렉스톤과 왓슨의 재림론으로부터 직접 영향을 받았다. 이 근원들을 관통하고 있던 공통적 흐름이 세대주의적 전천년설이었다. 따라서 세대주의는 이들을 통해 성결교 재림론에 유입되었다.⁸⁶

2. 상이성

1) 성결과 성령충만의 복음

한국성결교회 신학은 광의적으로 볼 때 칼빈주의와 대조되는 웨

---

85) 세대주의적 전천년설은 웨버(T. B. Weber)의 '전천년설 구분'에 따르면, 전천년설은 역사적 전천년설(Historicist)과 미래적 전천년설(Futurist) 둘로 나누어진다. 그리고 다시 미래적 전천년설은 세분하여 환란전 휴거설(pretribulationism), 환란중 휴거설(midtribulationism), 환란후 휴거설(posttribulationism) 3가지로 구분된다. 19세기 중엽 이후 북미 복음주의자들에 의해서 널리 소개된 전천년설은 역사적 전천년설이 아닌 미래적 전천년설이고, 그 중에서도 환란전 휴거설을 가리키는데, 이것은 통상적으로 세대주의적 전천년설(미래적- 환란전 휴거설)로 말한다.
  Timothy P. Weber, Living in the Shadow of the Second Coming; American Premillennialism 1875-1982 (Chicago: the University of Chicago Press, 1987), 10.
86) 목창균, "성결교회 재림론 연구,"『신덕교회 창립70주년 기념학술집』(서울: 신덕성결교회, 1997): 67.

슬리안 신학적 입장에 서 있으나, 협의적으로 볼 때는 웨슬리신학 전체를 포괄하고 있지 않다.[87] 조종남은 1983년 웨슬리신학의 구원론 체계 속에서 한국성결교회의 사중복음을 발전시킬 것을 제안한 적이 있다.[88] 이에 대해 필자는 1989년 이러한 신학방법론이 가져오는 문제점을 지적하며 사중복음을 신학적 유산으로 가진 한국성결교회와 웨슬리신학의 차이를 검토한 적이 있다.[89] 왜냐하면 신유의 복음과 세대주의적 전천년설의 내용을 담고 있는 재림의 복음은 18세기 웨슬리의 직접적인 영향보다는 19세기 말 성결운동의 부산물이고[90], 성령세례로 일컫는 성결의 복음도 크게 보아서는 웨슬리의 성화론 범주에 속하지만 웨슬리 성화론과 그대로 일치하지 않기 때문이다.[91]

앞서 살펴본 바 한국성결교회 성결론은 웨슬리와 달리 중생 후 순간에 받을 성령세례를 강조하였고, 성결 개념을 급진적으로 해석하여 원죄로 부터의 정결, 부패성 제거로까지 나갔고, 더 나가서 무디(D. L. Moody)의 주된 관심인 하나님의 성지(聖旨)를 이룰, 즉 섬김을 위한 능력부여까지 받아들였다.

---

87) 정상운, 『성결교회와 역사연구(Ⅱ)』 (서울: 이레서원,1999), 46.
88) 조종남, '웨슬레신학과 성결교회(Ⅰ)-성결교회의 신학적 유산", 「活泉」 405호 (1983): 73.
89) 鄭祥雲, "聖潔敎會性 回復에 對한 硏究," 『敎授論文集』 第18輯 (聖潔敎神學校, 1989)을 참조하라.
90) 정상운, 『사중복음』, 72.
91) 박명수, 『근대복음주의의 주요 흐름』 (서울: 대한기독교서회, 1998), 467.
웨슬리(J. Wesley)는 성화(Sanctification)를 성령의 역사로 보았으나 이것을 강조하여 성화를 성령 세례로까지 강조하지는 않았다. 성결(Holiness)을 오순절적인 성령 세례와 연관시켜 보기 시작한 것은 19세기 중엽 이후로 아더(W.Arther)와 팔머 여사(Mrs. Phoebe Palmer) 그리고 마한(Asa Mahan)에게서 나타나고 있다. 정상운, 『사중복음』, 75. 참조.

이러한 한국성결교회의 성결의 복음에 대해서 영산의 성령충만의 복음은 중생 후 순간에 받을 오순절 두 번째 은혜인 성령세례에 대해서는 동일성을 보이지만, 성령세례의 결과로서 하나님의 능력과 선물인 성령의 은사 강조에서 있어서는 차이점을 보인다. 영산은 성령의 각종 은사들 중에 세 가지 대표적 은사를 계시적 은사, 발성적 은사, 권능적 은사 세 가지로 구분하며 성령세례의 대표적 외적 증거로서 방언을 강조하고 있다.[92] 그리고 성령의 외적 은사와 내적 열매가 지속적으로 충만하게 되는 성령의 재충만 과정으로서 성령 충만을 강조하는 점에 있어서 큰 차이를 보이고 있다. 영산은 중생 후 믿음으로 성령에 의한 순간적인 세례를 강조하는 한국성결교회의 성결의 복음과는 달리 성령세례의 순간적인 면에만 머물지 않고 점진적인 성화의 과정을 동시에 강조하는 성령의 재충만을 강조하는 점에 있어서 영산의 '성령충만'의 복음은 한국성결교회의 '성결'의 복음과 서로 다른 차이를 보여주고 있다.[93]

V. 닫는 글

　본고는 한국성결교회의 사중복음과 영산의 오중복음을 동양선교회 성결교회 교리편 16개 신앙개조(1925년)와 오중복음에 대한 영산

---

92) 조다윗, 『5중복음과 삼박자축복』, 114-19.
93) 김판호는 "성령충만에 대한 신학적 고찰," 「오순절신학논단」 통권6호(2008): 219.
　　에서 성서에서 말하는 성령충만에 대해서 "성령의 외적인 충만과 성령의 내적인 충만이 함께 지속적으로 충만하게 될 때 이를 성령충만이라고 부른다."고 설명한다.

의 원 저작을 중심으로 상호 대비하여 영산의 판별적 특성인 축복의 복음은 제외하고 중생, 성결 또는 성령충만, 신유, 재림의 사중유형을 중심으로 양자를 비교하여 보았다. 비교 분석한 결과 본 연구를 통하여 도출된 내용은 다음의 몇 가지로 정리할 수 있다.

첫째, 영산의 오중복음은 한국성결교회의 사중복음과 비교하였을 때 양자는 중생, 신유, 재림의 복음에 있어서는 3중 유형의 내용이 대체적으로 큰 차이 없이 동일하고, 마지막 남은 유형인 성결과 성령충만의 복음에 있어서는 서로 다른 약간의 차이를 보여주고 있다. 이것은 오순절운동이 19세기 성결운동에서 시작되었으나, 성결운동과 오순절운동이 서로 다른 차이를 보여주는 것과 같이 영산과 한국성결교회는 상호 간의 교리적 동일성과 동시에 상이성의 차이를 보여준다.

6·25 한국전쟁의 피해가 가져다 준 극심한 가난과 1960년대 산업화로 이어지는 한국적 상황에서 주창된 축복의 복음과 성령세례의 대표적 외적 증거로서 방언의 은사 강조는 확연한 양자의 큰 차이로 사중복음과 오중복음이라는 순복음을 주장하는 한국성결교회와 영산의 서로 다른 입장을 보여주는 간명(simple and clear)한 분기점이 된다.[94]

둘째, 칼빈주의와 대조적인 면에서 웨슬리신학 맥락에 속해 있는

---

[94] 영산은 사중복음과 오중복음의 차이에 대해 다음과 같이 말하고 있다: "혹자는 "아, 그것은 성결교회 사중복음에다가 축복을 하나 더 추가한 것에 불과해, 특별한 것이 아니지."라고 말하기도 합니다. 물론 나 개인적으로는 성결교단의 사중복음을 높이 평가합니다. 그러나 분명한 것은 단순히 성결교단의 사중복음에다가 축복을 하나 더 끼워넣어 오중복음을 만든 것은 아니라는 사실입니다. 형식은 비슷할지 몰라도 그 내용에서는 많은 차이가 있음을 여러분들은 앞으로 전개될 오중복음의 내용을 보면서 스스로 깨닫게 될 것입니다." 조용기, 『현대인을 위한 오중복음 이야기』(서울: 서울말씀사, 1998), 19.

한국성결교회와 영산은 중생이후 두 번째 은혜인 오순절 은혜를 강조하는 점에 있어서 양자 모두 동일하게 성령세례를 말하고 있다. 그러나 양자를 구체적으로 살펴보면, 영산은 한국성결교회와는 달리 순간적인 체험인 성령세례에 머물지 않고 그 이후의 과정으로까지 진일보한 발전적인 면을 보여준다. 즉 성령세례 이후 성령의 은사와 열매 그리고 계속적인 성령의 재충만이라는 '성령충만'을 강조하는 일종의 점진적 성화과정을 포괄적으로 말하는 차이를 보인다.

필자는 20세기 끝자락인 1999년 12월 1일 '새천년 한국성결교회의 역할과 과제'라는 주제로 성결대에서 개최한 학술대회(주최:성결대 성결교회와 역사연구소)에서 '새천년을 향한 한국성결교회의 신학적 과제'라는 논문 발표를 하면서 한국성결교회의 성결론의 한계를 지적하며 사중복음의 현대적 신학화 작업을 제언한 적이 있었다. 그 주요 내용은 성령에 의한 순간적인 세례로 정결, 능력 받음의 체험 강조는 그 이후 성도들의 생활의 노력과 헌신을 약화시켜 자칫 도덕무용론으로 흐를 수 있는 위험성이 있기 때문에 순간적인 성령세례의 체험을 웨슬리의 점진적 성화의 과정으로 보완함으로써 개인적 성결을 사회적 성화로까지 발전시켜야 한다는 것이다. 이 점에 있어서 영산은 이미 앞서서 순간적인 체험인 성령세례 이후 점진적인 성령충만으로까지 통전적으로 강조하는 균형있는 모습을 보여주고 있다.

셋째, 그리고 또한 한국성결교회나 영산 모두 성서적 순복음의 유산으로 신유의 복음을 받아들이고 강조를 하여왔지만 지난 과거 한국교회 역사를 돌아보면 실제적인 유산전수는 한국성결교회보다 여의도순복음교회에 주어졌다고 봐도 틀린 말이 아니라고 생각한다. 과거 영산이 불광동-대조동-여의도로 이어지는 신유복음에 대한 목회현장에서의 강력한 실천적 적용과 풍성한 열매는 한국교회 부흥의 방향과 초기와 달리 신유운동에 퇴조를 보이고 있는 한국성결교회에 시사하는 점이 크다고 본다.

그러나 그럼에도 불구하고 영산과 한국성결교회는 비록 서로 약간은 달리 사중복음과 오중복음을 전해왔지만, Full Gospel, 즉 純福音이라는 복음의 진수를 근간으로 한 성서적 순복음신학을 처음 출발부터 이 땅에서 강조하고, 가르치며, 전해 왔고 그리고 영산이 지적한 대로 양자가 '성경적인 복음을 기초로 한 점'에 있어서는 서로 다른 차이점은 아무 것도 없다고 말해도 틀린 말은 아닐 것이다.

[한세대학교 영산신학연구소, 「영산신학저널」, 제50권(2019년)]

… 3

김상준의 신학사상과 사중복음

여는 글

김상준은 1918년 이후로 『默示錄 講義』, 『四重敎理』(1921년), 『但以理書講議』(1932년) 3권의 책을 출간하여 한국성결교회 교리의 기초석을 놓게 하였다. 김상준의 3대 주요 저서를 통해 그의 신학 사상을 살펴봄으로써 한국성결교회 초기의 신학 내용을 규명해 보고자 한다.

1. 『默示錄 講義』와 전천년설(前千年說)

『默示錄 講義』는 '조선 야소교 감리회' 이름으로 대정(大正) 7년인 1918년 11월에 출간되었다. 그러나 출간은 1918년에 했으나, 그보다 2년 앞선 1916년 3월 1일에 탈고했음을 『默示錄 講義』 서문을 보면 알 수 있다:

千九百十六年 三月 二日 於京城 西大門 外 聖書學院 著者 自識[1]

김상준은 1916년 탈고한 『默示錄 講義』를 출간하기 전에 최병헌(崔炳憲)에게 미리 읽게 하여 그 이듬해인 1917년 11월 중순에는 최병헌으로부터 다음과 같은 서문을 받아 내었다:

> 自古 今에 聖書를 講解한 博士도 多고 默示錄에도 特別히 專心硏究한 者가 不少한 中에 愛我兄弟 金相濬君은 素以篤信好學으로 聖經을 熱讀하야 卓越한 識見과 聖潔한 當世에 兼備한 司役者이라. 多年講演之暇에 聖神의 感應을 受하며 諸先生들의 博義를 參考하야 默示錄 講義 一編을 著述하였스니 彼의 明確한 證論과 對照한 修理가 曲暢旁通하여 可胃 修學者의 羅針이오 迷津者의 慈筏이라.[2]

위 글을 보면 탁사(濯斯) 최병헌은 김상준의 학적 실력과 성의를 다해 글을 쓴 것에 대해 극찬한 것을 볼 수 있다.[3] 그리고 김상준은 초기 한국신학 형성의 선구자의 역할을 다한 최병헌과 친밀한 관계 속에서 많은 가르침과 영향을 받았음을 또한 알 수 있다.

탁사 최병헌은 당시에는 보기 드문 학자로서 아펜젤러(Appenzeller)와 스크랜튼(Mrs. Mary F. Scranton)과 더불어 감리교 측의 성서번역 위

---

1) 金相濬, 「默示錄 講義」(京城: 朝鮮耶蘇敎監理會, 1918). 이하 「默示錄 講義」를 「默講」으로 표기.
2) Ibid., 1-2.
3) 「基督敎思想」, 1971년 7월호, 156.

원으로 활약하였기 때문에 성서에 관한 조예가 깊었다.[4] 최병헌은 동서양 사상과 종교에 대한 비교 등 많은 연구를 계속하여 감리교뿐만 아니라 한국교회 초창기의 신학 운동의 방향을 결정하게 하는데 중요한 역할을 다했다. 「神學月報」[5]에 "죄의 도리"라는 논문을 한국인으로는 처음으로 게재한 그는 1910년까지 한국 신학계를 이끌고 간 당대의 독보적인 존재였다.

아펜젤러의 뒤를 이어 1903년부터 정동감리교회의 담임목사로 있었던 최병헌은 어떤 교리적 편견이나 교파적인 파당 의식에 붙잡히지 않았다. 그는 교파를 분립하고 구별하여 기존 기독교 교파 간에 서로 불신하고 불합(不合)하는 것에 매우 비판적이었다. 「神學世界」"종교 변증설"(제1회)에 나타난 그의 사상은 다음과 같다:

> 該信徒들은 恒言하기를 上主께서 亞富羅含(아브라함)과 摩西와 諸先知者들에게 許하심을 見할지라도 我猶太敎가 第一宗敎가 된다하고 天主敎와(倫敦敎) 예수敎(長老, 監理會, 組合會, 福音傳道會)는 同一한 敎派로 救主 예수 基督氏의 代人贖罪하심을 信仰하며 天地萬有의 大主宰 耶和華를 崇拜하나니 三位一體 無始 無終하신 神이시라. 原理의 宗旨를 論하면 神도 一이오, 洗禮도 一이오, 所望도 一 이여늘 門戶를 各位하야 相互不合함은 實로 可歎할 事이라.[6]

---

4) 宋吉燮, 『韓國神學思想史』(서울: 대한 기독교 출판사), 123.
5) 1900년 12월에 격월간으로 간행되었던 한국 최초의 신학 잡지로, 1916년(大正 5年) 2월에 「神學世界」(감리교 신학 학술지)에 흡수되었다. 우리 나라 신학 잡지의 효시를 이루는 것으로, 창간 초에는 신학적인 내용보다는 사설 형태의 소논문과 감리교회의 교단 소식을 주로 담고 있다.
6) 「神學世界」, 제1권 2호, 4-5.

한국성결교회는 그 출발부터 19세기 말 미국의 신앙 선교단체들의 공통적인 특징이기도 한 어느 한 교단에 매이는 것을 벗어나 초교파적이며 순복음주의적인 성격을 표방하고 지향하였기 때문에, 성결교회 창립의 멤버인 김상준과 교파적 분파 의식이 없는 최병헌의 만남은 자연스러운 일이었고, 이것은 초기에 성결교와 감리교의 가교를 만들어 주었다.

김상준이 1916년 성결교회를 떠나 장·감 순회 목사로 전향한 것은 사료의 한계로 더 이상의 언급은 불가능하나, 전향의 원인 중의 하나는 최병헌과의 조우로 인한 영향에서 비롯되지 않았나 하는 생각을 가지게 한다. 4년간 집필한 끝에 『默示錄 講義』를 탈고한[7] 김상준은 저자 서문 가운데 '묵시록(현 요한계시록)은 신비적 난해구가 많아 해석하기 어려운 책이므로 사람들이 배우려 하거나 읽지 않음이 십상이라, 이에 개탄하여 이 책을 집필하였음'을 다음과 같이 밝히고 있다:

> 默示라 하였으니 決斷코 不可解의 書가 아닌거슬 可知할지라 然이나 見今我 朝鮮의 多數信者들은 本書 中에 神秘的 難解處가 多함으로 因하야 永久不可解의 書로 做視하고 殆해 不講不讀하니 曰意라. 此가 엇지 우리 主 예수께서 此를 默示하여 주신 本聖旨시리오.[8]

김상준은 영해(靈解)가 가지는 주관적인 해석에 빠지는 오류를 피하

---

7) 「默講」, 5, "主께서 聖靈으로 啓迪하여 주사 四個年을 經하야 비로소 此篇을 完成케 하신 恩惠와 …"
8) Ibid., 3-4.

기 위하여 미국의 신학자인 사이스 박사와 왓슨(G. D. Waston), 일본에서 가르침을 받았던 사사오 데쯔사부로우 목사[9] 등 8~9명의 영해 대가들의 주해서를 참고하였고, 원고 정리와 교정은 감리교의 김유순(金裕淳) 목사[10]와 정달성(鄭達成) 전도사[11]에게 맡겼다 :

> 예수의 血에 心을 관하며 聖靈의 光에 目을 醒하야 東西洋 靈的 大家 미국 사이스, 왓손 兩博士와 內地의 笹尾鐵三郎氏의 解說을 釣採하야 (世俗的 解說은 一竝 除去하고)[12]

> 崔炳憲 先生의 序文의 勞와 金裕淳 兄의 較閱의 勞와 鄭達成 兄의 稿筆役의 勞를 玆에 厚謝함.[13]

김상준의 『默示錄 講義』에 대해 김철손 교수는 다음과 같이 말했다:

---

9) 사사오 데쯔사부로우(Tetsusaburo Sasao, 1868, 8-1914. 12.) 목사는 캘리포니아에 있는 산호세 상과대학(San Jose Commercial College) 재학중인 1887년 12월 30일에 불교에서 회심하여 그리스도인이 된 후, 벅스톤(Thomas F. Buxton)의 권유로 동경성서학원 교수가 되어 12년간 초기 동경성서학원의 가르침과 행정 책임을 맡았던 성서학자이다. 1913년 4월 이후로부터 죽는 날까지 일본 전국 각지로 순회 전도를 한 헌신적인 전도자로, 일본 성결운동 지도자 중의 한 사람이다.
John J. Merwin, The Oriental Missionary Society Holiness Church in Japan, 1901-1983, (Diss.: Fuller Theological Seminary, 1983), 57~63.
10) 황해도 신천 출신으로 미국 남가주 성경 전문대학과 테솔 감리교 신학교를 졸업한 뒤 1917 년에 귀국하여 순회 부흥 목사로 사역하다가 1922년부터 평양 남산현 감리교회와 서울 북아현 감리교회 등을 거쳐 1948년에는 감리교 제9대 감독이 되었다.
11) 평남 평원 출신으로 1918년 경성성서학원을 졸업하고 강경교회를 세운 전도사이다.
12) 「默講」, 4.
13) Ibid., 5.

우리 나라에 있어서 최초로 계시록을 체계 있게 해설해 주는 분은 성결교회의 김상준 목사다. …초창기의 출판물이기는 하나 신학 서적으로서의 격식은 다 갖추었으며 학적인 이론을 토대로 해서 굳은 신념을 가지고 자신 있게 계시록 전체를 풀이하였다.[14]

김상준은 『묵시록강의』 7쪽 '차서(此書)를 해석하는 종류'에서 일반적인 계시록 해석 방법인 과거적 해석, 역사적 해석, 미래적 해석 3가지를 소개하면서, 자신은 앞서 말한 두 해석보다는 미래적 해석을 따라 해석하였음을 다음과 같이 말하고 있다:

> (三) 未來的 解釋 此는 本書 一, 二, 三章 外에는 다 未來에 起할 事件을 記호 者인데 다 主께서 再臨하실 方丈前後에 成就될 者라 하나니 古代의 師父 等과 近代의 靈의 大家들의 太半此說을 主唱하는고로 本著者도 亦此 解釋을 依하야 講解하노라[15]

그러므로 김상준 목사는 묵시록의 모든 환상을 상징적으로 해석하려고 노력하였다. 그래서 서론부에서는 숫자의 상징적 해석을 하여 독자들로 하여금 그 뜻을 영적으로 이해하도록 하였다.[16] 그는 미래적 해석을 따랐기 때문에 공중 재림론을 주장하였으나 천년왕국설(Millennialism)에 있어서는 자의적인 해석보다는 우화적 해석을 취한 초대 교회 알렉산드리아(Alexandria) 교부들의 해석과는 다른 전천

---

14) 김철손, "묵시문학," 「基督敎思想」, 1971년 7월호, 156-57.
15) 「默講」, 7.
16) 김철손, "묵시문학," 157.

년설(Pre-millennialism)을 받아들였다. 김상준은 독특한 시대 경륜론, 즉 세대주의적 전천년설(Dispensationalism)을 채택하여 인류의 전 역사를 7시대로 나누어 설명하였다.[17] 다음의 내용은 이것을 잘 말해 준다:

> 大槪 人의 一千年은 곳 神의 一日(彼後三〇八)이오. 又日後의 一千年은 又神의 一安息日의 型이니라. 此世界 人類의 七千年 歷史를 區別하면 如左하니 二千年(二日)「良心時代」二千年(二日)「良心과 律法時代」니 아브라함부터 예수까지 二千年(二日)「良心과 律法과 福音時代」니 基督 誕生부터 再臨까지 一千年(一日)「良心과 律法과 福音과 예수의 再臨時代」니 千年時代 卽부터 大安息時代니라.[18]

김상준은 천년왕국 시대인 대안식 시대에 이르기 전에 예수 재림의 시간이 있어야 한다는 전천년설을 주장하였다. 그리고 예수의 재림의 사건도 현재의 역사 안에서 점진적으로 발전되어 이루어지는 것이 아니고, 다음과 같이 순간적인 한 순간의 사건으로 이루어지는 것으로 보았다:

> 혹이 此璉은 곳 人이 복음을 廣布하면 惡魔가 漸次 力窮勢衰하야 恰然히 見縛함과 加히 될 事의 比喩라. 千年後 再臨說을 主唱하는 스지 博士의 說하나 取信치 못할 說이니라. 何故이냐 하면 原語에는 過

---

17) Ibid., 159.
18)「默講」, 246.

去動詞(애오리쓰토, 텐쓰)니 곧 '執, 縛, 封' 三語의 意가 包含하였슨則 決코 漸次되는 것이 아니오, 瞬間內에 見縛하다는 意인 故라 하느니라.[19]

따라서 김상준은 후천년설(Post-Millennialism)을 버리고 천년왕국 전에 예수께서 재림하시고, 이미 재림하시기 전에 모든 사건이 끝난 상태에서 새로운 역사 가운데 시작할 것이라는 전천년설을 아래와 같이 택하게 되었다:

「千年門」예수께서 此 地上에 再臨하사 以色列人과 및 前者에 被擧한 一般 異邦의 聖徒와 한가지로 此 全世를 統治하시며 王노릇하실 一千年間 ……[20]

이러한 전천년설은 한국성결교회 사중복음 가운데 하나인 재림의 복음에 강조를 두는 종말론(Eschatology)에 대한 초기 신학적 기본 입장과 내용을 제공하였다.[21] 따라서 김상준의 전천년설에 대한 이론적 논거는 1925년 3월 23일에 발표한 『東洋宣敎會 聖潔敎會 敎理及條例』와 1933년에 간행한 『朝鮮耶蘇敎 東洋宣敎會 聖潔敎會 時約法』에 동일한 내용으로 나타나고 있다:

---

19) Ibid., 242.
20) Ibid., 243.
21) 1907년 대부흥 운동이 일어날 때 농도 짙은 초기 한국 교회의 내세 지향적 신앙을 형성케 하였던 길선주(吉善宙) 목사는 자신의 저서인 「해타론」(1904, 大韓聖敎書會)과 「만사성취」(1916년, 광명서관)에서 전천년설의 입장에서 말세론을 피력하고 있다. 그것은 곧 '천년세계 이전에 예수께서 공중으로 재림하사 공중 혼인 연석(宴席)을 베푸신다'는 내용으로, 이것은 김상준의 전천년설의 주장과 맥락을 같이 한다.

主께서 肉體를 가지시고 親히 千年時代 前에 재림하실 일이 切迫함을 우리가 밋노니 主께서 싱치 아니한 時에 오시기를 聖徒들을 迎接하실 일과 그 聖徒들과 갓치 至上에 臨하실 일을 區別할지니라. 또한 至上에 臨하시기 前에 이스라엘人들이 一處에 會集되고 거짓 그리스도가 나타난 後에 오셔서 千年王國을 建設하시나니라.[22]

또한 이것은 이명직 목사의 『基督敎 四大福音』과 김응조 목사의 『末世와 예수의 再臨』(1954년)에 일련의 같은 내용의 전천년설로 나타나게 되었고, 현재 한국성결교회 교리 신학으로까지 정착되었다.[23]

2. 『四重敎理』와 사중복음

1921년에 출간된 『四重敎理』는 『默示錄 講義』에 버금가는 사중복음의 중요한 내용을 담은 책으로, 성결교 신학의 교리 근간을 이루는데 결정적인 역할을 하였다.[24]

---

22) 吉寶崙,「朝鮮耶蘇教 東洋宣教會 聖潔教會 臨時約法」(京城: 東洋宣教會 聖潔教會 事會, 1933), 17.
cf. 吉寶崙,「東洋宣教會 聖潔教會 敎理及條例」(京城: 東洋宣教會 聖潔教會, 1925年), 17-18에 같은 내용의 글이 실려 있다. 이하「敎理及條例」로 略함.
23) 金應祚,「末世와 예수의 再臨」(서울: 聖靑社, 1954), 87.
"그리스도가 오시지 않고는 천년 시대가 있을 수 없다. 타락된 인간과 마귀가 남아 있는 동안 행복의 세상이 있을 수 없다. 이미 말하였거니와 천년이 지난 후에 예수가 오신다는 말은 성경에도 없거니와 현실(現實)과도 맞지 않는 말이다. 왜냐하면 말세가 될수록 세상은 점점 악화되고 그리스도 교회는 점점 박해를 받고 있다. 교회가 세상을 주장한다 함은 과거 역사에도 없었거니와 미래에도 있을 수 없는 일이다."
24) 한영제,『한국 기독교 문서 운동 100년』(서울: 기독교문사, 1987), 69.
이 책에 보면 다음과 같이『四重敎理』를 설명하고 있다. '1921년 발행된 성결교 교리서, 저자 김상준(金相濬), 발행처 성서학원(聖書學院), 22.2 15.5cm, 한지, 85매, 등 사중복음은 19세기 중엽 이후 성결운동으로 나타난 부흥운동에서 일관되게 강조하여 주장된 일종의 전도 표제(또는 부흥회나 전도집회시에 내걸었던 전도 지표)로서 중생·성결·신유·재림의 사중복음의 내용들이었다. 따라서 이러한 사중복음은 동시대 복음주의의 부흥운동으로 부흥회 전도시에 사용되었다.[25]

19세기 성결운동의 복잡한 발전과정에서 사중유형의 정점으로 심프슨에 의해 주창된 사중복음은 만국성결연맹 및 기도동맹(International Holiness Union and Prayer League)을 통하여 무디성서학원(Moody Bible Institute)을 졸업한 카우만과 킬보른 그리고 일본의 나카다 쥬지를 통해 답습되어 동양선교회 복음전도관의 전도 표제로서 재강조되었다.[26]

특별히 일본 동경에서는 킬보른을 비롯한 나카다 쥬지 목사가 동경성서학원(Tokyo Bible Institute)에서 사중복음을 현지 신학생들과 유학생들에게 가르치며 전수하였다:

> 동경성서학원은 륙 년 전에 창립한 거신데 교사는 미국 사람 길보른 래호이돈니량 씨와 일본 사람 중전중치와 셰미철삼랑이니 학원의 교수하는 일은 이 두 사람이 주장하고 학도는 남녀 병하여 오십여인 데…… 이곳서 밋는 목덕의 데일 특별한 됴목은 네 가지이니 데일은

사본, 국한문 혼용, 내려쓰기.'
25) 실제로 무디성서학원에서 열린 선교 대회에서 주강사로 심프슨이 참석하여 복음의 핵심을 이루는 그리스도 중심의 구원의 교리인 '사중복음'과 이것을 전파해야 할 사명을 강조하였다.
26) Letti B. Cowman, *Charles E. Cowman: Missionary Warrior*(L.A.: OMS Press, 1946), 89.

구원이오, 데이는 성결이요, 데삼은 신유(약 아니 쓰고 긔도만 하여 나음을 받는다 함)오, 데사는 재림이라는 것이 다른 교회보다 다르다.²⁷

나카다 쥬지는 1933년에 『四重の福音』 책을 출간하였다.²⁸ 『사중복음』의 내용은 동경성서학원에서 나카다 쥬지 목사가 평상시 강의하였던 내용의 것인데, 1929년 브라질과 영국 그리고 미국 등 구미 여행에서 돌아와 간행한 책이다.²⁹

예전부터 나는 神田에 있는 교회에서 열흘에 걸쳐 '四重의 福音'이라는 제목으로 講演한 적이 있고 그때 적은 것은 지금도 책으로 되어 남아 있습니다.³⁰

『四重福音』에서 나카다 쥬지는 33년 전 신전표 신보정에서 복음을 전하고 가르친 당초부터 '사중복음'을 목표로 싸워 왔음을 말하고, '사중복음'을 처음으로 말한 것은 확실히 그리스도인 동맹의 심

---

27) 「그리스도 신문」, 1906.
28) 확실한 간행 연대는 알 수 없다. 그러나 『中田重治全集』 제2권, 282. '四重の福音'에 보면 다음과 같은 글이 나와 있다. '우리 교회는 지금부터 33년 전 神田表 神保町에서 복음을 전하고 가르친 당초부터 사중복음을 목표로 하여 싸워 온 것을 여러분이 잘 알고 있습니다.' 따라서 우리는 1901년 4월 1일에 동경 神田表 神保町에 중앙 복음전도관이 세워졌으므로 '四重の福音'이 1933년에 기록되어 책으로 출간되었음을 추정할 수 있다.
29) 나카다 쥬지(Nakada Juji)는 1929년 4월 28일에 브라질(5월 29일 도착), 영국(7월 20일 도착), 미국(9월 17일 도착) 등 세계 여행을 떠나 동년 11월 12일에 일본 요코하마(Yokohama)에 도착했다. 이것은 5번째 여행으로 나카다에게 있어서는 마지막 세계 여행이 되었다.
30) 米田勇 編, 『中田重治』, 제3卷 (東京: 中田重治全集刊行會, 照和 50年), 281.

프슨 박사인 것을 밝히고 있다.[31]

　나카다 쥬지는 이 책에서 '그리스도의 측량할 수 없는 풍성(キリストの測るべからざる福)'인 복음이 담대무변(擔大無變)한 것에 놀라, 이것을 새롭게 다시 조명하여 보았을 때 지금까지 설명해 온 구원, 성결이라는 것이 좁은 범위에 국한되어 있음을[32] 인식하여 더 넓은 의미의 사중복음을 새로운 각도에서 재림을 중심으로 하여 체계적으로 정리하였다.[33] 나카다 쥬지는 피어슨 마크엘이 '사각의 복음(Four Spuare Gospel)'이라고 말하는 것을 예로 들면서 사중복음은 네 개의 복음이 아니라 하나의 복음을 네 방면에서 본 복음으로 설명하고 있다.[34] 그는 사복음서와 계시록에 나오는 네 가지 생물을 비유하여 사중복음을 설명하였다:

> 우리들은 新·舊約聖經 안에서 四重福音의 標本이 될 만한 것을 많이 찾아낼 수 있다. 우선 처음으로 四福音書는 四重福音과 密接한 關係가 있다고 말할 수 있다.
> 　마태福音 - 再臨(다가올 王國에 關하여), 마가福音 - 新生 (一般人에게 救援을 나타냄), 누가福音 - 神癒 (醫師다운 觀點에서 나타남), 요한福音 - 聖潔(요 17:17 參照).
> 　또한 啓示錄 4장에 있는 4가지 生物 (사자, 송아지, 사람, 독수리)
> 　이스라엘의 聖幕의 幕에 使用된 4가지 실(백색, 청색, 자색, 홍색) 等도

---

31) Ibid., 282.
32) Ibid., 281.
33) Ibid., 284.
34) Ibid.,

모두 四重福音의 象徵으로 보면 興味가 있다.³⁵

이상과 같이 사중복음의 전래 과정을 살펴볼 때 19세기 말 미국 성결운동에서 부흥회 전도 표제와 교리적 강조로서 사용되었던 4중유형이 심프슨의 사중복음으로 정리되는 이론화 작업을 가졌고, 또한 만국성결연맹 및 기도 동맹에서도 제창되었으며, 이것이 일본에서 동양선교회를 통해 재차 강조되었다. 그리고 이러한 사중복음이 나카다 쥬지의 『四重の福音』을 통하여 동경성서학원 유학생이던 김상준에게 전수되어 스승인 나카다 쥬지 감독보다 12년 앞선 해인 1921년에 『四重敎理』라는 책을 쓰게 하는데 자연적으로 결정적인 계기를 갖게 하였음을 알 수가 있다.

『四重敎理』 서문에서 김상준은 '사중교리'에 대하여 다음과 같이 설명하고 있다:

> 大槪 四重敎理란 者는 卽 許多한 眞理中의 最切要한 四重의 敎理니 卽 新生[36]과 聖潔과 再臨과 神癒 此 四個가 是也라. 此 四重敎理는 卽 三位神께서 明白히 聖經中에 言하사 顯示하신 眞理라.[37]

위 글에 나타난 것처럼 김상준은 심프슨과 나카다 쥬지와는 달리 중생·성결·신유·재림 중에 신유와 재림의 순서를 바꾸어 중생·성

---

35) Ibid., 283-4. 나카다 쥬지는 신유를 '강화(康化)'라 부르며, 이것을 '육체적 성결'이라는 말로도 사용하였다.
36) 金相濬은 중생은 '신생(新生)'으로도 함께 구별 없이 사용하였다. 3 참조.
37) 金相濬, 『四重敎理』(京城: 東洋宣敎會 聖書學院, 1921), 1.

결·재림·신유의 순서로 설명하였다.³⁸ 이것은 신유가 교리보다는 은혜의 복음으로 받아들여지기 때문인 것으로 생각된다. 따라서 사중복음은 삼중교리(중생·성결·재림), 사중의 복음(중생·성결·신유·재림)으로 달리 불려지기도 한다.³⁹

김상준은 중생(혹은 신생), 성결, 재림, 신유를 다음과 같이 설명한다.

1) 중생

중생에 대해서는 신생명과 연관하여 '신생'이라고 달리 말하였다:

> 罪人이 하루 아침에 그 罪로 퍼진 마음을 眞實하게 悔改하고 하나님께서 사람으로 주신 新生命의 주 예수를 自己의 救主로 받아들여 믿으면 하나님께서 또한 그 約束하신 말씀과 같이 그 靈魂에게 永遠한 生命을 주심이라.⁴⁰

김상준의 이러한 중생에 대한 견해는 1925년에 작성된 성결교회 초기 교리의 내용을 담은 『東洋宣敎會 聖潔敎會 敎理及條例』에 별 무리 없이 동일하게 반영되어 나타나고 있다. 제 1편 '교리'의 7절인

---

38) 『敎理及條例』, 12.
39) 이천영 교수는 '성결교회 60년의 회고'에서 다음과 같이 말한다. "성결교회가 유달리 수난을 겪음은 사중복음이 교리화했기 때문이라 하겠다. 일시 사중교리라고 불렸던 것이다. 중생·성결·재림은 교리의 신학이다. 그러나 신유만은 은혜의 복음이다." 또한 「活泉」제3권 1호 '성결교회사 小考 1'에서 "신유를 너무 강조한 나머지 부작용이 있었던 것은 자타가 공인하는 바이지만 그리스도의 이적을 믿는 순수한 신앙심이 고조된 것은 유익된 일이라 할 것이다."라고 말하였다.
40) 金相濬, 『四重敎理』, 5. 원문의 국한문 혼용체의 글은 필자가 현대 어법으로 바꾸어 고침.

'칭의'에는 다음과 같은 내용이 실려 있다:

> 사람이 하나님 압해 올타함을 엇는 것은 우리의 先行과 功勞로는 엇을 수 업고 오직 예수 그리스도의 功勞와 우리의 信仰으로 말매암아 義롭다 하심을 엇나니 이것이 明白한 敎理도 되고 마암에 진정한 安心도 엇나니라.[41]

2) 성결

성결에 대해서는 다음과 같이 정의한다:

> 聖潔이라는 것은 위에서 陳述한 바와 같이 罪根[42] 卽 人間 內部에 殘在한 惡性(原罪)과 마음의 罪를 主의 寶血과 聖靈의 불로 씻어서 淨潔케 하고 더러움이 없게 하며 티끌이 없게 하는 것이다.[43]

이러한 성결에 대한 견해도 초기 성결 개념에 큰 영향을 주었다:

> 完全한 聖潔이라 함은 그리스도로 말매암아 聖神의 洗禮를 밧음이니 卽 거듭난 後에 信仰으로 瞬間에 밧을 經驗이니라. 또한 完全한 原罪에서 淨潔케 씨슴과 其人을 聖別하야 하나님의 聖旨를 일울 能

---

41) 『敎理及條例』, 12.
42) 구체적으로 金相濬은 죄를 자범죄(自犯罪)와 전래죄(傳來罪)로 크게 둘로 구분하여 설명하였다.
43) 金相濬, 『四重敎理』, 21.

力을 주심이니라.⁴⁴

3) 재림

재림에 대해서는 또한 김상준은 '주께서 육신으로 재차 이 지상까지 강림하심'으로 정의하고 있다.⁴⁵ 그는 앞서 살펴본 바와 같이 『默示錄 講義』에서 전천년설 재림에 대해 다음과 같이 언급하고 있다:

> 대개 再臨이란 것은 1900年前 世上을 罪惡 中에서 救援하시려고 成肉神하셔서 十字架에 못박혀 죽으셨다가 3日後에 復活하시고 500명의 弟子들이 보는 中에서 昇天하신 主예수(행1:11)께서 우리들을(擇한 者들만) 救援(괴로움을 면하게) 하시려고 肉身으로 다시 降臨하시는 것(肉身이 靈體로 變한 그대로)이다.⁴⁶

이와 같은 재림에 대한 그의 사상은 『敎理及條例』 제1편 '교리'의 제15절 '재림'의 내용에 잘 드러나 있다.

---

44) 『敎理及條例』, 12.
45) Ibid., 7.
46) Ibid., 37-8.

4) 신유

그는 신유를 '의료(醫療)를 쓰지 않고 다만 믿음으로 기도하여 병 고침을 받음'[47]으로 정의하고 있다:

> 信者가 病이 나거든 그 罪過를 깊이 살펴보아 悔改해야 됨을 認定하고, 祈禱하면 醫藥을 쓰지 않더라도 主께서 주님의 能力으로 鬼神이 나가게 하고 罪過와 不治의 病을 勿論하고 한번 接手하심과 한 마디 말씀으로 完全히 낫게 함을 이른 바 神癒라 한다.[48]

신유를 이와 같이 정의한 김상준은 『四重敎理』의 '4중교리 제4 신유'란의 제6장 '신유가 과연 미신이뇨'에서 신유는 순전한 진리요, 결코 미신이 아님을 강력히 피력하였다. 그리고 만일 신유가 미신이 되면 사죄를 믿는 신앙도 역시 미신이라고 할 수밖에 없음을 지적하였다:

> 엇던 이가 말하기를 神癒를 밋는 것이 迷信이라 하니 大槪 神癒는 眞理요 決코 迷信이 아니올시다. 엇던 雜誌를 見한즉 日本에 天理敎와 黑任敎 信徒 等은 邪魔를 信仰하야 其 魔能으로 疾病을 醫療한다 하엿스나 此 神癒는 其와 如한 邪魔의 能으로 함도 아니요 又迷信도 아니올시다. 萬一 只今은 末世라 異端과 거즛것 들이 多出하야 主의 聖名(主의 거룩한 일흠)을 비러 가지고 邪能으로 病을 醫하는 이가 有할

---

47) Ibid., 65.
48) 『敎理及條例』, 68.

것 갓흐면 … 중략… 萬一 神癒가 迷信되면 赦罪를 밋는 信도 (뿐만 아니라 신성과 밋 성결을 밋는 밋음들도) 亦是 同一한 迷信이라고 할 수 밧게 업소이다.[49]

또한 김상준은 제7장 '신유란 거슨 의약을 절대적으로 금하는 것이뇨'에서 신유라는 것이 타물을 일절 의뢰하지 않고 하나님만 신뢰하며 의약을 사용하지 않고 치료의 은총을 받는 것이지만, 병든 자의 신앙에 따라서 의약을 사용하는 것도 죄가 되지 않음을 다음과 같이 밝히고 있다:

그럿습니다. 大槪 神癒란 거슨 他物은 全然 不賴하고 다만 神만 信賴하는 것인則 彼速된 醫藥을 需할 理가 업습니다. 그러나 其 病者의 信仰을 따라 할거시지 決斷코 絶對的으로 絶禁하는 것은 아니올시다.[50]

이러한 신유의 내용은 제14절 '신유'에 반영되어 아래와 같이 整理되었다:

聖經에 病을 곳치는 敎理가 記載되어 있슴은 우리가 밋는바 - 라. 마가 十章 十七 ~ 十八節과 야고보 五章 十四 ~ 十五節의 말삼대로 하나님의 子女들이 信仰으로 祈禱하야 病곳침을 밧을 特權이 있나니

---

49) Ibid., 74.
50) Ibid., 74.

라. 그러나 이대로 하지 못하고 醫藥을 依支하는 者의게 對하야 批評도 하지 말지니라.[51]

지금까지 살펴본 바 이러한 김상준의 『四重敎理』는 1921년 구령(救靈)단체인 '무교정(武矯町) 복음전도관' 선교단체에서 기성교단인 '조선 야소교 동양선교회 성결교회'로 경화되어 제도적인 교단으로 탈바꿈할 시점에 때맞추어 출간되어 성결교회 신앙의 특성과 정체성이 변모되지 않고 오히려 심화되는 또 하나의 계기를 이루게 하였다.

3. 『단이리서강의(但以理書講議)』와 말세론

김상준은 「활천(活泉)」 제105, 106호인 제9권 8, 9호(1931년 8, 9월)에서부터 '단이리서 강의'를 연재하여 12번째 기고한 제129, 130호의 합호인 제11권 8, 9월호(1933년)을 끝으로 휴재(休載)하였다 :

　　本講義는 照諒하십시오.[52]

'但以理書講議'가 끝까지 「활천」에 게재되지 못하고 1933년 9월호로 끝난 것은 과도한 부흥회 인도로 인한 과로로 질병이 생겨서 한 달 뒤인 10월에 김상준 목사가 소천했기 때문이다. 그러나 불행

---

51) Ibid., 76.
52) 「活泉」, 제129호, 130호, 46.

중 다행으로 '단이리서 강의'는 이미 1년 전인 1932년 11월에 한지 122면 등사본 국한문 혼용 내려 쓰기의 양식을 갖춘 책으로 출간되었다 :

但以理書講解 終 金相濬牧師 著述[53]

「활천」에 12번째 연재된 '但以理書講議'[54]는 다니엘서 제4장 '느부갓네살의 대수몽과 그 결과'의 34~35절인 '7. 왕의 부활과 복위'로 끝나는데 이『但以理書講議』책은 다니엘서 마지막 장인 12장까지의 내용을 모두 담고 있다.

『但以理書講議』의 내용 분석은 다음 연구 과제로 남겨 두고, 다만 그 목차를 살펴보면 다음과 같다. 김상준은 다니엘서 12장을 전반부 '역사'(1~6장)와 후반부 '다니엘의 예언'(7~12장)[55]으로 크게 둘로 나누어 다음과 같이 구분하고 있다:

> 第一章 다니엘과 彼의 三友人의 傳記
> 第二章 느부갓네살의 巨象夢과 그 結果
> 第三章 다니엘의 三友人의 犬中見投
> 第四章 느부갓네살의 大樹夢과 그 結果

---

53) 金相濬,「但以理書講議」(n.p. & n.p., 1932), 112.
54)「活泉」에 연재할 때는 "但以理書講義"의 제목이었으나 책으로 출간된 제목은『但以理書講議』이다.
55) 金相濬,『但以理書講義』, 1.

第五章 벨사살의 驕慢과 바벨논의 滅亡

第六章 다니엘의 獅穴의 見投함과 거긔서 得救됨

第七章 獸의 異象

第八章 牧羊과 牧山羊의 幻象

第九章 七十週의 預言

第十章 다니엘의 긔도와 榮耀의 幻象 第十一章 열왕의 一覽表[56]

第十二章 (原文에 內容 없음)[57]

김상준 목사가 『默示錄 講義』와 '시조에 대한 신소감과 신교시', 그리고 『但以理書講議』 같은 말세론에 대한 글과 저서를 유독 집필했던 이유는 일제의 강점으로 인해 암울했던 그 당시의 시대적인 배경과도 관련이 있다 :

> 金相濬 牧師가 暫時도 누울 時間이 없는 復興講師 生活에서 이렇게 성경에서도 默示的인 것을 골라 硏究한 것은 日帝의 총부리 아래에서 呻吟하는 韓國民族, 그리고 韓國敎會의 聖徒들을 慰勞하고 希望을 주어, 한편으로는 日帝를 詛呪하기 爲한 目的이 숨어있었던 것이다.[58]

---

56) 원 목차에 수록할 때 빠진 내용을 필자가 책의 본문 내용 중에서 다시 옮겨다 적음
57) 金相濬, 『但以理書講議』, 1.
58) 이응호, 『한국성결교회사 논집』(서울: 성결교 신학교, 1987), 117.

닫는 글

김상준, 그는 한국성결교회 창립의 한 멤버로 한국성결교회의 초기 신학 형성과 방향 설정에 기초석을 제공하였다. 즉, 루터(M. Luther)가 나타나서 가톨릭 상부 구조의 잔해를 청산한 개혁의 토대 위에 칼빈(J. Calvin)이 나타나 종교개혁이라는 신학적 건축의 완성을 이룬 것처럼, 성결교회의 개척자인 김상준 목사는 창립의 주역인 정빈(鄭彬)과 함께 교파 의식을 지양하고 선교 본위인 교회로 지향하여 정착시킨 개척의 터 위에 재림론을 중심으로 한 '사중복음'이라는 교리 형성에 결정적인 역할을 다하였다.

김상준 목사를 통하여 한국성결교회는 비로소 단순한 부흥회 전도 표제로 일관된 전도 본위의 구령 단체에서 벗어나, 종말론(재림론)을 중심으로 한 사중복음의 교리 신학을 가진 교단으로 성장하게 되었다. 따라서 사중복음으로 인한 교단 신학의 형성은 한국교회사에서 성결교회의 위상을 공고히 하고 현금에 있어서는 타 교단을 복음주의로 유도하는 결과까지 낳게 하였다.

[성결대학교 「교수논문집」, 17집(1988년)]

영암의 신학사상과 사중복음

I. 여는 글

한국성결교회는 세밀하게 살펴보면 대한기독교하나님의교회(현, 예장합동한신총회)와 나사렛 성결교회까지 포함시켜 구분할 수 있으나, 보통 크게는 둘로 나누어 예수교대한성결교회(예성)와 기독교대한성결교회(기성)로 설명되어진다. 한국성결교회는 한국교회가 교단 분열이라는 열병을 앓던 때인 1960년대에 들어와 한국기독교교회협의회(NCC)와 복음동지회(NAE, National Association of Evangelical) 두 연합단체의 가입을 둘러싸고 일어난 갈등을 통하여 교단 분열이라는 쓴 잔을 마시게 되었다.[1]

1960년 서울신학교 강당에서 개회된 제15회 성결교총회는 김정

---

1) 1945년 8·15 조국 광복과 함께 일제의 압제로부터 벗어난 한국성결교회는 민족단결과 함께 교파간에도 연합사업의 필요를 느껴 1946년 한국기독교연합회가 조직하자, 이에 가입하여 활동하였고, 1948년 암스텔담에서 세계 교회 협의회(WCC)가 조직되자 이 모임에 가입하였다. 그러나, 6·25 한국전쟁이후 진보적인 NCC에 대항하여 보수적인 신앙의 수호를 이해 만든 복음동지회(NAE)에 1955년에 가입함으로 한 교단이 서로 이질적이며 대립적인 연합조직에 가입하여 활동하므로 예견된 갈등이 시간이 흐름에 따라 점차 가시적으로 드러나게 되고 결국 교단이 이로 인해 분열되는 어려움을 겪게 되었다.

호 목사를 총회장으로 선출한 뒤 총회를 정회하고, 한달 뒤 대전에서 속회를 하였다.

그러자 서울신학교 교수단이 세계교회협의회(WCC)의 에큐메니칼 운동에 대해 성명서를 발표하여 한국기독교 교회협의회연합회(NCC)에서 탈퇴할 것을 천명하였다. 또한 학장 이명직 목사도 대전에서 속개된 총회에서 한국기독교 교회협의회를 탈퇴해야 한다고 주장하였으나, 한국기독교 교회협의회의 거두인 김창근 목사는 탈퇴 반대를 주장하였다. 이어서 표결에 들어갔는데, 그 결과가 두 기관에 대한 동시 탈퇴안이 보류되고, 그 해결은 제16회 총회로 넘어갔다. 그러나 1961년 4월 11일에 열린 제16회 총회는 이월된 보류안을 거론하지 않고 오히려 양 기관에 더 많은 대표를 파송하는 파행을 낳았다. 이러한 처사는 탈퇴를 주장했던 사람들로부터 반감과 격분을 일으킴으로써 폐회에 앞서 퇴장하는 결과를 낳았고, 이것은 결국 1962년 4월 24-26일에 성결교회의 모교회인 중앙성결교회에 김응조 목사를 비롯한 이명직, 이성봉, 황성택 목사와 함께 탈퇴를 주장하던 보수진리동지회(이후, 복음진리동지회)를 중심으로 제17회 총회를 개최함으로 예수교 대한성결교회가 조직되었다.[2]

예성과 기성 분립 이후, 김응조 목사는 예수교대한성결교회의 설립 뿐만 아니라, 발전과정에서 중요한 역할을 감당하여 오늘의 예수교대한성결교회의 밑거름이 되었다. 주지하는 바 김응조(金應祚, 1896-1991년) 목사는 1919년 3·1 만세운동에 가담하여 옥고를 치루기도 하였고, 1937년 『實踐神學 牧會學』, 『聖書 兒童 說敎集』, 『說敎例題

---

2) 『基督敎大韓聖潔敎會 第十六回 總會錄』(1961年), 46.

五百問題』를 시작으로 42권을 집필하였다.³

본고에서는 민족운동가요, 예성 교단뿐만 아니라 성결대학교 설립에 있어서 주축을 감당하고, 초대 학장을 지내며, 42권의 방대한 책을 저술한 교육가이며, 문필가였던 영암 김응조 목사의 신학사상을 한국성결교회의 교리적 근간이 되는 사중복음을 중심으로 살펴봄으로써 성결교회의 역사에 지대한 영향을 끼친 영암신학을 연구함으로 영암신학 이해에 일조(一助)하는 계기를 갖고자 한다.

II. 영암신학의 특징

1. 성서적 권위 강조

성서적 복음주의 신학이란 '성서의 권위를 중요시하고 성서에 기록된 내용을 영감된 하나님의 말씀으로 신봉하는 신학'을 말한다.⁴ 이명직 목사는 복음주의⁵로 이것을 달리 설명하였는데, 그에 의하면 "복음주의라는 것은 무엇인가 하면, 즉 성서를 그대로 믿고 성서 그대로 살라는 것"이 곧 복음주의로 이것이 한국성결교회의 성결교회성을 이루는 요체(要諦)이다. 영암 김응조 목사는 성서의 권위를 강조하고, 성서에 입각한 체험신앙과 순복음 전파에 역점을 둔 한국성결

---

3) 정상운, 『영암 김응조 목사와 신사참배』(서울: 이레서원, 2001), 13-17 참조. 1985년 「四重福音(敎理)」를 집필한 것까지 포함하면 총 43권이나, 이 책은 발행여부가 미확인되므로 42권으로 할 때는 『四重福音(敎理)』를 포함하지 않은 숫자이다.
4) 趙鍾男, 『요한 웨슬레의 신학』(서울: 大韓基督敎出版社, 1986), 223.
5) 李明稙, "福音主義," 「活泉」, 258호, 1.

교회의 성결교회성의 하나로까지 인식되는 성서적 복음주의를 강조하였다.

영암은 자신의 신학을 '성서적 정통신학'이라고 정의하며, 현대 신학의 오류와 탈선을 개탄하면서 정통신학의 필요성을 따라 성서를 중심한 순수한 진리 입장에서 자신의 신학을 진술하며, 『성서적 정통신학』(1969년, 성청사 간행)을 출간하였다.[6] 영암은 신학의 정의를 '하나님께 관한 모든 사실과 하나님이 계시하신 모든 사실과 하나님과 그의 피조물인 우주 삼라만상의 모든 관계를 연구하는 학문'이라고 정의하며,[7] 어디까지나 자신의 신학은 성서제일주의의 사상에 입각한 정통신학임을 강조하고 있다.[8]

그는 성서를 성령의 감화로 기록되어진 오류가 없는 하나님의 말씀으로 받아들인다.[9] 또한 성서 중에 과학적 오류가 많다는 물음에 대한 답으로 성서는 과학서가 아니고, 인간에게 영적 지도를 하려는 글이므로 비록 과학적 오류가 있다 할지라도 그것이 성서의 영적 가치를 감소할 수는 없다고 말하며 다음과 같이 말하고 있다:

> 이러므로 비록 과학적 오류가 있다 할지라도 그것이 성서의 영적 가치를 감소할 수는 없다. 그리고 한편으로 생각할 때에는 성서에 과학적 오류가 있다고 할 수 없다. 창세기에 천지 창조설, 여호수아 기에 태양 정지설 등은 과학에 속한 문제가 아니라 하나님의 기적에 관

---

6) 김응조, 『성서적 정통신학』(서울: 성청사, 1969), 머리말.
7) Ibid., 21.
8) 김응조, 『은총 九十년』(서울: 성광문화사, 1983), 129.
9) 김응조, 『성서적 정통신학』, 111.

한 문제이다. 과학이 여기까지 간섭할 필요가 없다. 이것을 가지고 비과학적이라고 비난할 수는 없다.[10]

초기 한국성결교회 설립자들과 개척자들은 순복음으로 일컫는 사중복음을 강조함으로 성서적 복음주의 신학의 입장에서 성서의 권위를 주창하였다. 그리고 사변적인 이론신학보다는 신앙과 관련된 구체적인 성서신학을 가르치므로 신학을 부정하는 반지성적인 모습으로까지 인식되기도 하였다. 1911년 한국성결교회는 자체 신학교를 세웠을 때, 성서적 복음주의를 표방해서 신학교 명칭도 '성서'가 들어간 경성성서학원으로 개교하였다.[11]

이러한 정신은 오늘에 와서는 성서권위의 강조가 한국성결교회의 특성의 하나로까지 부각되었다. 이것에 대한 실증적인 실례를 교단기관지인「活泉」의 내용에서 쉽게 찾아 볼수 있다.[12] 영암은 성서에 관련된 글들을「活泉」과 저서를 통하여 발표하면서 성서의 권위를 강조하였다. 성서적 진리에 충실하려는 성서중심주의의 영암신학의 특징은 "성서(聖書)의 위력(偉力)"에 잘 나타나고 있다:

> 우리는 성서를 정확 무오한 하나님의 말씀으로 믿는다. 그리고 성서가 인간에게 대하여 어떠한 위대한 역사를 하심을 믿는다. 성서는 기독교 진리의 토대요, 생명의 원천(源泉)이다. 오늘날 사람은 성서를 비판할 줄은 알지만 믿는 마음은 없다. 이러므로 성서가 그의 위력을

---

10) Ibid., 115.
11) 정상운,『聖潔敎會와 歷史硏究(Ⅰ)』, 82.
12) Ibid.

나타내지 못하고 있다. 성경을 가지고도 성경과 관계없는 생활을 하고 있다. 우리는 아래와 같이 성서의 위력을 배우자.[13]

웨슬리(J. Wesley)는 종교의 제반 문제에 있어서 최고의 권위를 성서에 두고 성서에 주어진 구원의 길에 의존하여 '어떠한 댓가를 치루더라도 성서를 나에게 달라'고 하였다.[14] 영암도 자신의 자서전 「은총 九十년」에서 "내게 한권의 성서가 있다"고 다음과 같이 말한다:

> 내가 모든 것을 알지 못할찌라도 성서만을 잘 알기를 원하고 내가 모든 것이 불능할찌라도 성서를 전하는 데에만 능하여야 하겠고 모든 서적에서 절연할지라도 「연모불식(戀慕不息)」하려 하노라 네게 만권의 시서가 있느냐. 내게는 한권의 성서가 있을 뿐이다. …
> 루터의 종교개혁도, 링컨의 노예해방도 한권의 성서의 능력이다. 실로 성서는 구원의 능력이요, 사회개조의 원동력이다. 나는 일권의 성서가 있음을 무쌍의 영광으로 생각한다.[15]

웨슬리와 마찬가지로 영암도 성서의 권위 위에 서서 진지하게 성서적 신학을 천명하며, 체계화함으로써 성서중심의 신학, 성서중심의 설교, 성서 중심의 신앙을 강조하는 성경적 전통을 성결교회의 특성으로까지 뿌리내리게 하였다.

---

13) 김응조, 『생수를 주리라』 金應祚信仰全集1, 說教篇(서울:성청사, 1988), 83.
14) *Wesley's Standard Sermons*, vol. I, 32.
15) 김응조, 『은총 九十년』, 130.

2. 성서적 체험의 강조

웨슬리는 교리가 우리에게 적용되는 방법, 시간 그리고 불완전한 인간에게 체험되는 상세한 내용들에 대해서는 그것들을 성서의 빛 아래서 또는 체험을 통한 경험으로 시정하기를 주저하지 않았다.[16] 다시 말해서 웨슬리는 종교개혁자들에 의하여 천명된 성서적 기독교의 기본교리의 골자(sub-stance)를 재강조하면서 그 교리를 당시 선교 상황과 신앙체험에 적응성을 지닌 산 신학(a living theology)으로 형성한 것이다. 와인 쿠퍼 박사는 "웨슬리의 공헌은 그가 신학에다 살과 피(flesh and blood)를 덧붙였다는데 있다"고 하였다.[17] 웨슬리는 성령의 직접적인 영적 증거가 실행됨을 말하면서, 성령의 직접 증거는 말씀의 열매에 근거한 어떠한 추리에도 앞섬을 강조하였다.

이 같은 웨슬리의 '성령의 증거'의 교리는 성결교회에서 체험을 강조하는 전통으로 이어졌다.[18] 영암신학의 특징도 웨슬리의 신학적 유산이 반영된 바 영암은 사변적이며, 추상적인 이론적 추리에 앞서서 성서의 말씀과 교리를 신앙적 체험에서 나오는 증거에 비추어 교의화 하는 작업을 하였다. 성서적 체험강조의 영암신학은 성령이 불세례를 통하여 성령의 진수를 깨닫고 난 뒤 더욱 구체화되었다:

내가 三十年 前까지는 聖經 硏究에 對하여 많은 趣味를 가지지 못

---

16) Wynkoop, "A Hermeneutical Aproach to John Wesely," *Wesleyan Theological Journal* (Spring, 1971): 14 ; 趙鐘男,『요한 웨슬레신학』, 219에서 재인용.
17) Ibid., 220.
18) Ibid., 241-42.

하였다. 反對로 世俗的 書籍에 趣味를 가지게 되었다. 그러나 三十年 前 어느날 聖火의 洗禮가 臨할 때에 信仰의 淨化를 받고 聖書의 빛을 받음으로 聖書의 驚異的 價値를 받게 되었다. 이것이 나의 信仰의 革命인 同時에 聖書로 돌아가는데 劃期的 轉換期라고 할 수 있다. 이에서 따르는 結果는 聖書 硏究에 妨害되는 諸般 俗書를 숙청하고 聖書 硏究에만 傳心 置意하였던 것이다. 누구든지 이 같은 經驗을 가진 者마다, 聖書에 對한 眞味를 깨달을 줄로 믿는다. 우리는 創世記에서 創造主되신 그리스도, 出埃及에서 救出의 그리스도, 레위記에서 贖罪의 그리스도, 民數記에서 同行者되시는 그리스도, 申命記에서 교훈의 그리스도 이 方式으로 나는 그리스도를 中心한 聖書 硏究를 進行할 수 있게 되었다.[19]

성령의 불세례 체험은 김응조 목사에게 있어서 이후 성서를 근간으로 하는 체험을 바탕으로 한 신학으로 발전된 바, 그것은 영암의 생애를 통하여 중생·성결·신유·재림의 사중복음을 통하여 더욱 분명하게 나타나고 있다.

3. 성서적 종말론 강조

재림에 대한 종말론 신앙은 한국성결교회의 귀중한 유산이다. 한국성결교회는 1943년 12월 29일 일제로부터 교단이 강제 해산을 당하였는데, 그 주요인은 1907년 설립 때부터 강조해온 재림신앙 때

---

19) 金應祚, 『聖書大講解(1)』 (서울: 聖靑社, 1974), 1.

문이었다.[20] 주지하는바, 성결론과는 달리 한국성결교회의 재림론은 일차적으로 18세기 웨슬리보다는 19세기 미국 근대 복음주의 종말론과 성결운동 단체와의 접촉 가운데 이루어졌다.[21] 따라서 한국성결교회는 기독교연합선교회, 무디성서학원, 만국성결연맹 및 기도동맹 영향을 받은 동양선교회(동경성서학원)을 통해서 이들을 관통하고 있는 공통적 흐름인 세대주의적 전천년설의 영향을 받았다.[22] 이것은 김상준, 이명직에 이어 김응조로 이어지며 성결교 재림론 전통의 맥을 이루는 결과를 낳았다.

영암은 신학교육자요, 대설교자였을 뿐만 아니라 재림론의 대가로서[23] 영암신학의 특징은 종말론에 있어서 매우 강조되는 모습을 보이고 있다. 영암의 종말론적 신앙은 그의 재림의 환상체험으로 확립되는 바, 세대주의적인 전천년설을 통한 성서적 종말론 강조로 나타난다. 한숭홍은 영암의 종말론 강조에 대해 다음과 같이 말한다 :

> 김응조는 종말론을 어디까지나 기독교의 역사철학의 한 특수 형태로 규정하기 때문에 무엇보다 먼저 진리의 근원을 성서 자체로부터 규명하려 한다. 그러므로 그는 종말신학을 전개함에 있어 시간적 개념에 대한 진부한 이론이나 논리적 정의에 관심을 두고 있지 않고, 종말의 보편적 의미와 종말의 개체적 의미를 시대의 징조들과 연관

---

20) 정상운, 『성결교회와 역사연구(Ⅲ)』(서울: 한국복음주의문서간행회, 2001), 46-7.
21) 정상운, "사중복음의 역사적 유래," 『한국성결교회와 사중복음』(안양: 성결대학교 성결신학 연구소, 1988), 56.
22) 정상운, 『성결교회와 역사연구(Ⅰ)』, 93.
23) 목창균, "성결교회 재림론 연구," 「신덕교회 창립 70주년 기념학술 논문집」(서울: 신덕성결교회, 1997), 59.

하여 설명하고 있다. 이런 점에서 그는 성취되지 않은 종말 의식이나 이미 완성된 종말 의식 같은 것은 관심의 대상으로 삼고 있지 않다. 그가 주장하는 그의 종말 사상의 특색은 구속사(Heilsgeschichte)와 세속사(Profangeschichte)의 관계 속에서 종말의 때가 세속사의 징조들에 의해서 나타난다는 철저히 성서적·묵시문학적 일반 종말론이다. 이것은 재림(再臨)과 시조(時兆)의 일치가 가능하다는 하나의 성서주의적 보수주의 정통사상이라고 하겠다.[24]

III. 영암의 사중복음 이해

영암의 신학은 무엇인가? 그는 방대한 저서와 많은 설교를 남겼는데, 그 중심되는 내용은 성결교회의 교리적 근간이 되는 사중복음을 기초로 발원되고, 또한 확장되어진다.

영암은 1983년 출간한 자서전 『은총 九十년』에서 『四重福音(敎理)』(增版)을 저서 목록에 포함시켰지만, 아쉽게도 사실상 지금까지 『四重福音』이 실제로 출간한 사실이 확인되지 않았다.[25] 다행스러운 것은 1985년에 출간한 『성서적 정통신학』을 통해 신유론을 제외한 중생론, 성령론, 재림론을 자세히 설명하고 있다. 영암은 신신학, 고등비평, 현대신학이 판을 치므로 정통신학을 찾기 어려운 때 올바른 정통신학을 찾아서 사중복음의 교리에 합하도록 『성서적 정통신

---

24) 한숭홍, 『한국신학사상의 흐름』(서울: 장로회 신학대학교 출판부, 1996), 474-75.
25) 김응조, 『은총 九十년』, 247.

학』을 저술하였다:

> 우리 성결교회는 신학이 없다. 있다면 사중복음인데 ①중생(重生) ②성결(聖潔) ③신유(神癒) ④재림(再臨)이다. 지금은 정통(正統) 신학을 찾기가 곤란한 때이다. 「신신학」, 「고등비평」, 「현대주의」의 신학이 판을 치는 때이다. 현재 올바른 정통신학을 찾아서 우리의 교리에 합하도록 만든 것이 간략한 「성서적 정통(正統)신학」이다. 학설이나 논문이 아니고 창세기에서 계시록까지 성서를 중심한 신학이다. 성서를 떠난 학설은 인간의 머리에서 나온 말이요, 성서라 할 수 없다. 46판에 367페이지로서 간략하게 기록한 것이 성서를 근거한 중심 신학이다.[26]

『성서적 정통신학』을 기본으로 영암신학을 사중복음의 각론인 중생론, 성결론, 신유론, 재림론을 중심으로 체험, 이론 두 가지로 나누어 살펴보면 다음과 같다.

1. 중생(重生)

1) 영암의 중생 체험

1910년 일제의 강점으로 인해 이씨 조정의 운명이 끝이 나고, 조선민족은 망국의 한을 달랠 길이 없었다. 이러한 때, 마침 서울에서부터 내려온 애국 지사 최봉희는 마을 사람들을 교회당에 모이게

---

26) Ibid., 170.

하고 애국심 고취와 함께 기독교의 수용이 곧 구국(救國)의 길임을 설파하였다. "우리가 일본을 물리치고 독립을 하려면 미국 사람과 친하고, 미국 사람과 친하려면 예수를 믿어야 한다." 꾸역꾸역 모여 최봉희의 말을 들은 마을 사람들은 깊은 감동을 받고 집단으로 입신의 뜻을 표하였다. 이때 김응조의 부친인 김원섭이 5명의 가족과 함께 교회에 입교하여 기독교인이 되었다.

이로써 소년 김응조는 12살 때에 부친의 교회 출석으로 처음으로 교회에 발을 들여놓게 되었다. 곧 마을에 교회가 설립되고 교역자들이 부임하자 어린 김응조와 그 부친은 이들을 통하여 신학문의 필요성을 절감하게 되었다. 누구보다도 교육열이 강한 소년 김응조의 부친은 아들을 경산에 있는 계동학교에 보내어 신학문을 배우게 하였다. 원님의 꿈을 가지고 한학에 열중하던 김응조는 신학문을 공부하면서 그 꿈을 포기하게 되었다.[27]

어느 주일날 선생님으로부터 모세에 대한 설교를 듣고 크게 감동을 받은 소년 김응조는 원님이 아닌 모세의 꿈을 갖게 되어 단을 만들어 놓고 그 위에 앉아서 2년간 산에 올라가 기도하였다. 하나님의 응답을 기다리는 중에 1911년 15세가 되던 해 4월 15일 대구에서 순회온 유태계 선교사인 이피득(李彼得) 목사에게 세례를 받았다. 영암은 수세 중에 중생의 체험을 하게 되었다:

이피득 목사는 유대인으로 기독교에 개종한 선교사이다. 나는 이 때까지 세례가 무엇인지 모르고 지냈다. 세례문답을 지나서 「성부 성

---

27) 정상운, 『새벽을 깨우는 사람들: 인물로 본 성결교회사』(서울: 은성, 1995), 204.

자 성신」의 이름으로 세례를 준다는 기도가 끝나자 나의 심령은 변하였다. 나는 이제는 세상 사람이 아니라 하나님의 아들이라는 신념이 마음에 철장 같이 선다. 마음이 한없이 기뻐진다. 내가 그때에 생각하기를 오 이래서 세례를 받는구나. 하도 이상해서 다른 사람에게 물었더니 다른 사람은 아무치 않다 하는지라. 그때에 내가 생각하기를 이것은 하나님이 내게만 주신 은혜로구나. 내가 오늘 그때 일을 회상하니 하나님께서 주님이 수세하실 때에 나타난 사실을 내게도 주셨구나(마 3:17). 그때에 하나님이 벌써 나를 택하셨다는 확신을 가지게 되었다.[28]

2) 중생의 이해

한국성결교회의 창립자인 김상준 목사는 중생을 신생명과 연관하여 중생이란 용어 대신 신생(新生)으로 달리 말하며, 그것은 하나님께서 사람에게 주신 신생명(新生命)의 주예수를 자기의 구주로 받아들여 믿으면 약속하신 말씀에 따라 영원한 생명을 주시는 것으로 이해하였다.[29] 김상준과 더불어 한국성결교회 1세대 학자에 속하는 이명직 목사도 중생을 신생 또는 재생의 신창조(新創造)로 보고 원상회복하여 새로운 인격을 이루는 새마음, 새사람을 의미하는 영적 변화로 보았다: "重生은 卽, 靈的 變化인대 原狀回復하야 新人格이 創造되는 것이니라."[30]

영암은 앞서 언급한 바와 같이 수세의 경험을 통해 죄에 대하여

---

28) 김응조, 『은총 九十년』, 22.
29) 金相濬, 『四重敎理』(京城: 東洋宣敎會 聖書學院, 1921), 5. 필자가 현대체로 풀어씀.
30) 이명직, 『基督敎의 四大福音』(서울: 基督敎大韓聖潔敎會 出版部, 1952), 10.

그리스도와 함께 십자가에 죽고, 의에 대하여 그리스도와 함께 사는 영적인 중생의 경험을 하였다. 따라서 그는 중생을 신창조와 영적 부활이라는 두 가지 의미로 정의를 내리고 있다:

(一) 중생은 신창조이다 (新創造)

사람들이 중생에 대하여 여러 가지 말로서 표현하나니 혹은 '다시 난다'(更生), '새로 난다'(新生), '거듭난다'(重生) 이것을 좀 더 구체적으로 말한다면 새로 창조(創造)한다는 뜻이니 누구든지 그리스도 안에 있으면 '새로운 피조물'이라 (고후 5:17).

(二) 부활 이라는 뜻이다 (靈的 復活)

'허물로 죽은 우리를 그리스도와 함께 살리셨고'(엡 2:5) '너희가 그리스도와 함께 다시 살리심을 받았으면'(골 3:1) '우리가 그리스도와 함께 죽었으면 또한 그와 함께 살 줄로 믿노니'(롬 6:8) 인류가 범죄하므로 영혼이 죽음의 상태가운데 있다가(창 2:17, 겔 18:4, 엡 2:1) 예수 그리스도를 믿음으로 다시 살아나서 원상을 회복하였다는 뜻이다. 중생을 구체적으로 말한다면 소극적 방면과 적극적 방면으로 구분할 수 있나니 소극적 방면으로는 세상을 본받지 않은 일이요, 적극적으로는 변하여 새마음을 받는 일이다(롬 12:2). 세상을 본받지 않는 것은 행위상 변화요, 새마음을 받는 것은 심령상 변화라 할 수 있다.[31]

중생을 신창조와 영적 부활로 보고, 예수 그리스도를 믿음으로

---

31) 김응조,『성서적 정통신학』, 184.

다시 살아나서 원상을 회복하게 된다는 영암의 중생관은 김상준과 이명직의 중생관과 큰 차이가 없는 것으로 나타나며, 이것은 자신의 영적 변화의 체험을 통해 중생을 확신한 웨슬리에서도 동일한 점으로 보인다. 중생을 신생으로 부르며, 신생의 본질은 내적인 변화로 보아서 죄인이 변하여 성도가 되는 하나님의 형상을 회복하는 것을 웨슬리는 중생으로 이해했다:

> 중생은 하나님께서 인간 심령속에 역사하시는 큰 변화이다. 이것은 죄로 인해 죽은 영혼이 그리스도안에서 새로 지으심을 받아 의와 참된 거룩함으로 하나님의 형상으로 새로 태어나는 신창조이다.[32]

2. 성결(聖潔)

1) 영암의 성결 체험

1917년 4월, 기도와 성경 연구로 일년간 준비한 그는 경성성서학원에 입학하게 되었다. 그러나 입학한 지, 한 달도 안 되어 동양선교회로부터 일본 전도에 합세할 신학생들을 선발하여 파송하여 달라는 전갈을 받고, 경성성서학원에서 선발한 7명 전도대원 중의 한 사람으로 뽑히게 되었다. 동년 5월 10일, 그는 다른 6명의 전도대원과 함께 일본에 도착하였다. 동양선교회는 선교사를 대장으로 하여 일본인 9명에 한국인 1명씩 총 11명을 1개조 전도대로 하여 10개 전도

---

32) *Wesley's Standard Sermons*, Vol. II, 5.

대를 구성하여 일본을 10지역으로 나누어 호별 방문을 통한 복음화 계획을 세웠다. 신학생 김응조는 해리스 선교사의 전도대에 배송되어 일본 최남단 큐슈(九州)지방 각지를 다니면서 전도활동을 하였는데, 낮에는 개인전도, 밤에는 노방전도와 천막전도를 하였다.[33] 일본 전도를 하던 동년 9월 13일 부산현 복정시(富山縣 福井市)[34]의 약송(若松) 여관에서 밤중에 비몽사몽간 재림의 환상을 보고, 요한일서 3장 3절 '주를 향하여 이 소망을 가진 자마다 그의 깨끗하심과 같이 자기도 깨끗하게 하느니라'는 말씀을 받게 되고, 골방에 들어가 기도할 때 성결의 체험을 하게 되었다:

> 주님이 내게 재림의 광경을 보여주는 동시에 내게 성결하라고 암시하신 모양이다. 오늘 내가 재림의 주를 열심히 증거하는 것도 이 때의 계시를 받은 때문이다. 주님은 내게 귀한 환상을 보여 주신 줄 믿었다.
> 나는 이때까지 성결이니 재림이니 하는 진리를 알지 못했다. 그 이유는 내가 신학교에 들어가던 즉시로 일본에 온 때문에 그러한 진리를 받을 기회가 없었던 것이다. 나도 이 같은 영광의 주님을 맞이 하려면 내 심령이 '깨끗하여야' 하겠다는 결심으로 그 이튿날 밤에는 골방에 들어가서 기도하기를 시작했다. 내 마음에 빛이 임하면서 내 죄가 낱낱히 드러난다. 나는 눈물로 회개했다. 나는 지금까지 도덕상으로는 별로 큰 죄라 할 만한 것이 없었다. 그러나 심령이 더러운 것

---

33) 정상운, 『새벽을 깨우는 사람들: 인물로 본 성결교회사』, 207.
34) 영암은 『은총 九十년』 33쪽에서는 부산현(富山縣)으로, 154쪽에서는 이와 달리 부사현(富士 縣)으로 다르게 말하고 있다.

을 깨달았다.

 꿈에 보든 주님의 영광과 내 심령을 대조해 보니 나는 지옥밖에 갈 자격이 못 된다고 느껴졌다. 부지중 기도의 소리 '주여 내 죄를 용서하시고 나로 깨끗케하여 주옵소서' 눈물과 기도가 교잡하였다. 주의 음성에 '내가 너를 깨끗케 하노라' 이 순간에 내 마음은 유리같이 맑아지고 마음에는 기쁨이 충만했다. 옳다 지금은 영광의 주님을 맞이할 수 있다는 자신이 확실해진다. 주여 감사합니다 하고 일어나니 시계는 12시 종을 친다. 나는 이 간증을 여러 곳에서도 하였으나 동경 간다 호리네스 교회에서 할 때에는 수백 명 청중에게 큰 감동을 주었다. 이것은 일생에 잊을 수 없는 체험이다.[35]

2) 성결의 이해

 성결론은 모든 율법과 예언서의 집약이요, 강령으로서 넓은 차원에서 본다면 창조론과 구속론 그리고 종말론을 꿰뚫는 기독교 신학의 근간이요, 복음의 골간인 것이다.[36] 따라서 1921년 교단으로 전환된 한국성결교회 교단신학의 중심인 성결교회 교단 명칭에 따라 사중복음 중의 중심은 성결론으로 이것은 한국성결교회의 교리적 요체를 이루고 있다. 한국성결교회의 성결론은 큰 범주에서 볼 때 웨슬리의 성화 개념에 머무르는 바, 웨슬리는 하나님의 은총의 역사로 인해 중생 체험 이후에 '제2의 축복(second Blessing)', '그리스도인의

---

35) Ibid.
36) 강근환, "새천년을 향한 한국성결교회의 교회사적 의의," 「성결교회와 역사」 1집: 30.

완전(christian perfection)'이라 불리는 두 번째 은총의 가능성을 주장하였다.

웨슬리는 성화를 온전히 성화된 상태 즉, 모든 죄에서 정결케 하는 하나님의 역사와 그 과정을 말하는 것으로 보았다. 이것은 더 이상 발전할 여지가 없고, 다시는 타락하여 죄를 지을 아무런 가능성이 없는 절대적 의미의 완전이 아니고, 상대적 의미의 완전으로 하나님과 이웃을 사랑하는 완전한 사랑으로 자력적이거나, 독립적인 완전이 아닌 신의존적인 완전이다.[37] 이같은 성화 개념은 19세기 성결운동을 통하여 성령세례 즉, 중생 후 그리스도를 믿음으로 순간에 받을 경험과 원죄에서 정결케 씻음을 받고, 성별하여 능력을 받는 것으로 다소 급진적인 내용의 것으로 한국성결교회에 전수되었다.

김상준은 성결을 "죄근(罪根) 즉, 인간 내부에 잔재한 악성(원죄)과 마음의 죄를 주의 보혈과 성령의 불로 씻어서 정결케 하고, 더러움이 없게 하며 티끌이 없게 하는 것"으로 정의하였다.[38] 이런 반면에 이명직은 "성결은 우리 인생에게 절대로 필요하니 유전(遺傳)하는 죄를 멸하고 정과 욕을 이기며 관습에서 벗어나기 위하여 필요한 것"으로[39] "무죄(無罪)하게 사는 생활"을 가리키는 것으로 말하였다.[40] 영암의 성결론은 『성서적 정통신학』 8장에 체계적으로 정리되어 있는 데, 그는 성결을 "아담으로부터 유전하여 내려오는 죄성에서 구속함을 받는 일과 인간의 정과 욕심을 십자가에 못 박는 일"로 정의

---

37) 정상운, 『한국성결교회사(Ⅰ)』, 19-20.
38) 金相濬, 『四重敎理』, 21.
39) 李明稙, 『四大福音』, 54-5.
40) Ibid., 50.

하였다.⁴¹ 그는 중생과 성결의 관계를 구분하여 중생은 범죄자가 회개로 용서함을 받을 때에 행위와 영적으로 나타나는 은혜요, 성결은 내부 유전적 부패성에서 성결하기를 믿을 때에 심령상에 나타나는 은혜로 보았다. 전자는 사죄로 형벌을 면하는 외적 은혜로, 후자는 성결로 자녀가 되는 내적 은혜로 구분하고 있다.⁴²

영암의 성결론은 전문적인 신학 체계를 갖추고 있지 않으나, 앞서 언급한 1세대 한국성결교 신학자들의 이론 뿐만 아니라, 전통적인 웨슬리신학의 성결(성화)론에 부합되는 동일성을 보이고 있다. 그것은 다음의 몇 가지로 나타난다:

첫째, 영암은 원죄를 내심의 부패성 즉 유전죄로 보고, 성결을 통해 원죄로부터의 정결함으로 말하고 있다:

> 그리스도는 다만 우리의 범죄만 용서할 뿐 아니라 죄의 본성(本性)까지 정결케 하시려고 죽으셨다. 하나님은 구약에는 우양의 피를 가지시고 자민의 죄를 용서하셨으나 신약에는 어린 양 예수의 보혈로 만인의 죄를 정결케 하사 거룩케 하시려고 만세 전에 계획하셨다.⁴³

둘째, 영암은 성결을 절대적 성결과 상대적 성결로 구분하며, 전자는 하나님의 성결로서 양적이요, 태평양의 광대한 물과 같지만, 후자는 인간의 성결인 질적 성결로서 한 잔 속에 있는 물과 같다고

---

41) 김응조, 『성서적 정통신학』, 201.
42) Ibid., 209.
43) Ibid., 202, 208-9.

설명한다.[44]

셋째, 성결은 일시적이요, 성화는 무기한으로 구분하며, 전자는 순간적인 동시에 일시적이나, 후자는 순간이 아닌 시간적으로 무기한으로서 날마다 향상되는 과정으로 보았다. 따라서 성결이 없이 성화가 있을 수 없고, 성화를 보고서 성결을 부인치 못한다고 말한다.[45] 이것은 19세기 성결운동에서의 성결 개념 즉, 순간적 성결을 성령세례로 생각한 점과 같은 것으로서 성화와의 구분을 설명하는 모습을 보여주고 있다.

넷째, 영암은 사죄의 은총 이후, 제2의 은총으로서 성결의 은혜를 계속 추구해야 할 것을 말하며, 성결 이후에도 범죄할 가능성을 말하고 있다.[46]

3. 신유(神癒)

1) 영암의 신유 체험

북선(北鮮)과 만주에서 자신의 몸을 돌보지 않고 동분서주하며 온 힘을 다하여 전도 사역에 힘쓴 결과 성결교회 부흥과 함께 김응조 목사 자신에게는 중병을 가져다주었다.[47] 그가 가진 질병은 신경쇠약에 소화불량, 불면증, 폐렴이었다. 따라서 의사의 권고에 따라 부득이 북선 임지를 떠나 여섯 식구 가족과 함께 경성으로 올라온 김

---

44) Ibid., 213-4.
45) Ibid., 210-1.
46) Ibid., 214.
47) 김응조, 「나는 기도해서 얻었다」, 62.

응조 목사는 거처할 곳을 찾지 못해 시내에서 떨어진 영도사 절 밑에 초가집을 30원에 사고, 옷가지를 팔아 구명책으로 채소 장사를 했다.

그러는 동안에 병은 더 진행되어 세브란스 병원에서 진찰을 받아본 결과 폐병 2기였다. 폐병 2기의 선고를 받은 그는 처음에는 믿지 않다가 차츰 몸의 증세가 이것을 증명하자, 교단 본부에 찾아가 자신의 처지를 말하고 의사의 권고대로 남쪽 따뜻하고 조용한 곳으로 파송해 주면 좋겠다는 요청을 하였다. 이에 교단 본부에서도 요양을 위해 따뜻한 남쪽 지역에 놓여 있는 목포교회로 임명하였고, 그는 1930년 5월 15일에 목포를 향해 떠나게 되었다.

그러나 목포교회는 설립 기간이 5년 밖에 안 되는 개척교회로 장년, 유년 합해서 15명인 미자립 교회였다. 따라서 김응조 목사는 교회와 주택문제, 그리고 생활고에 시달려 요양은 고사하고 병이 더 가중되어 고통과 낙망 가운데 죽음만을 기다리게 되었다. 날이 갈수록 육체의 병은 심령의 병으로까지 옮겨져 점차 절망의 벼랑 끝으로 이끌어갔다. 궁여지책 끝에 그는 죽기를 각오하는 큰 결심을 하기에 이르렀다. 9월 1일 새벽 5시, 최후로 죽느냐, 사느냐, 이 두 문제를 갖고 하나님께 호소하기 위해 기어서 유달산을 올랐다.[48] 하나님의 응답은 그로부터 며칠 뒤인 동년 9월 10일[49]에 일어났다:

---

48) Ibid., 68. "나의 생애와 신학(2)" <성결신학보>에서는 이 날을 8월 10일로 적고 있다.

49) 영암이 유달산에서 성령의 불세례를 받고 신유의 체험을 한 날짜에 대해 1971년에 쓴 『나는 기도해서 얻었다』(예성 출판부, 1993년 4판), 72쪽에서는 1930년 9월 30일로 적고 있으며, 1983년에 쓴 『은총 九十년』 48-49쪽에서는 1930년 9월 10일로 말하고 있다. 필자는 9월 10일로 보고자 한다. 그것은 위에서 언급한 『나는 기도해서 얻었다』의 "유달산 바위에서" 제목의 글이 본문의 9월 30일과는 달리 상단부에 9

때는 1930년 9월 30일이다. 내가 기도를 시작한지 만 한 달이다. 하나님은 내 기도를 들으셨다. 죽음을 주시지 않고 은혜를 주셨다. 나에게 이상을 보여 주셨다. 내가 앉아서 기도하는 반석이 갈라지면서 밑창에서 생수가 솟아오른다. 넘치는 생수에 내 몸이 둥둥 떠서 있다. 이 환상이 지나간 후 정신을 차리니 내 마음에 기쁨과 소망과 평화가 샘처럼 솟는다. 그리고 마음이 뜨거워지고 온 몸에 불이 붙는다. 그때에 내가 내 몸을 보니 유리알처럼 맑아지며 마음에 기쁨이 충만하고 몸은 날아갈 것같이 가벼워진다. 그때에 내 입에서 나오는 무심출의 말은 '나는 살았다, 받았다.' 나는 자리에서 분연히 일어나서 '목마른 자들아 다 이리 오라 이 곳에 좋은 샘이 흐르도다'(합동 239), 이 찬송을 몇 번 불렀는지 알 수 없다.[50]

이 체험 후에 하나님의 신유의 역사로 일곱 가지 병(신경쇠약, 소화불량, 폐병, 피부병, 신경통, 치질, 종기)을 치유 받은 그는 그 후로부터 남다른 건강을 노년까지 계속 유지하게 되었다. 그는 자신이 앉아서 기도한 곳을 영암(靈岩)이라고 칭하였다(이때로부터 자신의 호도 영암으로 부름). 김응조 목사는 심신을 연단하고 갱생케 하여 하나님의 능한 도구로 삼으시려는 하나님의 섭리적인 간섭을 깨닫고 감사와 기쁨에 넘쳐 교회로 내려왔다. 그는 자기가 체험한 일에 대한 간증을 하고, 새벽기도회와 낮에는 사경회로 100일간 부흥회를 한 결과 새 신자를 120명이나 얻게 되었다.[51]

월 10일로 날짜를 표기하고 있기 때문이다.
50) Ibid., 72.
51) 정상운, 『새벽을 깨우는 사람들: 인물로 본 성결교회사』, 213.

2) 신유의 이해

영암의 신유관은『성서적 정통신학』에서 중생, 성결, 재림론과 달리 언급하고 있지 않으나,『聖書大講解』12권 야고보서 5장 15-16절의 주해를 통해 신유에 대한 분명한 입장을 보여주고 있다. 신유의 은사는 믿음의 기도를 통하여 병자를 침상에서 일으키는 능력으로 만일 병의 원인이 죄가 되었을 경우에는 주께서 먼저 죄를 사해 주시고 그 결과인 죄까지 사해주신다. 그리고 모든 질병은 하나님이 고쳐주시며, 인간의 수당(手當)과 간호는 신의 기계로서 사용하신다고 말한다.[52] 그는 설교 예제를 통하여 신유와 기도의 능력과의 관계를 다음과 같이 설명한다:

〔三〕神癒와 祈禱의 能力 (14-16)

一. 病苦를 위한 祈禱 (14)

(1) 敎會의 長老를 請할 것(敎會 代表) (막 七 32)

(2) 기름을 바르고 求할 것(성령 감동) (막 六 13)

二. 神癒의 能力 臨함 (15)

(1) 肉體의 病에서 救援함(病者 起床) (막 九 7)

(2) 영혼이 病에서 得赦함(心病 完治) (마 九 2)

三. 神癒와 기도와 罪 (16)

(1) 相互間 罪를 告白할 것(先決 問題) (행 十九 18)

(2) 病者를 위해 相互 기도(義祈 有力) (막 十六 18)[53]

---

52) 金應祚,『聖書大講解』12권, 218.
53) Ibid., 221.

영암의 신유관은 중생, 성결, 재림론에 비해 다소 그 관심에 있어서 적은 편으로 나타나지만, 그는 기도를 통한 신유의 은사를 믿고 있다. 그리고 죄를 질병과 연관시키지만 모든 질병을 죄의 결과로는 보지 않고 있다. 그러나 모든 질병으로부터의 치유권은 하나님께만 있고, 인간의 의학적인 기술과 간호는 보조적인 것으로 보았다. 혹자는 이 점을 들어서 영암의 신유관이 김상준이나 이명직보다 급진적임을 지적하고 있는데, 이것은 영암이 유달산에서의 자신이 겪은 직접적인 신유 체험의 연유로 표현상의 강조로 나타난 것으로 생각된다. 왜냐하면 인간의 의학을 보조적인 것으로 제한하였지만 영암은 그것의 사용을 부정하지는 않았기 때문이다. 김상준도 영암과 마찬가지로 신유를 '의료(醫療)를 쓰지 않고 다만 믿음으로 기도하여 병고침을 받음'[54]으로 정의하며 다음과 같이 말하고 있다:

> 病者가 病이 나거든 그 罪過를 깊이 살펴보아 悔改해야 됨을 認定하고, 祈禱 하면 醫藥을 쓰지 않더라도 주께서 주님의 能力으로 鬼神이 나가게 하고 罪過와 不治의 病을 勿論하고 한번 按手하심과 한 마디 말씀으로 完全히 낫게 함을 이른 바 神癒라 한다.[55]

그러나 김상준도 영암과 마찬가지로 의약을 절대적으로 금하지 않고, 의약을 의지하는 자를 비평하지도 말 것을 가르치고 있다.[56] 이명직 목사도 신유를 "하나님을 對象하야 그 병을 곳처 주실 줄로

---

54) 金相濬, 『四重敎理』, 65.
55) Ibid., 68.
56) 鄭祥雲, 『聖潔敎會와 歷史硏究(Ⅰ)』, 69-70.

믿고 祈禱해야 하나님의 能力으로 고침을 받는 것이 神癒"⁵⁷로 보고 있다. 따라서 영암의 신유관은 웨슬리보다는 김상준, 이명직과도 동일선상의 19세기 성결운동을 통한 동양선교회의 가르침의 반영이기도 하다. 웨슬리는 신유를 부정하지는 않았으나, 동시에 강조하지도 않았다. 19세기 말 컬리스(Charles Cullis)를 비롯하여 심프슨(A. B. Simpson)과 보드만(W. E. Boardman) 또한 고든(A. J. Gordon)이 대표적인 신유운동가로 활동하여 성결운동에 더 나아가서 동양선교회에 지대한 영향을 끼쳤기 때문이다.⁵⁸ 동양선교회 창립자들은 심프슨의 신유론에 지대한 영향을 받았다.⁵⁹

4. 재림(再臨)

1) 영암의 재림 체험

영암의 재림에 대한 체험은 앞서 언급한 바와 같이 성결의 체험 직전에 거의 동시적으로 일본 전도활동인 1917년 9월 13일에 일어났다. 그는 당시의 체험을 다음과 같이 말하고 있다:

> 때는 1917년 9월 13일이다. 부산현 복정(富山縣 福井市)시 약송(若松) 여관에 우리 일행은 근거지로 정하고 전도하였다. 나는 그때까지 재림에 관한 신앙이나 지식이 없었다. 이 날 밤 여관방에서 자는데 나

---

57) 李明稙, 『基督教의 四大福音』, 177.
58) 정상운, 『聖潔敎會와 歷史硏究(Ⅱ)』, 32.
59) Robert D. Wood, *In These Mortal Hands: The Story of the Oriental Missionary Society, the First 50 Years*(Greenwood: OMS International, 1983), 30-31참조.

는 한복판에 누웠다. 밤중에 비몽 사몽 간에 하늘이 별안간에 환해지면서 수많은 천사가 나팔을 불고 예수께서는 흰구름을 타시고 영광스러운 광채의 몸으로 천사의 호위하에 강림하신다. 그때에 나는 너무나 기뻐서 '여러분 정신차리라 예수가 재림하신다' 하면서 큰소리로 외치며 손을 흔들고 야단을 쳤다.

일본 사람들이 자다가 깨어 정신차리라고 주의를 준다. 그 환상이 없어지면서 공중에서 소리가 있는데 "요한1서 3장 3절"하는지라 아침에 일어나서 생각하니 그 광경과 그 음성이 역역히 기억난다. 일본 사람에게 그 성경을 읽어달라 하였더니 "주를 향하여 이 소망을 가진 자마다 그의 깨끗하심과 같이 자기도 깨끗하게 하느니라"(요1 3:3). 주님이 내게 재림의 광경을 보여주는 동시에 내게 성결하라고 암시하신 모양이다. 오늘 내가 재림의 주를 열심히 증거하는 것도 이 때의 계시를 받은 때문이다. 주님이 내게 귀한 환상을 보여 주신 줄 믿었다.[60]

1917년 이같은 재림에 대한 환상체험은 영암의 삶을 장차 재림하셔서 이 땅을 심판하실 그리스도를 증거하는 삶으로 바꿔놓았다. 이후 영암은 초교파적으로 부흥회를 인도할 때마다 부흥회의 주제를 재림에 관련된 내용을 택하여 전하였고, 1954년에는 『末世와 예수의 再臨』이라는 책을 출간하여 자신의 재림론을 체계화시켜 신학교 강의와 부흥회 때 재림사상을 가르쳤다.[61]

---

60) 김응조, 『은총 九十년』, 33-4.
61) Ibid., 154-5.

2) 재림의 이해

재림에 대한 종말론 신앙은 한국성결교회의 귀중한 역사적 유산이다. 한국성결교회는 1943년 12월 29일 일제로부터 교단이 해산당하는 비운을 겪게 되었다. 교단 해산이라는 비극을 갖게 된 것은 성결교회가 1907년 설립 때부터 강조해 온 재림신앙 때문이었다.[62] 재림론은 성결론과 함께 한국성결교회의 귀중한 신학적 유산으로 성결교회 재림론은 전천년설과 환란전 휴거를 골자로 하는 미래적 전천년설이라 불리는 세대주의적 종말론의 영향을 받고 형성되었다. 한국성결교회는 1925년 『朝鮮耶蘇敎 東洋宣敎會 聖潔敎會 敎理及條例』와 1933년 『朝鮮耶蘇敎 東洋宣敎會 聖潔敎會 臨時約法』을 간행하면서 성결교회 재림론이 미래적 전천년설적인 것을 표명하였다:

> 主께서 肉體를 가지시고 親히 千年時代 前에 再臨하실 일이 切迫함을 우리가 밋노니[63]

초기 한국성결교회는 동양선교회로부터 교리적인 내용을 대부분 그대로 받아들였다. 따라서 1925년 동양선교회에서 발표한 16개조 신조 내용을 초기 한국성결교회 교단신학으로 그대로 대치하여 수용하였다. 재림론도 마찬가지로 그대로 수용된 바, 동양선교회 재림

---

62) 정상운, 『聖潔敎會와 歷史硏究(Ⅲ)』(서울: 한국복음문서간행회, 2001), 46-7. 한국성결교회 재림론에 대한 자세한 설명은 이 책 45-86을 참조.
63) 吉寶崙, 『朝鮮耶蘇敎 東洋宣敎會 聖潔敎會 敎理及條例』(京城: 東洋宣敎會 聖潔敎會 本部, 1925), 17., 李明稙 編, 『朝鮮耶蘇敎 東洋宣敎會 聖潔敎會 臨時約法』(京城: 東洋宣敎會 理事會, 1933), 17.

론은 전천년 재림, 이중 국면, 환란전 휴거를 가르치는 세대주의적 전천년설 입장을 견지하고 있었다. 이같은 현상은 동양선교회가 재림론에 있어서 블랙스톤(William E. Blackston)의 지대한 영향을 받았기 때문이다.

블랙스톤은 기독교연합선교회(그리스도인과 선교사 동맹, Christian & Missionary Alliance)의 설립 멤버로 부총재를 지냈다. 그는 심프슨 박사에게 초기부터 영향력을 미치는 동료였다. 그들의 우정은 전 생애 동안 뜨겁고, 깨지지 않는 관계를 유지했다.

심프슨이 기독교연합선교회(C&MA)를 조직하도록 결정짓는데 중요한 영향을 끼친 것은 다름 아닌 첫 번째 올드 오챠드(Old Orchard)선교대회에서 블랙스톤이 행한 설교였다.[64] 그는 감리교 평신도 전도자와 부흥사로서 신학교에서 정식으로 교육을 받지 않았지만, 시카고에서 사업가로 있을 때 갖게된 세대주의적 전천년설을 전파하기 위해 세속 사업을 포기하고 복음전도에 헌신하였다. 그는 1878년 문서선교를 통해 효과적으로 재림신앙을 전하기 위해 전력하였다.[65] 42개 이상의 언어로 번역한 *Jesus is Coming* 책을 수십만 권 보급하는 등 세대주의의 확산에 공헌하였다. 블랙스톤의 책은 한국에서 선교사역을 한 게일(James S. Gale) 선교사를 통해 1913년 조선야소교서회에서 『예수의 재림』으로 출간되기도 하였다.[66] 이 책은 그리스도의 재림에 대해 독창적인 해석을 제시한 것이 아니고, 당시 풍미

---

64) Robert L. Niklaus, John S. Sawin, and Samuel J. Stoesz, *All for Jesus : God at Work in The Christian and Missionary Alliance Over One Hundred Years*(-Camp Hill: Christian Publications, 1986), 258.
65) Harold R. Cook,"Blackstone, William Eugene," N. I. D. C. C., 134.
66) 한영제 편, 『한국기독교문서운동 100년』(서울: 기독교문사, 1987), 106.

하였던 세대주의 운동의 일반적 개념과 내용을 쉽게 정리한 것으로 다비(J. N. Darby)의 종말론 내용을 대부분 수용하였고, 대체적으로 스코필드 입장과 비슷했다. 출판 초기에는 널리 사용이 안 되었지만, 블랙스톤의 책은 1908년 이후에는 수십만 부가 출판되어 무료로 배포되었다.[67]

블랙스톤의 *Jesus is Coming*은 만국성결교회 목사 안수대상자들이 목사 고시를 치루기 위해 공부해야 할 필독도서 중의 하나였고,[68] 동양선교회 동경성서학원 수양생들이 강의받은 종말론 교과서였다.[69] 영암은 앞서 언급한대로 경성성서학원 신학생 시절 일본 전도대로 파송되어 전도활동을 하는 중에 나카다 쥬지(中田重治)감독으로부터 크리스마스 선물로 『예수 재림(Jesus is Coming)』을 선물로 받고, 세대주의적 전천년설을 접하게 되었다. 영암은 이 책을 통하여 재림이라는 말을 알게 되었고, 상당히 흥미있게 읽었다. 이 책을 읽고 난 후 재림의 주님을 사모하게 되었고, 재림의 진리에 감격하여 잠을 자다가 밤 3시경에 앞서 언급한 재림 환상의 체험을 갖게 되었다.[70]

상당한 부분에 있어서 세대주의적인 전천년설 입장에 서 있는 영암의 재림론은 영암신학에서 매우 특징이 있는 내용으로 그의 재림사상은 『성서적 정통신학』과 『末世와 예수의 再臨』 중에서 무엇보

---

67) 정상운, 『聖潔敎會와 歷史硏究(Ⅲ)』, 59.
68) *Manual of the International Apostolic Holiness Church* (1914-15), 72
69) E. A. Kilbourne, *The Story of Mission in Japan* (Tokyo: Cowman and Kilbourne, np), 74.
70) 김응조, 『나는 기도해서 얻었다』(서울: 예성출판부, 1971), 23-4.

다도 '재림 도표'에 잘 나타나 있다.

첫째, 영암의 재림론은 전천년설을 받아들이고 있다. 그는 요한계시록 20장 1절, 4절을 근거로 전천년설에 입각하여, 후천년설을 비성서적으로 거부하고, 교회와 천년왕국을 동일시한 종말론을 세속주의에 물든 교권주의의 주장으로 비판한다:

> 그리스도가 오시지 않고는 천년 시대가 있을 수 없다. 타락된 인간과 마귀가 남아있는 동안 행복의 세상이 있을 수 없다. 이미 말하였거니와 천년이 지난 후에 예수가 오신다는 말은 성경에도 없거니와 현실(現實)과도 맞지않은 말이다. 왜냐하면 말세가 될수록 세상은 점점 악화되고 그리스도 교회는 점점 박해를 받고 있다. 교회가 세상을 주장한다 함은 과거 역사에도 없었거니와 미래에도 있을 수 없는 일이다. 만일 있다면 로마 시대와 같이 (콘스탄트) 부패 속화하야 타락할 것이다.[71]

둘째, 영암의 재림론은 그리스도의 재림의 이중국면 즉, 공중재림과 휴거, 지상강림을 주장하고 있다. 그는 데살로니가전서 4장 17절, 요한계시록 12장 5절, 마태복음 24장 40절을 근거로 하여 신자가 환란 전에 공중으로 휴거하여 공중에 재림하신 그리스도를 만나게 된다고 말한다. 이후 스가랴의 예언과 천사의 예고대로(슥 14:4, 행 1:11) 지상에 강림하신다. 세대주의적 전천년설의 중요한 특징인 휴거이론을 받아들인 영암은 환란전 휴거를 주장하였다:

---

71) 金應祚,『末世와 예수의 再臨』(서울: 聖靑社, 1973), 87.

네가 내 참된 도(道)를 지켰으니 내가 너를 지켜 시험당할 때를 면케 하리니(계 3:10) 이것이 성도들을 환난에서 구원하시는 성지(聖旨)이시다(잠 11:8). 공중은 구원 얻은 성도에게 대하야 피난처요 안식처이다. …혹자는 전三년 반 후라 하고 혹자는 지상(地上) 재림시라 하고 혹자는 무휴거라 하나 이는 다 성경으로 증명할 수 없는 말들이다.[72]

셋째, 영암의 재림론은 계시록에 대한 미래주의적인 해석법을 받아들이고 있다. 계시록의 예언이 대부분 역사 속에서 다 이루어졌고 일부 현재에 이루어지고 있고, 일부 미래에 성취될 것이라는 역사적 전천년설을 따르지 않고, 미래에 이루어질 것을 보고 있다.[73] 그는 요한계시록 강해에서 과거적 해석법, 역사적 해석법, 미래적 해석법, 영적 해석법을 소개하며, 미래적 해석법을 정통적인 성서 해석 방법으로 받아들이고 있다:

(三). 未來的 解釋法

本 解釋法은 本書 四章 以下은 全部가 未來事에 속한 것으로서 그리스도의 再臨 卽前에 일어날 일의 表徵으로서 생각하고 한걸음 나아가서 이것은 主의 空中 再臨과 (살전 四17) 地上 再臨 中間에(七年患難) 일어날 일로서 해석한다. 여기에 대하여 古今 敎父들과 靈的 大家들이 다 이렇게 생각하였다. 그리스도 再臨이 切迫함과 本書에 나타난 모든 表徵은 現世社會에 適應하여 時代의 切迫을 强調하였다. 여기

---

72) Ibid., 39.
73) 金應祚, 『聖書大講解』12권, 370.

에 一部 狂信的 迷信이 따르는 弊害도 不無하였다.[74]

이상의 3가지 이외에 영암은 인류 역사를 7시대로 나누고[75], 다니엘서의 세대주의적인 해석에 기초를 하고 있다.[76] 영암의 재림론은 김상준의 『默示錄 講義』와 『四重敎理』에서도 약간의 차이가 있으나 반복된 강조로 나타나고 있고, 한국성결교회 재림론으로 자리잡고 있다.[77]

Ⅳ. 닫는 글

1907년 초기 설립 때부터 현재에 이르기까지 한국성결교회가 강조해오고 주장해온 사중복음은 한국성결교회의 전통적 유산으로서 초기에는 전도 표제의 강조에서 점차 시간이 흐름에 따라 성결교회의 교리적이며, 신학적인 내용으로 발전되어 왔다. 따라서 사중복음은 성결교회의 신앙적 유산을 넘어선 신학적인 전통으로서 성결교회를 특징짓고, 성결교회의 목회 반경의 지침과 내용을 이루는 판별적 전통이 되었다.

지금까지 영암신학사상을 사중복음을 중심으로 체험과 이론이라

---

74) Ibid., 370-1.
75) 金應祚, 『末世와 예수의 再臨』, 85.
76) 이것에 대한 좀 더 자세한 연구는 박명수, "근대교회사와 김응조의 재림론," 「한국기독교와 역사」 제6호, 104-138쪽과 성기호, "영암과 심프슨의 종말론 비교연구," 「聖潔神學硏究」 제1집, 9-21을 참조하라.
77) 鄭祥雲, 『聖潔敎會와 歷史硏究(Ⅰ)』, 65.

는 두 가지 면에서 살펴보았을 때 도출된 결론은 영암의 체험적 삶을 통하여 성서 가운데 이해된 영암신학은 전통적인 성결교단 신학과 일치하는 분명한 모습을 보여주고 있다. 즉, 영암의 사중복음에 대한 신학적 이해는 성결교회 교단신학(동양선교회-한국성결교회 교리, 구체적으로 초기 한국성결교회가 가르친 사중복음의 내용으로서 1925년 킬보른이 출간한 『東洋宣敎會 聖潔敎會 敎理及條例』 '제3장 신앙개조')과 동일한 교리적 강조로 나타난다.

영암의 신학은 앞서서 논급한대로 성서적 권위 강조, 성서적 체험 강조, 성서적 종말론 강조로 특징지어진다. 영암은 동양선교회(경성성서학원)로부터 전수받은 바 사중복음을 성서적 복음주의의 입장에서 직접 자신의 경험적 삶을 통하여 내면화(內面化)시키고, 그것을 설교와 저술을 통하여 복음주의적인 삶의 원천으로 확장시키며, 외연화(外延化)시켰다.[78] 영암의 사중복음은 체험적이며, 재림론을 강조하는 특징의 일면을 보이며 재림론을 성결론의 주제와 연결시킬 뿐만 아니라 그것을 복음전도로 확장한 선교적인 역동성으로 나타난다.

영암은 해방 이후, 한국의 보수주의 신앙과 신학을 이끌어왔던 중요한 지도자 가운데 한 사람으로 한국 교계의 보수주의 교단의 일익을 담당하고 있는 예수교대한성결교회의 정신적 지주로 미국을 중심으로 한 근대복음주의의 흐름을 충분히 소화하고, 이것을 자

---

78) 비록, 사중복음을 심프슨, 나카다 쥬지, 김상준, 이명직 목사처럼 책으로 출간못했지만 『은총 九十년』 247쪽에 저서 일람표에 18번째 저서로 포함시켰고, 『四重福音(敎理)』의 저작년을 1985년으로 기록하고 있다. 출판사가 기록되지 않은 것으로 보아 집필은 하였으나, 강의용으로 사용한 책자이거나, 미간행된 것으로 추정된다. 이것에 대한 사료 발굴과 연구가 필요한 것으로 사료된다.

신의 언어로 한국교회에 소개한 신학자였다.[79] 그리고 사중복음 중에 재림론에 있어서도 김상준 또한 이명직으로부터 많은 영향을 받았으나 그들의 견해를 답습만 한 것이 아니라, 그것을 창조적으로 발전시킨 재림론의 대가이기도 하였다.[80]

영암은 동양선교회 나카다 쥬지, 킬보른 그리고 김상준, 이명직 목사로 계승되는 한국성결교회의 사중복음의 교리적 전통의 맥을 계승하였을 뿐만 아니라, 한걸음 더 나아가 재림론을 성결론과 성서적 복음주의 입장에서 심화시키고, 확장시키는 성결교 사상사의 발전된 일면을 보여주고 있다.

[성결대학교 성결교회와 역사연구소, 「성결교회와 역사」, 3권(2000년)]

---

79) 박명수, 『근대교회사와 김응조의 재림론』, 105, 123.
80) 목창균, 『성결교회 재림론 연구』, 58-9.

5

이명직의 신유론

I. 여는 글

현대교회는 사도 시대와 마찬가지로 영적 치유인 구원 문제 뿐만 아니라 육적의 질병에 대한 치유사역에도 관심을 가져야 한다. 신유가 사도 시대에 종식된 기적으로 보는 개혁주의적인 신학적 편견과 신유를 미신이나 관심으로만 생각하는 과학적 편견도 성서적 입장에서 모두 재고되어야 한다. 하나님께서는 어제나 오늘도 동일한 분이시며, 지금도 영혼의 병든 자 뿐만 아니라 질병으로 어려움을 당하는 병든 자를 고치시기를 원하신다. 그리고 실제로 우리 주변의 목회와 선교사역 현장에서 신유의 이적이 나타나고 있기 때문이다. 우리 주변의 신유 대중집회에서 쉽게 만발되는 신유만능주의도 문제이지만, 모든 질병이 약이나 수술 등 의학적 수단에 의해서만 고쳐진다는 인본주의적 사고도 성도의 바른 태도가 아니다.

교회가 신유사역을 외면하고, 그것의 가치를 스스로 낮게 폄하시키면 사이비 종교 지도자들이나 이단 교주들에 의해 성서적 신유의 의미가 곡해되고, 교회가 역으로 피해를 보는 결과에 직면할 것이

다.[1]

다행히도 한국성결교회는 신유(Divine Healing)를 교단의 주요한 교리적 강조점으로 처음 출발부터 주장하여 왔다. 신유를 포함하여 중생, 성결, 재림의 복음을 사중복음의 하나의 틀(사중 유형)로 집약적으로 강조한 일은 한국교회 중에 성결교회만이 점유하는 유일한 차별적 전통이었다.[2] 한국에서 교리적 강조로서 고수되고, 전해 온 사중복음은 동양선교회의 설립자들의 성서적 신앙이었고, 지금까지 성결교회에서는 이것을 충실하게 고수하였다. 그것은 첫째는 신생 또는 중생, 둘째는 성결 또는 성령세례, 셋째는 신유, 넷째는 그리스도의 전천년설적인 재림에 대한 확신이었다.[3] 본고에서는 한국성결교회 신유론 이해의 하나로 1945년 해방직후로 성결교회의 교리 형성에 지대한 영향을 끼친 이명직 목사의 신유론을 간략히 살펴보고자 한다.

II. 이명직 목사와 신앙체험

이명직 목사는 1890년 12월 2일에 서울 충정로에서 이성태(李性泰)의 장남으로 태어났다.[4] 그의 부친인 이성태는 궁중 주전원(主殿院) 전

---

1) 정상운, 『聖潔敎會와 歷史硏究(II)』(서울: 이레서원, 1999), 17.
2) John H. Merwin, "The Oriental Missionary Society Holiness Church in Japan 1901-1983" Dissertation(Fuller Theological Seminary, 1983), 73-74.
3) Ibid.
4) 金光洙, 『韓國基督敎人物史』(서울 : 기독교문사, 1976), 206.

무과(典務科) 주사(主事)로 있었으나 생활은 어려웠다.[5] 그는 차츰 무너져 내려앉은 조정의 현실을 피부로 느끼며, 결국은 한국의 사법권을 일본에 위탁하는 을유각서(乙酉覺書)가 1909년 7월에 체결되자 관직의 뜻을 버리고 물러났다.

어린 시절 이명직은 당시 사대부 집안의 자녀들처럼 서당에 다니며 한문을 배우기 시작하였고 성장하면서 자신의 미래를 계획하기 시작하였다.[6] 이명직은 15세 어린 나이에 불교에 귀의하여 도승(道僧)의 길에 평생을 바칠 결심을 하였으나, 어렸을 때의 종교 심성의 발휘는 불교에서 이루어지지 않았다. 자신의 집 뒤에 있는 절간에서 아침과 저녁으로 그윽히 들리는 종 소리가 그를 완전히 붙잡아두지 못했다.[7]

이명직은 종로에 있는 황성기독교청년회(YMCA)에 입회하여 공부하면서 기독교에 접하고, 복음의 말씀을 접하며 호의와 관심을 갖게 되었지만 기독교를 수용하지는 않았다.[8] 그는 박감은과 결혼하고, 부친의 뜻에 따라 정치학을 배우려고 1909년 일본 유학의 길을 떠났다. '배워야 산다'는 굳은 신념 아래 아무런 준비 없이 무작정 일본 동경에 도착한 그는 거의 일년 동안 무엇을 해야 할지 모르며 어렵게 지냈다.

그러던 어느 날 구세군 전도대의 노방전도를 보고, 마음의 변화가 일어났다. 마침 그날 저녁 한인유학생을 위한 동경 기독교청년회

---

5) 「基督教 思想」, 제9권 제2호 (1965. 2. 2), 64.
6) 「教會聯合新報」, 1986년 3월 2일자.
7) 「活泉」, 제2권 제10호, 30.
8) Ibid.

를 설립하고, 조만식과 같이 재일한인교회를 세운 독립운동가 김정식이란 사람을 만나 기독교에 대해 많은 이야기를 듣고, 기독교에 입교하기로 결심했다.[9] 이명직은 주일마다 한국 유학생들이 모여 예배하는 동경 YMCA학관에 참석하게 되었고, 신앙 모임의 한 멤버로 활동하기 시작하였다.

세례도 받지 않은 채 김정식의 소개로 동양선교회(OMS)가 운영하는 동경성서학원에 입학하게 되었다.[10] 동경성서학원에 입학한 이명직은 세례를 받지 않고 입학하였기 때문에 1909년 5월 3일 성령강림절에 나카다 쥬지(中田重治)로부터 세례를 받았다.[11] 이명직이 기독교 복음의 진수를 바로 깨닫게 된 일은 이명헌과의 만남을 통해 이루어졌다. 이명직은 이명헌과 자주 모여 기도를 하고, 그의 간증을 들은 후 기도하는 중에 회개하며, 예수께서 자신의 구주가 되심을 믿는 중생의 체험을 갖게 되었다.[12]

이명직은 1911년 5월 동경성서학원을 졸업하고, 귀국하여 개성복음전도관 부교역자로 시무하다가, 1914년 4월 22일 한국성결교회 최초로 시행된 목사 안수식 때 이명헌, 이장하, 강태은과 함께 목사 안수를 받게 되었다. 그는 박제원의 뒤를 이어 규암교회(당시 복음 전도관) 담임목사로 1916년까지 시무하였다.[13] 이후, 이명직 목사는 모든

---

9) 박용규, 『한국교회 인물사』 4편 신학사 (성남 : 한국문화사, 1979), 52-53.
10) 「基督敎 思想」, 66.
11) 안수훈, 『한국성결교회 성장사』(Los Angeles : 기독교 미주성결교회 출판물, 1981), 141.
12) 「活泉」, 제2권 제10호, 33.
13) 정상운, 『새벽을 깨우는 사람들 : 인물로 본 성결교회사』(서울 : 은성, 1995), 112. 「窺岩聖潔敎會」(1912년 7月起).

사람들에게 기대를 받는 유망한 목사로 성장하였으나, 처음 받은 은혜를 잃어버리고 하나님의 도구보다 사람들의 인기에 영합하는 데에 만족하였다. 1920년 겨울 경성성서학원 교수였던 이명직 목사는 자기 허물과 실수를 고백하고 영적인 구도행각을 재개하였다.[14] 이듬해인 1921년 가을 어느 날 자신의 성결을 위하여 골방문을 잠그고 성결(聖潔)의 확신이 있기까지 기도하였다. 문을 잠그고 기도를 한지 삼일째 되는 저녁에 주의 음성이 임하고, 그의 거룩하심을 체험하는 순간적인 뜨거운 성령의 역사를 가지게 되었다:

> 오직 聖潔을 實驗하기로 決心하엿다. 洞房門을 닷고 主를 붓잡고 씨름하기를 始作하엿다. 말은 만히 하지 아니하엿다. 나의게 聖潔을 주시던지 使命을 거두워 가시던지 하소서. 나는 주의 뜻을 일우는 敎役者되기를 願할 뿐이외다. 一日夜를 새이되 別노 神奇한 일이 업고 二日夜를 새이되 應答이 업섯다. 그러나 主의 聖言은 거짓이 업는 것을 밋고 다만 言約만 붓잡고 第二日夜에 또 如前히 祈禱하는 中 할렐루야! 主의 音聲이 臨하엿다. 그의 거룩하심을 보게 되엇다. 아! 그때 그 瞬間의 聖神의 充滿하게 되엿다. 新能力에 包圍하게 되엿다. 이것은 나의 落地後 처음의 靈驗이다. 한참 동안 울고, 한참 동안 웃고 혼자서 춤추고 醉한 사람이 아니면 狂人이엿다.[15]

앞서 살펴본 바와 같이, 이명직 목사의 생애에 있어서 중생과 성

---

14) Ibid., 113.
55) 「活泉」, 제2권 11호, 41-42.

결의 체험이 분명히 나타나는 반면에, 신유에 대한 체험은 찾아볼 수가 없다. 이명직 목사는 '은혜기' 간증기록을 보면 질병으로 인해 사역의 어려움을 당한 일이 없는 것으로 나타된다. 그러나 김응조 목사의 경우에는, 유달산에서의 신유 체험으로 일곱 가지의 병(신경쇠약, 폐병, 피부병, 신경통, 치질, 종기)을 치유 받는 대조적인 모습을 보이고 있다. 신유에 대한 체험 기사가 이명직 목사의 삶에서 보이지 않고 있지만, 그는 한국성결교회가 처음부터 전도 표제로 주창해오고 장·감과 다른 판별적인 교단의 교리적 전통이 된 사중복음 중의 한 주제인 신유 복음을 받아들이고 이것을 학문적으로 체계적으로 정리하였다.

III. 이명직의 신유 이해

이명직 목사의 신유론은 그가 쓴 『神學大綱』(1952년)과 『基督敎의 四大 福音』[16](1952년)에 잘 드러나고 있다.

1. 신유 개념

신유는 하나님의 이적 중의 하나로 이명직에 의하면, '이적(異蹟)

---

[16] 이명직 목사의 저서인 『基督敎의 四大福音』은 『四重의 福音』으로 출간되어 나온 것이 있다. 그러나 책 제목과 머리말의 『四大福音』이 『四重福音』으로 바뀌었을 뿐 페이지나, 본문의 내용이 처음부터 끝까지 동일한 내용으로 나와 있다. 『四重의 福音』으로 이중(二重) 출간한 것인지 좀더 확실히 확인할 필요가 있지만, 『基督敎의 四大福音』이 이명직 목사의 원래 책이라는데 다른 이견이 없는 것으로 사료된다.

은 하나님의 힘으로 말미암아 인간이 아직 경험치 아니한 경계(境界)의 법칙에 의하여 나타난 현상(現像)이다'.[17] 그는 신유의 이적은 종교적 색채를 가진 단체 즉, 예를 들면 불교, 천리교, 무교(巫敎) 같은 이방 종교에서도 나타나고 있음을 지적하며 이것들은 모두 다 원리 원칙을 떠난 미신적 행위임을 말하고 있다. 그러면서, 기독교의 신유 정의를 "신자가 질병에 있을 때에 하나님의 약속하신 성경의 말씀을 믿고, 하나님을 대상(對象)하여 그 병을 고쳐 주실 줄로 믿고 기도하여 하나님의 능력으로 고침을 받는 것"(시 103:3-7)으로 말하고 있다.[18]

2. 신유의 이해

그는 신유를 다음과 같은 4가지 개념으로 신유를 이해하고 있다. 첫째, 신유는 '하나님의 명백한 약속'의 뜻으로 본다.

이명직 목사는 신유를 '하나님의 명백한 약속'으로 보고, 우리가 신유를 믿는 것은 소위 주술적인 심령요법(心靈療法)이나 자연요법 그리고 최면술적 요법이 아닌 하나님의 약속하신 말씀을 믿음으로 하나님께 기도하여 병이 나음을 가리켜 신유로 정의하고 있다.[19]

또한 그는 신유를 '하나님의 뜻'으로 받아들이고 있다. 하나님께서는 하나님의 자녀들의 건강을 원하시기 때문에, 불행하게 질병에 걸려 신음할 때 질병을 고치시기를 원하고 계신다고 보았다. 그것은

---

17) 李明稙, 『神學大綱』 (서울 : 基督敎 大韓聖潔敎會 出版部, 1952), 47.
18) 李明稙, 『基督敎의 四大福音』 (서울 : 基督敎 大韓聖潔敎會 出版部, 1952), 177.
19) Ibid., 178-9.

인생을 죄에서 깨끗하게 하심이 하나님의 뜻인 것과 마찬가지로 불행한 질병에서 나음을 받아 건강하여지는 것을 하나님의 뜻으로 말하고 있다.[20]

또한 질병이 낫지 않고 죽는 일도 하나님의 뜻으로 보고 있다. 이 명직 목사는 죽을 자의 병 즉, 병자를 위하여 기도하여도 죽을 자는 아무리 기도하여도 응답을 받아 병 고침을 받을 수 없음을 말하고 있다:

> 우리가 前例로 볼 것이 않이고 죽을 자는 아모리 기도하여도 응답을 받을 수 없나니라. 다윗 왕이 그 아달이 병들었을 때에 간절한 기도를 드렸으니 七晝夜를 금식하며 철야하여 가며 기도하였으나 아모 效果없이 죽었나니라(삼하 12:15- 20). 그러면 사람이 죽고 사는 것은 하나님의 작정하신 것이니 우리가 기도하는 것으로 하나님의 作定을 뒤집을 수는 없나니라. 만일 그렇게 생각하면 그것은 오류니라. 하나님의 뜻이면 죽은 자도 살 수 있지만, 죽을 자가 살 수 없나니라.[21]

심프슨(A. B. Simpson)은 신유는 썩어질 육체를 치유하는 것과 관련하여 약속된 영원한 생명(immortal life)을 가져오는 것이 아니라는 사실을 지적하며, 다음과 같이 신유의 한계에 대하여 말하고 있다:

> 믿음은 오로지 하나님의 약속하신데까지만 갈 수 있으며, 하나님께

---

20) Ibid., 179.
21) Ibid., 191.

서는 어느 곳에서도 이 시대 동안 우리들은 절대로 결코 죽지 않을 것이라고 약속한 적이 없다. 하나님께서는 우리의 자연적인 생명의 정도까지, 생명의 역사가 다할 때까지 생명과 건강과 힘의 충만을 약속하셨다.[22]

둘째, 그는 신유를 그리스도의 속죄의 일부로 간주하고 있다.

그는 '속죄론'에서 그리스도의 사역에 중심이 되는 것은 제사장으로서 그리스도의 사역이고, 성육신이 희생적 헌신인 동시에 속죄를 위한 것이 되기 때문에 그리스도의 제사장직이 공생애에 있어서 중심적 성질이 됨을 말하고 있다.[23] 이명직은 인생의 질병은 죄 값으로 왔기 때문에 예수 그리스도께서 십자가에서 속죄하신 공로로 말미암아 질병도 나음을 받는 것을 주장한다.[24] 더 나아가서 우리가 부활함으로 완전한 구속을 받는 날에는 죄와 죽음 뿐만 아니라 질병도 완전히 없어지므로 부활하기까지는 질병이 없을 수 없지만 신유의 원리는 그리스도의 속죄에 의거한 것으로 분명히 말하고 있다.[25]

이 같은 내용은 심프슨의 신유론과도 일치한다. 그는 신유를 그리스도의 생애와 관련시켜 신유는 예수 그리스도의 구속사역의 일부분으로 보았다.[26] 따라서 이명직 목사와 마찬가지로 십자가에서

---

22) A. B. Simpson, *The Gospel of Healing* (Harrisburg: Christian Publication, 1915), 45.
23) 李明稙,『神學大綱』, 176.
24) 이명직,『基督教의 四大福音』, 179-180.
25) Ibid., 180.
26) A. B. Simpson, *The Four - Fold Gospel* (New York: Christian Alliance Publishing Co., 1925), 60.

신유의 근본 원리를 발견하고, 그리스도의 부활을 통해 그 가능성을 확신하고 있다.[27] 그는 신유를 그리스도의 속죄와 관련시켜 다음과 같이 말하고 있다:

> 신유는 예수 그리스도의 구속의 사역의 일부분이다. 그것은 주께서 가져다주신 것 중의 하나이다. 그 주춧돌은 갈보리 십자가(the Cross of Calvary)이다. "그가 네 생명을 파멸에서부터 구속하셨느니라." "그를 사망으로 내려가는 데서부터 구원하라. 나는 대속물을 찾았느니라." 확실히 치유는 오로지 예수 그리스도로부터 오는 것이다. "그가 채찍에 맞음으로 우리가 나음을 입었도다." 그것은 그리스도의 구속의 역사이다. 사랑하는 자여! 그리스도께서 육체로써 십자가에서 당신의 육체에 대한 모든 책임을 짊어지셨으니, 신유에 대한 권리를 가지고 있는 것이다. 그가 채찍에 맞으심으로 주어졌기 때문이다.[28]

셋째, 신유를 의학적 방법이 아닌 하나님의 고치시는 직접적 역사(役事)로 말한다.

이명직은 신유라는 것은 심리요법으로 낫는 것도 아니고, 우연히 낫거나, 한갓 기도나 정성으로 낫는 것도 아니고, 하나님께서 직접 고치시는 역사요, 어떤 인위적인 수단을 통해서 치유되지 않는 것임을 분명히 말하고 있다.[29] 그는 신유가 하나님의 치유라는 사실을 아래와 같은 성경 구절을 통해서 증명하고자 하였다:

---

107) Simpson, *The Gospel of Healing*, 33.
28) Simpson, *The Four - Fold Gospel*, 60.
29) 李明稙, 『基督敎의 四大福音』, 181.

- 신명기 32:39 "지금이라도 너희는 내가 그인줄 알라. 나와 함께한 신이 없는지라. 나는 죽이기도 하며 살리기도 하며 상하기도 하며 낫게도 하나니 내 손에서 건져낼 이가 없나리라."
- 시편 68:20 "하나님은 우리를 건지시는 하나님이시니 사망을 면함이 주 여호와께 속하였나니라."
- 호세아 6:1 "자 - 우리가 마땅히 여호와께 도라갈지니 여호와 우리를 찌지셨으나 도로 낫게 하실 것이요 우리를 치셨으나 싸매주시리로다."

따라서 그는 하나님을 대상으로 하여 믿음으로 간구한 결과로 치유받는 것을 신유로 생각하였다. 그리고 의약이나 다른 방법으로 병고침을 받는 것은 부인하지 않지만 그것이 신유가 아닌 것을 분명히 지적하고 있다.[30] 신유를 기도와 관련하여 다음과 같이 말한다:

> 우리가 병이 낫기 위하여 기도하는 것은 우리의 정성을 의지함도 아니요, 최면술을 이용함도 무슨 방법을 쓰는 것도 아니요, 오직 예수의 이름으로 하나님께 기도하여 나음을 받는 것이 신유니라.[31]

---

30) Ibid.
31) Ibid., 197.

3. 이명직 목사 신유론의 특징

첫째, 현재적 사건으로서의 신유 역사

이명직 목사는 신유는 지나간 과거의 사건이 아니라, 현재에도 일어날 수 있는 현재적 사건임을 주장한다. 그는 『神學大綱』에서 이적에 관하여 신약 성경에서 '대권능', '기사(奇事)', '이적' 7가지 명칭으로 사용되는 것을 말하며(행 2:22), 이것은 역사를 통하여 3기로 구분한다:

> 第 一期 大權能 時代인데 이스라엘이 애굽에서 나오는 時代
> 第 二期 奇事가 行하여진 時代인데 이스라엘의 先知者 엘니야 엘니사 時代
> 第 三期 異績, 卽 標蹟이 行하여진 時代인데 그리스도와 使徒의 時代니라.[32]

그는 제3기 시대에서 예수 그리스도께서 행하신 일은 메시야 되신 표적으로 그리고 사도들이 행한 이적은 주께서 보내신 표적으로 말하고 있다.[33]

그러나 제3기 시대를 예수 그리스도에 이어서 사도들의 행한 이적으로 국한시키지 않고, 신유 역사는 지금도 일어나고 있는 사건임을 말하고 있다. 그는 '第 三節 現代에는 異蹟이 없다함'에서, '이적

---

32) 李明稙, 『神學大綱』, 47-48.
33) Ibid., 48.

은 '사람이 회개하는 일이나, 미워하는 것을 사랑하는 것이 이적'이
라는 주장을 배척하며, 보통 이적은 영적 현상을 가리키는 것'이 아
닌 물리적 현상을 가르치는 것[34]으로 말한다.

> 그러나 今日에도 오히려 數多한 異蹟이 나타난 것이며 하나님께서
> 今日에도 여러 가지 異蹟으로 사람을 警星시키시며 그 存在를 能力
> 있게 証明하시나니라.[35]

그는 『基督敎의 四大福音』에서도 동일하게 주장한다. 즉, 신유의
실례를 신약성경 중에 문둥병자를 고치신 일(마 8:1-4)을 비롯하여 각
종 질병 치유의 16가지를 하나씩 들고 있다.[36] 그는 예수로 말미암아
나타난 실례를 통하여 볼 때 신유는 탁상공론이나 이론이 아닌 역
사적 사실임을 주장하며, 예수께서는 과거나 현재에도 영원히 변치
않는 분이시므로 과거보다 현재에 신유의 이적이 증대하고 있음을
말한다. 따라서 신유는 과거의 지나간 사건이 아닌 현재 계속적으로
일어나는 사건으로 보고 있다.

> 神癒의 役事가 예수님이나 使徒의 시대에만 있었든 것이 않이다.
> 今日에도 이것보다 더 많은 種類의 神癒가 많이 나타났으니 只今은
> 神癒가 나타난 時代가 지나갓다고 말할 수 없나니 예수는 昨日이나

---

34) Ibid., 49.
35) Ibid., 56.
36) 李明稙, 『基督敎의 四大福音』, 204-5.

今日이나 永遠히 變치 않이 하시는 까닭이니라(히 13:8-).³⁷

둘째, 교회의 은사로서 신유

이명직은 신유는 교회에 허락된 은사인 것을 말한다. 그는 고전 12:4-11을 예로 들며, 신유는 여러 가지 은사 중에 하나로 교회의 은사임을 말하고 있다. 이것은 현재에도 신유은사의 계속성을 인정하는 것으로 교회 중에 몇 사람을 세워 사도와 선지자, 교사, 권능 행함, 병 고치는 은사 행함, 구제하는 일, 치리, 각종 방언 말함은 한 성령께서 우리의 형편을 따라 필요시 나누어주는 은사이다. 그리고 우리의 요구와 주문에 의해 주어지는 것이 아님을 말하고 있다. 따라서 신유는 교회에 주신 은사 중의 하나로 원하는 대로 주시는 것임을 주장하고 있다.³⁸ 또한 그는 "믿는 자에게 이러한 이적이 있어 따르리니 나의 일홈으로 저희가 邪鬼를 쫓으며 새로히 方言을 말하며 배암을 잡으며 毒한 것을 마시되 決斷코 傷함이 없으며 病人에게 손을 언진 즉 나으리라"는 마 16:17-18의 성경 구절을 인용하며 신유는 교회의 구성원인 성도들에게 약속하신 은사로, 교회 안에 항상 신유의 역사가 있음을 말하고 있다.³⁹ 그러나 함부로 무식한 남녀가 몰려다니면서 병고친다고 소동을 부리며 사단(事端)을 일으키지 말 것을 권고하고 있다. 그리고, 신유의 치료 방법의 오류를 들어 신유를 빙자하며 교회에 욕을 돌리는 일이 없도록 주의하기 위해 다음과 같이 말하고 있다:

---

37) Ibid., 205.
38) Ibid., 210.
39) Ibid.

그런데 近日에 所謂 神癒를 받었다고 祈禱하는 行動을 보면 소경이 經읽는 모양으로 空然히 소리를 지르기도 하고 病者로 잠을 자지 못하게 보까 되는 일도 있고 東桃枝로 病者를 따리기도 하고 病者가 움직인다고 결박을 하고 소리지른다고 그 입을 트러막기도 하며 목줄띄를 눌르기도 하며 손으로 주므르기도 하며 病者에게 食物을 주지 않고 强制禁食을 시키기도 하야 結果는 致死케 하는 일이 많으니 엇지 寒心한 일이 않이며 하나님께와 敎會에 辱되게 하는 일 얼마뇨.[40]

셋째, 신유 이적을 주장하나, 의약을 반대하지 않음

이명직 목사는 신유는 병든 사람이 의약을 쓰지 않고 믿음으로 하나님께 기도하여 병이 나아서 건강을 회복하는 것만이 신유가 아니라 질병에 상관 없이 건강하게 사는 것도 역시 신유라고 말한다.[41] 그는 신유를 성결과 관련시켜 일생 건강하게 사는 것은 성결한 생활의 결과로 보고 있다.[42] 이명직 목사는 신유의 이적을 믿고, 주장하고 있지만 신유 이적만이 질병 치료의 만능이 아님을 말하고 있다. 즉, 그는 '의약을 사용하지 않고 오직 하나님의 전능하심만 믿고 기도하여 낫는 것'을 신유라고 정의하지만, 의약을 사용하는 것이 죄된 행위가 아님을 분명히 말하고 있다. 하나님의 권능을 인간의 의약이상으로 믿고 기도하는 것 뿐이라고 말한다.[43] 그는 의약이나 의학적 수단 사용은 반대하지 않음을 다음과 같이 말한다:

---

40) Ibid., 207.
41) Ibid., 203.
42) Ibid.
43) Ibid., 201.

> 우리가 神癒를 믿음으로 科學을 否定하거나 醫藥을 反對하는 것이 않이니 이는 過去 醫學이 發達되지 못한 時代에 있었다면 죽을 터 인대 今日 醫學의 發達을 따라 內外科 手術로 治癒하고 '벤이시링' 主射로 여러 가지 병을 治癒하는 事實에 빛치여 反對할 必要가 없나니라.[44]

이명직 목사는 야고보서 5장 13-14절에서 "병자를 위하여 기름을 바르고 기도하라"는 것은 기름이 약이 아니라 유대의 한 습관으로 기후가 더워서 피부가 건조(乾燥)하기 때문에 기름을 발라 부드럽게 하라고 야고보서 기자가 말한 것이라고 해석한다. 그리고 기름을 질병 뿐만 아니라 건강한 사람에게 약으로 사용한 경우가 있지만 이것은 모두 습관에 불과한 것으로 소독 또는 위안(慰安)에 불과한 것임을 말하고 있다.[45] 김응조 목사는 교회의 장로를 청하며 병자에게 기름 바르고 기도하라는 것은 '교회의 주요 인물인 장로를 청하여 당시 풍습인 주유(注油)로 기도할 것'을 말하고 있고, 당시에 신유의 은사를 받은 장로가 있었고, 여기에서 '기름'은 일반적으로 '성령'을 예표하는 것으로 보았다.[46]

넷째, 질병의 근본적 원인으로서의 죄와 사단

이명직 목사는 질병의 원인을 죄와 사단으로 보았다. 그래서 질병의 원인을 의학상으로 말하면 위생 방면으로 세균 작용이나 기타

---

44) Ibid.
45) Ibid., 202.
46) 金應祚, 『聖書大講解』(디모데후-계시록)12 (서울 : 聖靑社, 1974), 218.

여러 가지에서 찾겠지만 그것은 모두 부수적 원인에 불과하고 근본적 원인이 아님을 말하고 있다. 그는 창세기 2:17과 레위기 26:16, 신명기 8:16, 21, 22 성경 구절은 모든 질병의 직·간접적 원인이 죄라는 사실을 말해주고 있다고 주장한다. 그리고 죄는 파괴성을 가지고 있어서, 죄가 들어가는 곳에는 파괴의 결과가 남게 되는데 질병도 같은 맥락에서 하나님의 완전하게 조성하는 것을 파괴시키는 작용을 함을 지적한다. 그리고 질병은 또한 사단의 작용으로 말미암아 얻게 되는 여지가 있음을 욥의 경우(욥 2:7)를 들어 설명하며, 죄의 원인인 동시에 질병의 원인이 사단임을 말하고 있다.[47] 그러나 그는 질병의 원인을 죄와 사단에게서만 찾지 않고, 위생상 부주의, 과로, 식상(食傷), 색상(色傷), 심려(心慮), 불가항력적 경우(유전병, 落傷, 유행전염병)에서도 그 원인을 찾고 있다.[48]

V. 평가 및 분석

이명직의 신유론은 다음과 같이 몇 가지로 분석하며 평가할 수 있다.

첫째, 이명직 목사의 신유이해는 김응조 목사처럼 분명한 자신의 신유 체험에서 이루어지지 않았다. 그러나 신유 체험이 보이지 않고 있으나 『基督敎의 四大福音』과 『신약전서 사경보감』을 통하여 학

---

47) 李明稙, 『基督敎의 四大福音』, 182-84.
48) Ibid., 184-85.

문적인 체계를 세우므로 김상준 목사와 더불어 성결교회 신유론 형성에 지대한 공헌을 남겼다. 따라서 심프슨, 나카다 쥬지, 킬보른, 김상준으로 연결되는 한국성결교회의 신유의 역사적인 맥을 분명히 하는 역할을 다하였다. 신유를 중생, 성결, 재림 다음의 순서로 바꾸어 소위 '3중교리 사중복음'으로 신유론을 교리에서 제외시키는 인상을 주고 있지만, 신유론이 사중복음의 하나로서 공고한 자리매김을 하는데 일조를 하였다. 그러나 동경성서학원에서 공부한 내용과 큰 차이가 없는 과거의 신유론의 교리적 답습상태에 머무는 한계도 가지고 있다.

그것은 앞서 살펴본 내용을 분석하여 볼 때 교회의 은사로서 과거에 일시적인 현상이 아닌 신유는 지금도 행해지고 있다는 심프슨(A. B. Simpson)과 나카다 쥬지 그리고 김상준으로 이어지는 신유론의 내용에 큰 차이가 보이지 않기 때문이다.

둘째, 이명직의 신유론은 신유와 의약의 관계에서 의약 사용을 죄로 규정하여 반대하지는 않고 있으나, 의약을 2차적이고 부수적인 것으로 구분하거나, 해석하는 소극적 자세를 보이고 있다. 앞서, 설명한 것과 같이 성경에서 예수께서 벙어리를 고치실 때 침을 그 혀에 바르신 일과 나면서 눈먼 자를 고치실 때 침을 진흙에 개어 그 눈에 바르신 것은 약을 사용한 것이라는 주장에 반대하며 그것은 벙어리와 소경의 믿음을 시험하는 일 외에는 다른 아무 뜻이 없다고 의약을 설명하고 있다.

현대에 있어서 이같은 이명직의 신유론 이해는 의약과 신유의 관계를 좀 더 통전적인 차원에서 그것의 사용하는 것에 대한 관계 설정이 필요하다. 왜냐하면 현대 생활 중에서 그리스도인이 믿음의 기도 없이 의약을 사용하는 것도 문제이지만 또한 의약을 무시하거나, 부정하는 맹목적인 믿음도 문제이기 때문이다. 오늘날 목회현장에서 교인들에 대한 충분하고도 바른 신유 이해가 필요하다

  셋째, 이명직의 신유 이해는 구원론적인 과정에서 그리스도의 속죄는 영혼 뿐만이 아니라 육체까지도 구원하는 전인구원의 입장에 서있다. 이 점에 있어서는 심프슨의 신유론과 동일한 내용으로 나타난다. 그리스도의 속죄가 영혼의 죄 뿐만 아니라 육체의 질병까지도 구원한다는 신유의 전인적인 구원 이해는 한국성결교회의 신유론과 같은 맥락으로 해석되어진다. 따라서 이명직 목사는 신유를 속죄의 일부로 보고, 인생의 질병은 죗값으로 온 것으로 예수께서 십자가에서 속죄하신 공로로 인하여 육체의 질병도 구원받을 수 있음을 주장하고 있다. 그러나 이 같은 신유 이해는 새 천년에 들어 와 좀더 넓은 의미에 있어서의 해석을 요청받고 있다. 이미 필자는 2000년 11월 생명의 위기가 도덕성의 파괴로 이어지는 현대에 있어서 신유의 확장된 재해석을 통해 신유를 사회와 자연환경의 영역까지 포괄하는 치유 영역의 패러다임의 전환을 주장한 바 있다.

  넷째, 이명직은 신유사역을 선교와 연결시킴으로 신유를 단순한 병 고침에서 복음전파의 주요한 수단으로서 하나님의 사역과 관련시켜 설명하고 있다. 이명직은 앞서 언급한 바와 같이 신유를 교회에 허락된 은사로 보고, 그것을 전도적 사명에 국한되는 것으로 이해한다:

  主께서 傳道하러 가거든 「그 곳에서 병을 곳치고 또 말하기를 하나님 나라이 너희 앞에 갓가히 이르렀다 하라(눅 10:9)하셨으니 傳道者

는 어대로 가서 傳道하든지 神癒의 福音을 證據할지니라. 이것은 하나님께서 보내신 義蹟이니라. 舊約 時代에 모세와 엘리야와 엘리사가 다 異蹟을 行하였으니 이는 하나님의 종된 標蹟이오, 예수께서 行하신 異蹟은 메시야되신 標蹟이오, 使徒들이 행한 異蹟은 예수께서 보내신 標蹟이니라[49]

하나님께서 우리의 질병을 치유하신다는 신유의 복음은 과거 의학이 발달하지 못한 때만 아니라 오늘에 있어서도 가장 확실한 선교의 방편이 될 수 있다.

VI. 닫는 글

신유의 복음은 한국성결교회를 특징짓고, 타 교단과의 상이점을 드러내는 판별적인 교리적 전통을 이루는 사중복음의 한 주제로 1907년부터 현재에 이르기까지 성결교회가 주장해 온 신앙적이며, 성서교리적인 유산이다. 신유의 역사는 사도 시대로 완전히 종결되지 않고 오늘날에 있어도 계속적으로 일어나고 있다. 이것은 인간의 영혼과 그리고 육체에도 나타나는 하나님의 살아계신 현존의 역사이다. 따라서 새 천년에 진입한 한국성결교회는 영혼과 육체의 전인적 구원의 복음을 전하는데 더욱 힘써 나아가야 한다. 동양선교회 킬보른(E. A. Kilbourne)은 1925년 『敎理及條例』에서 1925년 당대에도

---

49) 이명직, 『基督敎의 四大福音』, 211.

신유의 복음전파를 향한 열렬한 신앙을 가질 것을 호소하였다:

> 주님에게서 신유(神癒)의 은혜(恩惠)를 받는 것은 동시에 신령적(神靈的) 복(福)도 받는 것이니 만일 우리가 다른 사람을 청하면 이 복을 잃어버린다. 그런고로 우리들은 신유(神癒)에 대하여 열렬한 신앙을 가질 것이다. 이것이 근원에 대하여는 결과가 없다고 말하는 것은 진실된 말이다. 비록 그러나 예수를 의원(醫員)이 아니라고 주장치 않고 거절(拒絶)함은 곧 하나님의 말씀에 대하여 무식한 표(標)이니 고의로 무식한 중에 빠진 뒤에는 정녕코 신념적 쇠약(衰弱)이 따를 것이다.[50]

한국성결교회는 정체성의 혼돈을 맞고 있는 새 천년에 들어와 무엇보다도 신유 복음을 단순한 19세기의 전도 표제라는 고정관념의 틀에서 벗어나 신유 복음을 신학화시켜 영혼과 육체 뿐만 아니라 사회와 지구 환경이라는 통전적 치유신학으로 발전시켜야 한다. 이러한 모든 작업에 있어서 이명직 목사의 신유론에 대한 성서신학적 이해는 그 기초를 이미 놓았다고 볼 수 있다.

[성결대학교 성결신학연구소, 「성결신학연구」, 7권(2002년)]

---

50) 吉寶崙, "東洋宣敎會가 가라치는 四重福音," 「活泉」, 第7卷(1929), 15.

심프슨(A. B. Simpson)의 신유 이해

I. 여는 글

우리가 믿는 하나님은 치유하시는 하나님(Healing God)으로 신유는 복음서의 중심이 되는 교리이다. 그러나 초대 교회 이후 이것과 관련된 주제들은 콘스탄틴 이후 중세 교회를 거쳐 보다 모범적인 성도의 표시와 병든 자에게 기름을 바르고 치유하는 종부성사의 성례관으로 변형되었다. 개혁파 전통도 신유의 테마를 축소시키는 일에 가세하여 치유를 사도 시대의 것으로 단정하는 입장을 고수하였다.[1] 계몽주의적 사고도 여기에 동참하여 신앙에 의해 질병을 치유하는 것은 반과학적 형태로 구시대적이며, 미신적인 일로 간주하였다.

이러한 일련의 것들에 대한 귀결로 치유의 은사는 그 본래적 의미가 축소되었다. 따라서 다원화의 21세기 현대교회가 2천년 교회사에 있어서 회복해야 할 중요한 성서의 유산은 치유의 사역이다. 신유는 성령의 은사 중의 하나로 예수의 치유사역과 초대 교회 뿐

---

1) Donald W. Dayton, *Theological Roots of Pentecostalism* (Grand Rapids: Francis Asbury Press, 1987), 123.

만 아니라 오늘날에도 계속적으로 일어나고 있다. 특별히 19세기에 들어와 성서에서 말하는 신유를 믿고, 체험한 사람들이 신유운동을 펼쳤는데 대표적인 사람들 중에 한 사람이 기독교연합선교회(Christian and Missionary Alliance)를 창설한 심프슨(A. B. Simpson)이다.

II. 심프슨의 신유 체험

알버트 심프슨(Albert B. Simpson)은 1843년 12월 15일에 캐나다의 프린스 에드워드(Prince Edward) 섬의 베이뷰(Bayview)에서 태어났다.[2] 제임스 심프슨(James Simpson)의 넷째 아들로 태어난 심프슨은 유아 때부터 장로교회의 장로인 부친의 가르침에 따라 청교도적인 신앙교육을 받으며 성장하였고,[3] 존 게디(John Geddie)로부터 유아세례를 받았다.[4] 그는 15살이 조금 못 되었을 때 카탐(Chatham)고등학교에 입학하였으나 부득이 학교를 중단하고, 독학으로 보통학교 교사 자격증을 따서 16세의 어린 나이에 40명 학생을 가르치는 공립학교 교사가 되었다.[5]

중생의 체험을 갖게 된 것은 16세 바로 한해 전에 마샬(Marshall)의 *Gospel Mystery of Sanctification*라는 책을 발견하고 읽는 중에 일

---

2) A. W. Tozer, *Wingspread - A. B. Simpson: A Study in Spiritual Attitude* (Camphill: Christian Publications, 1943), 11~12.
3) A. E. Thompson, *A. B. Simpson - His Life and Work*(Harrisburg: Christian Publication, 1960), 3, 8.
4) Tozer, *Wingspread - A. B. Simpson*, 18.
5) Ibid., 22; Thompson, *A. B. Simpson - His Life and Work*, 17~18.

어났다.

> 당신이 행해야 하는 첫 번째 선행은 주 예수 그리스도를 믿는 것이다. 당신이 이것을 행하기 전 모든 당신의 노력, 기도, 눈물 그리고 선행들은 헛된 일이다. 주 예수를 믿는다는 것은 하나님의 말씀에 따라 주께서 당신을 구원하셨다는 것을 지금 믿는 것이다. …[6]

심프슨은 목회를 하기 위해 공부하려고 토론토의 낙스(Knox)대학에 입학하여 1866년에 졸업하였다.[7] 그는 대학 시절에 유아들은 세례를 받아야 한다는 논문을 썼고,[8] 장로교적인 천년설 입장에서 역사적이고도 철학적인 매우 어려운 주제를 담은 "주님의 강림을 위한 세상의 준비와 그의 나라 건설(the Preparation of the World for the Appearing of Saviour and the Setting up of His Kingdom)"이란 제목의 논문을 썼다.[9]

신학교를 졸업한 후 심프슨은 토론토에 사는 마가렛 헨리(Margaret L. Henry)와 결혼하였고, 캐나다에서 두 번째로 큰 낙스(Knox) 장로교회의 목회자로 부임하여 8년간 사역 중에 큰 교회 부흥을 일으켰다. 그러나 캐나다의 추운 기후로 인해 그의 건강이 악화되자, 주위의 권면에 따라 켄터키 주의 루이빌에 있는 체스너트가(Chestnut Street)

---

6) Tozer, *Wingspread - A. B. Simpson*, 18.
7) Keith M. Bailey, *Bring Back the King: An Introduction to the History and Thought of the Christian and Missionary Alliance*(Nyack: Christian and Missionary Alliance, 1985), 1~2; Tozer의 *Wingspread - A. B. Simpson*, 35에는 Simpson이 1865년 4월에 Knox 대학을 졸업한 것으로 되어 있다.
8) Thompson, *A. B. Simpson - His Life and Work*, 37.
9) Ibid.

장로교회로 그의 사역지를 옮기게 되었다. 이곳에서의 목회는 1874년에 시작되어 6년간 계속되었다. 미국에서의 목회사역 기간에 그는 신학교 시절에 배웠던 엄격하고 폐쇄적인 구조의 몇 가지 칼빈주의적인 가르침에 대하여 재고하게 되었다. 그는 하나님을 갈망하며 기도하고, 성경을 연구하는 중에 전국을 누비며 대대적인 캠페인을 벌이던 복음전도팀 휘틀(Major Whittle)과 그의 복음송 가수인 블리스(R. P. Bliss)를 만나 교제하게 되었다. 이들과의 만남 이후 심프슨은 처음으로 종교적 각성과 함께 대중전도를 지향하게 되었다.[10] 심프슨은 루이빌에서 생활하는 동안 그 지역의 소외된 자들의 대중전도의 필요성을 인지할 뿐만 아니라 세계 선교에 대한 비전을 갖게 되었다.[11]

1894년 8월에 행하였던 설교 '마게도니아인의 외침'에서 자신에게 일어났던 선교 비전에 대해 다음과 같이 말하고 있다:

> 나는 18년 전 어느 날 밤에 일어났던 일을 결코 잊을 수 없다. 나는 자다가 엄습하는 하나님의 권능을 느끼고 두려움에 싸여 떨면서 일어났다. … 나는 마치 넓은 공연장에 앉아 있는 것 같았고, 수백 만의 사람들이 내 주위에 둘러앉은 것 같았다. 전 세계 모든 기독교들이 거기에 있는 것처럼 느꼈다. … 그들은 대부분 중국 사람처럼 보였다. … 나는 중국이나 또는 이방에 대해 생각하거나 말해본 적이 없다. 그러나 그 순간 내 마음속에 세계 선교에 대한 비전이 일어났다.

---

10) Ibid.
11) Ibid., 3.

나는 성령의 역사에 떨면서 무릎을 꿇고 온 몸으로 대답했다. "예, 주님. 가겠습니다."[12]

또한 그는 이곳에서 성결의 체험을 가졌는데, 그는 죄의 시각에 대한 또다른 깊은 경험으로부터 예수 그리스도는 자신을 성결케 하시는 분으로 믿음으로써 벗어날 수 있었다. 그때는 중생을 경험한 지 15년이 되는 해였다.[13]

이후 1880년에 뉴욕으로부터 초청이 왔다. 버챠드(Burchard) 박사가 '13번가 교회(Thirteenth Street Church)'를 시작하자, 그 교회 제직들은 심프슨을 그의 후임자로 확신하여 그를 청빙하게 되었던 것이다.[14] 그는 뉴욕에 와서 The Gospel in All Lands라는 선교 잡지를 출간하였다.[15]

뉴욕에서의 목회사역에도 불구하고 직접 심프슨의 마음을 짓누르는 것이 있었는데, 그것은 소외된 대중들이었다. 그는 대중복음전도를 위해서는 전통적인 틀에서 탈피하여 신앙으로 새로운 일을 시작해야 함을 깨닫고, 2년 후에 자진하여 사임하였다.[16] 심프슨이 '13번가 교회'를 사직한 배경은 몇 가지를 들 수 있다. 첫째는, 소외되고 버림받은 빈민층 대중에 대한 복음전도의 책임감의 발동이었다. 둘째는, 올드 오챠드(Old Orchard)의 신유의 경험이었다. 토저(A. W. Toz-

---

12) Ibid., 120.
13) A. B. Simpson, *The Four - Fold Gospel* (New York: Christian Alliance Publishing Co., 1925), 6.
14) Tozer, *Wingspread - A. B. Simpson*, 67.
15) Bailey, *Bringing Back the King*, 3.
16) Ibid., 3~4.

er)는 이에 대해 다음과 같이 말한다:

> 심프슨은 '13번가 장로교회'의 목사직(Pastorate)과 장로 교단을 떠나게 된 것은 첫째로 몇 달 전의 신유의 경험과 또 다른 하나는 성경의 가르침대로 침례에 의한 세례의 교리를 받아들였고 유아세례를 반대했기 때문이었다.[17]

심프슨이 1881년 11월 7일에 13번가 장로교회를 사임한 일은 칼빈주의 장로교 목사로서 신유 체험을 하고, 신유가 사도 시대의 일시적인 은사로 곧바로 사라지지 않고, 지금도 계속해서 일어나고 있다는 확신에서 비롯되었다.[18]

심프슨은 어릴 적부터 여러 질병으로 인해 고생을 하였다. 14살 소년 시절에는 죽음의 지경에까지 이른 적이 있었고, 심장질환으로 인해 주머니에는 늘 약을 가지고 다녔다.[19] 앞서 언급한 대로 건강이 약화되면서 첫 목회지를 켄터키 루이빌로 정해 1874년부터 6년간 목회하였지만 건강이 몹시 약화되어 있었다.[20] 뉴욕 13번가 장로교회에서 사역할 때도 내적으로는 교리적인 문제로 인한 갈등을 갖게 되었고, 육체적으로는 건강이 악화되어 건강의 또 한번의 위기를 맞

---

17) Tozer, *Wingspread - A. B. Simpson*, 85.
18) Charles Edwin Jones, *A Guide to Study of the Holiness Movement* (Metuchen: the Scarecrow Press, 1974), 498. 이 책에서는 Christian and Missionary Alliance의 처음 시작을 기성교회에서 소외된 무산대중을 위한 사역의 필요성으로 Simpson은 1881년 장로교단을 떠났음을 말하고 있다.
19) Thompson, *A. B. Simpson - His Life and Work*, 73.
20) Bailey, *Bringing Back the King*, 3.

게 되었다.[21]

뉴욕의 유명한 의사는 심프슨의 생명이 몇 달 밖에 남지 않았음을 말해주었다. 심프슨은 그해 여름 동안 사라토가 온천장(Saratoga Springs)에서 휴식을 취하였는데, 그곳에는 인디언 야영장이 있었고 어느 주일 오후에 복음전도집회가 열리고 있었다. 심프슨이 낙심되어 이리저리 서성거리며 걷고 있을 때, 갑자기 전도집회에서 울려나오는 찬송 소리를 듣고 마음의 깊은 감동을 받게 되었다.

"예수는 만군의 주시오, 아무도 주님처럼 역사할 수는 없네(My Jesus is the Lord of lords : No man can work like Him)." 계속해서, "아무도 주님처럼 역사할 수 없네. 아무도 주님처럼 역사할 수는 없네." 그들이 부르는 찬송은 하늘로부터 들려오는 음성과 같이 심프슨의 마음을 흔들어 놓았다.

이 일 후, 심프슨은 몇 주 후에 가족과 함께 공기 좋고, 모든 대서양 해변가 가운데서도 좋은 곳으로 알려진 메인주 올드 오챠드 해변(Old Orchard Beach)으로 휴양을 떠났다.[22] 그는 그곳에 머무는 동안 신유의 가르침을 접하게 되었다. 보스턴에 사는 컬리스(Cullis)라는 의사는 그의 성경 연구에서 하나님께서는 오늘날에 있어서도 병을 고치시고 있다는 것과 교회는 치유목회(Healing Ministry)를 행해야 한다는 것을 확신하고 있었다. 심프슨은 그의 습관에 따라 기도로 이

---

21) Ibid., 4.
22) Thompson, *A. B. Simpson - His Life and Work*, 74~75.

문제를 주님께 가져갔고, 성경을 찾기 시작하였다. 그가 숲 속에서 성경을 읽는 중에 성령께서 신유의 진리는 오늘도 역사하신다는 사실을 말씀을 통해 확신시켜 주었다. 그때 그는 예수 그리스도께서 이미 자신의 몸을 담당했다는 것을 믿음으로 받아들였다.[23] 그는 예수 그리스도를 자신의 치유자로 모셔들이기로 작정하였다. 그리고 다음과 같은 3가지를 하나님 앞에 서약하였다:

1. 내가 그날에 당신 앞에 선 것처럼, 나는 엄숙히 이 진리를 당신의 말씀과 그리스도 복음의 일부분으로서 받아들이겠습니다. 그리고 하나님께서 나를 도와 주신다면 나는 내가 그 곳에서 당신을 만날 때까지 결코 그것을 의심하지 않을 것입니다.

2. 내가 그날에 당신 앞에 선 것처럼, 나는 내 지상 사역을 모두 완수할 때까지 주 예수를 내 육신의 모든 필요를 채워주시는 육신의 생명(physical life)으로 받아들입니다. 하나님이 나를 도와주신다면 나는 나를 향한 주님의 모든 뜻이 완전하게 성취될 때까지 주님이 이 순간부터 나의 생명과 능력이 되며, 어떤 상황아래에서도 나를 지켜주실 것을 의심하지 않습니다.

3. 내가 그날에 당신 앞에 선 것처럼, 나는 엄숙히 하나님의 영광과 다른 사람들의 유익을 위하여 이 신유의 축복을 사용하고, 신유의 복음을 전하고 이것과 관련하여 하나님이 나를 부르시고, 다른 사람들

---

23) Bailey, *Bringing Back the King*, 4.

이 나를 필요로 하는 어떤 곳이라도 사역할 것을 맹세합니다.[24]

이후에 놀랄 만한 변화가 그에게 찾아왔다. 서약 이후에 자신에게 다가온 3가지 시험[25]을 물리치며 놀라운 은혜의 체험을 갖게 되었다. 그리고 만성 심장질환에서부터 치유를 받게 되고 소생되었다. 그때부터 죽기까지 복음을 전파할 수 있었고, 저술 활동을 할 수 있었으며, 가르칠 수 있었고 자신에게 주어진 막중한 일을 감당해 낼 수 있었다.[26] 심프슨은 신유 체험을 자신의 생애 가운데 일어난 커다란 세 번의 신기원을 이룬 종교 경험 중의 하나로 묘사하였다:

> 약 27년 전 나는 절망의 바다에서 10개월 동안 몸부림을 쳤고, 그리고 나서 오직 예수를 나의 구주로 믿음으로서 비로소 그 절망에서 벗어날 수 있었다. 약 12년 전에 나는 정죄에 대한 또 다른 경험을 가지게 되었는데, 예수를 나의 성결의 주로 믿음으로써 거기서 벗어나게 되었다. 여러 해 동안 가르치고 그를 섬긴 후인 4년 전에 우리 주 예수 그리스도는 나의 영혼과 아울러 육체를 위해서도 완전한 구주가

---

24) Thompson, *A. B. Simpson - His Life and Work*, 75~76.
25) 첫 번째 시험은 엄숙한 서약을 마친 후, 컬리스(Cullis)에게 가서 치유를 위해 기도 부탁을 한 것이 좋지 않은가 라는 시험이었고, 그는 예수님을 치유자로 모신 이상, 더 이상 컬리스에게 의지할 필요가 없음을 확신하였다. 둘째 시험은 이틀 뒤에 회중교회에 초대받아 설교할 때에, 성령께서 올드 오챠드에서 보여주신 신유의 체험을 증거할 것을 요구하셨으나, 자신이 훌륭하다고 생각한 설교를 하였다. 그러나 이미 저녁예배 때 하나님께서 자신에게 행하셨던 일을 말하였다. 세 번째 시험은 다음 날 그에게 찾아왔는데, 그것은 3000피트나 높은 산을 등산하는 일이었다. 심프슨은 Switzerland에서 고소공포증으로 고생을 한 악몽이 떠올랐다. 그러나 주님의 능력을 믿고 산 정상까지 올라갔을 때 마치 천국문에 도달한 것 같았고, 연약함과 두려움의 세상이 자신이 발아래 있는 것과 같은 경험을 하였다. 이것에 대한 구체적인 설명은 Thompson, *A. B. Simpson - His Life and Work*, 76~78을 참조하라.
26) Bailey, *Bringing Back the King*, 4.

되신다는 것이 주님의 복된 뜻이라는 사실을 나에게 보여주셨다.[27]

이전의 몇 달 동안 신유의 경험은 1881년 11월 7일 심프슨으로 하여금 13번가 교회 뿐만 아니라, 장로교 사역을 사임하고 교리나 제도에 매이지 않는 독립 사역을 시작하게 하였다.[28] 그는 홀을 빌리고 집회광고를 신문에 실었다. 처음에는 9명이 참석하였으나 몇 주 후에 17명으로 늘어났다.[29] 그의 집에서 열린 특별기도회에 모인 많은 사람들이 신유를 체험하고, 간증을 하였다. 1883년 5월 16일 심프슨은 신앙요양원(House for Faith and Physical Healing)을 세웠다.[30]

일년 후, 1884년 5월 5일 이것은 기적적으로 치유 받은 셀차우(Mr. E. G. Selchow)가 23번가에 위치한 건물을 기증하면서 공식적으로 '은혜의 집'(The House of Blessing)이라는 의미의 베라카 룸(Berachah House)으로 발전되었다.[31] 축복의 집 개관과 함께 금요모임을 시작하였는데, 많은 사람들 모여들었고 이후에 이곳은 심프슨의 신유목회의 중심이 되었다.

이러한 활동과 올드 오챠드와 같은 곳에서의 다른 사역을 통하여 심프슨은 그 당시 성장하고 있는 '믿음의 치유운동'의 지도자로서 컬리스 다음가는 사람이 되었다.[32]

---

27) Simpson, *The Four - Fold Gospel*, 5~6.
28) Tozer, *Wingspread - A. B. Simpson: A Study in Spiritual Altitude*, 85.
29) Bailey, *Bringing Back the King*, 5.
30) Thompson, *A. B. Simpson - His Life and Work*, 141.
31) Ibid., 142.
162) Dayton, *Theological Roots of Pentecostalism*, 116~117.

III. 심프슨의 신유 이해

1. 심프슨의 신유 정의

신유는 인간 육체 속에 하나님께서 주입하시는 초자연적인 신적 능력으로써 하나님의 생명과 능력에 의해 그들의 힘을 새롭게 하고 고통당하는 인간의 육체의 약함을 되돌리는 것이다. 따라서 신유는 인간의 논리나 병 고침 받은 사람들의 증거에 기초하지 않고, 오직 하나님의 말씀에 기초한다.[33] 그리고 그것은 육체를 소생시키는 성령의 사역으로 인간의 역사를 통하여 나타나지 않고 하나님의 은총과 신앙에 의해서 임한다.[34] 그리고 신유는 언제나 하나님의 뜻을 깨닫고, 마음에서 우러나는 복종으로 그 뜻을 받아들인다.[35] 신유는 예수 그리스도의 구속 사역 가운데 일부분이고, 그 자신의 육체가 죽은데서 다시 일어나신 예수 그리스도의 생명을 통하여 우리에게 오는 것이다.[36]

2. 잘못된 신유 이해

신유는 의학적 신유가 아니고, 또한 정신요법이나 Christian Science와 같은 정신력에 의한 형이상학적 치유가 아니다. 또한 그것

---

33) Simpson, *The Four - Fold Gospel*, 56~57.
34) Ibid., 62.
35) Ibid., 57.
36) Ibid., 61~62.

은 최면술(magnetic)인 치유가 아니고, 주문을 외우거나, 악한 영들을 통해 병 낫기를 꾀하는 강신술적인 현상이 아니다. 그리고 신유는 기도, 그 자체가 병을 고치는 것이 아니고 그리스도께서 자신의 신적인 어루만짐(Divine touch)으로 말미암는 것이다. 신유는 믿음, 그 자체나 인간의 의지력이 아니고, 병을 고쳐주시는 이는 하나님이시다. 신유는 하나님의 뜻에 도전함도 아니고, 장사(trade)나 직업으로부터 무엇을 얻거나, 돈을 목적으로 하는 의술이 아니다. 더 나아가서 신유는 육체적으로 죽지 않는 것도 아니다.[37]

3. 신유의 계속성

신유는 우리 삶에서 우연히 가끔 일어나는 사건이 아니라, 육체를 위한 그리스도께 대한 끊임없고, 고정적인 신뢰의 삶이다.[38] 따라서 '기적의 시대는 사라지지 않았다?'에서 하나님의 말씀은 기적이 사라졌다는 그러한 사실은 어디에서도 내비친 적이 없다. 오히려 기적의 시대에 살고 있다. 그리스도의 시대에 살고 있으며, 초림과 재림 사이에 살고 있다. 그리고 우리는 끊임없이 우리를 굽어보시는 하나님의 임재 아래 살고 있으며, 능력의 시대에 살고 있다. 모든 다른 시대보다도 강력하게 생동해야 하는 시대에 살고 있다.[39] 심프슨

---

37) Simpson, *The Four - Fold Gospel*, 60~61.
38) A. B. Simpson, *The Lord for the Body : with Questions and Alliance on Divine Healing* (Harrisburg: Christian Publications, 1959), 14. 원래 이 책은 1925년 New York(Christian Alliance)에서 출판되었다.
39) Simpson, *The Gospel of Healing*(Harrisburg: Christian Publication, 1915), 52~53.

은 신유의 역사가 수세기 내에 교회에 존재했지만 세속성과 타락, 형식주의와 불신앙이 자라면서 점차적으로 사라진 것을 지적하고 있다.[40]

IV. 심프슨의 신유론의 특징

1. 그리스도 생애와 관련시킨 신유론 이해

심프슨의 신유론의 특징은 성화와 마찬가지로 신유도 그리스도와 그의 완전함(fullness)에 맞춰져 있다.[41] 그는 예수 그리스도의 생애와 관련시켜 신유를 그리스도의 구속사역의 하나로 이해하였다.

> 그러나 우리 주 예수 그리스도의 십자가에서 대속의 핵심을 발견한다. 그리고 그곳에서 우리는 신유의 근본적인 원리를 찾아야 한다. 그리고 그것은 속죄의 제물에 놓여있다. 이 원리는 필연적으로 우리가 언급하였던 첫 번째 원리로부터 이어지는 것이다. 만일 질병(sickness)이 타락의 결과이지만, 그것은 반드시 그리스도의 속죄에 포함되어야만 한다.[42]

심프슨은 예수의 공생애 가운데 질병에 대한 치유가 일시적인 사

---

40) Ibid., 8.
41) Dayton, *Theological Roots of Pentecostalism*, 128.
42) Simpson, *The Gospel of Healing*, 32.

건(occasional incident)이 아니라, 그의 사역에 주된 부분이었다는 것을 강조하고, 죽을 때까지도 그 일을 계속 하셨음을 말하고 있다.[43] 따라서 그는 신유 복음의 가장 깊은 생명의 원천이 주님의 부활에 있음을 천명한다.[44] 이와 같은 주장은 *The Gospel of Healing*에서 뿐만 아니라, *The Four - Fold Gospel*에서도 동일하게 발견되어진다:

> 4. 신유는 예수 그리스도의 구속사역의 일부분이다.
> 신유는 그리스도께서 가져다 주신 것 중의 하나이다. 그것의 주춧돌은 갈보리의 십자가이다. …
> 5. 신유는 육체가 죽은 자 가운데서 일어나신 예수 그리스도의 생명을 통하여 우리에게 오는 것이다. 그는 그의 살아계신 육체로 하늘로 올라가셨다. … 우리는 우리 육체 가운데 그리스도의 생명으로 말미암아 치유되는 것이다.[45]

그는 그리스도의 성육신에서 인간 육체를 하나님의 창조의 절정으로 이해하며 십자가에서 신유의 근본적인 원리를 발견하고, 그리스도의 부활을 통해 그 가능성을 확신하고 있다.

---

43) Ibid., 31.
44) Ibid., 33.
45) Simpson, *The Four - Fold Gospel*, 60~61

2. 영과 육의 전인적 구원

심프슨은 자신의 삶 가운데 그리스도는 자신의 영혼 뿐만 아니라 육체에 있어서도 구주가 되심을 믿자, 장로교 사역을 그만 둘 정도로 신유목회를 자신의 주요한 사역의 하나로 받아들였다. 그는 인간은 영적인 육체와 영혼의 이중적인 본성으로 구성되었고, 인간의 질병이 인간의 영적인 타락에 근거하고 있다고 보았다. 따라서 그리스도의 십자가 죽으심과 부활이라는 구속사역을 영적인 차원으로만 제한시키지 않고 육체를 포함한 전인적인 구원(holistic salvation)으로까지 생각하였다.

인간의 영혼이 죄에서 해방되어 온전히 성화되어 영적인 구원을 이루고, 또한 육이 질병에서 해방되어 육적인 구원을 이루었다는 예수 그리스도의 이중 사역을 기독론 중심으로 언급하고 있다. 이것은 곧, 예수 그리스도의 구원은 영혼만이 아닌 육체를 포함한 전인적인 구원이라는 것이다:

> 인간은 이중 본성을 가지고 있는데, 그것은 곧 육체와 영(a material and a spiritual being)이다. 그런데 이 두 본성은 동일하게 타락의 영향을 받았다. 인간의 몸은 질병에 노출되었고, 영혼은 죄로 인해 타락되었다. 그러므로 이 두 가지 본성을 포함시킨 완전한 구원 계획(the complete scheme of redemption) 즉 영적인 생명의 변화 뿐만 아니라 육체적인 회복까지 가져다주는 것을 깨닫는 것은 얼마나 복된 일인가? 치유자(예수 그리스도)께서는 사람들 가운데 나타나셔서 우리의 불행과 필요에 대하여 손을 펼치사 구원(salvation)과 치유(healing) 두 가지를

제공하셨다.[46]

3. 의학적인 치유 수단 사용에 앞서 신유를 우선시함

데이턴(Donald W. Dayton)은 *The Theological Roots of Pentecostalism*에서 심프슨은 그의 초기 작품에서 신유를 주장하면서 의사나 의학 같은 의학적 수단(means) 사용에 대하여 반대하는 입장을 가지고 있었다고 지적하였다.[47] 심프슨은 '하나님께서는 우리에게 그것들을 사용하는 것을 원하지 않으십니까?'라는 질문에 '하나님께서는 그 어느 곳에서도 의학적인 수단을 언급하지 않으셨고, 우리는 약들이 일상적인 하나님의 수단인지를 언급할 권리를 가지고 있지 않다'고 대답한다. 그러면서 구약시대 족장들의 전 역사에서 이런 수단들이 사용되어졌다고 말하고 있는 곳은 하나도 없고, 그러한 것들은 독특하고, 대답할 수 없는 사건들임을 말하고 있다. 그리고 솔로몬 시대 와서야 의학적 치료의 첫 번째 분명한 경우를 발견하지만 그 경우에는 환자가 죽는다. 왜냐하면 이것은 불신앙의 징표와 하나님으로부터의 탈선으로 인해서이다. 신약성서에서도 이런 수단들이 결코 좋은 것으로 말해지지 않는다고 주장한다.[48] 그는 계속해서 누가(Luke)가 회심한 이후 의사로서 의학적 수단을 결코 사용하지 않고 신유가 일어났음을 말하고 있다.[49] 신유에 있어서 의학적 수단 사용

---

46) Simpson, *The Gospel of Healing*, 7.
47) Dayton, *Theological Roots of Pentecostalism*, 128.
48) Simpson, *The Gospel of Healing*, 65~66.
179) Ibid., 67.

에 대해 그는 다음과 같이 몇 가지로 명백히 말하고 있다:

> 첫째, 하나님께서는 의학적인 처방을 규정하지 않으셨다.
> 둘째, 하나님께서는 예수의 이름으로 다른 처방을 규정하지 않으셨다.
> 셋째, 이 모든 은혜는 신앙에 의해서이지 행함(works)이나 수단(means)이 아니다. 치료 사용이 만일 성공적으로 끝난다면 대개 사람에게 영광을 돌린다. 하나님께서는 그것을 허용하시지 않는다.[50]

이와 같은 견해는 *Four - Fold Gospel*에서도 동일하게 나타나고 있다:

> 1. 신유는 의학적 치료가 아니다.
> 신유는 약을 통하여 우리에게 오는 것이 아니고, 치료와 수단에 있어서 하나님의 특별한 축복도 아니다. 그것은 하나님 자신의 전능하신 손의 직접적인 능력이다.

그러나 심프슨은 의학적 수단 사용에 대해서 극단적인 부정은 하지 않는다. 그는 자신의 육체를 하나님께 완전히 맡길 준비가 되어 있지 않은 사람들이 의료적 수단을 쓰는 것을 조금도 반대하고 있지 않다. 그는 그리스도를 전적으로 신뢰하는 방향으로 인도함을 받지 못했다면 오히려 자연치료법(natual remedies)을 의존하는 것이 낫

---

50) Ibid.

다고 말하고 있다.⁵¹ 그는 인위적인 의학적 치료 방법도 그 나름대로 상당한 가치가 있음을 받아들이고 있다. 즉, 의사 직업이 죄가 되며, 의존적 방법 사용이 항상 잘못이라고 보지 않고 있다. 다만, 자연적인 수단들 속에서도 그것들이 행하는 바와 같이 나름대로 제한된 가치(limited value)를 지니고 있다면, 그런 경우에 있어서 이런 수단들을 사용할 충분한 여지가 있다고 본다.⁵²

V. 닫는 글

심프슨은 세계 선교의 비전을 가진 위대한 신앙 선교인으로 사중복음 가운데 신유의 복음을 자신의 삶 가운데서 체험할 뿐만 아니라, 이론적으로 체계화시킴으로 19세기 뿐만 아니라 현대 목회사역에 있어서까지 신유운동에 지대한 영향을 끼치게 되었다.

지금까지 살펴 본 바 연구에서 도출되는 결론은 다음과 같다.

첫째, 심프슨은 신유를 초대 교회에 국한된 과거 사건이 아님을 주장하고 있다.

심프슨은 신유가 단지 초대 교회에만 국한된 과거 사건이 아니고, 자신의 삶에서 뿐만 아니라, 복음이 전파되는 선교 역사의 현장에서 일어나고 있는 현재적 사건임을 주장하였다. 이것은 신유(치유)를 사도 시대로 단정하는 개혁파 교회 전통에 상충하는 것으로, 흔

---

51) Simpson, *The Four - Fold Gospel*, 47.
52) Simpson, *The Gospel of Healing*, 68.

히 있는 반대들로써 신유의 테마를 축소하는 칼빈주의의 시각의 굴레에서 현대교회를 해방시켜 초대 교회와 같은 신앙의 역동성을 회복하는데 일조를 하고 있다.

둘째, 심프슨은 그리스도의 구속 가운데 신유를 포함시켜 이해하였다.

신유를 그리스도의 구속사역의 하나로 이해하는 것은 19세기 신유운동의 특색으로, 그는 그리스도의 생애 중에 십자가의 죽으심과 부활을 신유와 접목시켜 발전시키고 있다. 예수 그리스도는 영혼뿐만 아니라, 육체를 위해서도 완전한 구주가 되신다는 치유론을 주장하였다. 그는 신유를 성결론(성화)과 관련시켜 그리스도와 연합하여 성결의 은혜 체험을 한 성도는 부활하신 그리스도의 생명을 누리며, 그의 권능으로 육체가 강건해지고, 질병으로부터 고침을 받게 됨을 말하고 있다. 그리스도께서 우리의 영혼의 질병인 죄를 구원하시는 구주일뿐더러 질병에서도 치유해주시는 구원자라는 심프슨의 전인적 신유사상은 고든과 보드만에게도 나타나고, 이들은 모든 19세기 신유운동의 대표적인 주자로 활동하였다.

셋째, 심프슨은 의학적 수단 사용을 완전히 금하지는 않으나, 대체적으로 부정시하는 입장을 보여주고 있다.

앞서 언급한 바와 같이, 심프슨은 생명의 주권은 하나님이시고, 질병으로 고생하는 신자들로 하여금 기도와 믿음으로 신유의 복음을 체험케 하였고, 의학적인 치유 수단 사용에 앞서서 신유 체험을 우선시하는 입장을 주장하였다. 신자가 대소를 막론하고 질병에 처할 때 하나님께 먼저 나아가지 않고, 세상의 의약 수단만을 의존하는 것은 바람직하지 않다는 것이다. 그러나 한국성결교회(「東洋宣敎會

敎理及條例」와 「臨時約法」에 나타난 것과 같이)는 하나님의 자녀들이 믿음으로 기도하여 병 고침을 받을 특권이 있고, 그것을 주장하나 이대로 하지 못하고 의약을 의지하는 자에게 대하여 비판하는 것은 잘못이라는 것이 성결교회의 전통적인 가르침이다. 또한 신유에 대한 여러 선교 보고에 의하면 의료 기술이 미약한 아프리카 대륙의 나라들에서 신유가 능력 선교의 방편이 된 사실이 알려지고 있다. 선교현장에 파송된 선교사들이 병원이나 의약을 무시하고 모든 환자를 신유를 위한 기도를 하여서 병을 낫게 하는 의료 선교(신유의 능력 선교)를 적용해야 하는가? 실제로 심프슨과 관련된 기관에서 파송한 선교사들이 의약품을 거절함으로 죽어간 사실이 건전한 성서적 신유론의 위기를 불러왔던 사실을 또한 기억해야 할 것이다. 잘못된 신유론을 10가지로 구체적인 사례를 들어 그 위험성을 지적하며 구분하는 심프슨의 세심한 주의와 함께 의약과 신유의 병행 문제에 대한 바른 이해가 첨가되어야 할 것으로 사료된다.

[한국복음주의 역사신학회, 「역사신학총론」, 5권(2003년)]

예수교대한성결교회의 신학적 배경과 역사 및 현황(1907-2000년)

I. 여는 글

한국성결교회는 1885년 4월 5일 장·감(長·監)중심의 교파형 선교가 시작되고, 1893년 교계예양(敎界禮讓)이 이루어져 정착되어 가던 때인 1907년 경성에서 시작되었다. 1907년은 1903년 원산 기도회에서 불이 붙기 시작하여 평양 대부흥운동으로 번져나가 초기 한국교회 부흥의 최정점을 이룬 때였다. 정빈과 김상준 두 젊은 전도자에 의해 중생·성결·신유·재림의 순복음인 사중복음을 전하기 시작한지 93년이 된 지금 성결교파는 크게 '예수교대한성결교회'(약칭 예성)와 '기독교대한성결교회'(기성) 두 교단으로 나누어져 발전해 왔고, 세분하여 이 두 교단과 함께 '대한기독교하나님의교회'와 '나사렛성결교회'까지 4교단으로 구분할 수 있다.

복음주의의 비교파적이고, 초교파적인 성격의 선교회 형태의 복음 전도관에서 출발한 한국성결교회는 이제는 장·감과 더불어 한국교회 3대 교단 중의 하나로 성장하였고, 동근이목(同根異木)의 형태의 서로 다른 교단 명칭으로 각기 나름대로 발전해 왔다. 새 천년에 들어선 현재 한국 성결교파들의 가시적 현상은 동질이 아닌 이질적인 면을 보이고 있다. 그러나 이제는 분립과 갈등의 과거에 매이지 않고, 화해와 상호 협력이라는 미래지향적인 모습을 지향하는 성결교 파들로 발전하여야 할 것이다.

II. 예수교대한성결교회의 신학적 배경

1. 18세기 웨슬리신학적 맥락

16세기 종교개혁(Reformation)은 근본적으로 종교적인 사건이었고, 이 사건의 가장 깊은 관심은 신학적인 것이었다.[1] 즉, 16세기 종교개혁은 종교 개혁자들이 로마 카톨릭교회와 중세 관습에서 발견한 오류들을 개선한 것이었다. 종교개혁은 중세의 사회 체제와 교회 구조를 산산히 부숴뜨렸음에도 불구하고, 그것은 종교 부흥을 가져왔고, 기독교를 갱신시킨 종교부흥운동이 되었다.[2]

그러나 종교개혁의 열기가 식어져 갈 무렵 많은 지역에서는 프로테스탄티즘은 때때로 개신교 스콜라주의라고 불리는 냉랭하고 죽은 정통주의로 특징지어졌다.[3] 개신교 스콜라주의는 개종과 영적인 내적 삶보다는 딱딱한 신조들의 껍질에만 종교개혁의 신념들을 제

---

1) Timothy George, *Theology of the Reformers* (Nashville: Broadman Press, 1992), 18.
2) R. H. Bainton, *The Reformation of 16 century* (London: Hodder Stougton Ltd, 1957), 3.
3) Ronald M. Nash, *Evangelicals in America* (Nashville: Abingdon Press, 1987), 50.

한하는 경향이 있었고, 이것은 미국 식민지에서 조차도 종교적 열정이 식어져 가는 것으로 보였다. 이에 대한 반동으로 교리에 관한 것이라기보다는 영적인 삶에 관한 개혁운동이 일어났는데 독일에서는 경건주의로, 영국에서는 18세기 복음주의 부흥운동 가운데 요한 웨슬리(J. Wesley)를 통해 일어난 영국 국교회에 대한 갱신운동으로 나타났다.[4] 웨슬리는 종교개혁자들이 성서적인 교리 가운데 중요한 부분인 성화(Sanctification)의 교리를 충분히 취급하지 못하고, 강조하지도 못한 채 간과해 버렸음을 지적하며, 기독자의 완전을 주장하였다.[5]

웨슬리는 하나님의 은총의 역사로 인해 중생 체험 이후에 '두번째 은총(Second Blessing)', 또는 '온전한 구원(Full Salvation)', '그리스도인의 완전 (Christian Perfection)'이라 불리는 두 번째 은총의 경험이 가능함을 주장하였다. 웨슬리는 초기 성화 이후에 자신의 무능과 아직도 자신의 심령안에 남아있는 죄를 깨닫고 중생 이후에 오는 또 하나의 순간적인 체험인 온전한 성화를 모든 신자들이 경험해야 할 것을 권고하였다. 따라서 그는 성화의 교리를 하나님께서 자신과 자기를 추종하는 메쏘디스트들에게 맡기신 위대한 기탁물로 생각하고, 이 교리를 전파하는 것이 본연의 시대적 사명으로 확신하였다.[6] 동양선교회와 한국성결교회는 신학적인 맥락으로 볼 때 칼빈주의와는 대조적인 입장에 서있는 웨슬리의 성화론에 근저를 둔 성결운동

---

4) 정상운, 『한국성결교회사(Ⅰ)』(서울: 은성, 1997), 15-6.
5) Ibid., 17.
6) John Telford, ed., *The Letters of the Rev. John Wesley*, Vol. Ⅳ(London: The Epworth Press, 1960), 42.

에 그 신학적 기원을 두고 있다.[7]

2. 19세기 성결운동

한국성결교회의 성결론은 앞서 말한 바와 같이 크게 볼 때 웨슬리의 성화론의 범주에 속하나, 면밀히 살펴볼 때는 웨슬리신학과 일치하지 않는 부분도 가지고 있다. 그것은 한국성결교회의 성결론 강조는 신학적인 연원은 웨슬리에게서 발원되나, 구체적으로는 19세기 성결운동에서 비롯되기 때문이다. 한국성결교회의 신학은 성결론의 신학적 맥락에서 볼 때 18세기 웨슬리를 계승하고 있으나, 신유론과 재림론에 있어서는 일치하지 않고 있다.[8]

웨슬리는 구원의 역사는 성령의 역사란 점을 믿었다. 그러나 웨슬리는 단적으로 말해 성화를 성령의 역사라고 보았으나, 이것을 강조하여 성화를 성령세례라고 주장하지 않았다. 성결을 오순절적인 성령세례와 관련시켜 보기 시작한 것은 18세기가 아니라 19세기 중엽 이후의 미국 근대복음주의 산물의 결과이다.[9] 웨슬리는 성화의 점진적 발전과정의 중요성을 언급한 반면, 19세기 성결운동은 성결 체험 후 성장의 측면을 완전히 무시하지는 않으나 중생 후 순간에 받을 경험으로 성결을 설명하는데 그치는 분명한 차이를 보이고 있다. 또한 성결운동은 웨슬리신학에서 강조하거나 볼 수 없었던 신유의 복음과 세대주의적 전천년설을 표방하고 있다. 이러한 내용을 강

---

7) 정상운, 『한국성결교회사(Ⅰ)』 22, 232.
8) 정상운, 『聖潔敎會와 歷史硏究(Ⅲ)』(서울: 한국복음 문서간행회, 2001), 132.
9) Ibid., 134.

조하고 주장하는 단체는 19세기 성결운동의 대표적인 만국성결연맹 및 기도동맹(International Apostolic Holiness Union and Prayer League)으로 이 단체는 리스(Seth C. Rees)와 냎(M. W. Knapp)에 의해 1897년에 세워졌고, 동양선교회의 설립과 교리 형성과정에 지대한 영향을 끼쳤는데 그것은 순복음으로 불린 사중복음이었다.

3. 동양선교회(O. M. S.)와 사중복음

사중복음(Four fold Gospel)은 19세기 말부터 20세기 초에 성결-오순절 운동에서 자주 보여지는 사중유형의 교리 선언으로 '온전한 복음(Full Gospel)'이라는 말로 표현되었다. 이것은 '구원의 복음(the Gospel of Salvation)', '사각복음(Four Square Gospel)'로도 불려진다.[10] 구원, 성결(성령세례), 신유, 재림이라는 사중유형의 4가지 주제가 19세기 말 성결-오순절 운동에서 유래된 교회들로부터 다소간 신학적 차이를 나타냈는데, 이 복잡한 발전과정의 마지막 단계와 정점은 심프슨(A. B. Simpson)이었다.[11] 심프슨이 1887년 올드 오챠드(Old Orchard) 총회의 첫 번째 설교에서 '사중복음(The Four Fold Gospel)'이란 제목으로 말씀을 전할 때 처음으로 사중복음이란 용어가 사용되었다.[12]

동양선교회는 초기에 심프슨의 '사중복음'이란 용어를 사용하지 않고, 만국성결연맹 및 기도동맹의 설립 목적에 나타난 바 사중 유형

---

10) Donald W. Dayton, *Theological Roots of Pentecostalism* (Peabody: Hendrickson Pub., 1994), 21-2.
11) Ibid., 22.
12) The Word, *The Work and World* (September, 1887), Supplement, 48.

의 '순복음(Full Gospel)'을 가르쳤다. 그러나 동양선교회 초대 총재인 나카다 쥬지(中田重治)가 사중 유형의 순복음을 가르치고, 전도했으나 타교회 신자들이 이상하게 생각함으로 오해를 하자 순복음을 사중복음이란 명칭으로 변경하고, 그 4가지 주제를 신생(新生), 성결(聖潔), 신유(神癒), 재림(再臨)으로 불렀다.[13]

동양선교회(Oriental Missionary Society)는 1901년 4월 1일 동경에서 중앙 복음전도관으로 시작할 때부터 그들의 주된 목적을 동양의 모든 나라에 온전한 복음, 즉 사중복음의 전파로 삼았다.[14] 한국성결교회는 초기 설립 때부터 전도 표제로서의 사중복음을 동양선교회로부터 전수받아 교리적 강조와 교단의 신학적 유산으로 웨슬리신학적 맥락 위에서 지켜가고 있다.

III. 예수교대한성결교회의 역사

1. 동양선교회 복음전도관 시대 : 자생적 개척기(1907-1921년)

한국성결교회의 모체는 동양선교회로, 이 선교 단체는 1900년 8월 11일 일본 선교의 사명을 받고 건너간 카우만(C. E. Cowman)과 그의 부인 그리고 1년 늦게 합세한 킬보른(E. A. Kilbourne)이 일본인 나카다 쥬지(中田重治)와 함께 아시아 극동 지방에 동양 선교의 목적으로 세

---

13) 米田勇編, 『中田重治全集』, 第1卷, 363.
14) 정상운, 『聖潔敎會와 歷史硏究(Ⅱ)』(서울: 이레서원, 1999), 20.

운 교단적 배경이 없는 초교파적인 선교단체이다.[15] 1905년 동양 선교회가 설립되기 전 카우만 부부는 나카다 목사와 함께 1901년 4월 2일에 동경에 2층 건물 하나를 세내어 중앙복음전도관(Central Gospel Mission)이라는 이름으로 문을 열고, 밤에는 복음 전도관으로 낮에는 동경성서학원의 교실로 쓰며 일본 선교에 착수하였다.[16] 1905년이 되서야 서서히 중앙복음전도관은 아사쿠사 전도관을 지부로 가지면서 동경에서 서서히 활동 범위를 넓힐 수가 있었다.[17] 중앙복음전도관이란 명칭을 통하여 처음 출발할 때의 최초 방침이 초교파적인 영혼 구원을 위한 선교단체임을 말해 주고 있는데, 그들은 순복음(사중복음)을 전하는 전도자를 양성하는 것을 목적으로 중앙복음전도관 건물을 성서학원 건물로 병용하였다.[18] 동경성서학원은 순복음으로 표명되는 사중복음을 주로 가르쳤는데, 이것은 앞서 언급한 바 기독교 연합선교회(Christian & Missionary Alliance)의 심프슨 박사가 처음 말한 것으로 후에 기독교연합선교회와 동양선교회 뿐만 아니라 한국성결교회의 중요한 중심 교리로 정착되었다. 1905년 한국인으로서는 최초로 두 사람이 입학하였는데 그들은 정빈과 김상준이었다. 이들은 동경성서학원에서 입학하여 학업과 전도훈련을 받은 뒤 1907년 졸업과 함께 귀국하여 5월 30일 경성 염곡에 다 쓰러져가는 집 몇 칸을 세내어 '동양선교회 복음전도관(東洋宣敎會 福音傳 道館)'이란 간

---

15) 정상운, 『聖潔敎會와 歷史硏究(Ⅰ)』(서울: 이레서원, 1997), 177.
16) Robert D. Wood, *In These Mortal Hands* (Greenwood: OMS International, Inc., 1983), 53.
17) 山崎鷲夫, 千代崎秀雄, 『日本 ホ-リネス敎團史』(東京: 日本 ホ-リネス敎團, 昭和 四十五), 2-3.
18) Edward & Esther Erny, *No Guarantee But God* (Greenwood : The Oriental Missionary Society, 1986)

판을 붙이고 한국 선교에 착수하면서 이 땅에 성결교회를 태동시켰다.[19] 카우만과 킬보른은 한국선교 개시 당시에 정빈, 김상준과 함께 내한하여 선교사역지를 물색하고, 전도집회를 하였지만 이들은 설립보다 시찰의 목적을 가지고 잠시 왔다가 돌아갔다. 이들이 돌아간 지 2주 후인 5월 30일, 정빈과 김상준이 전도하여 얻은 몇몇 구도자들과 함께 설립하여 세운 복음전도관이 이 땅에서 성결교회의 첫 출발이었다.

이들은 노방 전도하는 일로 세인들로부터 남사당패, 굿중패라는 조롱을 들어가면서도 아랑곳하지 않고 밤에는 전도집회를 통하여 복음을 전하고 낮에는 지난밤에 결신한 사람들을 심방하며 인근 가까운 교회로 인도하는 등 구령사업에 몰두하였다.[20]

이것은 정빈과 김상준이 세운 선교 원칙인 교단을 세우지 않고, 오직 직접적으로 불신자에게 사중복음만 전한다는 정신에서 나온 것으로 당시로서는 특이하고 대담한 방법이었다.[21] 1928년 겨울에 성령의 부흥 역사가 복음전도관에 일어났는데, 경성 장안의 모든 교회와 선교사들, 교역자, 특별히 연동교회 조사(助事)인 이명헌, 집사 원세성, 박용희, 배선표, 박제원과 같은 중심인물들이 참여하여 통회 자복하고 성결의 은혜 체험을 하게 되었고, 장로교를 떠나 성결교로 이적하는 사태까지로 발전하였다.[22]

---

19) 李明稙,『朝鮮耶蘇教 東洋宣教會 聖潔教會 略史』(京城 : 朝鮮耶蘇教 東洋宣教會 理事會, 1929年), 16. 以下『略史』로 표기함.
20) Ibid., 51.
21) 정상운,『聖潔教會와 歷史研究(Ⅰ)』, 180.
22)「略史」, 52-53.

전도관이 부흥의 역사로 비좁게 되자 구리개(현, 무교동)에 동양선교회의 보조를 받아 한옥을 마련하여 이전하게 되었다. 그리고 동경 성서학원을 졸업한 유학생들인 이장하, 김두엽 등이 귀국하여 사역에 동참하므로 1910년까지 외국 선교사 한 사람 없이 경성을 비롯하여 진남포와 개성에 전도관을 세우게 되었다.[23] 영국 맨체스터 스타홀에서 5년반 시무하던 영국인 토마스(J. Thomas) 목사가 동년 11월 12일에 조선 감독으로 파송 받아 내한하였다.[24] 이로써 초기 한국성결교회는 1920년 2월 토마스 감독이 왜경에게 구타당하여 병을 얻어 영국으로 귀환될 때까지 일인 감독체제에서 10년을 보내게 되었다. 당시 토마스 감독 치리 때에는 헌법이나 정치회의가 없는 상태이므로 행정상이나 조직상으로 장애가 많아 큰 발전과 성과를 거두지 못했다.[25] 1907년부터 1920년까지 복음전도관 개설은 총 28개소였고, 1910년부터 1919년까지 개설 수는 18개 전도관에 불과하였다.[26] 이 같은 성장 비율은 장로교를 비롯한 타 교단에 비해서는 너무나 미약한 교세 발전이었다. 그러나 이 같은 초기 성결교회의 성장은 1920년대에 들어와 본격적인 선교 확장 사업에 들어가는 디딤돌 역할을 하였다. 특별히 이 기간 동안 경성성서학원이 1911년 3월 13일에 개원되고, 1912년 건물이 완공되어 1920년까지 남자 43명, 여자 19명 총 62명의 졸업생을 배출하게 되어 초기 성결교회의

---

23) Ibid., 56, 189.
24) Wood, *In These Mortal Hands*, 78. 이와 달리 이명직 목사는 토마스 감독의 입국을 1910년 4월로 말하고 있다.
25) 『略史』, 17.
26) Ibid., 143-44.

발전에 크게 공헌하였다.²⁷ 처음 시작부터 성서학원은 남녀공학제를 실시하였는데, 이 제도는 당시에 파격적인 것으로서 한말까지 유교적 전통에 입각하여 남존여비의 가족 윤리를 고수하고 있던 봉건적인 사회의식을 깨우치고 여성으로 하여금 정당한 권리를 주장하는 남녀평등의 계기를 갖게 하였다.²⁸

또한 1914년 4월 22일에는 한국성결교회 역사상 처음으로 목사 안수식이 거행되었는데 왓슨, 카우만, 킬보른, 토마스 라센의 안수로 김상준, 이장하, 강태온, 이명직, 이명헌 5인이 성결교 최초로 목사 안수를 받았다.²⁹

2. 조선 야소교 동양선교회 성결교회 시대 :

교단 조직과 해외 선교, 일제수난기 (1921-1945년)

앞서 언급한대로 조선 감독 토마스가 강경교회에 시찰갔다가 일경으로부터 첩자로 오인박아 구타당해, 병을 얻고 출국하자 후임으로 헤슬롭(William Heslop)이 내한했다. 헤슬롭 감독이 내한하여 1년 뒤 바로 귀국하자 동양선교회 킬보른 부총리는 1921년 동양선교회의 본부가 한국으로 이전됨을 계기로 하여 조선 감독으로 부임하며 조선 전역을 치리하게 되었다.³⁰ 그리고 동년 9월에 종래로 사용하던

---

27) Ibid., 34.
28) 정상운, "정빈(鄭彬)의 생애와 사상,"「현대종교」, 177호 (1989.1), 178호(1989.2) 참조.
29) Ibid., 190.
30) Edward & Fsther Erny, *No Guarantee but God*, 57.

복음전도관이라는 명칭을 폐지하고, 교단을 조직하여 그 명칭을 '조선 야소교 동양선교회 성결교회'라 부르게 되었다. 이렇게 선교단체에서 장·감과 같은 기성교단으로 경화된 것은 이 땅에 선교한 지 15년동안 선교목적으로 세워진 전도관이 33곳에 달하고, 많은 수의 신도를 조직적으로 지도하고 돌아보아야 할 입장에 처했기 때문이었다.[31]

이와 더불어 한국성결교회는 교단 전환과 함께 가을 학기 개학을 맞아 성서학원 내의 교수와 학생들을 중심으로 대부흥의 역사가 일어나 전국 교회에 파급되면서 획기적인 발전의 일로에 서게 되었다. 이로부터 선교 단체인 동양선교회는 한국 땅에서 선교 본위의 교단 정체성을 가진 성결교회로서의 교단 형성을 이루게 되었고, 조직의 정비가 요청되자 1921년 4월부터 정식 의회가 아닌 교회 발전의 유익을 위해 대화를 나누는 간담회(懇談會)로 모이게 되었다.[32]

제1회 간담회에서는 교단 기관지 문제가 거론되어 장로교의 「神學指南」, 감리교의 「神學世界」와 같은 교단지를 만들기로 결의하여 내규(內規)를 정하고, 명칭은 「活泉」으로 정해 그 이듬해인 1922년 11월 25일에 창간호를 발간하게 되었다.[33] 또한 1회 간담회에서는 양로부, 전도부, 수양회부 등 부서를 두어 당면 문제를 처리하게 하였다. 교역자 간담회는 1924년에는 교역 자회로 발전하였고, 1928년 제5회 교역자회에서는 교육(주일학교)부, 건축부, 재무부를 추가 증설

---

31) 정상운, 『聖潔敎會와 歷史硏究 (I)』, 184.
32) 『略史』, 23.
33) Ibid., 25-6.

하였다.[34]

그리고 1929년에는 교역자회를 연회(年會)로 바꾸어 동양선교회 총리 레티 카우만 여사와 킬보른 부총리가 참석한 가운데 제11회 연회를 경성성서학원에서 개최하였다. 연회에서는 초대 의장에 우드(Harry F. Woods), 부의장에 박영순(朴營淳), 서기 이상철(李相徹), 부서기 이건(李鍵) 목사를 선출하였고, 58인으로 평신도 대회를 조직하였다.[35]

이로써 성결교회는 교단의 교리와 조례, 정치, 성례전에 관한 규정, 행정 조직, 지방 치리 제도의 규정이 1925년에 출간한 『東洋宣教會 聖潔教會 教理及條例』로 공식 표명된 후 교리 헌장뿐만 아니라 조직상으로도 정식 교단의 형태를 갖추게 되었다. 매년 1회씩 열리는 성결교회 연회에서는 전국을 순회하며 복음을 전도하는 일을 총괄하는 이사를 임명하였다. 특별 전도 사업으로 '전국 부흥 순회 장막 전도대'를 조직하고, 대장을 임명하여 소도시와 대도시를 순회하며 천막 대형 집회를 가지는 직접 전도에 주력하였다.[36] 그 한 예로 1931년 3월 2일에 가졌던 제3회 연회에서는 전국 순회이사로 곽재근 목사, 전국 장막전도대 대장으로 정남수 목사[37]를 임명하여 조만(朝滿) 일대 각지에 이르러 자동차에 악대를 싣고 장막 전도집회를 가져 큰 성과를 가지게 되었다.[38] 동양선교회 본부가 일본에서 한국으로 옮겨진 후, 1930년에 들어오면서 교회 수가 점점 더 증가하고,

---

34) Ibid., 29.
35) Ibid., 31.
36) "聖潔教會 第二回年會任命記," 『活泉』, 제8권 4호, 62.
37) "聖潔教會 第三回年會任命記," 『活泉』, 제9권 5호, 62.
38) KK生, "全鮮巡回帳幕傳道會記(二)," 『活泉』, 제11권 7호, 49.

한국인 교역자가 늘어남으로써 한국인 교역자의 역할과 책임이 요구되자, 종래의 동양선교회라는 외래 선교사 중심의 중앙 집권적 정치 제도를 탈피하고자 하는 민족적 주체 의식이 한국인 교역자를 중심으로 모아져 1932년에 자치 선언이 선포되고, 그 기세가 교단 주변에 형성되었다.[39]

이에 1933년에 이사회에 예속되고, 한국인의 독자적인 행정 능력이 없는 연회를 해체하고, 제1회 총회를 개최하여 이명직 목사를 총회장으로 선출하였다. 따라서 한국인에 의해 시작된 자생적 개척의 한국성결교회는 26년 만에 비로소 한국인에 의한 자치적인 교단으로 그 모습을 바꾸었다. 이 결과로 총회 조직 후 신설 교회와 신 세례인이 급증하는 부흥이 나타났다.

그러나 자치 선언에 대한 동양선교회의 태도는 경제적인 자립이 정치적인 자치와 급기야는 반선교사적(反宣教師的) 성격으로 나가자 미국의 불황을 들어 경제적인 보조를 끊음으로 제동을 거는 것으로 나타났다. 또한 그들은 1933년 1회 총회에서 결의한 이사 선출권을 한국성결교회에 이양하는 것을 거절하고 계속해서 이사회를 장악함으로써 동양선교회로부터의 한국성결교회의 독립은 경제적인 한계에 부딪쳐 실패로 끝나고 말았다.[40]

1936년 3월 24일에 경성성서학원 대강당에서 개최된 제3차 총회에서 개혁과 자치를 요구하는 신진계층의 지지를 받은 서부지방회(西部地方會) 회장인 변남성 목사가 무기명 비밀투표로 3회 총회장으

---

39) 정상운, 『聖潔教會와 歷史研究(Ⅰ)』, 186.
40) Ibid., 187.

로 선출되었다. 그러나 1, 2회 총회와 마찬가지로 선거를 통한 합법적인 총회장 교체가 이루어졌음에도 불구하고 동양선교회 이사회가 총회를 무효 선언하고, 이사회의 결정 사항에 대해 불복을 하는 변남성 목사를 3월 25일자로 면직 처분하는 불상사가 일어났다. 이 일은 결국 당시 부총회장인 곽재근 목사를 비롯한 변남성, 안형주, 오계석 목사 등 30여 명의 교역자들이 성결교를 이탈하여 안타깝게도 동년 11월 29일 '하느님의 교회 제1회 공의회'를 조직하는 결과를 낳게 하였다.[41]

그러나 자치선언을 통한 자립선교의 반향은 멀리 재만 한인사회에까지 나타나서 장·감보다 2, 30년 늦은 감이 있으나 1925년에 용정교회를 설립 함을 필두로 해서 동만(東滿), 남만(南滿) 지역에 교회 26곳(기도소 포함하여), 포교자 37명에 교인 2000명 이상의 큰 결실을 맺게 되었다.[42] 그리고, 문서선교에도 힘을 써서 1921년 교단전환과 함께 해방전 일제 통치 기간에 8종의 잡지를 출간하였다.[43] 단행본 출간에 있어서도 총회에 출판부를 두어 『성결지침』, 『구약사천년사』 등 성경강해와 교리서, 설교집 등 40여권에 달하는 다양한 책자를 발간하여 해방 이전 한국 교계에 문서선교의 한 일익을 감당하였다.[44]

이러한 발전적인 모습과 달리, 한국성결교회는 일제로부터 수난

---

41) 정상운, 『聖潔敎會와 歷史硏究(Ⅱ)』, 158, 160.
42) 정상운, 『聖潔敎會와 歷史硏究(Ⅰ)』, 161.
43) 정상운, 『聖潔敎會와 歷史硏究(Ⅱ)』, 84. 8종의 잡지는 「活泉」, 「기쁜소식」, 「主校指南」, 「主日學生」, 「嶺南聖報」, 「眞光」, 「白衣」, 「聖化」 등이다.
44) 정상운, 『聖潔敎會와 歷史硏究(Ⅰ)』, 212-13에 보면 40권의 책 목록이 나와 있다.

의 어려움을 당했다. 1930년대에 이르러서부터 일제의 신사참배에 대한 양상은 격화되기 시작하여 일제 정체(日帝 正體)에 대한 충성으로서 교회에 대한 신사참배를 강요하였다. 성결교는 장로교와 같이 신사참배를 총회에서 결의하지는 않았으나, 신사참배의 대열에 합류함으로 일제에 무릎을 꿇었다. 신사참배를 종교적인 우상 숭배의 죄로 생각했으나, 마지막까지 교단의 폐쇄를 막으려고한 상부 지도자들의 굴종과 함께 끝내는 1943년 5월 24일 전국 성결교회 교역자와 장로, 집사 등 300여명이 검거, 구속당하고, 12월 29일 강제로 교단이 해산당하는 비운을 맞게 되었다. 일제가 성결교회를 강제 해산시킨 것은 성결교회가 처음 설립 때부터 가르치고, 전하여 온 사중복음 가운데 재림 사상이 일본 천황과 국체에 비례(非禮)가 된다고 생각하였기 때문이었다. 신사참배의 수난 속에 신사참배를 거부하며 모진 매와 고문에 의해 철원교회 박봉진 목사, 함흥교회 김호 목사, 군산성결교회 정태희 장로, 신안주교회 김지봉 집사가 순교의 면류관을 썼다.[45]

3. 기독교대한성결교회 시대 : 교단 재건과 재수난기 (1945-1961년)

일제로부터의 해방! 1945년 8월 15일 백의 겨레, 이 민족 3천만의 가슴에 목메이는 감격의 눈물을 경험하였다. 터툴리안(Tertullian)이 '순교자의 피는 교회 성장의 씨'라고 말한 것과 같이 일제의 모진 압제와 박해가 끝나고 해방과 더불어 강단을 떠난 교역자들과 교회를

---

45) 吳永必, "再興聖潔敎會總會撮要,"「活泉」, 제20권 1호, 21.

떠나 타 교회와 가정집에서 예배를 드리던 교인들이 모여 성결교회를 재건하는 활기찬 운동을 전개하였다.

1943년에 해산된 교단을 재건하기 위해 1945년 9월 10일부터 15일까지 역사적인 재건 총회가 개최되었다. 해산 전 과거 헌법에 의해 총회가 개회되고 의장에 천세광 목사, 부의장에 김유연(金有淵) 목사가 선출되었고, 본부 사무국 총리에 박현명, 경성신학교 교장에 이건 목사를 추대하였다.[46] 총회시에 총회원은 70여 명이 소집되었고, 북한 대표로는 이성봉, 조한수 외 3인이 38선을 넘어 참석하였다.

재건 총회에서는 교회 재건 보고를 비롯하여 신학교 개교와 「活泉」속간[47]을 결정하고, 또한 부인회(전국 부인 연합회)를 복원하여 그 명칭을 신생 부인회로 변경하였다.[48] 그리고 교단 명칭도 해방과 동시에 조선을 대한민국으로 부름에 따라 국호를 반영하고, 또한 동양선교회는 단지 선교 기관으로서 성결교회와는 횡적인 관계로 규정하였고, 한국성결교회는 독립된 한국의 자주 교회임을 천명하여 동양선교회를 뺀 명칭인 '기독교대한성결교회'라 부르게 되었다.[49]

따라서 종래까지 사용해 오던 교단 헌법도 의회 헌장이 아닌 이사회 제도와 총회 체제의 이원 체제이므로 새롭게 의회 정체(議會 正體)에 의한 것으로 개정하였다. 그리고 개정된 헌장에 따라 1947년

---

46) Ibid., 20.
47) 「活泉」은 1946년 1월 1일에 통권 229호(제20권 1호)로 다시 속간되었다. 이후에 1950년 6·25 한국전쟁 발발 후 다시 237호(1950. 5)로 휴간되었다가, 1953년 4월 20일에 통권 238호로 다시 속간되었다.
48) "新生會 綱領及會則," 「活泉」, 제20권, 1호, 27.
49) "第二回 總會 撮要," 「活泉」, 제20권, 5호, 37.

10월 7일부터 9일까지 경성신학교 강당에서 재흥 2차 총회를 가져 박현명(朴炫明) 목사를 총회장으로, 부회장 김창근(金昌根), 총무 황성택(黃聖擇)을 선출하고,[50] 성결교회 생활 강령을 제정하였다:

> 금번 중요한 사항은 총리(總理) 제도를 폐지하고 회장(會長) 제도로 한 것과 교역자는 연 일개월씩 특별 수양할 것과 제주도를 신개척하기로 한 것과 특별 전도대를 총회에 존속한 것이라 한다.[51]

교단의 재건과 함께 경성신학교도 서울신학교로 개칭하여 1945년 11월 20일에 개교하여 5~60명이 공부하게 되었다.[52] 교장 이건 목사를 중심으로 김유연, 박현명, 최석모, 박형규 목사 등이 주축이 되어 재건의 도약이 일어 났는데 신학교 자립과 유지를 위해 '3천 명 유지 회원 운동'[53]을 일으켜 많은 호응 속에 재정적으로나, 학문적으로 제 궤도에 오르게 되었다. 또한 같은 해 4월 10일에 종래의 경성여자학원도 부활시켜 여학생 수십 명이 학업을 하게 되었다.[54]

그러나 이러한 재건 운동이 한창 일어나는 중에 동족상잔의 비극인 6·25가 일어났다. 6·25 한국전쟁을 통해 한국교회가 받은 피해는 사상 유래를 찾아볼 수 없는 엄청난 것이었다. 기독교에 대한 말살을 기도했던 공산주의자들은 기독교인들에게 닥치는대로 가혹한

---

50) Ibid.,
51) "新生會 綱領 及 會則,"「活泉」, 제20권, 1호, 23.
52) "進展하는 神學校維持運動,"「活泉」, 제20권, 7호, 32.
53) "再興喜報,"「活泉」, 제20권, 2호, 37.
54) "再興喜報,"「活泉」, 제20권, 2호, 37.

학살과 납치, 고문 등으로 피해를 입혔다.

이때 받은 성결교회의 피해도 치명적이었는데 성결교회가 창립된 후 두 번째 겪는 큰 수난이었다. 6·25 한국전쟁 발발 직후에 피난 가지 않고 끝까지 남아서 신학교를 사수하였던 교장 이건 목사를 비롯한 박현명, 김유연, 최석모 목사 등 6명이 납북되었다.[55] 당시 이들은 성결교회 수뇌부 지도자들로서 대거 강제 납북됨은 성결 교단의 발전에 큰 손실을 가져오게 하였다.

6·25 한국전쟁 동안 불탄 성결교회가 27곳, 무너진 교회가 106곳이나 되었으며, 전후에 두 번 걸쳐 154명이 넘는 많은 성결인들이 순교의 영광에 참여하였다.[56] 그 대표적인 예로 충남 논산 병촌교회의 정수일 여집사를 비롯한 66명의 교인이 한 구덩이에서 생매장을 당하여 순교한 것을 비롯해, 전남 임자도 진리 교회 이판일(李判一) 장로를 비롯한 교인 48명이 공산 도배(徒輩)들로부터 몰살을 당하였다.[57] 문준경 전도사는 도서 지방 선교를 위하여 혼신의 힘을 다 쏟다 1950년 10월 5일 증동리 해변에서 순교하였다.[58]

이러한 엄청난 수난 앞에서 1951년 5월 부산에서 피란 1차 총회가 개최되어[59] 피란교회의 수습 문제와 피란 교역자의 구호 대책, 그

---

55) 안수훈 목사는 『한국성결교회 성장사』, 193에서 이건, 박현명, 김유연, 최석모, 유세근 목사가 납북되고, 서두성 목사, 임수열 전도사가 행방 불명이 됨을 말하고 있는데, 이영헌 교수는 『韓國基督敎史』, 265에서 박현명, 이건, 김유연, 최석모, 박현규, 서두성, 조한규, 유세근, 임수역(아마, 임수열 전도사의 오기인 듯 : 필자 주) 등 9명으로 말하고 있다.
56) 정상운, 『聖潔敎會와 歷史硏究(Ⅲ)』(서울: 한국복음문서간행회, 2001), 167-69. 참조, 吳永必, 『聖潔敎會受難史』, 4
57) Ibid., 60.
58) 성결교회 역사와 문학 연구회 편, 『성결교회 인물전』, 254-65 참조.
59) 李泉永, 『聖潔敎會史』, 109.

리고 피란신학교 개교 문제를 논의하였고, 경제적인 난관 가운데서도 개교하기로 결정을 하였다.[60] 따라서 1951년 6월 14일 부산 동래에서 동래온천교회를 임시 교사로 빌려 피란 신학교를 개교하고, 여자는 별도로 신마산(新馬山)에 임시 교사를 정하고 동시에 개강하게 되었다.[61] 전쟁의 와중에도 각지에서 모인 150여 명의 학생들을 맞아 피란신학교는 교역자 양성과 국가를 위한 기도회와 전도에 힘썼다.

또한 신학교 개교와 함께 임시로 총회 본부를 부산 영주동에 정하고 동양선교회의 재정적 후원을 받으며 서울을 제외한 남쪽 지역의 교회를 거의 복구하였다. 이 결과로 1952년 제2차 피란 총회가 열릴 때 교회 수는 264개소가 되었다.[62] 1953년 휴전 협정이 조인된 후 전쟁이 끝나자 서울로 총회 본부와 신학교가 환도되면서 성결교회는 교회 복구 사업에 주력하여 다시 발전과 중흥의 기틀을 마련하게 되었다.

4. 예수교대한성결교회 시대 : 분립과 교단 재흥(1961-2001년)

해방 이후, 신사참배의 유무로 인해 장로교에서부터 시작된 분열 현상은 소위, 자유주의 대(對) 보수주의의 싸움으로 치닫다가 1960년대에 들어오면서 밖에서 밀려오는 외래사조(外來思潮)와 기독교 연합 단체의 영향을 받아 다시 분열의 가속화 현상을 드러내었다.

---

60) 안수훈, 『한국성결교회 성장사』, 195.
61) 李泉泳, 『聖潔敎會史』, 110.
62) 「基督敎大韓聖潔敎會 第七回 總會議事錄」(1952년), 8.

장로교의 분열원인은 주로 신학교 기지 매입을 둘러싼 3천만환 사건과 WCC[63] 탈퇴문제와 제44회 대전 총회 총대 선정에 있어서의 경기 노회 총대 선정 혼란 사건이 외부적으로 드러난 주요인이었다. 그리고 이 세 사건은 각각 독립된 사건이 아니라 불가분리하게 연결된 사건이요, 신학적으로 에큐메니칼 노선과 NAE[64] 노선의 대립 충돌이었다.[65]

한국성결교회도 1960년대 들어오면서 분열이라는 열병을 앓기 시작했는데, NCC연합운동 기관과 NAE라는 신앙운동 단체의 가입 문제로 인해서 야기되었다. 광복 뒤에 성결교회는 NCC에 가입하였고,[66] 1955년 10회 총회에서는 OMS의 노선과 NAE가 부합된다고 생각하여 NAE에도 교단적으로 가입 했다:

> NAE 加入問題
> 現下 敎界에 複雜한 神學思潮와 自由主義 信仰路線이 混線을 이루는 此際에 이 會에 加入問題는 重要事件이니 本會에서는 滿場一致로 可決하다.[67]

그러나 처음에는 별 문제가 없었으나 시간이 흐를수록 한 교단

---

63) WCC는 World Council of Churches의 약칭으로 세계교회협의회라 칭함.
64) NAE는 National Association of Evangelicals의 약칭으로, 복음동지회라 칭함.
65) 李永獻, 『韓國基督敎史』(서울 : 컨콜디아사, 1988), 318.
66) 실제로 1947년 10월 7-8일에 충정로 경성신학교에서 가진 재흥 2차 총회에서 NCC 한국기독교연합위원회 위원으로 김유연, 이건, 황성택 목사를 포함한 5인을 대표로 선정하였다.
67) 「活泉」, 제24권 4호, 44.

에 두 단체가 서로 각기 옹호하는 그룹으로 나눠짐으로써 양쪽의 이해가 달라 갈등이 심화되었다. 따라서 1960년 4월 제15회 총회에서 두 기관을 동시에 탈퇴할 것을 토의할 예정이었으나 4·19가 터져 불행하게도 총회는 정회되었다. 서울신학교 교수단은 에큐메니칼 운동에 대해 성명을 발표하고, NCC에서 탈퇴할 것을 주장하였다. 학장 이명직 목사도 대전에서 속개된 총회에서 NCC를 탈퇴해야 한다고 주장하였으나,[68] NCC의 거두인 학감 김창근 목사는 탈퇴 반대를 주장하였다. 이어서 표결에 들어갔는데, 그 결과가 두 기관에 대한 동시 탈퇴안이 보류되고, 해결은 16회 총회로 넘어갔다.

그러나 1961년 4월 11일에 열린 16회 총회는 이월된 보류안이 거론되지 않고 오히려 양 기관에 더 많은 대표를 파송함으로 탈퇴를 주장한 사람들로부터 반감과 격분을 일으키게 함으로써 폐회에 앞서 퇴장하는 결과를 낳게했다. 이로써 16회 총회는 교단 분립의 불씨를 일으킨[69] 불미스런 총회가 되고 말았다.[70]

이에 양 기관 탈퇴를 주장했던 이명직, 김응조, 이성봉, 황성택, 한보순 목사 등을 중심으로 하여 복음진리동지회(이후에 '보수동지회'로 개칭)가 조직되고, NCC 및 NAE 두 기관에서 단연히 탈퇴하고 성결교회 본연의 순복음신앙(사중복음)으로 돌아감을 천명하였다. 다음은 1961년 5월 1일 복음진리동지회가 전국 교회에 발표한 성명서의 일부이다 :

---

68) 안수훈, 『한국성결교회 성장사』, 217.
69) Ibid.,
70) 「基督教大韓聖潔教會 第十六回 總會錄」(1961년), 46.

우리 교단은 조국 광복과 함께 일제의 탄압으로 이산되었다가 재회된 기쁨을 가지고 민족 단결과 함께 교회 사업에도 연합의 필요를 느끼어 1946년 한국기독교교회협의회(NCC)에, 1955년에는 한국 복음주의 동지회(NAE)에 단체적으로 가입하였던 것이다. 이상 두 연합 기관이 초창기에는 교회 친목과 복음 운동으로 출발하였으나, 시일이 경과하는 동안 한국의 NAE 운동은 본래의 목적에 이탈된 감이 분명하고, WCC는 비성서적 자유주의 신학사조로 흐르는 NCC적 에큐메니칼 운동과 관련 되어 있는 기관으로 드러나게 되었다. - 중략 -

14회 총회시에는 '연구를 위하여 보류한다' 하였고, 15회 총회시에는 'NCC는 아직은 WCC적 에큐메니칼 운동이 아니라'고 하여 보류하였고, 금번 16회 총회에는 NCC의 정체가 드러났음에도 불구하고 또 무슨 이유로 보류시키는가? 이것은 반세기간 하나님의 축복과 선배들의 눈물과 땀과 피로 쌓아 놓은 순복음주의의 성결교회와 수많은 영혼을 비복음적인 자유주의 신학의 암흑의 구렁텅이로 몰아넣으려는 술책이라고 볼 수밖에 없다. 이렇게 하는 것이 알고 하는 것 인지 몰라서 그렇게 하는 것이지 모르거니와, 단언하노니, WCC적 에큐메니칼 운동은 순복음 신앙을 가진 우리 성결교회는 절대 가지 못할 길인 줄 안다. 왜 그런가? 그것은, 첫째로, WCC의 구성된 주요 인물들이 자유주의 신학 계열임은 세계가 주지하는 바요. 둘째로, 그 헌장과 그 운동이 비성서적이니, 이는 1960년 6월에 주한 선교부 성명서에 해명되어 있다. 즉, 선교부 성명서에 의하면 WCC의 우리 주 예수 그리스도를 하나님과 구주로 받아들이는 교회의 사귐이라는 신조는 그것이 표현된 대로는 틀릴 것이 없지만 그 주요한 약점은 바로

그 신학적 부정당성에 있는 것이다.[71]

성명서를 통해 발표한 내용이 받아들여지지 않자, 이듬해인 1962년 4월 24~26일에 한국성결교회의 모교회인 중앙성결교회에 모여 복음진리동지회를 중심으로 제17회 총회를 열게 되었다. 제17회 총회는 신앙 노선 환원과 더불어 경남지방회장 김도명(金道明) 목사외 4인이 내놓은 '총회 횟수 소급 계산 변경'의 안[72]을 받아들여 교단 연차 횟수를 교회 조직 당시 연대인 1921년으로 환원하여 17회 총회를 41회 연차 대회 및 총회로 바꾸고 교단 명칭도 '기독교'에서 교단 조직의 초기 명칭인 '예수교'로 환명하였다.

당시 총회장으로 선출된 황성택 목사가 17회 총회를 41회 총회로 소급 결정하고 성결교단이 기독교대한성결교회와 예수교대한성결교회로 나뉘게 되는 분립 이유와 과정을 총회장 메시지를 통하여 다음과 같이 피력하였다 :

> 5. 1961년 4월에 이르러서는 슬프게도 우리 교단은 양개의 교단으로 분립케 되었으니, 그 이유는 1945년 재흥 이래 신앙 사상이 상반(相反)되는 연합 기관에 가입한 일로 인하여 교단은 신앙과 사상이 갈라지고 속화와 부패로 흐르게 되었다. 이를 염려하는 다수 교직자 및 성도들은 연합 기관에서 탈퇴운동을 수년간 계속하였으나, 시일이 갈수록 탈퇴보다 도리어 보류운동이 강화되어 교단의 생명인 본래

---

71) 「성결교회 보수동지회 성명서 및 결의문」, 1961년 5월.
72) 「예수敎大韓聖潔敎會 第四十一回 年次大會 및 總會會議錄」(1962年), 18.

의 복음 신앙과 사명을 상실케 되었음으로 신앙 보수를 원하는 교회 및 지방 대표가 회집하여 연합기관에서 탈퇴하는 동시에 모든 세속적 부패를 제거 광정(除去匡正)하여 본래의 성결교회 복음신앙노선으로 돌아가게 하는 것을 목적으로 한 교단 개혁총회 즉 "보수 총회"를 조직하고 신앙 부흥운동을 힘써 왔고, 동년 12월에는 교단의 평화와 합동을 위하여 원로목사들로 조직한 합동특별 총회 준비위원회 회장 이명직 목사 명의로 합동 특별총회를 부산에 소집하였는데, 양측에서 97명의 대의원이 모여 평화로운 분위기 속에서 회무를 진행하는 동시에 본 합동 특별 총회를 기독교대한성결교회 제16회 총회로 결정하였고,

6. 1962년 4월에 열린 제17회 총회에서는 신앙 노선의 환원(還元)과 아울러 교단 연차 횟수를 교회 조직 당시 연대, 즉 1921년으로 환원하여 금번 대회 및 총회로 소급 결정하는 동시에 교단의 명칭도 그간 사용하던 "기독교"를 역시 교회 조직 당시 명칭인 "예수교"로 환원할 것을 대의원 전원이 기립함으로 만장일치 결의하였다.

이상과 같이 우리가 새출발케 된 것은 어떤 사람의 계획으로 만든 일이 아니요, 영원히 살아계셔서 만사를 당신의 좋으신 뜻대로 이루시는 하나님의 섭리 중에서 이루워지는 일인 줄 믿고, 감(甘) 고(苦) 간에 그저 순응할 것뿐인 줄 안다. 가족적 분위기 속에서 살던 우리가 이렇게 분립하게 됨은 심히 마음 아픈 일이 아닐 수 없다. 그러나 하나님께서 말씀하시기를 "내 생각은 너희 생각과 다르며, 내 길은 너희 길과 다르다"고 하셨으니(사 55:8) 하나님의 뜻에는 이렇게 마음 아픈 일을 당하여야 되겠기로 당케 하는 것이고, 또는 "거룩한 씨가 이 땅에 그루터기니라"하신 말씀과 같이(사 6:13) 이 교단의 그루터

기라도 남겨 두시려는 하나님의 자비에 기인함인 줄 믿는다. 그런고로 우리 예수교성결교회 성도들은 하나님의 이 섭리를 깨닫고 겸비한 마음으로 자기 반성을 힘쓰며 더욱 삼가 범죄하지 말고 상대방을 적대시하거나, 원망하거나, 증오심도 가지지 말고 상대방의 탈선적 행동에 대한 책임이 우리에게도 있음을 깊이 느끼어 저들을 위하여 기도하며 우리 할 일만 힘써 하면서 하나님께서 허락하신 때를 기다려야 하겠다. 이것이 성도의 태도이다.[73]

이로써 한국성결교회는 둘로 분립되어 1961년 총회시에 총교회수 474교회 중에 반수가 넘는 257교회(목사 128명, 전도사 121명, 장로 128명)[74]가 '예수교대한성결교회'로, 이보다 40교회가 적은 217교회가 '기독교대한성결교회'로 분열되어 지금까지 한 뿌리의 두 교단으로 나오게 되었다.

그러나 이후에 ICCC의 가입 문제로 인해 예수교대한성결교회 자체 내에서의 이견으로 인해 다시 많은 교회가 떨어져 나가는 아픔을 겪게 되었다. 예수교대한성결교회에서 기독교대한성결교회로 옮기게 된 교회들의 이적 요인의 주요 이슈는 맥킨타이어(McIntire)가 주도하는 칼빈주의로 반공(反共)을 주장하던 국제단체인 ICCC 가입 문제였다. 1961년 12월 19일부터 21일까지 부산 동광교회에서 제16

---

73) "전국의 성결교회 성도들에게!," 「活泉」, 통권 316호, 제2집, 8-9.
74) 1962년도 「예수敎 大韓聖潔敎會 總會 敎勢統計表」 예성과 기성으로 분열되기 전 1960년도 제15회 총회시에 교세통계표에는 교회 461교회, 목사 257명, 전도사 218명, 장로 252명으로 나와 있다. 교세 통계가 양측의 교세표에 약간의 차이를 보이고 있다. 이것은 아마도 분립과정에서 중립에 서 있거나, 분명한 태도를 보이지 않은 교회들과 자교단의 교세 우위를 나타내고자 하는데서 연유된 것으로 추정된다.

회 총회 의원 36명, 보수총회 의원 60명이 앞서 16회 총회니, 보수니 하는 관념을 펴나 백지로 하고 성결교회 합동총회로 모였다. 합동총회는 이명직 목사 사회와 이성봉 목사 설교 후 임원 선거를 갖고 24명에게 목사 안수를 베풀고, ICCC 가입 문제에 대해 토론을 거쳐 가입한 것을 만장일치로 결의한 바 있었다.[75] 이런 와중에 예성은 꾸준히 발전하여 나갔다. 형제가 갈라서는 분열의 고통 속에 서울신학교가 기·성에 남게 되자, 성결교회 본래의 성서주의적 복음주의 신앙을 고수하고 시대적 사명을 완수하기 위해 1962년 9월 20일에 서울 충정로에 성결교신학교 임시 교사를 마련하고 개교하여 명예 학장에 이명직 목사, 초대 학장에 김응조 박사, 부교장에 황성택 목사가 취임하였다:

一. 第一回 理事會 一九六二年 九月 十五日 議決事項

1. 開校 場所 : 金應祚 牧師 邸宅
2. 開校日字 : 一九六二年 九月
3. 組　　織 : 名譽學長 李明稙 博士
　　　　　　 設立者 兼 校長 金應祚 博士
　　　　　　 副校長 兼 教授 黃聖澤 牧師[76]

또한 흩어진 교세를 정비하고, 성결교신학교를 중심으로 교단 부

---

75) "消息," 「活泉」, 통권 315권(1962. 4.), 44.
76) 「예수教大韓聖潔教會 第四十二回 年次大會 및 總會會議錄」(1963년), 51.

흥과 내적 성장에 주력함으로써 1973년에는 2배 이상으로 교세가 신장되는 괄목할 발전을 보였다. 그러나 1972년에 와서 내부의 신학 논쟁과 교리 입장에 대한 견해('예지 예정론 논쟁') 차이로 '혁신' 교단(예수교대한성결교회 혁신측)으로 분립되는 진통을 다시 맛보게 되었다. 그러나 이러한 어려움 가운데 성결교신학교 학장인 김웅조 박사와 예성 교단은 1974년 11월 5일에 제4대 이사장 홍대실 권사가 기증한 안양시 소재 교지 24,000평에 교사를 신축하고,[77] 다음 해에 이전함으로써 기존의 서울 행촌동에 세운 교사 건물은 야간 캠퍼스로, 안양 교사는 주간 캠퍼스로 사용하며 새로운 발전적인 계기를 갖게 되었다. 성결교신학교는 1966년에 4년제 정규 대학과 동등한 학력 인정을 받아오다가 지난 1990년에 4년제 일반 정규 대학인 성결교신학대학으로 개편되었다. 그리고 1992년 4월 종합대학교로 개편되었고, 교명도 성결대학교(1995. 3. 1.)로 변경하였다.

예수교대한성결교회는 성결교 교단 신학 형성에 지대한 영향을 끼친 C & MA[78]와 유대 관계를 맺어 국제적 협력 관계를 맺고 있다. 그 결과 1989년 4월 20~22일에 예수교대한성결교회는 C & MA 재미 한인교회와 합동하여 국제 세미나인 '사중복음 국제 세미나'를 열어 양교단 간에 선교 협력 방안을 논의하고, 양교단 총회시에 대표자 파송과 지속적인 강단 교류와 선교 훈련 지원 등 3가지 결정을 보게 되었다.[79]

---

77) 『성결교신학교 요람』(1989-1990년), 15.
78) C & MA는 Christian and Missionary Alliance의 약칭으로 기독교연합선교회로 칭함.
79) 「聖潔」, 제412호, 78-9.

그리고 1972년 혁신측 교단으로 양립된 형제 교회들이 분립된 지 16년만인 1988년 12월 13일[80]에 서울 행촌동 총회 본부 강당에서 감격스런 합동 예배를 양교단이 함께 드림으로써 대거 합동을 이루어 교세가 증가되었다.

1992년에는 '예성 선교대회'를 개최하여 교단 차원에서 선교의 역량을 총집결하는 계기를 가지게 되었다. 이것을 계기로 하여 1995년에는 '제6차 AWF 세계대회'를 한국으로 유치하여 서울 잠실 주경기장에서 전 세계 57개국 10만 성도가 참석한 가운데 성공적으로 대회를 치루어 발전과 도약의 단계에 들어섰다. 그러나 그 다음해인 1996년 4월 29일 광림 세미나 하우스에서 개최된 총회가 대의원 정족수 미달로 인한 불법 강행이라는 총회 개최에 대한 문제 제기와 함께 5월 6일 성결대학교에서 비상총회가 소집되어 양분의 위기와 대결의 구도로 발전되어 갔다. 하나님의 은혜로 화합을 위한 기도와 양보, 인내가 열매를 맺어 1997년 4월 25일 분열 일년 만에 다시 극적으로 하나되어 총회를 치루어내는 화합 총회의 일치된 모습을 보여주었다. 특별히 2000년에 들어와서는 예성 교단과 기성 교단 사이에 '한국성결교회 교류협력위원회'가 구성되어 6월 26일 양교단의 6인씩 12명이 참석 하여 8월 중 납북지도자 50주기 추모예배를 공동으로 진행하기로 합의하고, 가시적으로, 만주선교의 첫 열매인 용정성결교회 복원에 힘을 합치는 등 화해와 협력의 분위기로 나가고 있다.

---

80) 「聖潔」, 제410호, 28.

Ⅳ. 예수교대한성결교회의 현황

2000년 현재 예수교대한성결교회의 교세 및 활동 현황은 몇 가지 큰 범주에서 볼 때 다음과 같다.

1. 예수교대한성결교회의 교세

2000년도 현재 예수교대한성결교회의 교세는 서울지방회를 비롯하여 31개 지방회, 교회 수 932교회의 교세를 보이고 있다.[81]

2. 산하 교육기관

성결대학교는 앞서 언급한 바와 같이 종합대학교로서 2001년 4월 현재 10개 학부 3개학과 학부 재적생 6005명과 일반대학원 Ph.D. 과정을 비롯하여 신학대학원, 선교대학원, 교육대학원, 사회복지대학원, 경영·행정대학원 등 6개 대학원 재적생 434명을 가진 기독교 명문 대학으로 발돋움을 하고 있고(2009년 현재 6개 단과대학, 7개 대학원, 재적생 7600여명), 1999년 2월 12일에는 대학교육협의회가 실시하는 대학종합평가에서 신학계열 최우수대학교로 선정되기도 하였다.[82]

성결대학교 외에 교단 인준과정인 성결교신학원과 총회 목회 신

---

81) 「예수교대한성결교회 제79차 총회 회의록」(서울: 예수교대한성결교회, 2000), 177.
82) 『1999-2000년 성결대학교 요람』, 41.

학 원에서 약 200명 정도가 수학하고 있다.

3. 선교 활동

1) 해외 선교

해외 선교는 선교국으로 일원화하여 21세기 선교국 해외 선교 목표를 "①미전도 족속을 위한 선교지원 및 선교사 파송 ②예성 선교사들의 선교지 활성화를 위한 협력 단체와 협력 강화 ③예성 선교사들의 팀 사역 활성화를 위한 선교 현지 답사 및 감사"라는 목표를 세우고. 해외 선교훈련원에서 파송선교사들을 재교육시키고 있고, 2000년 현재 28개국(C&MA 한국 선교부를 뺀)에 164명이 파송 받아 선교 활동을 활발히 수행하고 있다.[83]

2) 군 선교

1999년 4월부터 2000년까지 군 선교 활동 보고에 나타난바, 군 선교를 통한 민족 복음화의 목표를 위해 본 교단 소속 군종목사는 총 29명(육군 23 명, 공군 4명, 해군 2명)으로 대령 1명, 중령 8명 등 군 선교에 있어서 중추적인 역할을 감당하고 있다.[84]

---

83) 『예수교대한성결교회 선교사 요람 및 사역 현황』(서울: 예수교 대한 성결교회 총회, 2000), 153.
84) 예수교대한성결교회, 「제79차 총회 회의록」(서울: 예수교대한성결교회, 2000), 345.

3) 문서 선교

문서 선교의 일환으로 교육부 출판부에서는 헌장을 비롯한 교단 관계 책자를 다수 출판하여 보급하고 있고, 종래의 「활천」과 맥을 같이 하는 「성결」지를 1987년부터 「예성월보」에서 격상시켜 제호도 「활천」 제호에 따른 402호로 환원하여 격월로 출간하고 있다. 「성결신문」이 월간으로 간행되고 있다.

4. 기타 활동

교단 협력 기관인 부흥사회 주최로 전국 '교회 교역자 및 평신도 초청 산상 성회'를 매년 개최함으로써 양적 성장에 따른 질적 성숙을 다지며, 성결과 재림의 복음을 시대적 사명을 갖고 전해야 할 교단이 성결교단임을 주지시키는 등, 5대양 6대주 전 세계에 이르기까지 바르고 힘있게 사중복음을 전하는 미래를 향해 전진하는 교단이 되도록 노력하고 있다.

V. 닫는 글

한국성결교회는 지금까지 살펴본 바 선교사가 먼저 이 땅에 들어와 교회를 세웠거나, 외지에서부터 한국인 교역자를 양성시켜 파송한 교단이 아니었다. 한국성결교회는 한국에서 동경성서학원을 찾아가 공부하고, 이 땅에 다시 돌아와 동양선교회 복음전도관이라는 성결교회를 세우고, 스스로 동족에게 사중복음을 전한 정빈과 김상준에 의해 시작된 자생적 개척 교단이었다.

  초기의 창립자들의 의지와 선교정신은 오늘날의 한국성결교회에 이르기까지 자생적 개척으로 그 정체성을 자리매김해 주고 90여년의 지나간 역사 속에 성결인들로 하여금 무한한 민족적·주체적인 자긍심을 갖게 해 주었다. 따라서 주께서 천부적인 성결교단에 허락하신 사중복음의 역사적 신앙 유산들을 계승 복원시키고 다원화된 현 시대의 창조적 복음의 동인이 되게 하는 데에 우리의 책임을 다 해야 할 것이다.

[서울신학대학교 현대기독교 역사연구소, 「성결교회와 신학」, 5권(2001년)]

3

부록

동양선교회가 가라치는 사중복음

東洋宣敎會 第二世總理
故 이. 에이. 吉寶崙

'그리스도는 우리의 구주(救主)요 성결(聖潔)케 하시는 분이요, 신유(神癒)를 베푸시는 분이요, 재림(再臨)하실 만왕의 왕이라' 우리 주 예수 그리스도의 복음(福音)의 이 네 가지 방면은 혹은 '사중복음(四重福音)'이라 혹은 '사각복음(四角福音)'이라고 부르는 것이며 또 우리의 전도(傳道)함에 있어서 힘있게 전할 필요가 있는 영광스러운 복음의 특별한 요점(要點)을 약언(約言)한 것이다. 하나님의 말씀 중에는 여러 가지 문제(問題)와 교리(敎理)가 있어서 우리가 일호(一毫)라도 등한(等閒)히 볼 수 없는 것이 있으니 예(例)로 말하면 기도(祈禱), 성경 연구, 큰 사명(使命), 곧 예수 그리스도께서 마지막으로 제자에게 하신 말씀, 증거(證據), 양자(養子)의 명분(名分)을 받음, 고난(苦難), 타락(墮落), 신앙(信仰), 금식(禁食), 의(義), 자비(慈悲), 우상 숭배(偶像崇拜), 심판(審判), 순종(順從), 핍박(逼迫), 십일조(十日條), 사단, 천사(天使), 예배(禮拜), 기외 수백(其外 數百)으로 셀 수가 있다.

그 중에 기본이 되는 네 가지 요점은 신약(新約)에 있어서 가장 중히 보고 주의하고 또 여러 곳에 기록하여 가장 현저(顯著)히 표시되었다. 예수와 바울의 전도하신 중에 이 네 가지 요점은 최상(最上)의 문제였었다. 우리에게도 이것이 또한 그렇게 되어야 한다.

이 넷 중에서 다만 둘만이 우리의 구원(救援)과 상관(相關)이 있으니, 곧 "그리스도는 우리의 구주(救主)요, 성결(聖潔)케 하시는 분"이라는 것이며, 셋째 요지 "신유(神癒)"라 하는 것은 예수 그리스도의 속죄(贖罪)로 인하여 우리를 위해 구득(購得)한 은택(恩澤)이요(마 8:16-17), 다음에 넷째 요지인 "그리스도의 재림(再臨)"은 축복 받은 소망이 청결(淸潔)케 하고 위로하는 소망으로 우리에게 약속한 것인데 이에 관하여 성경 중에서 삼백 이상의 인조(引照)가 있다.

이제 복음의 소식의 중심 문제가 되는 사중복음(四重福音)을 자세히 각각 이상에 기록한 순서대로 상고(詳考)하여 보자.

1. 구주 되신 그리스도

이는 회개와 사죄의 의미를 포함하였는데 우리는 이를 명칭(名稱)하여 '의(義)롭게 함'이라 한다. "그리스도께서 우리의 죄를 위하여 죽으시고(고전 15:3)," "우리를 의롭다 하시기 위하여 살아나셨느니라(롬 4:25)" 우리는 이것을 첫째 축복이라 부르며 당신을 저들의 구주로 받고 또 롬 10:9-10에 가르친 것과 같이 저들을 당신과 동일시하면서 죄를 회개하고 주 예수 그리스도를 믿는 모든 사람에게는 하나님께서 갚아주시는 것이다. 이는 또 사실상 신령적 출생(神靈的 出生)임으로 중생(重生)이라 한다. 우리는 중생(重生)하고(요 3:3) 우리 안에는 전에 없던 새 생명이 있다. "이전 것은 지나가고 새것이 되었도다"(고후 5:17). 이것은 우리로 하나님의 자녀를 만드는 경험(經驗)이며 이로 인하여 우리는 구원되었고, 예수는 우리의 구주요 하나님은 우리의 아버지가 되었으며 또 우리는 죄와 악한 교제(交際)에서 분리된 신생(新生)에 들어갔다. 여호와를 찬양할지로다. 이는 사망에서 나와 생명으로 들어가는 놀라운 경험이로다. 요 5:24을 보라. 우리는 건과(愆過)와 죄(罪)로 죽었던 자이나(엡 2:1), 지금은 은혜를 인하여 믿음으로 말미암아 구원을 얻었다(엡 2:8). 이것은 하나님께서 독생자 예수 그리스도로 말미암아 우리에게 주시는 선물(膳物)이요, 우리 이름이 천국생명책(天國生命冊)에 기록(記錄)됨이다(계 20:15).

2. 완전(完全)한 성결(聖潔)

그러나 또 다른 경험(經驗)이 있으니 이는 완전(完全)한 성결(聖潔)이라는 것이다. 이는 예수 그리스도의 피와 내주(內住)하시는 성신(聖神)이 우리 마음속에 역사(役事)하신 둘째 은혜의 역사(役事)이다. 신자(信者)의 경험 중에서 예수의 속죄(贖罪)하시는 피와 성신(聖神)의 역사(役事)하시는 권능(權能)을 기초(基礎)로 하고 세워지지 않은 경험은 없다. 맨 먼저 올 질문(質問)은 이것이다. 곧 첫째 은혜가 그같이 놀랍거든 둘째 은혜의 역사가 어찌하여 필요한가? 여기에 우리의 대답은 이것이니 곧 죄의 이중성질(二重性質) 때문이다. 우리는 이 뜻을 분명히 각득(覺得)하여야지 만일 그렇지 않으면 둘째 은혜의 역사의 필요를 도저히 알 수 없을 것이고 또 우리는 이것을 하나님의 말씀대로 보아야 한다. "죄의 이중성질"이라는 의미는 범(犯)한 죄와 내주(內住)한 죄를 가르침이다. 곧 죄악(罪惡)과 생래(生來)의 죄(罪)의 원질(原質)이다.

누구를 물론(勿論)하고 행동(行動)과 마음의 성질(性質)의 차이(差異)를 곧 분변(分辨)할 수 있다. 이 죄의 행동 혹 과실(行動 或 過失)은 우리가 범(犯)한 것과 행(行)한 것이니 거짓말을 한다거나 도적질을 한다거나 살인을 한다는 것이요 마음의 성질(性質)은 행동을 일으킨 그것이요 죄악의 행동으로 제 스스로 출현(出現)되는 내주(內住)하는 원질(原質)이다. 그런데 성경(聖經)말씀 중에서 이 내주(內住)하는 원질(原質)을 이같이 불렀다. 롬 8:7에는 "육신(肉身)의 사념(思念)"이라 하였고 롬 6:6에는 "죄의 몸"이라 하였고, 엡 4:22에는 "옛 사람"이라 하였고 갈 5:17, 롬 8:8, 7:25에는 여러 번 육체(肉體)라 하였고, 롬 7:17에는 "내 속에 거하는 죄"라 하였고, 마 15:13에는 뿌리 있는 나무라 하였으며 우리는 이것을 원죄(原罪)라 날 때부터의 죄라 유전(遺傳)한 죄라 부패(腐敗)라 하며 또는 기타 성경에는 사용되지 않았지만 그의 미(味)를 표현하는 여러 가지 동일한 말로 이 내주(內住)하는 원질(原質)을 지시(指示)한다.

죄인과 새로 난 신자로 하여금 모든 고통을 일으키게 하는 것은 이 내부적유전(內部的遺傳)된 죄의 원질(原質)이다. 우리가 처음 主를 믿기로 결심할 때 우리의 큰짐은 우리의 범한 죄 혹은 허물에서 사함을 받는 것이고 내주하는 죄의 원질까지는 감히 생각도 못한다. 우리는 아무 생각 없이 무수한 죄악의 짐으로 내려 눌리었고 생래(生來)의 죄는 알지도 못하였다. 고(故)로 우리가 주께 죄 사함을 받기 위하여 부르짖으면 우리는 구한 바를 얻으며 하나님은 우리를 용서하시고 무수한 죄에서 사하시며 깨끗케 씻으사 우리로 하여금 의의 새 생활(生活)을 시작하기 위하여 정결(淨潔)한 마음을 주시나 그러나 우리가 타고난 죄의 성질은 남아있어서 우리의 진보(進步)를 방해(妨

害)하고 허다한 비애(悲哀)와 고통을 일어나게 한다. 성결의 은혜나 혹 성신의 세례(洗禮)를 받기까지는 죄는 유전의 원질(原質) 혹은 성질(性質)이 남아 있어서 우리가 그것을 이기고 정복(征服)할 필요가 있다. 죄의 원질을 근절(根絶)시킴을 반대하는 자는 유전의 죄의 육체적 경향(肉體的 傾向)을 이김으로 은혜의 높은 정도(程度)로 여긴다. 저들은 이것을 기도와 쟁투(爭鬪)와 압제(壓制)와 저항(抵抗)의 생애를 보냄으로 구한다. 저들이 생각하는 저항이란 말의 뜻은 깊은 신령적 행동(神靈的 行動)으로 원죄의 발생과 동작을 저항하며 "고상(高尙)한 생애(生涯)" 신령적 생애(神靈的 生涯)를 지지한다는 것이다.

우리 곧 말하자면 웨슬리的 성결의 진리를 믿고 경험하고 가르치는 자들은 하나님의 말씀이 예수의 속죄(贖罪)를 의지(依支)하고 모든 것 곧 죄와 그 구제책(救濟策)에 대하여 신앙으로 행하는 자에게는 더욱 더 완전한 구원을 가르친다는 사실을 신조(信條)로 갖는다. 우리는 주가 완전히 구원하신다는 말을 읽을 때에는 그것을 그 문자대로 믿고 마음이 청결(淸潔)하다고 말씀하실 때에는 그러한 경험이 있는 것과 청결한 마음을 가진 사람이 있는 것을 믿고 완전하라고 명령하실 때에는 우리는 우리가 부름을 받은 혹 종(種)이 완전히 필연(必然)코 존재하리라고 생각하고 우리가 모든 죄에서 구원받을 수 있다고 말씀하실 때에는 우리는 그것을 당신께서 주신 것으로 여겨서 말씀한 그대로 모든 죄를 의미(意味)한 것이고 다만 죄의 약간 부분(若干 部分)을 의미하심이 아니라고 생각하고 예수께서 오신 것은 모든 불법(不法)함에서 우리들을 구속(救贖)하시고 또 우리들을 정결(淨潔)케 하사 열심(熱心)으로 선(善)한 것을 행하는 친 백성(親 百姓)이 되게 하려하심이라는 것을 읽을 때에는 우리는 그것의 표면적(表面的) 가치(價値)를 받고 모든 불법함에서 구속(救贖)될 것을 믿지 않을 수밖에 없고 우리 죄에서 벗어날 수 있다는 말씀을 읽을 때에는 우리는 그것을 문자대로 충분(充分)히 믿을 수가 있고 마지막으로 "예수도 자기(自己)의 피로써 백성(百姓)을 거룩케 하라고 성문(城門) 밖에서 고난(苦難)을 받으셨다." 하는 말씀을 읽을 때에 우리는 당신의 속죄(贖罪)하심이 범죄(犯罪)한 것을 사(赦)하시는 이상의 뜻이 있음을 믿게 된다. 이 이상 더 인조(引照)를 애써 구하여야 무엇하리요. 하나님의 말씀은 그와 같은 영광(榮光)스럽고 귀중(貴重)한 진리(眞理)로 가득하여 우리는 존경(尊敬)과 찬송(讚頌)으로 부르짖기를 "주 예수께서는 위대(偉大)한 구주(救主)이다!" 하게 된다.

우리를 지시(指示)하여 "완전파(完全派)"라고 부르는 자는 저희 자신을 기만(欺瞞)하는 자요 또 저들은 우리가 마음의 완전함을 주장하는 것을 모방(模倣)함으로 다른 사람도 기만(欺瞞)하는 자이다. 우리는 사실에 있어서 도덕적 완전을 주장(主張)함은 아니다. 여기서 "도덕(道德)"이란 말을 사용함은 그의 본 의미에 있어서이다. 도덕적으로 완전하다는 것은 윤리적(倫理的) 지식(知識)과 행위(行爲)에 있어서 완전함이나 혹은 정사(正邪)의 정확(正確)한 구별(區別)을 항상(恒常) 안다 거나 또 다른 말로하면 행위(行爲)와 예모(禮貌)의 문제(問題)에 있어서 정신상(精神上)으로 완전함을 가르친다. 우리는 이러한 완전 중의 어느 것이나 물론하고 주장치 아니한다. 우리가 주장하는 유일(唯一)한 완전은 예수의 보혈(寶血)의 공로(功勞)로 자범죄와 원죄에서 구원을 얻는데서 완전한 구원을 이룸이다. 우리의 적(敵)이 우리가 절대완전(絶對完全)을 증거(證據)한다고 공박(攻駁)함도 불구하고 신자가 모든 죄에서 완전히 구원받은 것을 간증(干證)함은 수천 번 드린 법하되 어느 다른 종류(種類)의 완전을 주장함은 도무지 듣지 못하였다. 만일 예수께서 죄를 말씀하시는데 죄의 모든 상태(狀態)를 말씀하며 우리를 죄에서 구원하시는데 모든 조목(條目)에 있어서 구원하시러 오신 것이 아니면 예수는 우리의 궁극(窮極)의 구주(救主)가 되시기 불능(不能)하다. 예수께서는 우리의 죄를 사(赦)하시나 그러나 우리의 유전(遺傳)한 죄의 원질(原質)을 면(免)케 할 수 없음으로 우리로 하여금 인생의 마음속에 죄를 심은 적(敵)에게 굴복케 하여 다만 부분적(部分的)의 구주(救主)만 되실 수 있었다. 이 말을 평이(平異)한 말로하면 우리는 부당(不當)한 주인(主人)을 섬기며 그리하여 사단은 예수께서 근절(根絶)시킬 수 없는 종자(種子)를 심은 것이 된다. 그러나 예수께서 마귀(魔鬼)의 역사(役事)를 파괴(破壞)시키러 온 것을 믿는 신자는 한 사람이라도 그것을 인정할 자가 없을 것이다. 아-멘! 주께서는 정녕코 그같이 하셨다 우리의 원수(怨讐)가 인생의 마음속에서 사욕(私慾)의 성질을 심을 때에 당신께서는 그의 흉악(凶惡)하고 심원(深遠)한 역사를 묵인(默認)치 아니하셨다. 예수께서는 원죄를 없이 하시고 멸망(滅亡)시키실 수도 있을 것이요 또 우리는 당신을 방해(妨害)할 수 있다 하면 그는 더 강(强)한자로 그의 역사는 멸망을 받지 못할 것이다. 경우(境遇)를 헤아려서 하나님의 말씀을 설명(說明)하는 것이 실제적(實際的)이고 정직(正直)한 방법이 아닌가? 만일 그렇지 않으면 우리는 신성의 영감(靈感)을 가지고 희롱(戱弄)함에 불과하여 우리가 스스로 헛말을 믿게 하는 것이다. 그러면 마태복음 15:13을 보자. "나무마다 나의 천부께서 심지 아니하신 것은 뽑힐 것이다." 천부께서 죄의 성질을 심으셨나? 누가 심었는가. 사단이라 말하겠지요. 그러면 죄의 성질은 "뽑힐 것"이다. 무엇이던지 뽑히면 어찌되나요? 뿌리를 뽑아내는 것이다. 그 뜻이 명백치 않은가? 이것은 역시 근절(根絕)이란 말을 좋아 아니 한다는 자에게 주는 대답도 된다. 근절이란 본의(本意)는 "뿌리를 뽑아올린"다는 뜻이다. 예수께서 사단이 심은 것에 대하여 말씀하신 뜻과 꼭 같습니다! 만일 이 뜻이 죄의 원질을 포함(包含)치 않는다 하면 우리는 말을 가지고 노는 한 요술쟁이에 불과할 것이다.

이 은혜의 둘째 역사의 결과를 생각함에 있어서 우리는 M. W. Knapp 목사의 저서에서 두어 말을 인용하자 "이는 구원에 다음가는 것이로되 구원과 분리되고 구별됨이 갈보리가 오순절과 분리되고 구별됨과 같다." 이는 오순절 당시와 같이 십자가에 못 박히고(롬 6:6) 열심 있는 기도와(행 1:14) 현재적이고 상당한 믿음(행 15:9)이 따르는 집회(集會)에는 신자에게 주는 것이다.

이는 세상을 위하는 것이 아니오 세상에 불려나온 자를 위함이다 (요 17:9,16).

이는 우리 구주의 기도의 응답으로 준 것이고(요 17:17), 사도행전 1장 8절에서 하신 당신의 약속이고 당신의 명령이고(마 5:48) 또 당신의 속죄(贖罪)이다(히 14:12). 회개와 같이 이는 순간에 되는 역사이다(행 2:2,4). 이는 헌신(獻身)은 아니다. 그러나 헌신을 포괄하고 또 헌신을 유효(有效)하게 만드는 청결케 하는 샘과 불을 공급(供給)한다.

이는 시험(試驗)을 면제(免除)치 않으나 시험을 승리케 한다.

이는 인성(人性)을 제거(除去)치 않으나 죄의 성질을 제거한다.

이는 "모든 죄"에서 마음을 씻는다.

이는 사람과 원수(怨讐)와 죽음과 또 심판(審判)에 대한 모든 비굴(卑屈)한 공포심(恐怖心)을 없애 버리는 완전한 사랑을 준다.

이는 "죄에 대하여는 죽은 자요 그리스도 예수 안에서 하나님을 대하여는 산 자"가 되게 한다.

이는 "성신(聖神)의 충만(充滿)"함을 얻게 한다. 이는 "이김이 있고도 더욱 남음이 있게" 한다.

이는 모든 노(怒)하기 쉬운 성질(性質), 악한 성질, 불평을 토(吐)하는 것 요란(擾亂)케 하는 것 또는 원심(怨心)을 없이 한다.

이는 "원죄(原罪)"를 멸하고 마음에서 "축출(逐出)"하여 그의 동작을 더 감촉(感觸)치 않게 한다.

이는 곰(熊)과 자라와 타조(駝鳥)는 제거하고 그 대신 양(羊)과 백합(百合)과 사자(獅子)를 둔다.

성신(聖神)으로 중생(重生)함은 용사(容赦)를 낳고 성신세례(聖神洗禮)는 청결을 낳는다.

성신(聖神)으로 중생(重生)함은 자유로 의(義)롭게 하며 성신의 세례는 완전히 성결(聖潔)케 한다.

첫째 것은 죄의 과실(過失)을 없이하고 둘째 것은 죄의 불결(不潔)함을 없이 한다.

첫째 것은 원죄(原罪)를 압제(壓制)하며 둘째 것은 원죄를 없이 한다. 첫째 것은 옛 사람을 굴복케 하며 둘째 것은 그를 축출(逐出)한다.

첫째 것은 우리를 천국에 소개(紹介)하고 둘째 것은 우리 가운데 천국을 건설하고 그것을 반대하는 모든 것을 우리 가운데서 제거(除去)한다.

성신(聖神)의 중생(重生)은 그리스도께 복종(服從)케 하며 둘째 것은 당신을 우리 마음에 아무 적수(敵手)없이 군림(君臨)케 한다.

첫째 것은 씻음에 역사를 시작하고 둘째 것은 완전히 성결케 한다.

첫째 것은 죄의 애굽에서 구원하고 둘째 것은 완전한 사랑의 가나안을 소유케 한다.

둘째 것은 범(犯)한 죄의 외부적(外部的)으로 솟아 나오는 병(病)을 고치고 둘째 것은 그것을 내부적 문둥병까지 고쳐 두 가지 효과(效果)를 나타낸다.

첫째 것은 견고한 기초이고 둘째 것은 그 기초의 신성한 상층건물(上層建物)이다. 고로 첫째 것이 반드시 둘째 것보다 항상 먼저와야 한다.

성결의 제목을 떠나기 전에 이 경험을 취득하는 방법에 대하여 한마디 말하고자 한다. 이는 혹 종(種)의 정신적 어려운 꿈 흐림이 아니오 또 신앙의 오연(傲然)한 노력이나 이상(理想)이 아니라 다만 우리들 자신을 예수께 완전히 굴복시키는 것이다. 아마 "귀의(歸依)"라는 말이 어느 다른 말보다 이 뜻을 잘 표명(表明)한다. 예수께 절대적(絶對的) 귀의(歸依)함과 우리 생명을 전부 당신께 헌신함은 하나님의 원하시는 단순한 신앙과 함께 역사하여 성신의 세례(洗禮)를 가져오며 보혈의 씻는 능력도 가져오매 성신은 하나님의 집행자(執行者) 노릇을 한다. "너희들이 악할지라도 선한 것으로 아들에게 줄줄 알거든 하물며 하늘에 계신 너희 아버지가 구하는 자에게 성신을 주시지 않겠느냐." 구해 보았는가? 받아 보았는가? 주가 내주하심을 의식(意識)한 적이 있는가? "거룩치 아니한 자는 주를 보지 못하리라."

3. 신유(神癒)를 베푸시는 그리스도

예수는 큰 의원(醫員)이다. 주는 "어제나 오늘이나 영원토록 변치 않으시느니라." 주께서 인류를 위하여 의원(醫員)되시기를 그치지 아니하신다. 그를 원하는 자는 오늘이라도 나을 수 있다. 그러나 만일 우리가 다른 사람과 같이 이 문제를 보지 아니하면 우리가 다른 의사(醫師)를 청한다고 죄를 범하는 것은 아니다. 대개 예수의 사랑은 우리가 다른 사람을 청한다고 감소(減少)해지지 않으니 "이는 그 궁휼이 무궁함이로다"(애가 3:22).

주에게서 신유(神癒)의 은혜(恩惠)를 받는 것은 동시에 신령적(神靈的) 복(福)도 받는 것이니 만일 우리가 다른 사람을 청하면 이 복을 잃어버린다. 그런고로 우리들은 신유(神癒)에 대하여 열렬(熱烈)한 신앙을 가질 것이다. 이것이 구원에 대하여는 결과가 없다고 말하는 것은 진실된 말이다. 비록 그러나 예수를 의원(醫員)이 아니라고 주저치 않고 거절(拒絶)함은 곧 하나님의 말씀에 대하여 무식한 표(標)이니 고의로 무식한 중에 빠진 뒤에는 정녕코 신령적 쇠약(衰弱)이 따를 것이다.

신유(神癒)라는 문제는 다른 중요한 교리와 같이 크게 매도(罵倒) 되었으나 그렇다고 우리가 신유에 대하여 성실히 연구함을 방해하지 못한다. 병(病)을 고친 것이 예수의 역사를 대부분 점령한 것을 볼 수 있다. 이 병을 고친 것이 예수께서 세상에 오신 이유의 일부분이 반드시 되리라 하는 사실을 우리 마음속에 주입한다. 또 이 사실이 마 8:16, 17, 약 5:13,16 행 19:11,12 기타 여러 성경 구절 같은데서 증거(證據)된 것을 본다. 행 10:38에서는 질병(疾病)을 "마귀에게 눌린 것"

이라 하였다. 눌린 것이란 뜻은 "무거운 짐을 쌓아 싣는다"는 뜻이다. 이것이 곧 질병(疾病)의 가장 좋은 정의(定義)를 내렸다하면, 또 이것이 그렇다고 믿으면 예수께서는 우리의 짐을 지신 분인고로 예수께서 우리들이 같은 짐에서 해방(解放) 하실 수 있는 가장 적당(適當)하신 분이라는 이유가 충분하다.

이 문제에 대한 옳고 그른 저술이 심히 많아 허다(許多)한 사람이 혼란(混亂)에 빠져 하나님의 고치시는 손을 접촉(接觸)치 못하게 된 듯하다. 이에 우리들은 하나님의 말씀으로 돌아가자 하며 복음의 단순성(單純性)으로 돌아갈 것이다.

나는 이 문제에 있어서 주의 영광을 위하여 증거(證據)하기를 원하는 것은 다름아니라 나는 30여 년 전부터 예수로 내 의원(醫員)을 삼았으며 주께서 나를 잘 지켜 주셨음으로 나는 그 후로부터 다른 의원을 부르지 아니한 것이다. 의사의 직분은 다만 병을 고치는 것뿐만 아니라 환자의 건강을 보호함에 있다. 그런데 예수께서는 우리가 빗가온대 걷고 음식과 신례범절(身禮凡節)에 대하여 보통 상식을 사용할 때는 제 이 직분(第 二 職分)을 행하신다. 이에 관련되어 또다시 인정(認定)한 바는 젊은 개종자(改宗者) 특히 이교(異敎)에서 구원받은 자들이 연만(年滿)한 성도들보다 더 용히 신유의 은혜를 받을 수 있는 것이다. 나는 이 사실을 기이히 여기고 방금 암흑한 이교에서 나온 구원받은 자를 위하여 나타나는 하나님의 축복받은 신유의 권능을 보고 경악하며 그리하여 저들은 주에게서 흘러나오는 이 힘을 감당치 못하겠다고 스스로 정죄하는 선교사들을 많이 안다. 비록 이러한 이상한 문제에 대하여 이유는 있지만 거기에 대하여 여러 말을 허비치 않겠다. 신앙에서 장성할 수 있고 신령적으로 장성할 수 있고 또 은혜에서 장성할 수 있으되 괴이적인 것은 신유의 문제에 있어서는 이교에서 방금 구원된 젊은 자가 경험한 것보다 신앙의 낮은 기초를 표시하고 있다. 나는 이 사실을 단순이란 정의 외에는 어떠한 것을 기본 삼고라도 설명할 수 없는 바를 자백치 않을 수가 없다. 단순이란 의미의 하나는 "혼잡이 업슴"이고 또 다른 의미는 "무사기함"이고 역시 "용히 믿음"이란 의미도 있으며 거기서 일보를 더 나가면 "무지함" 또는 "우둔함"이란 뜻이 있다. 이 말의 가장 적당한 의미로 생각컨데 연만(年滿)한 성도는 무사기함을 알고 또는 신유의 교리에 대하여 심중이 혼잡 될 가능성이 있지 않은가?

어느 정도까지는 신유에 대한 복음의 단순한 서술은 우리의 일어버린 신앙을 다시 세우는 최상의 수단이라 하겠다. 예수는 오늘에도 병을 고치신다. 그러면 주를 먼저 찾자. 만일 우리가 주께 도달할 수 없고 우리의 신앙이 부족하면 믿음의 기도를 할 줄 아는 연장한 신자를 청하자. 그리하여 우리는 하나님께서 선포하신 방법에 순종하는 태도와 하나님의 말씀을 존경 하는 태도를 보일 것이다.

교회에서 신유의 역사를 행함에 있어서 사용한 방법은 소불하삼개(少不下三開)의 방법이 있으니 곧 신유의 은사를 가진 자를 통함과 장로들의 기도를 통함과 또는 우리 자신의 간절한 기도를 통함이 곧 그것이다. 질병이 있을 때에 세상을 향하여 도움을 구하기 전에 이 모든 것을 시험해 봄이 좋겠다.

복된 소망! 위로하는 소망! 청결케 하는 소망! (딛 2:13, 딤전 4:18, 요일 3:3).

이 교리도 다른 교리가 가진 실제적 방편이 있다. 이는 "복된 소망"이니 하나님 말씀이 그같이 말함으로 뿐만 아니라 실지로 이 교리를 심중에 믿는 자에게는 막대한 복을 가져옴이다. 우리들은 이것을 이지적으로 동의하여 아무 복도 얻을 수 없으나 그러나 이것을 우리 마음으로 받고 우리가 무슨 의미가 있는 것을 참으로 각오한다 하면 이는 황홀한 희락을 가져온다.

이는 우리를 앞서서 세상을 떠난 사랑하는 자가 한번 다시 주로 더불어 우리와 연합될 것을 생각게 하니 "위로하는 소망"이다. 또 딤전 4:13-18에 이같이 나타났고 또 의논(議論)컨데 "자는 자"와 같은 슬퍼하는 영혼에게는 이 위로가 필요하다. 찬송할지어다. 우리들의 살아 남아있는 자도 저희들과 함께 "끌어올리어" 공중에서 주를 영접할 것이다. 그런고로 이런 말로써 위로하라. 이는 "청결케 하는 소망"이다. 예수께서 언제든지 재림하실 것을 각오함은 비록 우리가 결백하다 할지라도 예수가 오실 때에 우리가 하고있는 것을 보시기를 좋아하지 않는 것을 우리가 못하게 한다. 그 오시는 날을 생각하면 모든 신성한 언어와 경건한 중에 우리는 어떤 모양의 사람이 되어야 마땅한가? 여기서 나의 한 꾸밈없는 간증을 허락하라. 이것이 좀 천박할지 모르나 실제적으로는 유조(有助)하겠기에 간증하는 바이다. 나는 회개한지 불과 2, 3주일이 못되어서 불결한 습관에 대하여 아무 특별한 진리를 모르고 흡연하였다. 그러나 나는 주의 재림과 그 가까움을 들었고 어떤 날 시카코에 있는 내 사무소를 향하여 가는 길에서 이 생각이 불현듯이 내 맘속에 들어왔다. "너는 예수께서 오실 때 흡연하는 것을 주가 보시기를 즐거워하는가?" 나는 내가 가진 모든 것이 빛 가운데 행하고 있었으며 그것이 나의 최후의 흡연임을 말할 필요도 없다. 자- 그러면 이것이 우리 문제의 실질적 예가 아닌가? 그렇다 하면 이는 "청결케 하는 소망"됨이 분명하다.

허다한 사람이 말하기를 "이는 실제적 교리가 아니요 또 이에 대하여 번뇌할 필요가 없다." 함으로 이 문제를 길게 말한 것이다. 성경의 300절 이상을 차지한 문제는 경히 불필요하거나 부적당하다고 제쳐놓을 수도 없는 것이요. 또는 우리가 감히 연구할 가치가 없다고 말할 수도 없는 것이다. 이는 다른 중대한 교리와 진정한 관계가 있으며 이를 떠나서는 어느 교리는 완전히 이해할 수 없는 것이 있다. 이 교리가 매도를 당하며 혹독한 변론이 일어나게 했다고 이를 연구함을 반대할 충분한 논증은 안 되니 왜 그러냐면 교리 중에 서 어느 교리치고 불화와 분쟁의 원인이 안 된 것이 있나? 중생의 교리가 쟁론되었다고 그 진리를 버릴 수 있나. 결코 아니다. 우리 주의 재림에 대해서도 우리는 침묵을 지킬 수가 없다. 하나님 말씀은 이를 가르침으로 우리는 반대자와 조롱하는 자가 있음에도 불구하고 주가 하시는 말씀을 알아야 하겠다. 막연한 공론이 있으며 거짓 선지자와 거짓 그리스도가 있고 또 장래에도 있을 것이다. 그러나 우리는 조금도 제지됨이 없으며 또 경악할 것도 없다. 예수는 분명히 오시며 우리는 여기 대하여 알아보고자 결정했다. 간단히 말하면 하나님 말씀이 가르치는 바 곧 500명 이상의 목도자(目睹者)가 보는 가운데서 육신을 가지시고 인상(引上)되신 그 같은 그리스도께서 "하늘로 올라가게 하심을 본대로" 오실 것을 믿는다. 곧 이는 육신의 형상을 가지시고 오실 것인데 그의 오심은 천년왕국시대에 앞서 오실 것이다. 우리는 당신의 재림하심에 두 개(二個)의 계단(階段)이 있음을 믿으니 곧 첫째는 공중으로 오셔서 거기서 당신을 영접(迎接)케 하기 위하여 "인상(引上)"된 변화(變化)된 성도(聖徒)를 맞으실 것이요. 둘째는 그 변화된 자와 당신의 거룩한 천사를 데리시고 여러 사람 눈 앞에서 지상으로 내려와 만왕의 왕과 만주의 주로 온 세계를 통치하시기 시작하실 것이다. 우리가 믿는 것은 이 왕국은 천년동안 계속되고 그 뒤에 무저항에 결박 받았던 사단을 놓아주어 다시 나아가 잠시 동안 나라들을 기만케 할 것이다. 사단의 일시적 자유가 만기 될 때에 그는 불구렁텅이에 던져 영원히 고초를 받을 것이다. 그 후에 일반적 부활이 오고 크고 흰 보좌심판이 와서 죄의 문제는 끝나고 잃어버린 자의 영벌과 구원 얻은 자의 신천신지에서 누릴 바 영복이 시작된다. 이러한 견해를 위하여 다음의 성경 구절을 기록하는데 이는 기록하고자 하는 무수한 요절 중에 불과 몇에 불과하다. 행 1:11, 계 20:3-4, 딤전 4:13-17, 막 8:38, 계 19:14, 유 14, 마 25:31, 계 20:10-15, 요 14:3, 벧전 3:10-12, 딤후 4:8, 요일 2:28.

이 여러 성경 구절을 잘 읽기를 간절히 원하노라. 하나님께서는 당신의 풍성하신 축복을 더하실 줄 믿는다.

[「活泉」제78-80호(1929년)]

2

일본성결교회의 회고와 전망

이시하라 기요시 (일본 동경성서학원 원장)

내가 '일본성결(호리네스)교회의 역사'를 회고하는 것은, 일본성결교단에 속하는 자의 한 명으로서 자기 신앙의 뿌리를 더듬어 가는 것이며 동시에 과거 일본성결교단의 역사적 사실을 받아들이고 평가하고 장래를 향해서 그 유산을 건네주는 중대한 사명이라는 것을 의미한다. 그리고 이번 성결교회 영암국제학술회의 석상에서, 이러한 중요한 과제를 언급할 수 있는 기회가 주어진 것을 마음으로부터 감사함과 동시에 그 책임의 중요함을 느낀다.

정말 기쁜 것은 일본성결교단이 1997년 3월 긴 시간 동안 과제로 여겼던 '신앙고백'을 교단총회에서 채택하여 이것을 세상에 공표하였다. 그리고 그것을 통해 일본성결교단은 그리스도의 몸인 교회의 가지로서 점점 그 주어진 사명의 중대성을 인식하게 되기에 이르렀다. 이번의 강연은 '일본성결교단 신앙고백'과 2003년에 발행된 「일본성결교단 신앙고백의 해설」에 기재된 역사적 기술(전문의 해설)을 주된 자료로 한 신앙 고백을 주축으로 하고 있으며, 일본성결교회의 회고와 전망에 대해서 말하고자 한다.

제1장 중앙복음전도관의 설립(1901년)

알고 계시는 대로 1901년은 카우만 부처가 방일하고 나카다 쥬지(中田重治)와 함께 동경 칸다(神田) 진보쵸(神保町)에 '중앙복음전도관'을 설립한 해이다. 왜 그들은 '중앙복음전도관'을 설립했을까?

당시 일본의 신학적인 흐름과 나카다 쥬지(中田重治)가 여기까지의 발걸음을 더듬어 가면서 이 질문에 대답해 보고자 한다.

1. 나카다 쥬지(中田重治)의 체험과 그 배경

일본의 프로테스탄트 선교는 구미의 선교사들에 의해 행해졌으나 당초는 교파색이 없는 교회의 설립을 목표로 삼고 있었다. 그 결과, 1872년에 교파를 넘은 요코하마(横浜)공회가 설립되었다. 그러나 방일한 선교사들의 교파색은 시대와 함께 선명해지면서 1886년에 일본조합교회, 다음 해에는 일본성공회가 설립되었다. 게다가 1890년에는 1877년에 설립된 일본기독일치교회가 일본기독교회로 개명했고, 일본교회에 있어서도 유럽과 미국의 교파색이 점점 농후해져 갔다. 이러한 배경과 함께 일본의 교회는 독일의 자유주의 신학의 영향을 받지 않을 수 없게 되었고 그 결과 교회가 신학적으로 정통주의 신학의 입장에 설 것인가, 자유주의 신학 또는 신정통주의 신학의 입장에 설 것인가가 문제가 되었다.

이와 같은 각 교파의 성립과 신학적 흐름 속에, 나카다 쥬지(中田重治)는 1887년 히로사키(弘前)에서 메서디스트(Methodist) 교회 선교사 트레바에 의해 세례를 받았고 후에 헌신해서 동경영화학원(아오야마학원<青山學院>의 전신) 신학부에서 공부를 하게 되었다.

그러나 나카다 쥬지(中田重治)는 당시 자유주의 신학의 영향 아래 있었던 신학부의 신학교육에 동조할 수 없었기에 퇴학을 당하고 말았다. 그럼에도 불구하고 혼다 요이치(本多庸一)의 알선으로 전도사 허가를 받고 홋카이도(北海道)의 야쿠모(八雲), 오타루(小樽), 지시마(千島)의 메서디스트(Methodist)교회에서 전도목회를 했고 1894년에 목사 안수를 받았다.

나카다 쥬지(中田重治)는 목사가 되고 나서 3년 후인 1897년, 성령에 의한 혁신을 원했고 미국 무디 성서 학원으로 갔다. 거기에서 그는 그레이스·메서디스트·에피스코팔 교회의 멤버였던 카우만 부처를 만났다. 그 만남은 1901년의 중앙복음전도관 창설의 계기가 되었다.

그는 무디성서학원에서 1897년 11월에 당초의 목적이었던 성결을 경험하고, 1898년에 귀국했으며, 1901년 즉 「중앙복음전도관」을 창설하기까지 메서디스트(Methodist) 교회의 순회 전도자로서 봉사를 했다.

2. 성결교회의 선교 시작과 교파적 배경

앞에서 언급한 것처럼 당시의 일본의 교회는 독일의 자유주의 신학으로부터 영향을 받고 특히 기독론 논쟁이 신학 논쟁의 절정이었다. 이러한 신학 논쟁과는 대조적으로 성경의 복음이 그대로 전해졌으며, 성령의 역사를 통해 회심자가 생기고, 그 회심자들이 복음을 전하는 전도자로 훈련받은 후 각처에 파견되어 창설한 것이 '중앙복음전도관'이다.

따라서 창설자들의 제일 큰 관심사는 성경을 하나님의 말씀으로 믿는 것과 예수 그리스도의 복음을 전하는 것이었다. 나카다 쥬지(中田重治)와 카우만 부처도 메서디스트 교회 출신이며, 그 신앙의 뿌리는 존 웨슬리로 거슬러 올라간다. 따라서 일본성결교단의 신앙 흐름은 위에서 말한 것처럼 그 배경이 메서디스트 교회의 전통에 따른 것이다. 단 '중앙복음전도관'이라고 명명된 것처럼 그 활동의 특색은 '전도 제일주의'이며, 교회를 형성하는 것에 주안점을 두지 않았다. 창립 당시 복음전도관에서는 일요일 오전의 예배를 드리지 않았다. 각자가 속한 교회에서 예배를 드리고 오후에 복음전도관에서 열리는 성별회(聖別會)로 모였다. 창시자들은 전도, 성별회, 성서학원 등의 활동을 통해 사람들이 변화되는 것에 주안점을 두었다. 그러나 성결을 체험한 자의 수가 늘어나면서 각 교파 교회와의 마찰이 생겼기 때문에 성결교회로서 활동하기로 결의했다.

중앙복음전도관의 창설로부터 16년 후 1917년에 '동양선교회 성결교'라는 교회를 조직하게 되었다. 신학 논쟁이 절정이었던 당시에는 교회조직은 가질 수 없었으나 매일 저녁 전도집회를 열었고 그로 인해 많은 회심자들이 생겼으며, 성화의 은혜를 강조하면서 매주 일요일 오후에 성별회를 개최했다. 또한 많은 크리스천들을 성결의 생활로 인도하고 헌신자를 훈련해 파견하는 등 메소디즘의 선교를 계승했다.

3. 선교적인 신앙

중앙복음전도관이라고 하는 선교 단체가 '동양선교회 성결교회'라는 명칭으로 교회를 조직하기까지 16년이 걸린 것은 교회관의 확립이라는 점에서 하나의 과제를 남겼다고 볼 수 있다. 중앙복음전도관에 병설된 성서학원을 통해서 많은 전도자가 배출되고 그 활동의 열매로서 성결교회가 설립되었으나, 그 사실은 성결교회가 메서디스트의 전통을 근거로 하고 있으면서도 일본에 설립된 메서디스트 교회와는 다른 것임을 의미한다. 또한 그것은 전도 제일주의를 실천하는 교회가 될 수 있었던 요인 중 하나이다.

따라서 우리들은 하나님의 섭리를 인정하고 주어진 과제를 진지하게 실천하면서 그리스도의 몸인 교회의 사명을 다해야 한다. 실로 하나님은 이 일본성결교회를 시작으로 하여 아시아나 브라질, 북미로까지 선교의 장을 확장시켜 주셨다고 할 수 있다.

'1901년 창립 이래의 성결교단의 신앙'은 이렇게 교회관의 과제를 남기면서 밖으로 그 선교의 장을 확장해 나가려는 선교 지향적인 신앙이라고 말할 수 있다.

제2장 1901년부터 1930년까지

1901년에 중앙복음전도관이 개설되는 동시에 성서학원이 개교되었으나 3년 후인 1904년에는 동경 가시와기(柏木)로부터 토지를 취득해서 건물도 신축해서 이전했다. 그리고 1905년에는 중앙복음

전도관을 대신하여 동양선교회라고 명칭을 바꾸었다. 이 동양선교회의 총회장은 나카다 쥬지(中田重治)였고, 사사오 데쯔사브로(笹尾鐵三郎) 회계에 카우만과 E. A. 킬보른이 부총회장으로 취임했다. 그러나 이 조직은 소위 초교파적 전도 단체의 조직이었지 '교회'는 아니었다. 또 각지에 설립된 전도관은 그 명칭을 그대로 사용했다.

1. 성교단 사건(聖敎團 事件)

동양선교회의 명칭이 정식으로 채용되어서 6년이 경과한 1911년, 나카다 쥬지는 동양선교회를 떠나 일본 성교단(日本 聖敎團)을 조직했다. 양자는 서로 협력했지만 별개 단체로 활동했다. 그 이유는 미국의 형제들과 일본 공동 사업에 대한 해석에 있어서 근본적인 차이가 있었기 때문이다. 그것은 동양선교회 활동에 있어서의 주도권의 문제였으나, 다음 달에는 '동양선교회의 사업 중 일본의 사업을 일본의 임원들에게 일체 맡기고 조금도 간섭하지 않는다'라는 동양선교회 측의 제안에 의해 양자는 다시 합치게 되었다. 이 성교단(聖敎團) 사건은 불과 1개월도 안 되어서 해결됐지만 일본과 미국 양자가 서로 어떤 협력 관계로서 서로가 그 활동을 해나가면 좋을까 하는 문제를 제기한 중요한 사건이었다.

2. 동양선교회 성결교회의 발족

성교단(聖敎團) 사건으로부터 6년 후인 1917년, 동양선교회는 종래의 초교파적 전도 단체로서의 성격을 바꾸고 한 교파로서 출발하게 된다. 그 정식 명칭이 '동양선교회 성결교회'이다. 초대의 감독으로 나카다 쥬지(中田重治)가 선정되었고 서기로서 쿠루마다 아끼지(車田秋次)가 회계에 야마자키 데이치(山崎亭治)가 임명되었다. 선언서에 의하면, 전도관 지부 46, 교인 수 2천 명의 단순한 전도관 조직으로는 교회를 육성하는데 힘이 들었기 때문에 설립되었다고 그 경위가 기록되어 있었다. 동양선교회 성결교회의 신학적 입장을 묻는 자에게는 초대 메서디스트 교회 중심적인 교리라고 했다.

동양선교회 성결교회가 창립된 후 1918년 제1차 세계 대전이 끝나고 세계는 공황과 불황이었다. 이러한 상황 속에서 나카다 쥬지(中田重治), 우치무라 간조(內村鑑三), 기무라키 요마츠(木村淸松)에 의한 재림운동이 일본 각지에서 전개되었다. 이 재림운동과 함께 성결교회를 일약 전진시킨 리바이벌이 1919년에 일어났고, 일본의 복음파 교회에 큰 영향을 주었다. 또한 1930년에는 성서학원에 있어서 리바이벌이 일어났고, '전국 리바이벌 대회'의 이름 밑에 교파를 초월한 대회가 개최되어 복음파 교회의 교역자와 신학생 등 많은 이들이 참가했다. 교세는 놀라울 정도로 늘어났고 교회도 자급의 길을 확립해 갔다.

3. 선교단체와 일본의 교회

여기서 성교단(聖敎團)사건에 관한 선교단체와 일본교회에 대해서 언급하고자 한다. 이 사건은 선교사들과 일본인 교역자 간의 주도권 문제였다. 확실히 이는 동양선교회와 성결교회의 관계로 일어난 사건이었지만, 일본의 각 교회가 어느 정도의 차이를 가지고 직면해

온 문제였다. 일본인의 교역자로서는 자주독립을 목표로 하고 주체적인 교회운영 관계를 맺으려 했지만, 선교사측은 모국에서의 경제적 원조를 기반으로 하여 교회 운영에 대해서도 주도권을 행사하려고 했다. 양자 간에 이른바 주도권에 관한 문제가 생긴 것이었고 동시에 일본 뿐 아니라 다른 선교지에서도 일어난 문제였다. 현지의 교역자들이 선교사가 가지는 민족 멸시의 태도라든가, 선교지를 후진국으로 낮게 보는 태도에 반발한 사실은 역사가 보여주는 것이다. 이러한 문제는 일본의 국수주의사상과 무관하다고 할 수 없다. 쇼와(昭和) 15년 전쟁(1930년 1945년) 대부분의 교파가 특히 미국의 선교사단체와 관계를 맺지 않았던 것은 국가 권력으로부터 교회를 지키는 방책 중 하나이었다. 이 시대 일본 성교회의 주장은 우리들의 교회는 선교사와는 관계가 없는 자주독립의 교회이며 '순 국산기독교회'라는 것이었다. 이러한 흐름 가운데 일본의 교회는 천황을 정점으로 하는 군국주의, 국수주의에 파묻혀 간 것이다.

또 하나 문제가 있다. 전쟁 중 동양선교회가 일본 성교회(日本 聖教會)에 대하여 어떻게 접촉했는가 하는 것이다. 현시점으로 상세한 것은 명확하지 않지만, 전쟁이 어려워지면서 일본에서는 선교사들을 귀국시키지 않을 수 없게 되었다. 이로 인해 동양선교회의 선교사들은 활동의 본거지를 한국이나 중국으로 옮기게 되었다.

일본교회가 천황을 정점으로 하는 군국주의, 국수주의에 파묻혀 가는 것과 동양선교회의 선교사들은 어떤 자세로, 어떤 발언을 했는가 하는 것은 앞으로 문제시되지 않으면 안 되는 중요한 문제이다.

제3장 1930년부터 1945년까지

1930년부터 1945년은 일본교회에 있어서 리바이벌, 분열, 탄압이라고 하는 큰 사건이 계속된 시대였으며, 그것은 또 '쇼와(昭和)15년 전쟁'이라고 하는 전쟁 시기와 겹치고 있었다. 따라서 일본교회는 전쟁이나 국가 권력과 대치하지 않을 수 없었다. '중앙복음전도관', 즉 선교 운동으로서 시작된 성결교회는 당초에 교파로서의 교회를 조직하고자 하는 의도를 가지고 있지 않았고, 따라서 신앙고백을 제정하지 않았다. 그러나 신앙고백을 대신하여 '사중복음(四重福音)'이 성결교회의 신앙 내용이 되었다.

여기에서는 '리바이벌'과 신앙고백, '사중복음'에서 내용이 문제가 된 '분열', '교회의 합동과 일본 기독 교단에의 참가', '탄압'에 대해서 간단히 말하고자 한다.

1. 「리바이벌」과 신앙고백

성결교회의 리바이벌은 1919년에 일어났고, 일본 복음파의 교회에 큰 영향을 준 것에 대하여서는 설명한 대로 이지만 여기에서 다루고자 하는 것은 1930년 쇼와(昭和) 5년의 리바이벌이다. 이는 '쇼와(昭和)의 리바이벌'이라고 불리고 있다.

리바이벌의 배경은 세계 공황이나 교회의 선교사 단체로의 자급 독립이다. 이러한 배경에도 리바이벌을 유지시켜 준 것은 재림신앙이었다. 리바이벌 운동은 감정적으로 고조되었으나 재림신앙은 대단히 현실적으로 보였고, 그것을 교회의 신앙고백으로 성문화(成文

化하는 작업은 행해지지 않았다. 왜냐하면 리바이벌은 신앙고백이나 교회 제도 등의 형태를 보였고, 그것들의 유명무실화에 대한 경종적 요소가 있기 때문이었다. 또 다른 교파와 다른 노선을 간 성결교회가 신앙고백에 대해 어떻게 생각하고 있었는지는 알 수 없다. 단지 유일(唯一) 당시의 일본성결교회의 회칙 안에 성결교회가 가장 중요시하고 있는 '사중복음(四重福音)'이 '교리(敎理)'라고 기록되어 있을 뿐이다. 유감스럽게도 현재 이 회칙 전체를 확인할 수는 없다. 그러나 탄압 시 재판할 때 문제가 되는 '재림'에 관한 문장만은 확인할 수 있었는데, '우리들은 주인 예수 그리스도가 영광의 모양을 가지고 재림하실 때 성도는 공중에 휴거 된 후 천년왕국의 이 지상에 수립되는 것을 믿는다'고 했다. 그러나 고백도 시간의 흐름과 함께 수정되어 버렸다.

리바이벌은 적극적으로 평가될 필요가 있다. 리바이벌 후의 성결교회 역사는, 리바이벌이 확고한 신앙고백을 가지고 있어야 하고, 또 거기에 입각한 것이 아니면 분열의 원인이 된다는 것을 가리키고 있다.

2. 분열과 신앙고백

다음으로 우리들 사이에서 소위 '분열'이라고 부르는 사건에 대해서 말하겠다. 이 사건은 1933년 쇼와(昭和) 8년에 일어났다. 그 발단은 창시자 나카다 쥬지(中田重治)가 '이스라엘의 건국을 위해서 기도'하는 것이 성결교회의 사명이며, 그것에 동조해야 한다고 성서학원의 5교수들에게 강요한 것으로부터 시작되었다. 이는 성경 이해에 이론(異論)을 주장한 성서학원 교수들과 나카다 쥬지(中田重治)에게 동조하는 사람들 간의 분열로 이어졌다. 양 파의 분리는 결정적이 되었고, 나카다 쥬지 측의 그룹이 '성결교회', 쿠루마다 아키지 측의 그룹을 '일본 성교회(日本 聖敎會)'라고 부르게 되었다. 일본성결교단의 전신은 '일본 성교회(日本 聖敎會)'이다. 확실히 분열의 직접적 원인은 나카다 쥬지(中田重治)의 성경 이해와 신앙 이해에 있었다고 말할 수 있다.

그러면 '일본 성교회'의 자세는 어떠했는가? '일본 성교회'는 나카다 쥬지의 성서 이해와 신앙 이해에 대하여 자기들의 성서 이해와 신앙 이해가 옳다고 주장했다. 그러나 그 신앙 이해의 차이를 명확히 말할 수는 없었다. 특히 재림신앙에 관한 당시의 자료에는 '파산 상태'라는 표현이 적혀 있다. 이는 그때의 상황을 잘 나타내고 있는 말이라고 생각한다. 분열 후 화합 분리에 의해 발족된 '일본 성교회'는 당연한 것으로서, 1937년 독자적인 회칙을 제정한다. 그 중에서 '재림'에 대해서는 아래와 같이 변경되었다.

> 우리들은 주 예수 그리스도가 영광의 모양을 입고 재림할 때, 그리스도를 믿고 죽은 자는 부활하고 땅에 있는 성도는 영화되고 함께 휴거 후 지상에 하나님 나라가 수립될 것을 믿는다.

특히 주목해야 할 것은 '천년왕국'이 '하나님의 나라'로 변경되어 있다는 것이다. 즉 신앙 내용이 정신화 된 것이다. 후에 재판으로 주장된 것은, '하나의 나라가 수립된다'는 것은 개인의 구원이 완성되어지는것 즉, 영적 질서가 완성되어지는 것으로서 이는 지상에 천년왕국이 도래하는 것이 아니고 정신적인 것이라는 것이다. 이 교리의 변경으로 인해 자기들이 정통적 신앙으로 살고 있다고 하는 자각과 동시에 정통적 일본인 즉 천황의 자식으로서 '황국신민이다'라는 자각이 혼재(混在)해 버리고 만다. 여기에서도 명확한 것은 신앙고백을 가지지 못한 교회는 그리스도교 신앙이 점차로 변질되어 버리고, 중대한 사태에 빠지는 약한 부분을 가지게 된다는 것이라 할 수 있다.

3. 교회의 합동과 일본 기독 교단에 참가

종교계에 대한 국가의 압력은 1939년에 성립된 종교단체법에 의해 점차로 강화되어 갔다. 일본 성교회는 1940년에 독자적인 종교법인으로서 인가를 얻기 위해 회칙 변경을 했다. 그리고 교리가 다시 변경되었다:

> 우리들은 주 예수 그리스도가 영광의 모양을 하고 재림하는 것과 그때 그리스도 안에 있던 죽은 자들의 부활과 땅에 있는 성도는 영화되고 함께 휴거 된 후 하나님의 나라가 오는 것을 믿는다.

변경된 교리에는 1973년 "지상에 하나님의 나라의 수립되어야 한다"라는 부분에서 상이 삭제되었다. 또 회칙 중 "사중복음을 특색으로 한다"도 삭제되어 신앙 내용이 한층 정신화된 것을 알 수 있다. 이러한 변경은 국가 권력에 굽힌 것이었고 이에 대해 당시 회칙 개정위원이었던 아베 분조(安部豊造) 목사는 다음과 같이 증언하고 있다:

제일인 개정(1937년-집필자 가필)은, 일본 성교회 회칙 제정 때, 일본문교부의 주의에는 따르지 않지만……. 제2의 개정(1940년-집필자 가필)은 일본 성교회가 단독의 교단이 되기 위해서 회칙제정의 지도를 받고 있었을 때 일본 문교부 당국의 주의가 있어, 사중복음의 전문을 정정했다…….

종교계에 대한 국가의 압력 및 개입은 더더욱 강해졌고, 일본의 그리스도교 각 교파는 합동을 하게 되었다. 국가 권력의 개입으로 인한 이러한 합동을 당시 교회는 오랜 세월 기다려 온 합동으로 받아들였다. 그 결과 일본의 그리스도교 각 교파는 신앙고백을 버린 상황으로 빠졌고, 이러한 중에서 일본 기독 교단이 탄생하고, 일본 성교단(聖敎團)은 그 제6부에 소속되었다. 그리고 교회는 규칙 안에 천황제를 받아들여 우상 예배나 전쟁 협력으로 나가게 된다. 천황제와 신앙고백을 혼동한 비극이라고 말할 수 있다.

4. 탄압과 신앙고백

위에서 말한 신앙의 변천은 현재 남아 있는 탄압 때의 재판 기록에 의해 명확하게 알 수 있다. 우리들은 탄압 경험자의 신앙 싸움을 과대평가해서도 과소평가해서도 안 된다. 쿠루 마다하키지의 제판조서나 스키노(菅野)의 심문조서가 밝히고 있듯이 이는 탄압시의 신앙 싸움이었으며 거기에서 문제되는 것은 신앙고백으로 살 것인가, 아닌가 하는 것이다.

여기서 주목해야 할 것은, 지금까지 빛나는 신앙으로서 이어받아

온 우리 교단 순교자들의 신앙고백이 '탄압' 속에서 변질되어 버린 사실을 중요하게 받아들여야 한다는 것이다. 그리고 이 신앙고백의 변질은 국가 권력을 추종하는 것이며, 천황제와 그리스도교 신앙의 교착(交錯) 그리고 신사(神社) 참배나 선조 숭배 등의 우상 예배라는 것을 인정해야 한다. 또한 그것은 이웃 사람을 잘라버리면서까지 자기들을 지키기 위해 죄를 만들어 낸 것임을 인정해야 한다. 이것이 신앙고백을 경시하는 교회의 모습이라고 말 할 수 있다. 일본성결교회의 역사는 그리스도를 주로 고백하는 참된 교회가 어떤 교회인가를 밝히고 있다.

5. 탄압과 재판에 의한 무죄 주장

마지막 장에서는 탄압시 재판으로 '무죄'를 주장한 의미에 대해서 말하겠다. 성결교회가 위반했다고 문제시 된 '치안유지법'은 천황제의 수호를 위해서 1925년에 제정되어 1941년에 개정 강화된 것이다. 확실히 성결교회는 일본 사회에 있어서 도의적으로는 어떤 죄로도 문제시 되는 것이 아니라고 말할 수 있다. 그러나 문제는 천황이 신격화 되었고, 살아있는 사람을 신으로 했으며 국체수호를 목적으로 하는 치안유지법을 위반하지 않았다고 무죄를 주장하는 것이다. 이는 근본적으로 '예수는 주(主)다'라는 신앙고백과 모순된 것이다. 오늘날까지 치안유지법에 근거해서 무죄를 주장하는 것에 대한 탄압적 평가가 행해져 온 것은 전쟁 책임 고백과 함께 역사인식의 문제와도 관계가 있다. 어쨌든 '예수는 주(主)다'라고 하는 신앙고백으로 산 것인가, 아닌가가 문제가 되는 것이다. 천황제 사회에 존재하는 일본의 교회로서 이러한 문제는 지극히 중요한 과제라고 말할 수 있다.

제4장 성결교회 재건과 그 후의 발걸음

제2차 세계 대전, 일본의 패전으로 일본 그리스도 교회에는 국가 권력의 속박에서 점차로 자유로워져간다. 그동안 종교계를 괴롭혔던 종교단체법이나 치안유지법도 폐지된다. 또한 치안유지법 위반 등 문제시 되던 교직자들의 재판은 '면소(免訴)'라는 참으로 애매한 형태로 심리를 마쳤고, 일본의 교회는 점차로 자유를 되찾아 갔다.

이러한 흐름 가운데 탄압시 성결계 교회의 목사에게 사임이나 근신을 주었던 일본 기독 교단도 1945년 9월 하순에는 '근신 해제'의 통고를 했다. 또 일본 기독 교단 총회장도 성결 각 교회의 부흥 감사회 자리에 출석했고 축사를 말하는 등 일본 기독 교단으로의 복귀가 실현되었다. 그리고 탄압 시에 해산된 성결 각 교회는 다른 교파와는 전혀 다른 '부흥'을 이룩했다. 성결 각 교회에 있어서 이 부흥은 일본 기독 교단으로의 '복귀'를 의미하는 것으로, 성결 각 교회의 목사들은 일본 기독 교단의 목사로 신분이 회복된 것이었고, 교회도 일본 기독 교단에 소속하는 교회로 부흥하는 것이었다. 그러나 전시 이후로 성립된 일본 기독 교단은, 외면적으로는 국가 권력의 압력에 의해, 내면적으로는 충분한 공통 이해를 얻을 수 없었던 상태로 여러 가지 문제를 안고 있었다. 따라서 성립 당시와 같은 구속력이나 구심력을 가질 수가 없었다. 이러한 상황 속에서 독자적인 신앙 표명을 바라고 교단 이탈의 가능성을 모색하는 각 교파가 존재했다.

1. 성결교회 재건의 경과

구 일본 성교회(전시하에서는 일본 기독 교단 제6부)의 흐름 가운데 존재하는 교회나 목사들은 일본 기독 교단 안에서 '성결의 무리'을 조직하고 그 특색과 사명감으로 독자적인 발걸음을 걸었다. 그러나 1949년 6월 쿠루마다 아키지는 일본 기독 교단에서의 이탈을 결의하고 다음과 같은 선언서를 공표했다.

선언서

우리들은 종래 일본 그리스도 교단 안의 성결 무리를 형성한 성결의 근거를 세워왔지만 이번 한 교단으로서 자주적 행동을 취할 필요를 통감하여 동지들의 협력을 얻고 구신약 성서를 하나님의 말씀이라고 믿고, 사중복음의 복음을 골자로 하는 일본성결교회를 조직하고, 일본 복음화의 대역사를 할 것을 선언한다.

일본(호리네스)교회 대표 쿠루마다 이키지 55명 목사 및 그 소속 교회 36

이 선언문은 1949년의 7월 10일자 기관지 '리바이벌'에 게재된 것이나 교단지에는 이탈의 경위도 적혀있다. 그것에 의하면 전술하는 것과 같이 "일본 기독 교단 내에 있어서 성결의 무리로서 신앙의 특색을 유지하고 교단 안에 있어서 그 특색을 발휘하는 것을 시도해 보았다"라고 적혀있다. 게다가 "점차로 진보하는 중에서도 성결의 무리로서 장래의 상태에 대해서는 조심스럽게 고려해 왔다"라고 적혀있다. 이러한 상황 속에 쿠루마다 아키지가 교단 이탈을 결의한 요인은 전시하에서 동양선교회와 연락이 끊어졌던 1945년 이후 서간과 교제의 회복에 있었다. 즉 쿠루마다 아키지에게 있어 양자 간의 관계 복구를 향한 전망이야말로 일본 기독 교단 이탈에 중요한 요인이었다. 아마 동양선교회와의 관계 복구가 없었다면 현실적으로 교단 이탈은 어려웠다고 말할 수 있다.

2. 재건된 일본성결교단의 신앙고백과 그 중요성

1949년 9월 10일자 「리바이벌」(교단지)에는 미국의 성결지로부터 발췌된 '성결인의 신조'가 적혀 있다. (이 「성결지」의 상세한 내용은 알 수 없음) 요약하면, 1. 성경, 2. 삼위일체, 3. 하나님의 독생자 예수, 4. 천년기전 재림, 5. 예수 그리스도의 죽음과 부활에 의한 구원, 6. 회개와 믿음에 의한 구원, 7. 성령의 세례로 인한 성결, 8. 부활이다. 그리고 쿠루마다 아키지는 '성결의 신앙고백의 중요성'이라는 문장이 있어, '어중간한 신앙고백이 아니고 성결 신앙을 명확히 강조해야 할 것'이라고 강조하고 있다. 또한 교단지는 일본성결교단 연혁과 현황에 대해서 기록하고 그 중 「교리」에는 다음과 같이 적혀 있다:

> 말할 필요도 없이 사중복음을 특색으로 하는 순성경적 신앙이며 특히 요한 웨슬리가 말한 성결의 신앙을 고조해서 이것에 표준으로 두고 이른바 초대 메서디스트의 신앙을 모범으로 한다. 사중복음 중생, 성

결, 신유, 재림의 네 개를 말하고, 단순히 지키는 것만이 아니라 멈추지 않고서 적극적인 구령전도를 특색으로 한다. 물론 전도 방식 등에 있어서는 시대에 맞는 것으로 전도를 하는 것은 논의할 여지가 없다.

1950년 10월 10일자의 「리바이벌」에서 쿠루마다 아키지는 '사중복음의 재확인'이라는 표제 아래 일본성결교단이 사수해야 할 교리로서 사중복음을 들고 있다. 그 중 쿠루마다 아키지의 저서는 "메서디스트 교회가 둘도 없는 영광으로서 있었던 독자적인 신조와 사활을 함께 하고 있는 것 같이, 우리 성결교회는 사실 사중복음과 사활을 함께 하기 위한 운명이라고 상상된다"라고 진술하고 있다.

이렇게 쿠루마다 아키지는 재건 시 일본성결교단은 '메서디스트 교회의 흐름'에 있었고, 일본성결교단의 '신조(信條)'는 '사중복음'이라는 의식을 명확히 가지고 있었다는 것을 알 수 있다.

한편 쿠루마다 이키지 저서 「영혼의 법칙」 중 전후 일본성결교회의 창립대회 보고에도 교리에 관한 상세한 것은 밝혀져 있지 않다. 그러나 앞서 발췌한 기관지 「리바이벌」의 기사가 가리키고 있는 것 같이, 일본성결교회 근간에 흐르고 있는 신앙은 1901년부터 계승되어 온 신앙이며 그것이 재확인되어 있다고 할 수 있다. 유감스럽게도 전쟁 전이나 전쟁 중 회칙의 변경에 대해서는 일체 언급이 되어 있지 않다. 또 신앙의 좌절이 있었다고 고백하고 있지도 않다. 단지 일본성결교회는 전통적인 신앙의 좋은 면만을 계승하면서 재건되었다. 오늘날 일본성결교회 안에 있는 사람으로서 과거 역사적 사실에 대해 진지하게 대처해야 하겠고, 장래 성결신앙을 어떻게 계승해 가야 할지를 과제로 삼고 있다.

제5장 일본성결교단의 오늘 과제와 전망

1. 메서디스트의 흐름에 속하는 자각(自覺)

앞서 말했듯이 우리 교단의 역사를 회고해 보면 창시자 나카다 쥬지(中田重治)부터 그때 그때의 지도자들은 모두 스스로가 메서디스트라고 하는 의식을 가지고 있었던 것을 알 수 있다. 그러나 현재 우리 교단의 예배 형식이나 교회 연혁, 교회 정치 등 그 형식에 있어서는 메서디스트의 영향이 있었다고 할 수 있다. 그렇다면 이는 성회 때 은혜의 자리가 있었던 것일까? 우리 신앙의 뿌리를 메서디스트의 형식으로부터 요구하는 것은 사실 무리가 있다고 말할 수 있다. 그러나 성결교회의 창시자들이나 그 후 지도자들은 분명히 자기들이 메서디스트라고 자각하고 있었다. 그럼에도 불구하고 왜 메서디스트 교회의 영향이 그다지 보이지 않을까? 거기에는 이유가 있다. 그것은 우선 창시자들이 당시의 메서디스트 교회에 대하여 이른바 '종교개혁자' 즉 프로테스탄트와 같은 의식을 가지고 있었기 때문이다. 앞에서 말한 대로 당시의 일본의 교회는 고등비평이라고 불리는 자유주의 신학의 영향을 받았고, 하나님 말씀의 권위는 상실되었으며 그 신앙은 유명무실화된 심각한 문제에 직면하고 있었다. 그러한 교회에 대해서 성결교회는 '참된 신앙, 참된 생명'을 강조한 것이었다. 그리고 그러한 삶의 태도야말로 웨슬리가 의도한 삶의 태도였으며 메서디스트의 본질이라고 이해하고 있었다.

이는 자료에서 '초대 메서디스트의 교리', '초대 메서디스트 신앙을 모범으로' 하는 말로 밝혀져 있다. 이러한 메서디스트로서의 자각과 함께 미국의 리바이벌리즘의 영향이 겹쳤고, 메서디스트 교회의 '형식'보다는 '내실'이 강조된 것이다. 그러나 종교개혁자나 웨슬리가 스스로 신앙 내용을 밝힌 것, 열광주의자나 모라비아파와 결별한 것, 예배 형식을 갖춘 것 등은 성결교회의 창립자들이나 그 후의 지도자들에게 중요한 것으로 고려되지 않았다. 이는 '신앙고백'을 밝힌 오늘날 우리들의 과제이다. 또한 우리 성결교회가 공동 교회에 연결되어 있다는 의식을 가지기 위해서도 메서디스트의 흐름에 속해 있다는 자각은 중요하다. 말할 필요도 없이 이는 단지 메서디스트 교회의 스타일을 회복하거나 흉내내는 것을 의미하는 것이 아니라 오히려 메서디스트의 '내실'을 탐구해가는 것이다.

2. 사중복음의 검증

성결교회의 기치는 '사중복음'에 있다. 또 그것은 단순한 기치일 뿐 아니라 명확한 신앙고백을 가지지 않았던 성결교회에 있어서 '신앙고백'의 역할을 하고 있다. 특히 전후 재건 시의 기관지 안에는 그 의식이 밝혀져 있다. 전술한 것 같이 1950년 10월 10일 기관지에서는 쿠루마다 아키지 메서디스트 교회의 신, 성결교회의 '사중복음'을 거의 동열로 취급하고 있는 것을 볼 수 있다. 따라서 우리들이 성결교회라고 하는 그리스도 교회의 한 교파로서 그 아이덴티티를 물을 때에는 '사중복음'이라고 말해야 한다. 즉 이것을 과소평가하거나 안이하게 그 항목을 변경 또는 삭제할 수 없는 것이다. 오히려 이 사중복음은 신학적 검증 또 역사적 검증에 있어 충분한 것인지 묻는 작업을 진척시키지 않으면 안 된다. 그것으로 인해 우리 교회가 계승해야 할 신앙 특색은 무엇이고, 그와 더불어 스스로 안고 있는 약점은 무엇이며, 더욱이 오늘날 가지는 의의를 묻는 것이 우리들의 과제라 할 수 있다. 또 우리 교단이 1997년에 '신앙고백'을 채택한 것과 '사중복음'의 성서 신학적, 역사 신학적 해명은 앞으로 계속해서 연구해야 할 과제이다.

3. 교회관의 확립

일본성결교단의 역사를 회고하는 문장에서 "창시자들은 교회를 설립하는 의도를 가지고 있지 않았다"라는 표현이 몇 번씩이나 나온다. 이것은 역사적인 배경으로부터 또 당시 자료에서도 사실이었음을 확인할 수 있다. 그러나 문제는 창립 당시 초기 성결선교 단체가 '그리스도의 몸되신 교회가 아니었던 것인가' 하는 것이다. 이 질문을 푸는 열쇠는 사도행전에 적혀 있는 초대 교회나 종교개혁기의 교회에 있다. 이들 교회는 점차로 형태를 갖추어 가는 과정에 있었지만 역시 교회라고 불렸다. 성결의 경우도 같은 의미에 있어서 선교 단체이지만 교회로서 이해할 수 있다. 또한 1997년에 신앙고백을 채택한 것은 참으로 교회 형성의 결의를 내외적으로 밝힌 것임을 의미하고 있다.

또 일본성결교단의 역사를 회고하는 문장에서 '신앙고백을 가지고 있지 않았다'라는 표현도 많이 있었다. 이도 사실이나 한 사람 한 사람이 '예수는 우리의 주(主)다'라는 신앙고백으로 그리스도인이라 여겨짐은 이미 알고 있는 것이다. 단지 공동체로서 성문화된 신앙고백을 가지고 있지 않았고 그 필요성을 그다지 자각하지 못한 것은 사실이다. 이는 교회 설립 의도가 없었다는 것과 같다.

우리 교단에서 몇 십 년 전부터 교회관에 대한 논의가 행해져 왔다. 또 우리 사이에는 우리에게 '교회관이 없다'라고까지 말했다. 그러나 교회관은 문자 그대로 교회에 관한 견해이기 때문에 우리 교단에 '교회관이 없다'라는 것은 바람직하지 않다. 오히려 명확한 교회관을 가지고 있다고 말할 수 있다. 이는 '교회는 구원, 성결된 사람들의 모임'이라는 이해다. 즉 전도를 제일주의로 하는 명확한 구원과 성결 체험을 강조하는 것이 우리 교회의 이해다. 그러나 성문화한 '신앙고백'을 채택하고 형태에 있어 교회를 정리하고자 하는 지금, 우리들에게 요청되는 것은, 교회는 '구원, 성결된 사람들의 모임'이라는 교회관으로 부터 '주 예수에 의해 구속으로 그리스도의 몸이 되는 교회'와 우리가 신앙으로 인해 연결된 자라는 교회 이해의 전환이다. '예수는 주(主)다'라는 고백으로 구원 받고 세례에 의해 교회로 연결되고, 성찬으로 인한 구속의 은혜를 확인하는 것이야말로 그리스도의 몸인 교회에 연결된 자의 모습이다. 또 신앙고백은 교회에 연결된 자들의 기반이며, 교회는 그리스도의 주권을 나타내기 위해 그 형태를 만드는 것이다. 교회의 발걸음은 그 성전(聖典)인 성서에 의해 규정된다. 물론 이것들은 우리들에게 있어 새로운 것은 아니다. 우리들이 긴 시간 신앙고백을 채택한 것은, 교회가 '구원, 성결된 사람들의 모임'이라는 충분히 이해할 수 없었던 교회생활의 풍요함 또는 교회에 맡겨져 있는 주된 임무의 풍요함에 대한 도전이다. 또 우리는 전도를 제일로 하여 명확한 구원과 성결의 체험을 강조하는 삶의 태도를 보다 풍요롭게 하는 것이다.

4. 교회의 일치와 다양성

선교 단체로 발족한 우리들의 교회가 창립 100년을 경과하고, 2002년에 '신앙고백'을 밝힌 것은 교회로서의 자질을 더욱 갖췄다는 것을 의미한다. 즉 선교단체라는 이른바 운동체였던 단체가 '신앙고백'을 통해서 그리스도의 몸인 교회라고 깊이 자각하고 전진하고자 결단한 것이다. 우리는 리바이벌 운동이 유명무실화된 교회를 각성시켰던 역사적 사실을 알고 있다. 성결교회가 그러한 활동을 짊어져 왔다는 것도 역사를 회고하는 가운데 확인할 수 있었다. 동시에 우리들은 선교단체로 이어져가는 그리스도의 몸인 교회를 형성하기 위해서 아직 불충분하다는 것도 역사를 통해 배웠다. 종교개혁 이후 프로테스탄트 교회도, 웨슬리의 리바이벌운동 후의 메서디스트 교회도 신학적, 역사적 평가에 견디어 정통교회로 인정받은 것은 선교단체에서 그리스도의 몸인 교회를 형성하자는 자각 속에 있었기 때문이다. 우리들은 리바이벌 무브먼트의 중요성을 인식하면서 그리스도의 몸인 교회를 형성해 나가지 않으면 안 된다. 아는 바와 같이 그리스도교 신앙에는 형식과 생명, 교리와 체험, 공동체와 개인, 예배와 전도 등, 서로 모순되는 요소가 포함되어 있다. 그 모든 것은 중요하다. 그리고 모순된 요소의 바란스가 중요하다. 그러나 바란스를 유지한다는 것은 간단한 일이 아니다. 그리스도 교계에는, 그때그때 관심을 모으는 운동들이 일어난다. 때론 관심이 없어져 가는 경우도 있다. 많은 사항에 관심을 기울이고 넓은 견식을 가지는 것도 중요하지만 그것들로 인해 자기를 잃어버릴 수 있다. 어중간한 바란스 감각을 추구하는 것보다 자기의 입장을 분명히 하고 철저하게 하여 살아가는 것이 중요하다. 우리들이 집중해야 하는 유일한 것은 신앙고백 속으로 가는 것이다.

오늘 우리들을 둘러싸고 있는 과제는 많다. 선교의 비전, 성결신학의 확립, 사회 문제나 지구의 환경 문제, 카리스마 운동의 시비(是非) 등 다양하다. 이러한 많은 과제 중에서 우리들은 각각 사명을 가지고 연구할 필요가 있다. 이는 다양한 활동 안에서 전진하는 것이다. 그러나 제멋대로 가서는 안 되고, 하나의 일치점을 가져야 한다. 그 일치점은 '신앙고백'이다. 그것은 자기가 원하는 대로 사는 다양성이나 각자의 개성을 억제하는 그러한 일치는 아니다. '신앙고백'에 주체적인 영향을 미치는 다양성에 입각한 일치다.

끝내면서

일본성결교회의 회고와 전망에 대해 1997년에 공표된 '일본 성결교단 신앙고백'을 주축으로 고찰하였다. '신앙고백'이 제정된 후 벌써 10년이 경과한 오늘, 그 중요성을 새롭게 인식하는 동시에 '신앙고백' 제정 후 부과된 과제에 어떻게 대처하고 있는가를 확인하면서 앞으로 나아가고 싶다.

[성결대 제8회 영암학술대회(2007년 10월 8일), 발표]

3

『朝鮮耶蘇敎 東洋宣敎會 聖潔敎會
敎理及條例』

東洋宣敎會 第二世總理
故 이. 에이. 吉寶崙

동양선교회의 기원

본 선교회는 주후 1901년 2월에 명백한 하나님의 사명과 성신의 지시하심을 받아 일어난 단체인데 그 목적은 동양 모든 나라에 순복음(純福音)을 전하기 위해서이다. 창립자들은 원래 감리회에 속하였던 사람으로 이와 같이 독립적으로 새 단체를 조직하게 된 것은 완전히 그 목적을 관철하려 함인데 이 사업에 종사할 많은 교역자를 양성하기 위하여 성서학원도 설립하게 된 것이다. 이와 같이 새 단체를 조직한 우리는 다른 단체에 대하여 더욱 친절과 사랑으로 대우하여 진행하기 위해서다. 본 단체에서 주창하는 교리는 새로 만든 다른 교리가 아니고, 오직 옛날 웨슬리(J. Wesley)와 감리회의 초시대 성도들의 주장하던 교리, 곧 하나님의 단순한 근본적 진리이다. 이 진리를 동양 천지에도 널리 전해야 되겠다는 창립자들의 열렬한 주의 아래서 본 단체가 조직되어 옛날 감리회 창립자들과 같이 하나님의 지시하심을 받아 그대로 행하는 중에 있다. 하나라도 새로 만든 것이 아니고 전혀 성경 중에 있는 진리, 곧 최초 감리회에서 주창하던 진리와 조금도 다름이 없는 것이다. 본 단체의 특별한 사명은 순복음, 즉 사람의 영혼을 완전히 구원하는 도리를 동양뿐만 아니라 땅끝까지 널리 전하며 "거룩하지 아니한 자는 주를 보지 못하리라"는 말씀이 참된 사실의 진리인 것을 힘써 말함에 있다. 그런데, 이 사명아래에서 본 선교회를 창립한 카우만 목사는 우리보다 먼저 이 세상을 떠나 영원한 저 나라로 가셨고 그 대신에 그와 자초(自初)로 동고동락하던 레티 카우만 부인과 이 에이 길보른 목사가 하나님의 기계가 되어 성법(聖法)대로 본 선교회를 지배하던 중인즉 우리는 이 무거운 짐(重役)들을 위하여 힘써 기도할 의무가 있는 줄로 안다.

목차
제 1편 교리
제1장 교회의 정치를 제정하는 이유
제2장 동양선교회의 목적
제3장 신앙개조

제 2편 정치
제1장 정치기관
제2장 지방교회
제3장 봉사회

부록/예문

제1장 혼례식
제2장 세례식
제3장 헌아식
제4장 성찬식
제5장 장례식
제6장 안수식

제1편 교리(校理)

제1장 교회의 정치를 제정하는 이유

제1절 하나님의 정치

하나님께서 창조하신 천지와 만물을 살펴보면 완전한 조직(組織)이 되어 있으니 천공(天空)에는 무수한 별들(星長)이 그 정한 위치에 놓여있고 일월도 일정한 궤도가 있으며 하나님께서 모든 천지를 순서적으로 기이하게 창조하신 것과 같이 인류의 대하여 하신 것도 또한 그러하니, 즉 주의(主義)와 법도(法度)와 순서가 정제(整齊)되어 있다. 또 이스라엘 백성을 다스리신 것을 보더라도 계명과 율법을 주셨으며 장막의 도형을 명백히 보이시며 가라사대 "산에서 내가 보인대로 모든 것을 제조하라"하셨으며, 또한 그리스도의 사도들의 행한 일을 볼지라도, 순서적으로 단순한 교회의 정치를 볼 수 있다. 예수께서 12사도를 택하셔서 온전히 수양을 시키시고, 사명을 주시고 가라사대 "너희는 가서 모든 백성으로 제자를 삼아 아버지와 아들과 성령의 이름으로 세례를 주고 무엇이든지 내가 너희에게 분부한 것을 다 가르쳐 지키게 하라" 하셨고, "또 나는 세상 끝날(末日)까지 너희와 항상 같이 있으리라" 하셨다(마 28:19-20).

제 2절 사도 시대의 교회 정치

그 제자들이 나아가 각처에 복음을 전하여 백성들로 하여금 거듭나게 하며 성결의 은혜를 받게하였으되 지금과 같이 완전한 회당을 건축하고 모이지는 못하였으나 그러나 각처에서 모여 그곳을 교회라 일컫고 인도자를 두어 치리하게 하였다.

하나님께서 시대마다 충성된 종을 택하여 세우셨고, 또한 이 말세에 성결 단체를 일으키셔서 옛날의 사도적 권능을 실행케 하셨은즉 우리는 겸손하게 우리의 인도자 되시는 그리스도의 말씀을 믿으며 지키며 실행해야 한다.

제 3절 정치의 의의

그리스도 교회의 정치는 그리스도께서 지도하시는 아래서 실행할 것이니 이것은 무거운 짐과 어려운 법으로 된 것이 아니라 우리의 입법자되시는 그리스도께서 그 사도들에게 제정하여 주신 규례대로 준행해야 한다(고전 2:9, 고후 3:10, 마 18:15-17, 살후 3:6, 행 13:1-3).

제 2장 동양선교회의 목적

동양선교회는 죄가 되지 아니하는 범위 안에서 양심의 자유로 말미암아 각 개인이 모인 단체인데 초시대교회(初時代敎會)와 사도들의 모범을 좇아서 성경적으로 성결의 은혜를 받게 하며, 복음이 땅끝까지 보급되기 위하여 순복음(純福音)을 전한다.

목적

1. 하나님 우리 아버지를 영화롭게하며 우리 구주 예수 그리스도를 높이며 성신(聖神)을 순종할 일
2. 주께서 길을 열어 주시는대로 각처에 교회를 설립할 일
3. 성경의 진리대로 죄인들이 회개하여 거듭나는 것과 거듭난 사람들이 불과 성신의 세례로 거룩하여지는 것과 예수 그리스도의 재림과 모든 신령한 은혜와 은사를 받는 것을 증거하여 받게 할 일
4. 그리스도께서 순복음의 사명을 가지고 전 세계와 각국에 전도할 일
5. 성결교회를 지속하게 하기 위하여 각 처에 교회를 설립하고 성결한 교역자를 파송하여 하나님의 자녀들의 영혼을 길러 재림하실 주를 맞이할 만한 준비를 하게 한다.

결론

우리의 제일 목적은 죄인으로 중생(重生)하게 하고, 중생한 자로 성결(聖潔)하게 하되, 또한 신유(神癒)의 권능을 나타내며 재림(再臨)하셔서 천년왕국을 건설하실 것과 전 세계에 복음을 전할 일을 가르치는 것이다.

제3장 신앙개조(信仰個條)

제1절 하나님

하나님은 오직 한 분이시니(신 4:5-9, 삼후 7:2, 왕상 8:3, 60장 사 43:10-11, 막 12:3, 요 17:3, 고전 8:4, 엡 4:6, 딤전 2:5) 진실하시고 영생하신(창 1:3, 롬 16:6) 신이시며(요 4:4, 창 17:1, 마 19:6 눅 1장 8, 19:6) 권능과 지혜와 자비가 무한하시고 유형·무형한 만물을 창조하시고(요 1:3), 보호하시는 자시며 성부와 성자와(골 1:15, 딤전 1:17, 요일 3:2, 5:7)와 성신 삼위일체의 제1위시다.

제2절 예수 그리스도

성자는 성부의 말씀이시니 곧 영원하시고 진실하신 하나님이시며(요 1:1), 성부와 더불어 일체이시다. 복된 동정녀의 몸에 잉태되어 나심으로(요 1:14, 3:1) 한 몸에 순결한 두 가지 성품을 가지셨으니 곧 신성과 인성인데 이 두 성품은 결단코 분리할 수 없다. 이러므로 참 하나님도 되시고 참 사람도 되신 그리스도는 십자가에 못 박혀 고난을 받고 죽으시고 장사되셨으며(고전 15:4-5) 이것으로 하나님과 사람 사이에 화목제물을 되사 인류의 자범죄만 사하실 뿐 아니라 유전하여 내려오는 원죄까지 구속하시고(히 13:12, 11:9, 고후 5:18, 엡 4:8) 또 죽음 중에서 부활하셔서 전에 가지셨던 몸의 온전한 인성을(마 8:6-7, 행 1:3, 눅 4:9-43)를 가지시고(엡 4:11-13, 요일 3:2-3) 승천하셨다(행 1:9, 엡 1:20, 4:8, 딤전 3:16).

제3절 성신(聖神)

성신은 성부와 성자께로부터 나오신 일위(一位)시니 그 본체와 능력과 위엄과 영광이 아버지와 아들로서부터 하나이시며 영원하신 하나님이시다.

성신은 제 삼위시나 성부와 성자와 동일위시다.

성신은 그 삼위 중에 행정(行政)의 책임을 가지시고 성결한 신자의 마음속에 거하며 행하신다. 칭의(稱義)는 성신으로 나고 성결은 성신으로 충만하여진다.

성신은 삼위일체 하나님의 뜻을 실행하시는 자로 죄와 의와 심판으로 세상을 책망하신다(요 16:7).

성신은 사람의 마음을 감동시키어 믿음을 있게 하며 기도하게 하신다(롬 8:6-7, 유 20).

성신은 은사와 열매를 주시는 자이시다(고전 12:71, 갈 5:2).

성신은 사람에게 임하사 충만한 권능을 주어 역사하게 하신다(행 1:8).

성신은 예수 그리스도의 속량하시는 보혈을 가지시고 사람의 마음을 의롭게도 하시고 성결하게도 하신다(히 9:14, 고전 1:2).

성신은 우리의 거듭남과 성결함을 증거하시는 자이시다(롬 8:16, 히 14:15).

성신은 신자를 가르치시며 바로 인도하시며 권능을 주신다(요 16:13, 14:6, 15:5).

성신께서 교회의 모든 역사나 모든 의론(議論)하시는 일에 임하셔서 주장하여 주시기를 간절히 원하신다(행 15:8).

제4절 성경은 구원받기에 넉넉함

성경은 구원함에 필요한 모든 조건을 기록한 책이다. 그러므로 무엇이든지 성경에 기록하지 않고 혹은 성경에 증명하지 아니한 것은 마땅히 믿을 교리가 아니며 또한 구원함에 합당하지 아니한 줄로 인정해야 한다. 성경은 곧 구약과 신약인데 이것은 교회에서 작정한 책이며 영구히 의심할 것이 없는 책이다.

제5절 원죄

원죄는 아담이 범죄함으로 말미암아 모든 사람에게 유전된 육의 성질이며 모든 사람으로 하여금 본심(本心)의 정의(正義)를 떠나 항상 죄악으로 경향(傾向)한다(롬 5:12, 14:1, 8:6-8).

제6절 자유 의지

아담이 범죄한 이래로 사람이 자기의 힘과 노력으로 마음을 돌이켜 신앙에 이를 수도 없고 하나님을 공경하지도 못할 처지에 이르렀다. 그러므로 만일 하나님께서 그리스도를 우리에게 은혜로 주지 아니하시면, 선을 행하려고 때에 우리와 함께 계시지 아니하시며, 우리에게 능력이 없음으로 하나님께서 기뻐하시고 받으신즉 한 선을 행치 못할 것이다. 하나님께서 예수 그리스도를 값없이 주셨으니 그를 믿고 아니 믿는 것은 사람의 자유로 정함에 있다(창 6:5, 눅 16:15, 히 11:6, 사 64:6, 히 9:11-12, 15, 요 4:7, 딤전 2:5, 요 7:17).

제7절 칭의

사람이 하나님 앞에 옳다 함을 얻는 것은 우리의 실행과 공로로는 얻을 수 없고 오직 예수 그리스도의 공로와 우리의 믿음으로 말미암아 의롭다 하심을 얻을 수 있으니, 이것이 명백한 교리도 되고 마음에 진정한 안심도 된다(롬 1:17, 3:6, 4:5, 창 15:6, 롬 3:8, 4:5, 5:1, 4:6, 5:11, 16, 행 13:9, 롬 1:16).

제8절 성결

완전한 성결이라 함은 그리스도로 말미암아 성령의 세례를 받음이니, 즉 거듭난 후에 믿음으로 순간에 받을 경험이다. 또한 완전한 성결은 원죄에서 정결케 씻음과 그 사람을 성별하여 하나님의 뜻을 이룰 능력을 주시는 것이다(고전 1:30, 살전 5:3, 히 13:12, 요 17:17, 20, 벧전 1:2, 롬 15:16, 행 2:1-4, 요일 1:9, 눅 4:49).

제9절 칭의 후의 범죄

사람이 의롭다함을 받은 후에 죄를 범함이 다 성령을 거역하는 죄는 아니고, 또다시 용서함을 받지 못할 것도 아니다. 그러므로 범죄한 자에게 회개를 권고하여야 한다. 또 사람이 임의 성령을 받은 후에 그 은혜를 배반하고 죄에 빠질 수도 있다. 그러나 하나님의 은혜로 능히 다시 일어나서 사유함을 얻을 수가 있다. 혹은 이와 같은 죄는 회개하여도 다시 사함을 받지 못한다는 말과 또는 성령을 받은 후에는 죄를 범할 수 없다는 말은 책망을 받을 말이다(마 12:1-2, 말 3:7, 레 18:1-2, 요 1:9).

제10절 교회

교회는 하나님께 부르심을 받아 세상과 분리하고, 그리스도 예수를 자기의 구주로 믿는 산 믿음을 가진 자들이 모여 조직된 곳이다. 교회의 사명은 순복음을 본국과 외국에 전함이니 모든 죄에서 구원함과 신유와 주가 재림하신 후 천년왕국을 건설하심이다(고후 6:17, 12:2, 갈 1:4, 약 4:4, 요일 5:19, 히 11:6, 행 1:8, 히 7:5, 약 5:14-16, 행 4:10, 마 10:8, 19:2, 10:9, 25:6, 계 19:7, 15-16, 살전 4:16-17, 행 1:9-11, 막 16:15).

제11절 성례

그리스도께서 세우신 거룩한 예식은 다만 신자된 것을 위하는 것뿐만 아니라 하나님의 은혜와 우리 신자에게 대한 거룩하신 뜻으로 은연 중에 역사하시는 표이다. 이것으로 말미암아 우리의 믿음이 더욱 새롭게 되며 굳세게 되며 견고케 되나니 그런즉 이 예식은 표면적으로 사람에게 보이라고 할 것은 아니나 신자로는 마땅히 지켜야 할 예식이니 누구든지 만일 이 예식을 합당하게 받으면 유익이 되고 합당치 못하게 받으면 고린도전서 11장 29절에 기록한 말씀과 같이 죄가 된다(고전 10:1-2, 11:4-9).

제12절 세례

세례는 신자가 성령의 역사로 그 심령이 거듭난 것을 표시하는 예식이니 이 예식을 집행하되 성경에 의하여 침례(浸禮)를 베풀어야 한다(롬 6:3-4, 갈 3:7, 골 2:12, 요 3:2-3, 행 2:8, 8:6-9, 막 16:16, 레 3:5-6).

제13절 성찬

성찬은 그리스도의 살과 피를 그의 재림하실 때까지 기념하기 위하여 세우신 예식인데 누구든지 믿음과 깨끗한 양심으로 떡과 포도주를 먹고 마시면 심령상에 큰 유익이 된다. 이 성례는 그리스도께서 피로 우리를 구속하심과 그의 살로 우리의 영혼에 자양이 되는 것을 표시함이다(벧전 3:1, 롬 14:3, 14:13, 고전 11:3-9).

제14절 신유

성경에 병을 고치는 교리가 기재되어 있음은 우리가 믿는 바라. 마가복음 16장 17-18절과 야고보서 5장 14-15절의 말씀대로 하나님의 자녀들이 믿음으로 기도하여 병 고침을 받을 특권이 있다. 그러나 이대로 하지 못하고 의약을 의지하는 자에게 대하여 비평하지 말아야 한다(약 5:16, 행 4:10 레 10:8, 눅 9:2, 10:9, 막 16:15-18, 고전 12:9, 40:14, 요 9:14, 레 8:16-17).

제15절 재림

주께서 육체를 가지시고 친히 천년시대 전에 재림하실 일이 절박함을 우리가 믿노니 주께서 생각하지 아니한 때에 공중에 오셔서 성도들을 영접하시고 그 성도들과 같이 지상에 임하실 일을 구별하여야 한다. 또한 지상에 임하시기 전에 이스라엘 사람들이 한 곳에 회집되고, 거짓 그리스도가 나타난 후에 오셔서 천년왕국을 건설하실 것이다(행 1:9-11, 살전 4:14-17, 레 4:7, 5:13, 6:9, 계 2:12, 20:4, 겔 6:4, 7:7-8, 살후 2:8-10, 계 19:20).

제16절 운명

우리 주 예수의 구원을 참으로 아는 자는 모든 그리스도와 함께 그 영원한 나라에서 그 영원한 영광에 참여할 것이니 성도들은 심판을 면하고 영원한 쾌락을 누리고 회개하지 아니한 죄인들은 심판을 받아 영원히 정죄함과 형벌과 고통을 받을 것이다(계 2:12, 13, 마

25:46, 고후 5:10, 눅 13:3, 계 14:10, 11, 20:15).

제2편 정치(政治)

제1장 정치기관

제1절 총무부

조선에 있는 동양선교회는 반드시 동양선교회의 최고 간부되는 총무부의 지배를 받아야 된다.

제2절 이사회

총무부는 이사회를 세우고 이사를 두되 이사회의 임원은 총무부에서 매년 임명한다. 이사회에는 반드시 회장을 세워 그 회를 지배케 하고, 또한 서기를 택해야 이사회에서 되는 모든 사항을 기록케 하며, 또한 그 이유를 관계자에게 통지해야 한다.

이사회의 의무는 총무부의 방책(方策)에 의하여 조선에 있는 동양선교회의 사업이 진보 발전될 일과 전국에 복음을 전파할 일과 교회를 설립할 일과 자치할 일들을 결의, 실행케 한다.

제3절

이사들의 의사부동(意思不同)으로 결정되지 못하는 경우에는 그 사건을 총무부에 맡기어 작정(作定)케 한다.

제4절

총무부와 이사회는 조선에 신령한 교회를 설립함에 편리(便利)키 위하여 이사회에 지방을 분(分)하여 감리목사를 두어야 한다(단, 감리목사는 이사회의 지배하에서 역사한다).

제5절

이사회는 감리목사를 매년 임명하고 총무부에 보고한다.

제6절

지방 감리목사의 의무는 그 지방 각 교회의 심령상 상태를 살피며 교역자의 근만(勤慢)과 그 교회에 적합한지 아닌지를 제일로 삼으며 교회를 진리로 발전케 하며 자급케 할지며 또 그 지방 각 교회 교역자의 직원들과 회원들이 교리와 정치와 규칙대로 행하는지 아니하는지 잘 살펴야 한다.

제7절

감리목사는 조례를 충분히 통달하여야 할터인데, 특별히 제1편, 제2장의 신앙개조와 제2편, 제2장의 지방교회 정치와 연말 상황과 감리목사의 순회와 교역자의 지킬 바 (同)제 3장 2절의 규칙을 자세히 알아야 한다.

제8절

감리목사는 자기의 각 지방교회에 매 3달(朔)에 한 번씩 순회하되 필요한 경우에는 자주하여도 좋다.

제9절

감리목사의 순회 비용은 그 지방 각 교회에서 매 3달 1차씩 특별히 헌금한다.

제10절

매년 수양회는 춘기(春期)로 정한 바 모든 교역자와 자급하는 교회에서는 그 교회의 대표 몇 사람씩을 택하여 보낸다. 수양회의 목적은 모든 교역자의 심령을 수양시키며 임명지를 명하여 파송기(派送記)를 낭독한다.

특별한 사정이 있기 전에는 수양회를 닷새 동안을 지나지 아니할 것이며, 집회의 순서는 주일 외에 매일 네 번인데, 새벽기도회와 상오와 하오에 성별회가 있고, 야간에는 교역자회가 있는데 각각 보고도 하고, 서로 유익할 것을 의논도 하며, 기타 선교회의 유익한 방침을 의논한다.

교역자회는 이사회의 지배하에서 하되 사회 방침과 모든 사무처 결하는 것을 이사회의 처리대로 행한다.

제2장 지방교회

제1절 총론

하나님께서 만물을 지으시고 각각 그 종류대로 합하게 하셨으니, 하나님 이 처음에 자기 백성을 불러내시고 율법을 주심으로 그 백성들이 한 회(會)를 조직하였으니, 곧 유대교이며 그리스도께서 오순절에 성령을 보내사 많은 자기의 백성을 일으키사 신성한 교회를 설립하심으로 그 백성들이 합하여 서로 도우며, 하나님께 예배하며 섬기며 널리 전도함으로 전 세계에 복음이 전파가 되었으니, 우리도 이 사업을 계속하되 개인 개인이 먼저 무형 한 교회를 마음속에 가지고 각 국(國)과 각 지방에서 마귀로 더불어 싸우며 여러 사람을 불러 믿고 중생케 하여 한 유형(有形)한 거룩한 교회를 조직해야 된다.

제2절 조직 방법

어느 곳이든지 적어도 중생한 자 7~8명만 모였어도 하나님의 말씀대로 믿으며 실행하고 본 선교회에서 적당한 교리와 정치를 복종하기로 작정하면 그 곳에 한 교회를 설립할 수 있다.

제1조 너희들의 회집하여 그 지방 감리목사를 칭할지니 감리목사는 가서 임시회장이 되되 그 교회가 완전히 조직될 때까지 임시회장이 된다.

제2조 회장은 교회를 조직하기 위하여 개회하고 기도한 후에 목적을 설명한다.

제3절 목적

제1조 우리 아버지 하나님을 영화롭게하고, 우리 구주 예수 그리스도를 높이며, 우리를 거룩하게 하시는 성령을 존중할 것이며,

제2조 다시 오실 그리스도의 신부를 준비하게 하기 위하여 죄인에게 전도하여 회개케 하고 믿는 자로 성결케 하며, 그리스도의 정신을 가진 거룩한 단체를 조직하며 땅끝까지 순복음을 직접 전할 것이며,

제3조 온유한 마음으로 신자와 불신자의 소아와 청년들을 예수께로 인도하여 성경의 지식과 경험을 갖게하며 거룩한 무리가 되게 해야 된다.

제 4절 지방교회 정치

제1조
제1항 교회 정치는 직원회에서 처리한다.
제2항 집사와 기타 직원은 그 교회 남녀 교역자가 지방 감리목사와 협의하여 택한다.
제3항 직원회를 열 때에는 2장 7절 2조에 의거하여 반드시 주임 교역자가 회장이 된다.
제4항 직원의 임기는 일년으로 하되 만기가 되는 때에는 그 교회 남녀 교역자와 지방 감리목사가 협의하여 개선한다.
제5항 누구든지 직원으로 피임되는 동시에는 즉시 그 직무를 만기가 되기까지 실행하되 기한 전에 궐(闕)이 있는 동시(同時)에는 그 교회 남녀교역자와 감리목사가 임시회를 열고 정식의 방법으로 선택하여 보충한다.
제2조 선택할 직원의 자격은 신생과 성결의 증거를 가지고 하나님께 십일조를 바치는 경건한 신자 중 상식과 재능이 책임을 감당할만하며 영혼을 사랑하며 모든 사람에게 유익을 줄만한 사람으로 택한다.
제3조 제1항 교회의 직원을 조례대로 임명하되 그 직원은 목사, 전도사, 전도부인, 남녀집사들로 조직한다.
제2항 여러 집사의 권리는 동등하되 각각 그 직책은 다르니 맞는

직책을 잘 준수해야 한다. 그 명칭과 직무는 다음과 같다.

• 교무집사를 택한다. 교무집사는 교역자를 도와 신자의 영적 상태를 돌아 본다.

• 시무집사를 택한다. 시무집사는 교역자를 도와 교회의 모든 사무를 힘쓰며 주선한다.

• 회계집사는 교회의 재정을 맡아서 재무집사와 한가지로 직원들의 지휘를 따라 출납하되 수입, 지출을 매 번 명백히 기록하여 매월 종마다 회계록 2통을 작성하여 한 통은 주임교역자에게 보내고 한 통은 자기가 보관하며 또 한 교회에 보고한다.

• 재무집사는 교역자를 도와 헌금을 잡으며 성찬을 준비하며 목사의 지휘를 따라서 교회의 건물과 집물(什物)을 보관하며 불쌍한 사람들을 돌아본다. 재무는 회계로부터 일하되 만일 회계가 재정을 사용할 경우에는 재무의 인장이 없이는 사용치 못할 것이요, 또한 회계가 재무의 인장이 없이 무삼 재정을 사용하였으면 그는 무효가 된다. 재무나 회계가 교회 재정을 사용할 때에는 교회 직원회의 승낙없이는 사용치 못한다. 또한 재무는 전도사를 도와서 교회에 자급을 하기 위하여 신자들로 하여금 십일조와 그외에 직무를 남집사와 협력하여 돕도록 한다.

작은 교회에서 집사 네 사람이 필요치 아니한 경우에는 적어도 남집사 두 사람을 임명하여 이상의 직무를 분담케 하고 여집사는 한 사람이나 혹 두 사람을 임명한다.

제3항 주임과 부임과 전도부인과 집사는 교회의 직원이 되고, 각각 자기의 직무를 본 선교회 조례에 의하여 충성되게 한다.

제4항 교회와 직원회를 조직한 후에 제1편 제3장을 낭독한다.

제5항 감리목사는 신자로 완전히 거듭나서 동양선교회의 교회원이 되려고 하는 사람을 앞에 불러 세우고, 제2편(제 2장 16절)에 있는 입교 문답을 분명히 대답하게 한다.

학습 시기에는 자기 스스로 학습교인을 자각하게 하고, 학습 시기가 다 된 후에는 제 2편 제 2장 6절 8조에 의거하여 교회원으로 인명하고 받아드려 동양선교회원을 삼는다.

제6항 입교인 중 성결의 은혜를 받은 자로 직원을 임명한다.

제7항 교회 제정의 기초를 견고케 하기 위하여 십일조와 헌금에 힘쓴다.

제5절

주일학교는 본 교회 직원들이 설립하되 주일학교 규칙에 의하여 한다(2장 25절).

제6절

성결한 증거가 없거나 전도에 태만하거나 우리의 교리를 바로 가리치지 아니하고 이 조례를 위반하면 교역자로 두지 못한다.

제7절

제1조 교역자의 중대한 의무는 하나님의 말씀대로 순복음을 전하며, 성령의 인도자에서 교회의 유형 무형의 상태를 살피며 모든 집회를 주장하며 신자를 양성하며 충성되게 인도한다(단 성례는 안수목사가 주장함).

제2조 주임자는 교회의 모든 일을 조례에 의하여 주장하며 어떠

한 성질의 직원회이든지 회장이 되어 직원들의 제출한 사항이 신령적 방면에 합(合)한지, 불합(不合)한지 깊이 살펴보아 승낙 혹 부인할 권한이 있으니 주임자가 없이는 무슨 회의든지 열지 못할지니라(단 교역자가 3장 37절 17조에 접촉한 경우에는 이 안에 있지 아니함).

제 3조 교역자는 교회의 역사와 직원회의 화목과 신자의 명부와 세례인의 명부와 들어가고 나가는(移去移來) 자의 사항을 일일히 기록하여 두며, 구문부도 잘 보관하며 매월 말에 그 지방 감리목사에게 보고한다.

제8절
부임은 주임을 도와 일치 협력해야 한다.

제9절
주일학교 교장의 책임은 조례대로 주일학교를 지휘한다(제2장 제25절).

제10절
모든 교역자는 매 주일 공중의 자유 헌금과 기타 각 집회에서 헌금하여 교회를 위하여 쓸 일을 가르쳐 알게 하되 외인에게는 하지 않는다.

성경 말씀에 복음을 전하는 자는 복음으로 말미암아 살리라고 분명히 기록되었으니 각 교회에서는 자기 교회 교역자의 생활비를 자급하기를 힘쓴다. 또한 교역자들과 모든 신자들로 하여금 수입 중 십일조를 받치도록 권면하되 교역자 자기도 수입 중 십일조를 받쳐서 신자들에게 모범을 보인다.

제11절

각 교회는 자기 교회의 비용을 자담(自擔)하여 완전히 독립한 후에 그 실력을 따라 교역자의 봉급을 자급하게 한다. 이와 같이 자급이 완전한 교회에는 조례에 의하여 자치권을 허락한다.

제1조 자급하는 교회는 자기 교회의 직원을 선정하는 권리가 있음(단, 세례교인에 한해). (5장 4절 3조의 3항)

제2조 자급하는 교회는 매 년회에 대표자를 선정 참의(參議)케 하여 건의 사항에 투표할 권리가 있다.

제12절

동양선교회의 전체의 일치를 보존하기 위하여 각 교회는 충실히 자기와 본 교회의 관계와 의무를 중(重)히 하여야 하며, 또한 이사회와 감리목사와 협력한다.

제13절

성찬과 세례는 안수받은 목사가 집행하여야 한다. 전도사 임명장을 받은 전도사는 성찬예식에 목사를 도울 수 있다. 또한 보리떡(麥餠)과 포도주를 사용해야 한다.

제14절 혼인

제1조 우리 교회원들은 자기나 자녀를 미신자(未信者)와 혼인시키지 않는다.

제2조 우리의 자녀를 혼인하되 법률에 저촉되는 조혼을 하지 말지니 18세 이상으로 혼인하는 것이 합당하다.

제3조 현금(現今) 혼인에 대하여 불미한 사단(事端)이 많으니 교역자는 깊이 주의하여 성경적으로 이혼하지 아니하는 자에게는 재혼을 허락하지 말아야 한다.

제15절 교회원이 되는 방법

모든 중생의 증거를 나타낼수 있는 자, 세상과 육체와 마귀를 거절한 자, 그리스도 신자의 생애를 보내는 자로서 본 선교회의 교회원되기를 원하는 자는 이하의 문맥에 대하여 명백히 '예'로 대답한다(문답하기 전에 목사는 이와 같이 주의시킨다).

"사랑하는 형제들이여! 여러분이 세례받기를 원하고 입교인이 되려고 하시니 여러분의 믿음과 목적을 각각 하나님과 여러 증인 앞에서 명백히 대답(告)하시기 바랍니다."

제1조 당신은 마귀와 그 모든 역사(役事)를 거절하였습니까?
제2조 좋지 못한 습관적 음주와 흡연과 첩과 우상과 조상에게 제사하는 일과 불의한 물건 매매하는 것들을 다 거절하고, 가정에서도 신성한 생애를 보내십니까?
제3조 이 세상의 헛된 영화와 모든 욕심과 육체의 정욕을 다 거절하였으며 또한 여기에 대한 경향심에서 깨끗하기를 원하십니까?
제4조 영혼이 거듭난 일에 대하여 성령의 명백한 증거가 있습니까?
제5조 거듭난 후에 둘째 은혜인 성결을 성령의 역사와 믿음으로 순간에 받을 줄 믿습니까? 모든 신자가 이 은혜에 대하여 빛을 받게

되는 때에는 즉시 구하여 받을 것을 특권이며 의무인 것을 믿습니까?

제6조 믿음과 실행을 하나님의 말씀과 성령의 인도대로 복종하기로 작정하였습니까?

제7조 하나님의 말씀대로 하나님의 교회를 위하여 재정을 바치며 장래에도 바치겠습니까?

제8조 이상의 질문에 올바로 대답하는 자를 학습인으로 하되 기간을 6개월로 하고 6개월 동안에 신앙상 경험이 완전함을 교역자와 모든 직원들의 소개로 세례를 주고 맹약을 낭독한 후 완전한 교회원으로 받아들여야 한다.

제16절 맹약

제1조 하나님께 회개하고 구주 예수 그리스도를 믿는 우리는 지금 하나님과 천사와 교회 앞에서 엄숙하고 기쁜 마음으로 주 안에서 일체로 이 맹약을 한다.

제2조 우리는 성령이 도와 주시는 안에서 마귀의 길을 피하고 의로운 길과 거룩한 생애로 종신토록 지내기를 약속한다.

제3조 우리는 모이기를 힘쓰며, 주의 날이 가까워질수록 피차 권면하고 하나님 나라를 확장케 하며, 피차에 거룩함과 지식으로 위로하는 중에서 성도들이 덕 세우기를 약속한다.

제4조 본 교회의 비용을 위하여 빈곤한 자를 구제하기 위하여 복음을 전 세계에 전파하기 위하여 기쁨으로 금전을 바치기를 약속한다.

제5조 우리는 가정예배와 밀실기도를 힘쓰며, 자녀를 어렸을 때

에 구원으로 인도하기를 힘쓰며, 할 수 있는대로 기독교적 교육을 베풀며, 혼인을 반드시 신자와 하되 예식은 교회 법대로 하며, 세상 사람에게 비방을 받지 않도록 행하며, 다른 사람에 대하여 모든 의무를 방정하게 하며 모든 언약을 굳게 지키며, 우리의 모든 행위를 모범적으로 행하며, 베드로전서 3장 3절과 4절과 같이 사치한 의복으로 몸을 꾸미지 말기를 약속한다. "누구든지 머리를 꾸미고 금을 차고 아름다운 의복을 입는 것으로 외모 단장을 하지 말고, 오직 마음에 숨은 사람을 없어지지 아니할 것으로 단상하되 온유하고 단정한 성품으로 하라 이는 하나님 앞에 지극한 보배가 되니라."

제6조 타인에게 빚지지 말며, 만일 빚을 졌으면 곧 갚을 것이요. 남을 편론치 말며, 추악한 말과 희롱을 말하지 말며, 술과 담배와 기타 아편 등 위태한 것을 팔지 말며, 세상에 추행하는 무도와 사치한 곳과 연극장과 노름하는 데와 은밀한 집회 등을 거절하고, 피하며 맹세하지 말고, 헌화치 않는다(고후 14:17을 보라).

제7조 사도 시대부터 그리스도교인으로 하여금 교회에 주일을 정하여 지켜왔다(행 20:7, 고전 16:2) 그 때로부터 금일까지 각 나라 그리스도 교인들이 지켜오는데, 누구든지 주일을 잘 지키며 하나님을 높여 공경한 사람들은 특별한 은혜를 받았다. 또한 우리 성결교회 교인들은 높은 표준을 가지고 있으니 우리 나라 모든 교회의 교인들에게 모범이 되어 주일을 엄숙히 지킨다. 주일에는 일절 매매하는 일을 하지 말며, 음식물 만드는 일과 기타 부득이한 일 외에는 아무 일도 하지 아니하기로 엄숙히 맹약한다. 주일은 우리가 충성스럽게 모셔서 하나님께 예배한다(히 10:5).

제8조 우리가 그리스도의 사람과 근신함으로 일치하여 걷기를

약속하고, 인자함과 단정함으로 피차 충고하고, 위로하며 병든 자와 곤고한 자를 위하여 동정하며, 기도하며 도와주고, 모든 말에나 일에나 우리 주 예수 그리스도의 법대로 한다(교역자는 이와 같이 입회하려 하는 사람에게 말해야 한다).

제9조 당신은 기쁨으로 이 맹약을 당신의 마땅한 책임으로 받겠습니까?

제10조 "여러분들이여! 지금 이 형제가 무릇 맹약을 지키기로 약속하였으니 교회원으로 인정할지니라."

제11조 "우리가 바른 손을 주어 형제로 받아드리노라. 고로 악한 일은 어렵게 되고 선한 일은 용이(容易)히 행하도록 도와주기를 우리들에게 약속할지니라.

제12조 다른 교파에서 이명증서를 가지고 우리 교회의 교회원이 되기를 원하는 사람에게 대하여도 본 선교회 규칙 제 2장 제 18조의 문답과 동 제 19조의 맹약을 한 후에 교회원으로 받아들인다.

제13조 진실한 교회원 중에 이단이 아닌 타 교파로 이전하고자 하는 경우에는 그의 청원에 의하여 교회 직원들이 이전증서를 쓰고 날인한 후 주임목사가 조인(調印)하여 준다.

제17절 맹약의 위반

제1조 본 선교회 교인 중 누구든지 자기 고집대로 하고 종종 은혜를 경히 여기면 직원들은 그 사실을 조사하고 사랑으로 그치도록 권고하되 끝까지 회개치 아니하면 교회의 주무자는 그 사람을 출교시키고 또한 교회에 대해서는 그 사람이 죄를 범함이 아니라도 맹약을 파한 이유로 출교시킨 것을 선고한다(계 2:11, 행 1:8, 23:10).

제2조 형제 중에 누구든지 범죄 사실이 나타난 경우에는 견책하되 성경적으로하되(마 18:15-17) 완악하여 순종치 아니하고 견책을 반대하여 그리스도 교인의 행할 바를 행치 아니하는 경우에는 그리스도의 제자와 함께 하지 못할 사람인고로 출교시킨다.

제3조 형제를 교회에 송사하기 전에 먼저 금식과 기도와 온유함으로 충고한 후가 아니면 교회에 송사하지 말아야 한다. 만일 송사하려면 그 사실을 기록하여 주임목사에게 제출해야 한다. 재판석에 원고와 피고가 함께 출석치 아니하면 그 송사는 듣지 말아야 한다. 마태복음 18장 15~17절의 말씀의 방법대로 하지 않고는 결코 출교하지 말고, 범죄자가 다시 회개의 여망이 없는 경우에는 교회 직원이 투표하고 3/4의 다수 의견에 따라 처결한다.

제4조 책벌하는 일과 출교하는 일과 혹은 해벌하는 일과 제관하는 방법은 직원회에 위임하고 책벌이나 출교나 해벌을 함에는 주임 교역자가 당사자와 교회에 공포한다.

제18절 각 교회 사무연회

지방 각 교회에서는 매년 1차씩 반드시 교회 사무연회를 개최하여 교회 사무연회는 지방 감리목사가 주장하되, 만일 결석하는 경우에는 그 교회 주임교역자에게 위임하여야 한다.

단, 교회 사무연회에서 실행할 사항은 아래와 같음.

제1조 교회의 각 직원을 다시 택하여 세우되 새로 된 직원들은 일년간이나, 혹 후계자를 세울 때까지 자기의 직임을 충성스럽게 봉사하여야 한다. 제2조 주일학교 교장과 부교장과 서기와 재무와 서적 보관자와 교사들을 새로 임명한다.

제3조 교회에서 일년간 사용할 재정을 예산한다.

제4조 남녀 교역자와 집사와 주일학교장은 과거 일년 간의 한 일을 보고한다.

제5조 우리가 교회에서 성경 말씀대로 순종하였으며, 누구에게 부채(負債)한 것이 없으며, 모든 사람들 앞에서 선행을 다하였습니까? 이 문사(文辭)에 대하여 문답한다.

제19절 감리목사의 순회

제1조 감리목사는 관내 지방 각 교회를 매 3달에 한 번씩 순회하되 필요한 경우에는 한도를 정하지 않는다. 제 1장 제 8절을 보라.

제2조 감리목사가 각 교회에 가서는 교회와 교회 직원의 상태를 먼저 물어본다.

제3조 맹약을 낭독하고 그 중요한 것은 명백히 설명하여 동양선교회에 들어갈 때에 한 엄숙한 맹약에 충성을 다하십니까? 묻는다.

제4조 교회에서 주의할 일은 외국 선교사업에 대하여 재정을 도우며, 자기들도 선교사의 정신을 가진다.

제5조 지방 감리목사는 순회로 교회를 심방할 때에 그 교회에서 일반에게 광고하여 알게 하고 이 기회를 이용하여 유익을 얻게 한다.

제6조 한 교회에서 적어도 2일씩 유하되 하루는 교회 사무를 위하여 사무회를 열고, 감리목사가 회장이 되어 남녀 교역자와 모든 직원들은 반드시 출석하며 주일예배를 드리되 설교 후에 간증회도 열고 필요한 경우에는 세례와 성찬예식을 기행한다.

제7조 목사와 전도사와 전도부인과 집사와 주일학교장들은 각각

자기에게 관한 보고를 하되 진실하게 기록하여 감리목사에게 전한다.

제8조 만일에 아래의 사건이 보고에 기록되지 아니하였으면 아래의 각 요건을 물으라.

제9조 교회의 신령한 성례가 있습니까?

제10조 교회 신자 중 몇 사람이나 성결을 받았습니까?

제11조 과거 석 달동안에 구도자가 교회 내와 외에 몇 명이나 있습니까?

제12조 몇 사람이나 교역자의 감화로 중생과 성결함에 이르렀습니까?

제13조 신자 중에 몇 사람이나 신유의 은혜를 믿어서 병나은 이가 있습니까?

제14조 본 교회 신자들이 맹약을 충성되이 지키고 있습니까? 이제부터 맹약을 신자들에게 읽고 설명하였습니까?

제15조 반장들이 자기의 반을 충성되이 인도합니까? 교회는 조례 제2장 26절에 의하여 반을 조직하였습니까?

제16조 교역자와 직원들은 말이나 행실이나 사랑이나 예절이나 신앙이나 거룩함에 아름다운 모범을 교회에서 나타내고 있습니까?

제17조 감리목사는 지방 각 교회에서 교역자가 선교회 규칙에 위반되는 것과 전도에 직접 관계되지 아니하는 세속적 일을 하지 아니하는가 감찰해야 한다.

감리목사는 각 지방 교역자들이 선교회 교리를 순전하고 명백하게 전하는지 감찰한다.

제18조 교역자는 개인적으로 바울의 교훈을 쫓아(딤전 4:13) 좋은

서적을 읽는 것과 권하는 것과 가르치는 것을 힘쓰며, 종종 신자의 가정을 방문하며 동시에 기도하여 심령적으로 인도한다.

제19조 그동안에 새로 받은 교인이 있습니까? 교인 등록카드에 도합 몇 사람이나 됩니까? 교인 중에 혹 타지로 이사한 자가 몇 사람이며 또한 그 사람들에게서 소식이 있으며, 교인 중에 탈퇴한 자가 있습니까? 죽은자가 있습니까? 재판받은 이가 있습니까? 출교시킨 이가 있습니까?

제20조 그동안 수입지출금이 얼마나 됩니까?

제21조 건축과 개축과 지방역사(地方役事)와 주일학교와 또 교회에 주일학교에 대한 인쇄물과 불쌍한 사람 구제에 대한 비용이 각각 얼마씩이나 됩니까?

제22조 외국 선교에 대하여 본 선교회 회계부로 보낸 재정이 얼마며 어느 곳을 위하여 보냈습니까?

제23조 조례 제2장 25절의 주일학교 규칙을 준수합니까? 명부에 기록된 학생 수가 얼마며 평균 출석 수가 얼마입니까? 그동안에 나간 자가 몇 명이며, 들어온 자가 몇 명입니까? 교역에 헌신하려는 자가 몇 명이나 됩니까?

제24조 본 교회 특별집회를 하려고 합니까? 특별강사를 청합니까? 누구를 청합니까?

제25조 지방교회에 특별집회를 열기 위하여 강사를 청하려면 먼저 감리목사의 승낙을 경유할 것이며, 만일 타 지방 교역자를 청하는 경우에는 그 지방 감리목사와 협의하여 승낙을 받는다.

제26조 우리 신자들이 무슨 성결에 관한 잡지를 읽습니까? 이와 같은 서적을 보는 자가 몇 사람이나 됩니까? 또는 어떤 종교 잡지를

읽습니까?

제27조 우리의 회원이나 회원의 자녀 중에 성서학원에 입학한 자가 몇 사람이나 되며 누구며, 어느 성서학원입니까?

제28조 교회 문서를 충실하게 잘 정리하여 두었다가 감리목사로 열람케 한다.

제29조 교회의 비용과 또는 건물이나 지방에 대하여 빚진 것이 없습니까?

제30조 다른 사항이 없습니까?

제31조 이상의 문답을 마친 후에 일제히 기도로 장래의 할 일을 이루기 위하여 은혜를 구함으로 폐회한다.

제20절 임시직원회

제1조 임시직원회는 지방 감리목사나 주임교역자만 회집하여 모이는 일을 각 직원에게 48시간 전에 미리 통지하여 다 알게 하며, 한 사람이라도 모르게 하면 안 되며 또는 정수(定數)의 직원이 다 모인 후에 개최하여 직원의 수요 중 3/4만 모이면 개최한다.

제2조 사회보는 교역자는 회의 상황을 서기로 자세히 기록하게 한다.

제21절 주일학교

어느 시대의 교회든지 장래의 발전을 위하여 또는 어린아이의 마음 중에 주의 진리를 깊이 넣어 주기 위하여 크게 힘을 썼다. 그러므로 지금 각 교역자들도 교회마다 주일학교를 조직하여 아이들에게 도덕과 종교에 대한 진리를 가르쳐 장성한 후에 진리의 지식이 풍부하도록 인도한다.

제1조 주일학교 조직

제1항 명칭. 어느 지방의 성결교회 주일학교라고 기입한다(즉, 교회 소재 지방 명칭을 붙여서 주일학교 이름으로 삼는다).

제2항 목적. 주일학교마다 할 수 있는대로 그 교회 부근에 있는 다른 주일학교에 등록되지 아니한 아이들을 모집 양성하여 주의 말씀을 근실히 공부하게 하여 장래에 좋은 신자가 되게 한다.

제2조 주일학교의 정치

제1항 주일학교의 일은 주일학교 직원회에서 처리한다. 제 2항 주일학교 직원회의 직원은 아래와 같음.

남녀 교역자, 교장, 부교장, 서기, 회계, 교사 등

제3항 교장은 성결의 은혜를 받은 자로 임명하고, 기타 직원들도 교직원으로서 중생의 경험이 분명한 자들로 임명하여 본 선교회의 교리대로 아이들의 심령을 인도케 한다.

제4항 교장은 할 수 있는대로 교회의 주임교역자나 부임교역자 중에서 되게 한다.

제5항 주일학교 직원들은 매 년 교회 사무연회시에 임명하되 조례대로 한다.

제6항 주일학교 직원회는 한 달에 한 번씩으로 하여(필요한 경우에는 이 한도를 정하지 않음) 남녀 교사들로 하여금 각각 그 반의 상황을 보고케 하고 발전상에 대한 방침을 연구하며 기타 필요한 일들을 처리한다.

제7항 직원회의 회장은 교회의 주임교역자가 된다.

제3조 주일학교 편집부

제1항 사정이 허락하면 주일학교 출판부를 설치한다.

제2항 편집부의 목적은 계보(석 달마다 한 번씩 발행하는 잡지) 발간과 기타 필요한 각종 서적을 발행하여 각 주일학교로 하여금 사용케 한다.

제3항 편집부의 주간은 이사회에서 택정(擇定)하되 만일 그 직분을 감당치 못하거나 기타 부득한 점이 있는 경우에는 어느 때든지 이사회에서 해직시키고 다른 사람을 임명한다.

제4항 편집부가 조직될 때까지 각 교회 교역자들은 주일학교에서 사용하는 서적들은 일일이 검사하여 적당한 서적만 사용케 한다.

제5항 각 교회 주일학교는 편집 사무를 위하여 매월 1차 주일에 특별히 헌금하여 편집부로 보낼지니라.

제3조 주일학교 순회교사

제1항 주일학교 순회교사는 이사회에서 정하여 임명한다.

제2항 순회교사의 직무는 아래와 같음.

一. 선교회에 부속된 각 교회 주일학교를 종종 순회해야 한다.

二. 각 주일학교의 치리 방법을 살핀다.

三. 주일학교 발전상에 필요한 방침을 각 주일학교 관계자들에게 가르쳐 준다.

四. 아이들의 심령이 완전한 구원을 얻기 위하여 부흥회를 연다.

五. 아이들에게 주의 복음 전할 정신을 고취하여 저희로 하여금 전도지 배포와 주의 구원의 도리를 가족과 모든 사람에게 간증하게 한다.

六. 재미있는 보고들을 채집하여 편집부원에게 전한다.

제3항 주일학교 순회교사는 심방하러 가기 전에 먼저 그 지방 감리목사를 면회하여 피차에 연락을 취한다.

제4항 순회교사를 임명치 못하는 경우에는 각 지방 감리목사가 순회시에 의무를 대리한다.

제22절 교회의 반장

제1조 우리의 교회의 심령 상태를 보존하는 것은 가장 요긴한 것이다. 만일 이 일에 실패하면 예전부터 지금까지 타락한 교회와 일반이 되어 빙산(氷山)과 같이 될 것이며 이로 말미암아 수다한 영혼이 멸망하게 된다.

제2조 이것을 위하여 그리스도 안에서 일치하지 아니하면 안 될 것은 제일 요긴한 것이기 때문이다.

제3조 이 일치를 보존함에 가장 요긴한 것은 반의 조직이다. 이 반장은 은혜가 깊고 오랜 신자 중에서 택하여 처음 믿는 자의 심령을 양성하며 자기의 친구와 형제같이 인도한다.

제4조 6인 이상 12인 이하로 한 반을 조직하여 한 명의 반장으로 인도케 한다(단, 각 교회에서는 그 인수를 헤아려 반을 적당하게 조직한다).

제5조 교회의 교역자와 직원들은 회원을 조사하여 반을 나누어 조직한다. 매 년 말에 교회 직원회에서 남녀반을 새로 조직한 후 주임교역자는 전 회중에게 광고하고 새해 첫 주일부터 시무케 한다. 매년 말에는 각 반을 받고자 인도케 하여 모든 신자의 유익이 되게 한다.

제6조 반장은 해마다 임명한다. 반장은 다른 직원과 같이 영적 자격이 있는 자로 한다. 상식이 있어 남에게 책잡힐 것이 없고, 모범

이 된 자 진실히 하나님을 경외하는 자, 실행적 종교를 가진 자로 세운다(딤후 1:7). 반상회는 매 주일 한 번씩 연다.

제7조 반장은 그 반을 인도할 때에 바울의 교훈과 같이 "모든 일에 단정하며 규칙을 따라 행한다."(고전 14:40) 반의 집회를 할때마다 성경을 낭독하며, 친절한 마음으로 신자를 비평하는 마음이 없이 그 심령상 상태를 문답하며, 만일 언제든지 자기의 지위를 자세(姿勢)하여 약한 자와 타락한 자를 비평하거나 정죄하거나 간섭하고 관계치 아니할 일에 간섭하는 때에는 교역자가 직원회에 제의(提議)하여 사실이면 견책한 후에 해임시킨다.

제8조 반장들의 인도하는 반이 만일 사회적과 같은 것으로 나가게 되면 반드시 해산한다. 그러나 반이 성령의 능력으로 말미암아 기도하여 부흥이 일어나게 되고 사람을 더욱 은혜로 인도하게 되면 이는 그 반으로 말미암아 교회에도 능력을 얻게 하는 것이다.

제9조 반장에게 대한 충고, 맹약을 지키지 아니하며 의무를 행치 아니하는 자는 반장으로 세우지 못한다. 반장은 믿는 자에게 모범이 되어야 할 것이니 이혼을 하거나 교만하거나 자랑하거나 빚지거나 사치하거나 급히 노하기를 잘하거나 모든 품행이 불미한 자는 반장으로 세우지 못한다. 이미 택함을 입은 자는 해임시킨다.

제10조 반장은 집회를 인도하되 그 집회로 하여금 능력있게 인도하여 개인의 심령으로 하여금 활동하게 하며 신자로 하여금 역사하는 정신을 양성한다.

제11조 가정을 자주 방문하되 적어도 3개월에 한 번씩은 한다.

제12조 반장은 자기가 맡은 반의 상황을 감리목사의 순회시와 교회 사무 연회에 보고하며, 자기 반 신자가 불의한 일을 하거나 혹 도

움을 요구하거나 병자가 있어 기도를 원하는 경우에는 즉시 교역자에게 고한다.

제3장 봉사론

제1절

하나님께서 어떠한 사람을 불러 세우사 그 사람의 시간과 은사를 하나님께 바쳐 자기만 위하여 봉사케 하심을 믿는다. 그러므로 우리가 안수하여 세우는 것은 교회에 머리 되신 그리스도께서 이미 안수하여 세우신 증거이다. 그러나 자격없는 자와 은혜의 실험이 없는 자를 세움으로 때때로 불상사와 유익지 못한 일이 일어나므로 우리는 이 직분의 지위를 보호하기 위하여 이 직분에 나아가는 자를 주의하여 실험한 후에 그리스도의 진리로써 수양해야 된다.

제2절 안수례

제1조 전도사는 본 선교회 성서학원에서 정규의 수양을 졸업한 자라야 될 것이며, 졸업 후 사역하는 자 중에서 성적이 양호한 자에게 이사회에서 가(可)한 줄로 인정하는 때에는 결의로 안수하여 목사로 세운다(단, 제3장 제3절 제16조에 의하여 받은 자라도 이사회에서 가한 줄로 인정하는 때에는 안수하여 목사로 세운다).

제2조 안수받은 목사의 안수증서는 관리자가 날인하여 준다. 제3조 목사와 남녀 전도사들에게 매 년 임명장을 수여한다.

제3절 교역자들이 지킬 규칙

제1조 모든 목사와 남녀 전도사들은 매월 보고를 그 지방 감리목사를 경유하여 본부로 보낸다.

제2조 교역자는 예배당 안이나 또는 구내에서 물건 매매하는 일과 유희하는 일과 연극적 운동이나 사회적 또는 정치적 강연과 교육에 관한 사항과 이상의 일과 유사한 일은 일절(一切) 용납해서는 안 된다.

제3조 감리목사는 그 지방 모든 교역자들의 보고를 다 받아서 자세히 읽고 자기의 보고와 같이 총리에게로 매월 보낸다.

제4조 감리목사는 매월 말마다 한 달동안 순회한 지방 각 교회의 일절 형편을 기록하여 이사회에 보고한다.

제5조 각 교회 담임교역자들은 자기 교회에서 사방 30리 이내에 순회 전도하여 기도회와 지회를 세우고 일정하게 방문한다.

제6조 전도사가 자기 구역 외에 혹 지회나 교회 열 만한 곳이 있으면 자세히 알아가지고 지방 감리목사에게 보고하고 감리목사는 이사회에 보고한다.

제7조 모든 교역자들은 헌금하는 일과 광고하는 일을 일절 설교하기 전에 하고, 설교한 후에는 하지 말지니 설교한 후에는 사람을 하나님께 인도하는 시간으로 한다.

제8조 모든 교역자는 세상 일에 얽매이지 않는다.

제9조 각 교역자는 토지 매매와 교회당 건축(개축 증축 훼철)에 관한 것은 본부로 제출하고, 기타는 감리목사에게 교섭한다.

제10조 모든 교역자의 수유에 대하여 가족의 병과 사망의 급보를 당하는 동시에는 지방 감리목사에게 통지만 하고 가되 2주일이 지나는 동시에는 그 이유를 지방 감리목사에게 보고하고 감리목사는

이사회에 보고한다.

제11조 교역자가 자기의 사사로운 일이나 병과 착한 일로 휴식하려는 동시에는 지방 감리목사에게 보고하고 감리목사는 이사회에 보고하고 이사회는 가부를 결정한다.

제12조 모든 교역자는 이사회의 허락 없이는 다른 교파의 청함을 받아가지 못한다(단, 이사회는 그 지방 감리목사와 협의한 후에 허락하고 아니할 것을 작정한다).

제13조 남녀 교역자 중에 석 달동안 보고를 하지 아니하는 때에는 감리목사가 심사하여 찹당한 이유가 없는 경우에는 감리목사는 즉시 이사회에 보고하고 그 봉급을 끊고 그의 심령을 고찰한다.

제14조 모든 교역자는 자기 교회의 예배당이나 주택이나 기타 교회에 속한 모든 기물이 파손되는 경우에는 책임을 가지고 즉시 보수한다.

제15조 각 교회에 특별집회를 열려면 제2장 제23절 20조에 의하여 한다.

제16조 다른 교파의 사람을 교역자로 받는 일

이단이 아닌 다른 교파의 사람이 우리 교회에 들어오고자 하는 자는 잡을 지니라. 그러나 그는 우리의 교리와 방법과 교회 정치를 공중 앞에서 복종하기를 맹약하고, 성결한 생애를 보내는 증거가 있고 우리의 성서학원 정도의 성경 교육을 받은 자면 그 지위를 인정한다.

제17조 교역자의 재판과 면직

남녀 교역자나 부인 교역자 중 간음이나 맹약을 위반하거나 그리스도 신자로서는 하지 못할 행위가 있을 때에는 기록하여 이사회에 제출하기 전까지는 재판하지 못할 것이며, 만일 기록하여 제출될 때에는 이사회에서 피고를 호출하여 재판하되 피고의 범죄 사실이 나타나는 동시에는 즉시 본 선교회에서 면직시킨다.

제4절 교역자에게 대한 충고

요한 웨슬리의 12개조 규칙과 같이 노년 교역자와 청년 교역자에게 적당한 충고가 있으니 이에 그 가족의 대략을 아래에 기록한다.

제1조 부지런하여 게으르지 말며, 허송세월하여 시간을 낭비치 말며, 확실히 필요한 시간 이외에는 어디든지 머물지 말라.

제2조 행동을 신중히 하여 우리의 표어를 '주께 거룩할지어다' 하며 경솔한 언사와 농담과 어리석은 말을 멀리 하라.

제3조 여자로부터 교제할 때에 말을 많이 하지 말며 스스로 주의와 조심하라(딤전 5:2).

제4조 정직하여 빚지지 말고 다른 사람의 설교로 설교하지 말라.

제5조 남이 악한 일에 대하여 목격하기 전에는 악한 말을 듣지 말고 또한 악한 말을 들을 때에 가장 주의하여 듣고, 모든 듣고 보는 데 대하여 될 수 있는대로 좋은 것을 생각하라.

제6조 남의 악을 말하지 말라. 그것은 남의 심령을 상하게 함이니라. 말 할 것이 있으면 직접 그 사람에게 대하여 하고 타인에 대하여 말하지 말라.

제7조 담대하여 죄를 대적하되 개인적으로 하든지 강단에서든지 죄를 공격하기를 겁내지 말라.

제8조 모든 일에 외식으로 하지 말고, 전도하는 자는 모든 사람의

종이 된 줄 알라.

제9조 죄악 이외에는 다른 것은 부끄러워 하지 말고, 범사에 겸손함과 부지런한 일에 모범이 되라.

제10조 시간을 잘 지켜 어기지 말며 또한 모든 일에 정한 시간을 잘 지키라. 책망을 두려워하는 정신으로 우리의 맹약을 지키지 말고 양심의 인도를 따라 지키라.

제11조 영혼을 구원하는 일 외에는 우리에게 의무가 없나니 이 일을 위하여 재물과 몸까지 다하라. 전도자 오기를 요구하는 자에게만 가지 말고 전도자 자신이 가장 필요한 줄로 인정하는 사람에게 하라.

제12조 교회를 치리하며 자주 선교하는 것으로만 자기의 책임을 다한 줄로 생각지 말고 할 수 있는대로 그 영혼을 구원하되 죄인으로 회개케 하며 거룩한대로 나오게 할지니 대개 거룩치 못한 자는 주를 보지 못하리라 하셨다.

제5절

성경주해자 아담 클라크가 어느 전도사에게 보낸 편지 중 가장 요긴할 것을 간단하게 아래에 기록한다.

제1조 설교할 때에 성경 구절을 택할 때에 완전히 깨닫지 못한 것을 취하지 말라. 그대를 하나님의 일을 설명케 하려고만 부르심이 아니라 하나님의 말씀도 설명하기 위하여 부르신 것을 기억하라. 그러므로 성경 구절을 택할 때에 전후로 연락되는 뜻을 불구하고 그 중에서 한 구절만 택하여 가지고 자기의 지식을 나타내지 말고 항

상 성령께서 임의(任意) 정하신 진리를 가리키기 위하여 사용하라. 또한 주의할 것은 성경 중 비유를 가지고 사실이라고 해석하는 일과 또는 사실을 가지고 단지 비유라고 해석하는 일을 주의하라.

제2조 강단에서 행동과 집회를 인도하는 방법

집회에 출석하려 할 때에 먼저 밀실에서 기도하고 기도의 영에 충만함을 받으라. 설교할 때에 청중이 웃을만한 말을 하려거든 언어에 주의하라. 외식하는 태도로 자기의 위해한 것을 사람에게 보이려 하지 말며, 설교할 때 난잡하고 우스운 형용을 멀리하라. 청중의 주의를 이끌기를 힘쓰며, 그대는 하나님의 진리만 전하는 증인인 즉 진리, 진리 전체, 진리 이외에는 말하지 아니할 책임이 있다. 또한 기도할 때에는 반드시 눈을 감고 기도하며, 성경을 낭독할 때에는 명백하게 읽으며 설교할 말을 마음으로 기억하여 가지고 강단에 서며, 예수 그리스도만 전한다. 또한 아무리 재능이 있고 고명하여 여러 사람에게 존경을 받는 사람이라도 그를 짐짓 본받지 말라.

제3조 목회에 대한 의무

어떠한 경우에든지 언약을 하였으면 지켜야 된다. 어느 집에서 유숙을 하든지 반드시 시간을 준수하여 그 가족에게 방해를 끼치지 말라. 심방할 때에 반드시 성경을 봉독하고 기도하고서 떠나라. 무슨 일이든지 경솔히 하지 말며 또한 처신에 너무 경망하거나 너무 점잖은 체 하지 말라. 마음에 시험 되는 일이 있을지라도 널리 말하지 말라. 음식이나 의복이나 또한 어떠한 일이든지 빚지지 말고, 참고 주려 죽는 것이 죄가 아니며, 갚을 것 없이 빚 지는 것이 죄가 된다. 할 수 있는 대로 진정한 친구를 사귀되 너무 쉽게 사귀지 말라.

제4조 유숙하는 곳에서 할 행동

어디든지 유숙할 집에 들어가거든 할 수 있는대로 먼저 은밀히 기도하라. 모든 대접을 받을 때에 만족한 뜻을 보일 것이며, 음식을 위하여 초대를 받거든 즉시 그 시간을 지키라. 유숙하는 곳에서 음식에 대하여 잔소리하여 조금이라도 그 가족으로 하여금 괴로움을 끼치지 말라. 유하는 처소를 경건케하여 본인이 없을 때에도 본인의 단정함을 보이라.

제5조 사상의 수양

많이 기도하며, 많이 읽으며, 많이 쓰며, 무엇이든지 시작하면 끝까지 하라. 적어도 일 년에 일차씩은 성경 전체를 순서로 읽고, 읽는 중에 빛을 받아 설교의 제목될만한 구절에는 반드시 표를 두고 기록하여 두라. 신약은 항상 가지고 다니라.

게으른 전도사는 곧 알 수 있으니 항상 한 문제로 설교한다. 하나님과 그 역사를 목적으로 한 지식은 결단코 본인에게 해독을 주지 않고 본인에게 큰 도움이 된다.

제6절 경고

제1조 맹약을 모든 사람에게 자주 읽고 설명하여 잘 알게 하라.

제2조 월정금에 대하여 가끔 강단에서 설명하지 아니하면 신자를 이 은혜로 진보케 못한다.

제3조 신년과 주의 탄생 하신 일과 부활일과 기타에도 거기 적당

한 문제로 설교하라.

제4조 교역자가 자신만 예의와 정결한 것을 힘쓰지 말고, 모든 신자에게도 장려하여 실행케 하라. 모든 사람에게 힘써 전도하라.

제5조 집회 시에 공동찬미는 이것 저것 신령한 것으로 택하여 열심히 활발하게 하라.

제6조 다른 사람을 설교시킬 때에는 주의하여 택하라.

제7조 어린아이들에게 종종 전도하는 일은 매우 보배로운 일이다.

제8조 교역자는 주일학교를 경히 여기지 말라.

제9조 어린아이 중 구원얻는 자가 있으면 그 아이를 위하여 집회를 정하여 특별 주양을 베풀어 좋은 신자를 만들 뿐만 아니라 우리 선교회에 좋은 그리스도인이 되게 하라.

제10조 교역자는 청년 남녀를 장려하여 전도사와 선교사가 되게 하고 교역에 유의(留意)하는 자는 힘써 도우며 적당하면 본 선교회 성서학원에 입학하도록 천거하라.

제11조 주임교역자는 남녀 부임(副任)을 감독하며, 할 수 있는대로 기회를 주어 그들의 은혜를 활용케 하라. 이를 위하여 각 처에 지회와 가정집회와 주일학교를 열라.

제12조 교회에 속한 모든 문부(文簿)를 징벌하게 기록하여 보관하라.

제13조 여러 직원에게 모든 사항을 정밀히 기록하여 정한 때에 보고하도록 미리 권면하라.

제14조 교역자는 모든 직원과 신자에게 신앙에 유익할 서적과 또한 우리의 조례를 사보게 하면 큰 유익이 있다.

부록/예문

제1장 혼례식

혼례식을 행할 때에는 반드시 본인 교회 규칙대로 행하고 이방 규칙은 절대 행하지 말라.
(신랑 신부가 법률을 좇아 성혼할 것이며, 혼인 기약한 날이 가까우면 신랑신부 두 사람이 목사 앞에 와서 신랑은 목사 우편에 서고, 신부는 목사 좌편에 선 후 목사는 아래와 같이 말하라.)

"우리가 이 곳에서 하나님과 증인들 앞에 모여 이 두 사람으로 거룩한 혼인의례를 이루러 왔으니 혼인은 심히 귀중한 것입니다. 이 혼인은 사람이 범죄하기 전에 하나님께서 세우신 거룩한 예식이며 하나님께서 모든 사람이 이 일을 행함을 좋다 하셨습니다. 이러므로 가히 경홀히 하지 못하고 마땅히 공경하고 정성스러움과 하나님을 두려워함으로 이 대사를 이루어야 됩니다. 지금 이 두 사람이 이 거룩한 혼인을 성취하려 왔으니 만일 누구든지 이 두 사람이 배필됨에 문제꺼리가 있거든 당장에 말하고, 그렇지 아니하거든 이 후에는 말을 금하시기 바랍니다."

■ 목사가 신랑에게

"형제가 이 부인에게 장가들어 부인으로 삼고 하나님의 명을 좇아

이 거룩한 혼인을 하매 함께 살며 신부가 병이 들든지 평안하든지 저를 사랑하고, 위로하며 사랑히 여기고, 다른 사람을 돌아보지 아니하고, 형제 자매 두 사람이 종신토록 이것을 지키고 살겠습니까?"

■ 신랑이 대답하는 말

"네 - 그리하겠습니다."

■ 목사가 신부에게 묻기를

"(아무)자매가 신랑에게 출가하여 남편을 삼으니 하나님의 명을 좇아 이 거룩한 혼인을 함에 처지대로 함께 살며 신랑이 병이 들던지 평안하던지 저를 사랑하고 경외하며 또한 다른 사람을 돌아보지 아니하고 형제 자매 두 사람이 종신토록 이것을 지키고 살겠습니까?"

■ 신부가 대답하는 말

"네 - 그리하겠습니다."

■ 목사가 신랑의 오른 손으로 신부의 오른 손을 잡게하고 하는 말

"하나님께서 맺어 주신 부부는 사람이 나누지 못하나니 신랑 ○○○와 신부 ○○○가 오늘날 하나님과 여러 증인 앞에서 거룩한 혼인을 맺고 정성된 마음으로 맹세하고 그 손을 잡음으로 증거를 삼았으니 내가 성부와 성자와 성신의 이름으로 이 두 사람이 부부됨을 공포하노라."

■ 기도

"삼위일체의 하나님의 축복이 이 신랑과 신부에게 있기를 원하오며 이로부터 생애에 하나님께서 인도하시고 함께 하시기를 비나이다. 하나님께서 두 사람에게 대하신 성지가 그 생애에 성취하시기를 비나이다. 이 신랑, 신부와 또한 함께 한 모든 사람이 하나님의 어린 양 예수 그리스도의 혼연에 다 참예하기를 비나이다. 하나님께 영광과 찬송과 칭찬이 지금부터 영원히 있기를 주 예수 그리스도의 이름으로 비옵나이다. 아멘."

제2장 세례식

(목사는 예배당이나 혹은 세례받기로 예비한 물가에서 세례받고자 하는 사람들을 앞에 세우고 요한복음 3장 1절-8절까지 읽고 기도한 후 이와 같이 문답한다.)

(문) 마귀와 그 모든 역사를 거절하고 세상의 헛된 영화와 번화(繁華)한 모든 탐욕과 육체의 정욕을 버리고 이후에는 추호(秋毫)라도 그 인도를 받지않겠습니까?

(답) 내가 그것을 다 거절하겠습니다.

(문) 천지를 만드신 전능하신 하나님을 믿습니까? 그의 아들 우리 주 예수 그리스도를 믿습니까? 성령을 믿습니까? 하나님의 교회와 죄사함과 육신이 다시 사는 것과 영원한 삶을 믿습니까?

(답) 이것을 다 믿습니다.

(문) 이 믿음으로 세례를 받고자 합니까? (답) 이것이 나의 소원입니다.

(문) 이 하나님의 거룩한 계명을 순종하여 지키며 날마다 걷겠습니까?

(답) 내가 하나님의 도우심을 입어 그리하겠습니다.

(목사가 세례 받을 사람을 불러 세우고 이름을 호명한 뒤에 물에 잠기게 하여 세례를 베풀 때에 다음과 같이 말한다.)

"○○○에게 성부와 성자와 성령의 이름으로 세례를 주노라. 아-멘."

일동은 주기도문을 외우고 목사의 기도로 폐회한다.

제3장 헌아식

아이의 부모가 그 아이를 하나님께 바치기를 원하거든 이하의 식대로 한다.
(목사는 아이의 부모나 혹은 후견인으로 하여금 아이를 안고 단 앞에 나와 서게 하고 성경 말씀을 읽는다.)
막 10장 13-16절과 마 18장 1-6절까지
(목사는 아이를 받아 팔에 안고 이름을 물어 안 후에 다음과 같이 기도한다.)

"전능하신 하나님! 이제 이 어린아이를 주께 바치옵고 기도하옵나니 이 어린아이를 주께서 성령으로 가리키시며 주의 말씀으로 가르치사 은혜 아래 보호하며 영원한 자비로써 영원토록 축복하시기를 우리 구주 성자 예수 그리스도의 이름으로 비나이다.
　하나님이시여 이 어린아이에게 깨닫는 마음을 주시옵소서. 주의 명철하 심으로 인도하사 위태함과 모든 시험과 무식함을 면케 하시며 욕심에 이끌려 악한 길을 행치 말게 하시며 어리석은 일을 행치 말게 하시고 주를 진실히 섬기게 하여 주시사 그로 하여금 하나님을 영화롭게 하며 진실히 섬기다가 이후 영원한 하나님 나라에 들어가게 하시옵소서. 예수의 이름으로 구하옵나이다. 아-멘"

축도
고후 13장 14절

제4장 성찬식

(누구든지 우리 교회원이 될 수 없는 행위가 있으면 이 성만찬에 참여하지 못한다.)
(목사는 이하의 성경 구절을 읽는다.)
고전 11장 3-4절, 눅 1장 14-20
(여러 교우를 상 앞으로 청하여 떡을 떼이고 이같이 말한다.)

"그대를 위하여 주신 우리 주 예수 그리스도 이름이 그대의 몸과 영혼을 영생하도록 안보하심이니 받아 먹고 그리스도께서 그대를 위하여 죽으심을 기억하여 마음에 감사하고 믿어 그리스도로 생명의 양식을 삼을지어다."

(목사가 또 잔을 들어 교우를 주며 말하며)

"우리 주 예수 그리스도께서 그대를 위하여 그 피를 흘리심은 그대의 영혼과 몸을 영원히 보존케 하심이라 이것을 잡아 마시고 그리스도께서 그대를 위하여 피흘리심을 기억하고 감사할지이다."

(목사는 다음과 같이 축복 기도를 하고 일동은 주의 기도문을 외우고 폐회한다.)

"하나님께서 은혜로 주신 측량할 수 없는 평안이 우리의 마음을 지키사 하나님과 그 아들되신 우리 주 예수 그리스도를 알고 사랑하는 가운데 있게 하시며 전능하신 하나님 아버지와 아들과 성신이 우리 중에 항상 거하사 영원히 계시기를 원하옵나이다. 아-멘"

제5장 장례식

장례식을 거행할 때에 교회 규칙대로 행하고 비신자의 풍속은 일절 행하지 말아야 한다.
(집에나 예배당에서나 관을 가져오거든 목사는 그 앞에 나아가 성경을 다음과 같이 낭독한다.)

"예수 가라사대 나는 부활이오 생명이니 나를 믿는 사람은 죽어도 살고 살아서 믿는 사람은 영원히 죽지 아니하리라."(요 11:5-6)

"내가 알거니와 나의 구주가 살아계시니 후일에 지상에 서리로다. 나의 이 가죽이 썩은 후에 내가 이 육체를 떠나 하나님을 보리로다. 나 곧 내가 친히 저를 보고 눈으로 볼 때에 외인으로 보지 아니하리니 내가 간장(肝腸)이 속에서 소멸하도다."(욥 19:5-7)

"우리가 세상에 올 때에도 가지고 온 것이 없으매 세상을 떠날 때에도 또한 아무 것도 가지고 가지 못하리라."(딤전 6:7)

"여호와께서 주시고 여호와께서 빼앗으셨으니 여호와의 이름을 가히 찬송하리로다."(욥 1:1)

"주여 대대로 우리의 거한 곳이 되셨나이다. 산이 나기 전과 주께서 땅과 세계를 지으시기 전에 영원부터 영원까지 주께서 하나님이로소이다. 주께서 사람으로 티끌에돌아가게 하시고 이에 가라사대 인생들아 근본으로 돌아가라 하시나이다. 대개 주의 눈에는 천년이 어제 날의 지남과 같으매 저희들이 하루 밤 잠자는 것 같으며 또 아침에 풀이 자라나는 것 같으니 아침에는 빛나고 자라다가 저녁에는 베인즉 마르는도다."(시 90:1-6, 딤전 6:7)

이하 참고 시 39편, 고전 15:41-58, 고후 5:1-10, 살전 4:13-18, 계 1:1-7.

■ 어린아이의 죽음에 대해서는 이하의 성경 구절을 낭독함도 가하니라. 막 10:13-16, 마 18:1-60, 살후 12:16
(시신을 무덤에 하관하고 목사는 이와 같이 말한다.)

"모든 일에 지혜되시는 하나님께서 이 사람을 부르심으로 우리는 주 예수께서 재림하시기를 기다리면서 이 시체를 무덤에 장사하였으니 그가 오실 때에 그의 피로 말미암아 계약을 체결한 성도의 무덤이 열리고 죽은 자가 일어나 주와 한가지로 공중에 올라가 어린 양이 혼인잔치에 참예하리로다. 우리 주께서 속히 오시리로다."

(목사는 축복으로 식을 마친다.)
"주 우리 주 예수 그리스도의 은혜와 하나님의 사랑과 성신의 교통하심이 우리에게 영원히 계시기를 원합니다."

제6장 안수식

(안수할 임원들은 다 강단에 앉고 안수 받을 사람들은 강단 앞에 앉게 한 후에 아래와 같은 순서로 안수례를 행한다.)

찬미할 것 '내 맘은 본분은....' 기도할 것 (안수인원 중에서) 찬미할 것 '만세반석'

성경 구절 딤전 3, 딤후 4:1-8, 디 3장.

(안수를 받고자 하는 사람에게 대하여 충고하고 일반에게 대하여 설교한다.)

(안수를 받고자 하는 사람들이 강단 앞에서 기도할 때에 안수위원들이 그 손을 저희의 머리 위에 얹고 그 후에 총리 혹은 대리자가 성경을 저희에게 주고 말한다.)

"아버지와 아들과 성령의 이름으로 그대에게 권세를 주어 하나님의 말씀을 전하게 하며 모든 예식을 봉행케하노라."

(송가하고 축도하고 폐회한다.)

[吉寶崙(編), 『東洋宣敎會 敎理及條例』. 京城: 東洋宣敎會, 1925.]

예수교대한성결교회 헌장(16판) 2002년
- 사중복음과 관련된 부분 -

제1장 총강

제2절 성결교회

제7조 사명
본 교회의 사명은 다음과 같다.
1. 그리스도의 성경적 복음을 만민에게 전파하는 일이다(막 16:15, 행 1: 8).
2. 하나님의 말씀을 혼잡하게 하지 아니하고, 진실하게 가르치는 일이다(마 28 : 20, 9 : 35, 고후 2 :17).
3. 사중복음 곧, '중생(重生)·성결(聖潔)·신유(神癒)·재림(再臨)'을 증거하되, 특히 '성결'을 강조하는 일이다.

제8조 특색
본 교회의 특색은 다음과 같다.
하나님께서 창조하신 만물이 다 특색이 있고, 사도들도 그 전한 복음서를 통하여 각기 특색을 나타내었음을 볼 수 있다. 이같이 교파라 하면 파당적 뜻이 아니고, 각자의 특색을 나타내기 위하여 있는 존재다. 신약 4복음서가 각각 특색을 나타냄으로써 그리스도를 완전히 증거함과 같이, 복음적 교파가 각각 특색을 나타냄으로써 그리스도의 전모를 드러내는 것이다.

그러면, 예수교대한성결교회의 특색은 무엇인가?

1. 죄악과 이단과 사설과 비성경적 자유주의 신학사상을 배격하며, 모든 세속화와 부패를 방지하고, 철저한 회개와 복음 신앙 노선으로 인도하는 일이다.
2. 그리스도의 속죄의 보혈과 성령세례를 강조하여, 모든 신자로 하여금 성결의 은혜를 받게 하는 일이다.
3. 성경을 진리의 기본으로 하여, 영적으로 풀이하는 일과 중생·성결·신유·재림의 사중복음을 강조하고 은혜의 체험과 심령 부흥에 치중하는 일이다.

제9조 목적

본 교회의 목적은 다음과 같다.

1. 그리스도의 복음을 전파하여 모든 영혼을 구원함에 있다.
2. 모든 신자에게 성결의 은혜를 증거하며, 교회로 하여금 거룩하게 재림하시는 주님 앞에 서게 함에 있다.
3. 모든 신자로 하여금 고결한 인격을 이루게 하며, 윤리도덕을 실천하게 하며, 각자의 의무와 책임을 이행하도록 함에 있다.

제2장 신조

제4절 중생

제15조 우리는 예수 그리스도의 대속의 죽으심과 부활로 말미암는 중생을 믿는다.

1. 의인(칭의): 의인(義認)이라 함은 의롭다 여긴다, 의롭게 인정한다, 의인(義人)으로 간주한다는 뜻이니, 하나님의 자비하신 주권적 행위로써 죄인이 회개하고 예수 그리스도의 속죄의 공로를 믿음으로써 그의 범한 모든 죄를 사함 받고 하나님 앞에 의인으로 용납 되어짐을 말함이다. 의롭다 함을 입은 사람은 속죄 즉, 그의 지나간 모든 죄의 형벌에서 면제되며, 의인으로써의 특권을 받게 되며 의롭다함을 입은 상태는 그 개인이 하나님께 대한 믿음과 순종을 지속시키는 한 계속 유지되는 것이다(롬 1:17, 3:24-26, 28, 4:2-5, 5:12, 빌 3:9, 행 13:38, 39).

2. 중생(신생): 중생이라 함은 거듭난다, 다시 난다, 위로부터 난다는 뜻이니 사람이 의롭다 함을 얻는 동시에 성령으로 말미암아 그 인격 속에 이루어지는 도덕성의 급격한 변화를 말한다. 이로써 죄와 허물로 죽었던 심령이 그리스도 안에서 새 생명으로 부활하고 순종과 승리의 생활을 하는 것이다. 그러므로 의인은 지나간 범죄에 대한 심판으로부터 해방되는 것이요, 중생은 사람의 심령 속에 그리스도의 생명이 들어있는 것이니, 이로써 그는 죄의 속박에서 벗어나 신령한 일에 대하여 살고, 죄에 대하여 승리하며 살 수 있는 기초가 마련되며, 양자의 특권을 받게 되는 것이다(사 57:15, 요 1:12, 3:3-5, 롬 8:15-

17, 갈 3:26, 엡 2:1, 5, 19, 딛 3:5, 약 1:18, 벧 1:3, 4, 요일 3:1, 9).

3. 의인(義認)과 중생(重生): 의인은 그리스도의 대속의 죽으심을 믿음으로 말미암아 의롭게 되는 하나님의 주권적 취급 방법이요, 중생은 사람의 마음속에 실지로 이루어지는 도덕성의 영적 변화다. 의인은 죄인이 하나님께 대하여 그 처지가 변하여 의롭게 됨이요, 중생은 그의 속 생명에 이루어진 변화의 역사라 할 것이다. 따라서 의인은 하나님께 대한 우리의 입장을 바꾸며, 중생은 우리의 내적 본성을 변화시키는 것이다. 그러므로 이 두 가지 역사가 이론상으로 다르기는 하나 의인은 논리적으로 중생에 앞서면서도 체험에 있어서는 동시에 발생하며, 같은 믿음의 행위로써 이루어지는 것이다. (고후 5:17-21, 롬 5:9-10, 갈 3:24-27, 엡 2:8-10)

4. 중생 후 범죄: 중생한 자가 범죄하지 않는 것이 원칙이지만(요일 3:9, 5:18), 인간은 연약하여 범죄하는 경우도 있을 수 있다. 그렇지만 성경 요한일서 2장 1절에 "만일 누가 죄를 범하면 아버지 앞에서 우리에게 대언자가 있으니 곧 의로우신 예수 그리스도시라" 말씀하셨으니 누구든지 범죄함을 깨닫고 예수 그리스도를 믿음으로 겸손하게 회개하면 다시 사죄함을 받는다.

제5절 성결

제16조 우리는 예수의 대속적 보혈과 성령세례로 말미암은 성결을 믿는다.

1. 성결의 뜻(의의): '성결'이라 함은 '거룩', '정결', '성령세례', '불세례', '완전한 사랑' 등의 말로도 표현한다. 이는 하나님과 같은 절대적 성결을 뜻함이 아니고(사 57:15). 하나님의 성결을 상대로 하여 받는 상대적 성결을 가르침이다(벧전 1:15). 곧 타락한 인간으로서 예수의 구속을 받아 무죄의 상태가 됨을 뜻함이다. 다시 말하면, 예수의 보혈과 성령세례로 원죄에서 정결하게 씻음을 받고, 하나님께 봉사하기에 현저한 능력을 주시는 은총이다. 이 은혜는 중생 후 또는 동시에 신앙으로 말미암아 받는 순간적 체험이다.

2. 성결에 대한 의무: 모든 신자는 성결의 은혜를 받을 의무가 있다. 이는 하나님의 영원 전의 계획이며(엡 1:4), 성지이며(살전 4:3), 명령이며(벧전 1:15), 약속이며(살전 5:23), 부르신 목적이요(살전 4:7), 또는 예수의 속죄의 목적과(엡 5:26) 기도의 목적이 되고(요 17:17), 성령 강림의 목적이(행 2:4) 되기 때문이다. 만일 신자가 이 은혜를 가벼이 여기면, 이는 하나님을 저버리는 것이 된다(살전 4:7). 그러므로 신자는 반드시 이 은혜를 받아야 한다.

3. 성결의 필요: 사람에게는 조상으로부터 전해오는 원죄가 있고(롬 5:12), 또는 죄로 인하여 부패하여진 악한 정욕과(골 3:5, 롬 7:5), 구습(엡 4:22)이 있고, 또한 양심이 더러워져 있으니, 여기에서 정결함을 받아야 한다. 그래야 종신하도록 성결하므로 주를 섬기게 될 것이며(눅 1:75), 재림하시는 주님 앞에 흠없이 서게 될 것이다(살전 5:23).

4. 성결의 방법: 이 은혜는 인간의 방법인 수양이나 교육이나 개혁

이나 난행, 고행이나, 점진적인 방법등으로 받을 수 없고, 오직 하나님께서 보여주신 방법대로 하나님의 말씀과(엡 5:26, 요 17:17, 시 119:9) 성령의 능력과(딛 3:5, 마 3:11, 행 1:5) 주의 보혈을(히 9:14, 요일 1:7) 믿음과(행 15:8-9) 순종과(행 5:32) 기도로 받는 것이다(눅 11:13).

5. 중생과 성결: 중생은 자범죄에서 사함과 새 생명을 받는 일이고, 성결은 심중에 잠재한 원죄에서 정결함을 받는 일이며, 중생에는 죄가 진압되고 성결에는 죄의 몸이 멸함이 된다(롬 6:6). 그러므로 중생은 성결의 시작이요, 성결은 중생의 완성이다.

제6절 신유

제17조 우리는 그리스도의 속죄로 말미암아 하나님의 능력으로 육체의 질병을 고쳐 주시는 신유(神癒)를 믿는다.

1. 신유의 뜻: 신유라 함은 하나님의 보호로 육신이 항상 건강한 것과 병날 때에 하나님께 기도함으로써 병고침을 받는 경험을 이름이니, 이는 하나님의 뜻이며(마 8:2-3), 하나님의 약속이며(출 15:26, 신 7:15, 약 5:15), 하나님의 능력의 역사이다(시 103:3).

2. 신유에 대한 태도 : 신유는 현재 신자의 육체에 임하는 그리스도 구속의 은총의 일부로서, 주님 친히 채찍에 맞으심으로써 모든 사람의 질병을 맡으신 것이다(사 53:4-5, 마 8:17). 주님 세상에 계실 때에 많은 병자들이 고침을 받았으며, 주님 고난받으신 후 이 초자연적 신유의 역사는 세계 각처에서 계속하여 나타나고 있다. 그러므로 신자

들은 마땅히 병날 때에 회개와 믿음과 기도로 이 은혜를 받을 것이며, (약 5:16, 17), 또는 전도할 때에 이 은혜를 증거하며 이 은혜가 나타나기 위하여 기도할 일이다 (행 4:30).

3. 신유와 의약: 신유는 의약을 쓰지 않고 오직 하나님의 전능하심과 그 약속의 말씀을 (출 15:26) 믿고 기도하여 고침을 받는 것이다. 그러나 우리가 신유를 믿는다 해서 의약이나 과학적 치료를 부인하거나 남이 의약을 쓴다고 하여 비평하지 말아야 한다.

제7절 재림

제18조 우리는 주 예수께서 승천하신 몸대로 천년시대 전에 재 강림하실 것을 믿는다.

1. 재림의 뜻
예수의 강림은 성경의 중심 사상이다. 곧 구약은 예수께서 초림하실 일의 기록이고, 신약은 예수께서 재림하실 일의 기록이다. 초림의 주는 범죄한 인류를 대속하기 위하여 육체를 입고 오셨고, 재림의 주는 구원받은 성도들을 맞으시기 위하여 (히 9:28) 승천하신 몸대로 영광 중에 오실 것이다. 이는 모든 성도의 소망이고 (빌 3:20, 21, 딛 2:13) 만물의 기다림이며 (롬 8:19), 「하나님」의 경륜의 성취로써 (엡 1:9, 10), 우주의 모든 문제 해결의 때이다 (빌 4:5~6).

2. 재림의 예언 예수의 재림은 신·구약에서 하신 예언의 중심인데, 신·구약을 통하여 300여 번 적혀 있다. 곧, 선지자들과 (욥 19:25, 단 7:13,

14), 제자들과(행 3:20, 딤전 6:14, 살전 4:16, 요일 3:3, 히 9:28), 천사들이 예언하였고(히 1:6), 또는 주께서 친히 똑똑히 말씀하셨다(마 25:31, 요 14:3).

3. 재림의 시기
재림의 시기에 대하여는 주님께서 일찍이 말씀하시기를 "그 날과 그 때는 아무도 모르나니 하늘의 천사들도, 아들도 모르고 오직 아버지만 아시니라"고 하셨다. 그러므로 인간으로서는 도저히 알 바 없다. 그러나 그 형편에 대하여서는 도적같이, 혹은 임산부의 산기같이 갑자기 부지중에 오시겠다고 하셨다(살전 5:2~3, 마 24:3, 계 16:15). 또 그 징조에 대하여서도 똑똑히 말씀하셨으니, 곧 재난이 시작되고, 반기독 운동과 거짓 선지자가 일어나고, 불법이 성하고, 복음이 널리 퍼지고(마 24:7~14), 많은 사람이 오가고, 지식이 더하고(단 12:4), 세계가 사상적으로 양분되고(단 11:27), 이스라엘이 회복되는 사실 등인데, 이 일들은 벌써 이룩된 것도 있고, 또는 이룩되어 가고 있다. 그러므로 모든 성도들은 깨어 준비해야 한다.

4. 재림하실 곳
1) 공중에 오신다(살전 4:16~18).
2) 지상에 오신다(슥 14:4, 계 19:11~16).

5. 재림의 광경
구름 타시고(계 1:7, 마 24:30), 불꽃 가운데(살후 1:7), 호령과 천사 장의 소리와 하나님의 나팔(살전 4:16)과 천사와 수만의 성도와 함께 오신다(살전 4:14).

6. 재림의 목적

1) 성도를 맞으시려고 오신다(요 14:3).

2) 정의의 왕국을 세우시고 다스리시려고 오신다(계 20:6).

3) 산 자와 죽은 자를 심판하시려고 오신다(딤후 4:1).

7. 주님을 맞을 준비

1) 어두운 일을 벗어 버릴 것(롬 13:12).

2) 광명한 갑옷을 입을 것(롬 13:12, 요일 3:3, 계 19:8).

3) 기름을 준비할 것(마 25:4).

기독교대한성결교회 헌법(11판) 2002년
- 사중복음과 관련된 부분 -

서문에서

　일본 동양선교회 성서학원을 졸업한 김상준, 정빈 두 젊은 전도자가 카우만, 길보른 두 선교사와 함께 경성 염곡(현 서울 종로1가)에 전도관을 개설하고 중생·성결·신유·재림의 은혜로운 복음을 선포하다가 교회의 형태로 성장하므로 조직교회로 발전됨에 마침내 교회법을 제정(制定)하여 교회를 운영토록 한 것이 성결교회의 헌장이 되었으며, 그 헌장이 발전적인 변천을 거듭하면서 오늘에 이르렀는데 제도상의 변화는 가져왔으나 헌법의 교리적 골격은 변함없이 전통을 계승해오고 있다.
　성결교회 신앙교리의 근간은 요한 웨슬리의 복음적 성결의 주창을 배경으로 하여 중생, 성결, 신유, 재림의 복음으로 요약된 교리적 정신이며 그리스도와 그 사도들로 말미암아 나타내신 복음적 성경해석에 근거한 교리와 만국성결교회의 신앙교리를 토대로 해서 1925년에 공포한 것으로 모든 교회가 영구히 지키도록 했다.

제1장 총강

제6조 (본 교회의 전도 표제)
본 교회의 전도 표제는 다음과 같다.

사중복음(四重福音)

본 교회의 기초 교리는 기독교 개신교가 일반으로 믿는 복음주의니 그 교리의 요제는 본 헌법 제2장 제13조 이하에 설명되어 있다. 그러나 창립 당시로부터 중생, 성결, 신유, 재림의 4대 표제를 들어 강조(強調)하여 왔으니 이는 "평강의 하나님이 친히 너희로 온전히 거룩하게 하시고 또 너희 온 영과 혼과 몸이 우리 주 예수 그리스도 강림하실 때에 흠없이 보전되기를 원하노라"(살전 5:23)는 말씀에 부합되는 복음이다.

1. 중생(重生) 혹은 신생(新生)

주 예수께서 니고데모에게 가르치신 중생의 도리는 실로 기독교의 입문이며 천국 시민의 자격을 갖추는 유일한 도리이다. [거듭나지 아니하면 하나님 나라를 볼 수 없느니라](요 3:3). 중생은 곧 영으로 나는 일이니 신비에 속한 영적 변화이며 모든 사람이 자기의 죄를 회개하고 십자가에 달려 속죄의 피를 흘리신 예수 그리스도를 믿을 때, 성령의 역사로 새 생명을 얻어 그 사람의 심령과 인격 전체에 근본적 일대 변혁을 일으키는 것이니 이는 진실로 천국 복음이다.

2. 성결(聖潔)

이는 교인이 받을 성령 세례를 가리킴이니 주 예수께서 [요한은 물로 세례를 베풀었으나 너희는 몇날이 못 되어 성령으로 세례를 받으리라](행 1:5)고 약속하신 대로 오순절에 제자들은 성령의 세례, 즉 성결의 은혜를 체험하였으니(행 2:1-4), 우리도 모든 사람을 중생으로 인도하고 중생한 처지에 있는 신자들은 성결의 은혜를 체험하도록 인도한다. [모든 사람으로 더불어 화평함과 거룩함을 좇으라 이것이 없이는 아무도 주를 보지 못하리라] (히 12: 14).

3. 신유(神癒)

이는 신자가 하나님의 보호로 항상 건강하게 지내는 것과 또는 병 들었을 때에 하나님께 기도함으로 나음을 얻은 것을 가리킴이니 이 은사는 우리 육신을 안전케 하는 복음이다. 그러므로 주 예수께서 모든 신자들에게 이적이 따를 것을 언명하였으니(막 16:17-18) 병 낫기 위하여 기도한다든가 안수하는 일은 당연한 특권이다. 그러나 신유를 믿는다 하여 의약을 부인하는 것은 아니다.

4. 재림(再臨)

구약성경의 예언의 중심이 그리스도의 수육탄생(受肉誕生)이라면 신약 성경의 중심은 그리스도의 재림이라 할 수 있나니 우리는 공중재림(살전 4:16-18)과 지상재림(행 1:11)을 믿는다. 요한계시록은 재림을 전적으로 계시한 성경으로 마지막에 [내가 속히 오리라] 한 말씀이 세 번이나 거듭 기록되었다(계 22:7, 12, 20). 재림은 신앙생활의 요소이며(살전 3:13), 소망이요(살전 2:19-20), 경성이 된다(마 24:44, 25:13).

제2장 교리(敎理) 및 성례전(聖禮典)*

제17조 (칭의(稱義))

사람이 하나님 앞에 의롭다함을 얻은 것은 자기의 선행이나 공로로 된 것이 아니고, 예수 그리스도의 대속의 공로를 믿음으로 의롭다함을 얻는다. 이것이 인류에게 복음이요, 성경이 가르친 명백한 교리이다(롬 4:4-6, 롬 1:17, 3:24-26, 28, 창 15:6, 롬 5:1). 의롭다함을 얻은 사람은 곧 죄 사함과 중생함을 받은 자이다.

제18조 (성결)

그리스도로 말미암아 성령의 세례를 받음이니 곧 거듭난 후에 믿음으로 순간적으로 받는 경험이다.
이 은혜는 원죄에서 정결하게 씻음과 그 사람을 성별하여 하나님을 봉사하기에 현저한 능력을 주심이다(행 1:4, 5, 15:8, 9, 1:8, 눅 24:49). 사람이 의롭다함을 얻음에 믿음이 유일의 조건됨 같이 성결도 오직 믿음으로 얻는 은혜이다(롬 5:1, 행 15:8, 갈 3:4, 요일 1:9).

제20조 (재림)

부활 승천하신 예수께서 승천하시던 그 몸대로 다시 오시는 일이니, 천년시대 이전에 재림이 이루어짐을 믿으며 생각지 않을 때에 주께서 공중에 오셔서 교인을 영접하실 때 구원받은 교인들은 휴거되어 어린양 혼인잔치에 참여한 후 심판의 주께서 교인들과 함께 지상에 강림하심으로 거짓 그리스도가 멸망하고 천년왕국을 건설한다(행 1:9-11, 살전 4:14-17, 마 24:42, 25:13, 살후 2:3-8, 마 25:31, 유 14, 계 22:20, 슥 9:9-10, 호

2:18)

*필자 주: 교리 및 성례전에는 중생과 신유 부분이 빠져 있고, 제17조 칭의가 있다.

6

사중복음의 신약적 근원

I. 여는 말

본 논문은 사중복음 즉 중생, 성결, 신유, 재림의 신약적 근원에 대하여 연구하는데 그 목적이 있다.

사중복음은 성결교회가 뒤늦게 한국 사회에 뿌리를 내리게 한 역사적 정체성과 역할이 무엇인지 설명해주는 것이었다. 성결교회의 역사를 거슬러 올라가보면 성결교회는 사중복음 즉 중생 성결 신유 재림의 복음을 전함으로 이 사회에 뿌리를 내리게 되고 공동체 구성원들은 자신들의 정체성과 역할을 그같은 복음을 전하는 데에서 찾았다.

그런데 오늘날에 와서 성결교회는 사회 제도의 기능적 입장에서 볼 때 두 가지 측면에서 그 정체성의 위기에 봉착하고 있다. 그 하나는 종교의 유효 구조(plausibility structure)론과 관련지은 것이고, 다른 하나는 지식 체계(stock of knowledge)와 관련지은 것이다. 유효 구조라 함은 사회내에서 종교적 삶이 유효하도록 하여 소속된 공동체 구성원들로 하여금 종교적 정체성을 발견하고 또한 역할을 감당하게 하는 사회적 토대를 말한다.[1] 지식 체계라 함은 그 유효 구조를 가능케 하는 전통적으로 전해져 내려오는 지식의 총체적 체계로서 공동체의 정체성과 역할과 그리고 세계관을 설명하며 공동체의 구성원들이 종교적 실재를 인식하고 또 계속적으로 그것을 전수 시키는 도구다.[2] 버거에 따르면 현대 교회는 산업혁명으로 밀어닥친 세속화 현상에 의하여 기독교의 유효 구조가 점점 약화되며 오늘의 기독교를 있게 한 기독교의 전통적 지식체계는 상대적으로 다원화돼가고 있다고 지적하였다.[3]

사중복음은 현재적으로 경험할 것(중생, 성결, 신유)과 미래에 경험할 것(재림)으로 구분된다. 성결교회는 불신자들에게 중생의 복음을 전함으로 그들이 거듭나 교회에 속하게 되고, 또 그들이 영적으로나 육체적으로 온전한 사람이 되어 성결의 능력 안에서 이 세상에서 승리하며 주님의 재림을 대비하게 하는 사회적 토대를 제공하여왔다. 그러나 한국 사회에 밀어닥친 산업 자본주의의 혁명에 의한 세속화 현상은 재림과 함께 종말이 온다는 세계관의 이완을 야기했고 아울러 성결의 체험에 대한 기대와 의미를 희석시켰다. 또한 세속화와 함께 다른 여러 요인들에 의하여 성결 교단에 나타난 현상은 교단 정치의 분열이라고 할 수 있다. 교단 정치의 분열은 성결의 체험과 삶에 대한 가시적 모형(model)의 상실이라는 결과를 초래하였다. 종말론에 입각한 세계관의 희석과 성결의 체험에 의한 영적 능력

---

1) Peter L. Berger and Thomas Luckmann, The Social Construction of Reality: A Treatise in the Sociology of Knowledge (Garden City: Doubleday, 1966), 157.
2) Ibid., 66.
3) Peter L. Berger, The Sacred Canopy: Elements of a Sociological Theory of Religion (Garden City: Doubleday, 1969), 127-53.

의 결여는 교회로 하여금 죄에 대한 지적과 그에 대한 회개의 촉구를 전하므로 죄인들을 중생의 경험으로 이끄는 에너지의 고갈을 초래하였다. 뿐만 아니라 자본주의의 혁명의 직접적 혜택 중의 하나인 의술의 발달로 육체의 질병에 대한 신유의 기대가 점점 희박해지고 말았다.

이러한 현상은 성결교회의 사회적 토대인 유효 구조의 붕괴라고 할 수 있다. 유효 구조의 붕괴는 유효 구조를 가능케 하는 언어 수단인 지식 체계(사중복음의 내용)를 객관화된 사회적 실재로가 아닌 추상적 개념으로 뒤틀어 놓게된 것이다. 엔토니 월레스는 이와 같은 현상을 가르쳐 메이즈웨이(mazeway:정신적 형상)의 붕괴라고 말한다.[4] 추상적 개념화의 위험성은 공동체원들 사이에 지식 체계의 효력의 상실, 그것에 대한 무관심, 그리고 실재적인 경험에 대한 기대감의 상실이라는 것이다.

유효 구조의 붕괴와 그것에 따른 지식 체계의 추상적 개념화는 성결교회의 신자들을 역사적 전통에서 이탈시키며 그러므로 자신들의 정체성과 역할의 혼돈을 초래하였다. 월레스는 이같은 사회적 상황은 아노미적 상태이며 이러한 상태를 그냥 내버려두면 그 사회는 죽음의 선상에 있게 될 것이라고 했다.[5] 그의 분석에 따르면 그리고 성결교회가 사회적으로 아노미적 상태에 빠진 것이 사실이라면 성결교회는 분명히 성결교회라는 이름은 있지만 실상은 그 역할

---

4) Anthony Wallace, "Revitalization Movements," American Anthropologist 58 (1956), 269.
5) Ibid., 270 에서 사회의 죽음은 사회가 본래의 자기 기능을 나타내지 못하는 상태라고 말한다.

과 정체성을 잃어버리고 그래서 생명력을 잃은 이름만 가진 하나의 종교적 제도로 변질되고 있다는 것이다. 이러한 위기에 대한 대책은 다른데 있지 않고 역사적으로 성결교를 이 땅에 존재케 한 그래서 그 정체성과 역할을 갖게 한 사중복음을 오늘의 현실 속에 다시 찾아 성결교에 속한 성도들로 하여금 사회적 실재로서의 역동적 힘을 발견케 하는데 있다. 이렇게 볼 때 본 논문에서 사중복음의 근원을 신약에서 찾는다는 것은 성결교회가 사중복음을 오늘의 현실 속에 다시 찾아오는 가장 우선적인 과제임에 틀림없다.

물론 사중복음이라는 어휘는 신약에서 체계적으로 언급된 것은 아니고 역사의 발전 과정을 거쳐서 심프슨(A. B. Simpson)에 의해 사중복음(the Four-Fold Gospel)이라는 제목의 책으로 출간되어 체계화된 것이다.[6] 심프슨은 그 책에서 사중복음이라는 제목하에 사중복음을 "우리의 구주 그리스도"(Christ Our Saviour), "우리를 성결케 하는 그리스도"(Christ Our Sanctifier), "우리의 치료자 그리스도"(Christ Our Healer), "우리의 오시는 주님 그리스도"(Christ Our Coming Lord)라고 풀이하고 있다. 그는 "우리의 구주 그리스도"라는 제목하에서 "중생"(regeneration)이라는 개념은 "영혼의 중생"으로 단 한 번 사용하고,[7] 성결의 주제를 다룰 때 "중생"(regenera- tion)과 "성결"(sanctification)

---

[6] A. B. Simpson, *The Four-Fold Gospel,* (Harrisburg: Christian Alliance Publishing Co. 1925), 6 에서 "사중복음의 해설은 오래 전부터 많은 독자 층들을 가지고 있었고 새롭게 단장한 현재의 형태의 책은 앞으로도 더 많이 읽혀 나갈 것이다"라고 하면서 이 사중복음은 이미 이 책이 출판되기 오래 전부터 체계화되었음을 지적하고 있다. 이를 뒷받침하는 것으로, 예를 들면 동일 저자의 *The Gospel of Healing*은 이미 1888년에 출판되어 졌다.

[7] Four-Fold, p. 15.

의 차이를 말하고 있다.[8] 그리고 "우리의 치료자 그리스도"라는 제하에서 처음부터 "신유"(divine healing)라는 개념 속에 포함될 것과 안 될 것에 대하여 말하고 있다.[9] 그리고 "우리의 오시는 주님 그리스도"라는 제목하에서 그는 오시는 주님은 "재림"(the second coming)하시는 주님이라고 분명히 하고 있다.[10] 그같은 네 개의 개념 속에서 복음을 사중적으로 체계화할 때 그는 계속적으로 성경적 근거를 사용하고 있다.

그러므로 본 논문에서 사중복음의 신약적 근원에 대하여 논의할 때 그것은 이미 주창자가 사용한 방법론을 그대로 사용한다는 것은 이미 언급된 것을 빌어다가 반복한다는 것 외에는 특별한 의미가 없을 것이다. 그같은 사실은 본 논문의 연구 방향을 아주 제한적으로 이끌어 나가게 하고 있다. 즉 사중복음의 재현이라는 당면한 필요성에 맞추어서 신약에서 반영되고 있는 초대 교회 또는 기독 공동체들의 일차적인 경험으로서의 사중복음의 문제를 분석하는 작업이 된다는 것이다. 그러한 작업은 신약이 당시의 여러 기독 공동체의 신앙과 경험 그리고 삶을 반영하고 있는 기독 공동체의 내부 문헌들이기 때문에 신약의 문헌과 사용된 언어를 통하여 우리는 당시의 공동체가 경험한 사실들이 무엇인지 재구성할 수 있기 때문에 가능해진다.[11] 신약 공동체들의 경험을 재구성함에 앞서 그들의 경

---

8) Simpson, the Four-Fold, 27-28.
9) Ibid., 49-64.
10) Ibid., 68-73.
11) 신약의 수신자들과 그 상황을 연구하는 학문으로서 신약학 개론서들이 있다. 수신자가 정확히 누구인지 또는 문헌들을 수신하게 된 배경 등은 그러한 개론서들을 참고하면 될 것이다.

험의 하나의 원형적 경험으로서 예수의 삶과 사역[12]속에 나타난 바를 먼저 다루어야 할 것이다. 사복음서를 통하여 우리는 그것을 재구성할 것이다. 그후 신약 공동체들의 경험을 재구성하게 될 것이다. 신약 공동체들의 경험을 재구성함에는 비바울적 기독 공동체와 바울 공동체로 나누어지게 될 것이다. 비바울 공동체는 바울 서신서 외의 사도행전과 소위 일반 서신서들이라고 불리는 서신들과 요한계시록에 반영되고 있는 공동체를 총체적으로 말한다. 바울적 기독 공동체라 함은 바울이 쓴 편지 13권[13]과 사도행전에 나오는 바울의 사역에 관한 기록들에게서 나타나는 바울과 직접적으로 관련된 총체적 공동체를 말한다. 각 공동체의 경험으로서의 사중복음에 초점을 맞추어 분석한 후, 오늘의 성결교회의 정체성과 사회적 역할에 대하여 제안함으로 본 논문을 끝맺고자 한다.

II. 원형으로서의 예수의 삶과 사역을 통해 본 사중복음

사도행전에 나타나고 있는 초기의 제자들의 사역과 삶은 바로 그리스도의 지상 사역과 삶이 원형으로서 작용하고 있음을 사도행전

---

12) 예수의 생애의 재구성에 대하여 논란이 많은 것은 사실이다. 그러나 이곳에서는 신약의 사복음서에서 예수의 가르침과 행위와 삶을 목격한 사람들이 기록한 사복음서를 통해 제한적으로 그의 가르침과 삶과 행위에 대하여 재구성할 수 있다는 대전제 위에서 우리가 필요로 하는 부분만을 논의하게 될 것이다.

13) 어떤 신약학자들은 바울이 직접 쓴 서신들을 로마서, 갈라디아서, 고린도전, 후서, 빌립보서, 그리고 빌레몬서 일곱 권이라고 주장하지만 여기에서는 각 편지의 서두에 바울이 보내고 있다고 말하고 있는 13권 모두를 바울 서신으로 인정한다. 물론 네 개의 서신들은 기록 공동체들에게 쓴 글들은 아니고 개인들에게 보내진 편지지만 역시 공동체들의 경험과 관련된 자료들이 있다고 인정되기에 이곳에 포함시킨다.

저자는 증거하고 있다.[14] 그리고 그리스도의 삶에 대한 체험은 요한의 증거의 초석이 되었으며(요일 1:1-3) 히브리 저자의 히브리 공동체에 대한 권면의 기초를 이루고 있고(히 5:7-9), 베드로 공동체에게는 고난의 본이 되기도 한다(벧전 2:21). 뿐만 아니라 바울의 삶의 가장 궁극적인 목표는 예수를 본받는 자되는 것이며 그러한 그의 삶은 그가 세운 기독 공동체원들 사이에서도 이어지기를 원했다(고전 11:1). 바울의 그같은 원함은 바울이 세운 기독 공동체 내에서의 예수의 삶을 통한 그들의 삶이 어떻게 형성돼야 할지를 잘 대변해주는 것이다. 이로 보건대 초기 기독 공동체 전체 안에는 신앙인들의 모든 삶의 표본이 바로 예수의 삶과 사역에 기초하고 있음을 알 수 있다. 그러므로 예수님의 삶과 사역을 주의 깊게 살펴보면서 그 의미를 찾아내는 것은 아주 중요한 것이다.

복음서들을 주의 깊게 살펴보면 예수의 삶이 어떠하였는가에 대하여 알 수 있다. 예를 들면 어린 시절의 율법의 규례를 따르는 배움의 삶, 세례 요한에게서 세례 받으심으로 전적인 복음 전파의 사역을 위한 준비의 삶, 시험을 겪는 삶, 성령의 충만함을 입어 그 성령의 능력에 이끌리는 삶, 병들고 굶주리고 마귀에 사로잡혀 신음하는 자들을 불쌍히 여기고 구체적으로 도움의 손길을 펴는 삶, 때로는 기존의 제도의 권위에 강력히 도전하기도 하며, 종교적 위선에 대하여 예리하게 지적하기도 하는 삶, 자신이 하나님의 아들 혹은 인자라는 사실을 서슴없이 말하는 삶, 소위 당시의 천민 계급에 속하는 사람들과 식탁을 나누기도 하며 보통 사람들을 제자로 불러 그들과

---

14) 사도 행전에서 사도들은 예수님이 지상에서 그랬던 것처럼 가르치며(2:42); 병 고치며(3); 능력을 행하며(9:35-43); 성령의 능력 가운데 선포하였다.

함께 하는 삶, 많은 기적들과 표적들을 나타내는 삶, 아무도 그에게 서 어떤 것에서든지 흠 잡을 수 없는 삶을 살았다. 또한 하나님 나라가 이미 임하였으니 그 나라에 들어가기 위하여 준비하라고 외치기도 하였다. 그리고 하나님 나라에 대한 비유와 자신의 역할에 대하여 가르치기도 하였다. 자신이 고난받고 죽을 것이지만 삼일만에 다시 살아날 것이라고 미리 말하기도 하였다. 마침내는 자신이 미리 말한바대로 당시의 정치와 종교 제도의 힘에 의하여 폭력을 당하며 고난받고 수치를 당하며 십자가의 형벌로 처형당하였다.

위에서 간단히 열거한 것들 외에도 복음서들에서는 예수의 삶의 모습들을 여러 방향에서 묘사하고 있다. 우리는 여기서 그러한 삶의 모습에 대하여 열거하는 것이 주목적이 아니라 그러한 삶이 우리에게 시사하는 바가 무엇인지 생각해 보고자 하는 것이다. 그렇다면 우리가 고려해야 할 예수의 삶의 의미는 무엇인가? 가장 우선적으로 고려되야 할 바는 그의 삶이 자연 발생적이거나 우연적이 아니라는 것이다. 모든 삶은 그에게 맡겨진 사명 혹은 사역을 달성하는 것과 밀접하게 연관되어 있다는 것이다. 사복음서 중요한 복음은 이 점을 분명히 하고 있다. 그래서 "내가 온 것은 내 뜻을 행하려 함이 아니요 나를 보내신 이의 뜻을 행하게 하려 함이니라"라고 선언하였다(요 6:38). 예수는 하나님의 뜻을 친히 계시하였으며, 영생의 길을 계시하였으며, 인류를 구원하기 위한 길이 무엇인지 계시하였다. 다음으로는 그같은 계시적 삶은 성령의 기름 부으심에 의해서 능력 있게 수행되었다는 것이다. 그 일을 함에 있어서 예수는 빌라도 자신도 죄를 찾아 낼 수 없다고 고백할 정도로 무흠하였다는 것이다. 그리고 어떠한 경우에도 하나님의 뜻 을 철저하게 순종하였다. 끝으로는 예수의 삶은 자신의 초자연적 능력에 기인하는 일회적으로만 끝나는 것이 아니라 계속적으로 기독 공동체를 통하여 실현되고 전수돼야 한다는 것이다. 즉 예수의 삶과 사역은 그후에 생겨날 기독 공동체가 본받아야 할 원형으로 작용한다는 것이다.[15]

예수님의 사역 가운데서 선포된 하나님의 나라와 모든 사람들은 필연적인 관계를 맺게 되는데 당시의 유대인들은 그 나라에 들어가기 위해서 혹은 영생을 얻기 위해 무엇을 해야 하는가가 가장 심각한 관심사이었다.[16] 그 질문은 요한복음 3장에서 사실상 니고데모와의 대화에서 선포한 것과 니고데모의 의심에 찬 질문과 일맥 상통하는 것이다. 그 질문에 대한 대답으로 공관 복음서에서 예수는 율법의 행위로는 그들의 관심사가 이루어질 수 없다는 사실을 강조했다면 요한복음서에는 율법의 준행자인 바리새인인 니고데모에게 율법에서 제시하고 있는 그림자를 통하여 실체를 제시하였다고 볼 수 있다. 즉 모세 때에 광야에서 뱀을 들므로 그것을 믿음으로 바라보는 사람들은 죽음의 길에서 생명을 얻은 것처럼 인자되신 예수가 십자가상에 들리고 믿음으로 그것을 바라보는 모든 사람들은 거듭나서 하나님 나라에 들어가게 된다는 또는 영생을 얻게 된다는 구체적인 길에 대한 제시인 것이다. 예수의 사역의 시작에 "회개하라 천국이 가까웠느니라"라는 선포는 바로 그같이 거듭나서 하나님 나라에 들어가기 위한 전제로서 이해될 수 있는 것이다.

---

15) 이 점에 대하여는 이미 위에서 몇 개의 공동체적 삶에서 반영되고 있다고 언급하였다.
16) 마 19:16-26과 막 10:17-27에서 유사한 사건을 언급하고 있는데 두 곳에서의 문맥으로 보면 하나님 나라에 들어가는 것과 영생을 얻는 것 또는 구원을 얻는 것을 동일한 것으로 묘사되고 있음을 알 수 있다.

위에서 언급한 예수의 삶과 모든 행위들 그리고 가르침은 모두 그러한 본질적인 진리에 대한 계시라는 차원에서 이해될 수 있다. 예를 들면 예수의 축귀의 사건은 예수는 하나님 나라의 권능이 이 마귀가 지배하고 있는 이 세대 속에 침투하여 그 세력을 분쇄시키고 새 세대가 도래되었음을 알리는 가시적 사건이라고 볼 수 있다. 그리고 그가 사용하고 있는 많은 비유들은 하나님 나라에 대한 계시이며 사람들로 하여금 그곳에 들어가게 하기 위한 하나님의 뜻과 자신의 역할을 계시하는 것이라고 볼 수 있다. 그리고 많은 죄인들, 세리, 창기들, 비천한 사람들, 버림받은 사람들과의 교제는 그 나라에 초청 받은 많은 사람들 중 율법에 따라 자기 의를 내세우는 사람들은 제외되고 오직 자신을 낮추며 하나님의 긍휼을 기다리는 사람들만이 들어갈 수 있다는 사실에 대한 확증이라고 말할 수 있다. 요한복음에서는 자신의 모든 기적을 베푸는 행위가 하나님이 자기와 함께 계시다는 증거요 자신이 제시하고 있는 영생의 길은 바로 자기와 함께 하시는 하나님께서 예비한 것과 연계되어 있다. 하나님이 예수와 함께 계시는 이유는 자신이 항상 하나님이 맡기신 사명을 완수하고 그 뜻을 항상 순종하기 때문이라고(요 7:28-29; 8:29) 말하므로 하나님 나라에 들어가게 하기 위한 자신의 역할을 분명하게 밝히고 있다.

    예수의 사역 중 많은 부분을 차지하고 있는 것은 사람들의 육체적 질병을 고치고 불완전한 사람들을 완전케 하는 사역이다. 이 사역 역시 자기 나라를 예비한 하나님의 사람 사랑하심에 대한 구체적 표현이다. 이 사역을 통해 하나님 나라에서는 온전치 못한 사람들이 온전하게 될 수 있다는 사실이 암시되고 있다. 예수의 치유사역에는 세 가지 면이 나타나 있다. 하나는 당시의 사회 제도의 현상으로 생겨나는 멸시받고 천대받는 사회의 소외 계층들이 그 나라에서 하나님의 백성으로 존중받는다는 것이다. 둘째로는, 온갖 질병으로 고통 당하는 사람들이 그 나라에서 고침을 받으며 육체적으로 온전치 못한(예를 들면 소경, 손 마른 자, 귀머거리, 앉은뱅이: 이들은 율법에 의하며 저주받은 자로서 성전에 들어갈 수 없다) 사람들이 이 나라에서 긍휼을 얻으며 온전케 된다는 것이다. 셋째로는, 각종 귀신들과 악한 영 혹은 마귀에게 시달림을 받는 사람들이 그 나라의 임함과 함께 그 사슬을 끊고 온전하게 된다. 위의 세 가지는 사회와 관련된 질병의 치유와, 신체와 관련된 질병의 치유와, 영혼과 관련된 질병의 치유인 것이다. 이로 보건대 예수의 이 같은 사역은 사람들이 온전하게 살아가는 데 절대적으로 필요한 사회, 영, 신체와 관련된 치유의 사역인 것이다.

예수의 하나님의 나라에 대한 가르침에서[17] 볼 때 하나님 나라의 실질적인 실현은 미래에 있을 종말론적 사건임을 알 수 있다. 종말론적으로 임할 하나님 나라의 현현은 곧 인자의 임함과 같이 한다고 하였다(마 24:44). 예수가 인자에 대하여 말할 때 자신에 대하여 인자라고 말하고 있다는 사실에 기초하여 볼 때 종말론적인 하나님 나라의 현현은 인자된 예수 자신의 다시 나타남과 함께 할 것이라는 사실을 쉽게 이해할 수 있다. 그때에는 두 종류의 사람들의 그룹이 있을 것이다. 하나는 보화를 찾은 즉 예수를 옳게 고백하고 의인된 사람들 그래서 천국에 들어갈 사람들의 그룹과 다른 하나는 악

---

17) 예를 들면 마 13에서의 천국의 비밀에 관한 일곱 가지의 비유와 마 24에서의 그 나라가 임할 때의 사건들에 관한 예언 그리고 25장의 비유들.

한 사람들 중에 있으므로 천국에서 배척받는 사람들의 그룹인 것이다(마 13:44, 49-50). 위의 사실은 예수의 세계관은 자신의 이 땅위의 첫 번째 임함과 두 번째 임함이라는 구조 위에 이루어져 있음을 알려준다. 예수가 하나님 나라의 비밀에 대하여 설명하면서 강조하고 있는 바는 예수의 제자들이 자신의 두 번째 임함을 항상 염두에 두고 청지기적인 삶과 복음 전파에 힘쓰는 가운데 재림을 준비하라는 것이다(참고, 마 25장과 28장에서의 지상 명령).

  예수의 삶과 사명을 관찰하는 데 있어서 특히 고려해야할 점은 요한복음에서의 증언이다. 요한복음 17장에서의 예수의 기도를 통해 우리는 그것이 무엇인지 인지할 수 있다. 예수의 기도에 있어서 가장 중심적인 내용은 자신의 삶을 통하여 하나님이 하라고 맡기신 일을 완수함으로 하나님께 영광을 돌리고 결과적으로 자신도 영광을 받았다는 점과 그같은 사역이 제자들을 통하여 연속되어질 것을 위한 기도라는 것이다. 우리는 그 내용에서 예수님의 생애에 있어서 가장 핵심적인 삶의 본질에 대하여 발견하게 된다. 그것은 다름 아닌 거룩과 관련된 것이다. 예수는 그의 기도에서 제자들을 위하여 자신이 자신을 거룩하게 한다고 하였다(요 17:19). 그리고 그들도 그처럼 거룩하게 되도록 기도하였다(요 17:17,19). 그렇다면 과연 여기에서의 거룩은 어떤 의미를 가지고 있는가. 전체의 기도의 맥락에서 볼 때 그것은 예수의 사명은 하나님의 이름을 들어냄으로 영생을 얻게 하는 것과 그 일이 계속되기 위하여 제자들을 세워 파송하는 것이다. 하나님의 이름을 들어내는 것은 다름 아닌 하나님의 거룩과 사랑을 나타내는 것이다.[18] 그 일을 위하여 예수는 하나님의 거룩과 동일한 거룩을 본질적으로 가지고 있었고[19] 그리고 그의 지상 생애 전체에 걸쳐서 그것을 유지하고 하나님의 거룩한 목적대로 완전하게 살고(참, 요 8:29), 그 목적을 완성시켰음을 보여주고 있다(참, 요 19:30). 요약한다면 예수의 삶은 하나님의 거룩의 실현이며 거룩함으로 말미암는 거룩한 사명의 완성인 것이다.

III. 초기 기독 공동체의 경험 속에 나타난 사중복음

지금까지 우리는 예수의 삶과 사역 속에 나타난 특징들에 대하여 분석한 결과 사중복음적 삶과 사역이 반영되고 있음을 확인하였다. 이제 우리는 그 범위를 조금 넓혀 예수의 제자들 혹은 사도들의 글들을 통하여 나타나고 있는 초기 기독 공동체의 경험을 분석하여 그 특징을 살펴 볼 것이다. 이미 언급하였듯이 초기 기독 공동체의 경험을 재구성함에는 비바울 공동체와 바울 공동체라는 두 개의 총체적 공동체를 따로 따로 분석하게 될 것이다.

---

18) W. Robertson Nicoll, ed., The Expositor's Greek Testament, vol. 1. (Grand Rapids: Eerdmans, 1980), 842.
19) 5절의 기도 "아버지여 창세 전에 내가 아버지와 함께 가졌던 영화로써 지금도 아버지와 함께 나를 영화롭게 하옵소서"는 예수가 본질적으로 아버지처럼 동일하게 아버지가 가지고 있는 거룩을 포함한 모든 본질을 가지고 있음을 보여주고 있다.

3. 1 비바울 공동체

예수의 제자들의 사역이 어떤 것이었는지 탐구할 수 있는 자료들이 신약성경 안에 포함되어 있다.[20] 그러한 자료들은 면밀히 분석하여 보면 초기의 기독 공동체의 경험이 어떤 것이었는지 재구성할 수 있게 해준다. 가장 먼저 다룰 것은 사도행전 초반에 나오는 기독 공동체를 중심으로 한 사도 베드로의 사역과 관련된 공동체의 경험이다.[21] 그 후에 야고보서, 히브리서 그리고 요한 서신서에[22] 나타난 공동체들의 경험을 다루게 될 것이다.

3.1.1. 베드로 공동체

사도행전 초반부와 베드로 전, 후서에 나타난 베드로의 사역과 글들을 통하여 그들의 경험들이 어떤지 살펴본다. 먼저, 베드로 자신의 경험을 보자. 그는 틀림없이 부활하신 그리스도를 만나고 새로운 변화를 경험하기 시작한다. 그가 오순절의 성령 강림의 경험을 통하여 전혀 새로운 사람이 되었다는 사실은 너무나 잘 알려진 사실이다. 오순절의 체험은 한마디로 말하면 성령의 충만함을 입어 능력을 받은 경험이라는 것이다. 그 능력은 첫째로, 오순절의 성령

---

[20] 여기에 포함되는 신약의 문서들은 히브리서, 야고보서, 베드로전, 후서, 요한 서신서들 그리고 요한계시록을 말한다.
[21] 이 공동체와 베드로서들에서 반영되고 있는 공동체를 베드로에 의해서 세워진 공동체의 의미에서가 아니라 용어의 편의상 베드로 공동체라고 할 것이다.
[22] 요한 공동체의 경험을 논의함에 있어 요한계시록을 제외시키는 이유는 계시록이 묵시 문학적 성격을 가지고 있어서 많은 것이 상징적으로 표현되어 있고 총체적인 교회와 세상과의 갈등 구조를 종말적으로 표현함으로 어느 특정한 공동체의 경험에 대한 재구성이 거의 불가능하기 때문이다.

강림 사건과 예수의 사역과 고난 그리고 부활과 승천이 직접적으로 관계가 있다는 점을 구약에서의 증언과를 연결시킬 수 있게 하는 영적 감동에 의한 인지 능력과 인지된 것을 조직하는 조직력이다. 그 능력의 두 번째는 그의 그같은 조직력뿐만 아니라 그것을 설파할 때 사람들의 심장을 파고드는 성령의 역사를 나타내는 것이다. 그 능력의 세 번째는 두려움 없는 그의 사역이다. 그는 핍박과 죽음의 위협 그리고 옥에 갇히는 경우에도 두려움 없이 예수의 부활을 증거할 수 있었다. 그리고 그 능력의 네 번째는 병을 고치며 죽은 자를 살리는 능력이다. 그 능력의 다섯 번째는 성령님의 강림을 예루살렘의 제자들에게만 국한시키지 않고 사마리아는 물론 이방인에게까지 체험하게 하는 도구로서의 능력이다.[23] 그 능력의 다섯 번째는 어떤 환경에서도 선한 일을 도모하고 모든 악과 방탕과 정욕으로부터 자유한 삶을 가능케 하는 능력이다. 베드로에게 나타난 이같은 능력은 베드로와 요한 같은 사도들에게만 국한 된 것이 아니라 초기의 다른 전도자들에게도 나타난 능력임에 틀림없다.[24] 분명한 사실은 예수를 따랐던 초기에는 그같은 능력이 그들에게 나타나지 않았고 오직 오순절 성령 강림에 의한 성령 충만 후에 나타난 현상이라는 것이다.

---

23) 행 8:14-17에서는 사마리아인들에게 사도 베드로와 요한이 가서 기도하며 안수할 때에 사마리아 사람들이 성령을 받았으며, 행 10장에서 성령이 이방인이 고넬료 집 안에 내려오게 한 매체로서의 베드로의 역할을 잘 설명해 주고 있다.

24) 스데반이 성령 충만하여 행한 증언이라든가, 빌립의 사마리아 전도와 간다게 내시의 전도 이야기, 바나바의 행적(행 11:24-25), 핍박으로 인하여 흩어진 자들이 전도할 때 나타난 결과(행 11:19-21), 그리고 베드로가 옥에 갇혔을 때 그를 위하여 여러 사람이 합심하여 기도할 때 나타난 결과(행 12:5-17) 등은 이 사실을 말해 주는 증거들이라고 할 수 있다.

초기의 베드로 공동체내에 나타나고 있는 여러 능력들은 성령 충만의 결과임을 말한바 있다. 그런데 베드로서에서는 이상하리 만치 성령 충만에 대한 언급보다는 오히려 성령의 거룩하게 하심에 대하여(벧전 1:2) 그리고 성도들의 거룩함에 대하여 강조하고 있다.[25] 성도들의 거룩함에 대하여 강조할 때 거룩의 기준은 어떤 외형적 조건이나 윤리적 기준이 아니라 하나님의 본질에 두고 있다: "오직 너희를 부르신 거룩한 자처럼 너희도 모든 행실에 거룩한 자가 되라. 기록하였으되 내가 거룩하니 너희도 거룩할찌어다"(벧전 1:15-16). 위의 본문은 모든 행실에 거룩하기 위하여 하나님의 본질이 거룩하여 모든 일에 거룩함이 드러난 것처럼 너희 자신들도 본질적으로 거룩해야 한다는 의미로 해석하여야 한다. 모든 도덕적 정결함과 경건된 삶 그리고 사랑과 선에 대한 명령은 거룩함을 전제로 한다. 분명 성령 충만을 경험하고 능력을 나타내었던 베드로가 성령 충만에 대한 명령보다 거룩해야 한다는 명령을 강조하고 있는 이유는 베드로에게 있어서는 성령 충만은 거룩함이 전제되기 때문이라고 결론을 내릴 수 있다. 영의 거룩하게 하심으로 말미암는 순종함에 대한 언급은(벧전 1:2) 그 같은 결론을 뒷받침하는 것이다.

베드로에게 있어서 베드로 공동체가 가져야 할 세계관은 역시 예수의 재림에 있다. 베드로 공동체가 받는 고난을 참고 견디며, 이 세상과 짝하여 방탕과 음란과 우상 숭배 안락의 삶을 거부하고 경건하게 선을 행하며 서로 사랑하며 사는 모든 삶의 이유는 마지막 그리스도의 재림에 대한 소망에 있다(벧전 3:15). 왜냐하면 그 때에는 심

---

[25] 벧전 1:15, 16; 2:5, 9; 3:5, 15; 벧후 2:18, 21; 3:2, 11.

판이 있기 때문이다(벧전 4:17). 참고 견딘 자에게는 구원과(1:5), 칭찬과 영광과 존귀가 있을 것이며(1:7; 비, 4:13, 5:1), 온전한 은혜가 나타날 것이며(1:13) 즐거움이 있을(4:13) 것이며 새 하늘과 새 땅이 임할 것(벧후 3:13)이기 때문이다.

베드로의 설교의 마지막 권면에서 그는 "회개하여, 세례를 받고 죄 사함을 얻으라"라고 한다(행 2:38). 그리고 구원을 받을 것을 권하고 있다. 그러면 성령을 선물로 받을 것에 대한 약속을 언급한다. 베드로서에서 베드로는 거듭남(1:3, 23), 영혼의 구원(1:9), 또는 망령된 행실에서의 구속(1:18) 등으로 회개의 결과적인 측면을 말하고 있다. 왜냐하면 사도행전에서의 베드로의 설교가 서신서에서의 권면과 다른 이유는 전자에서는 기독 공동체의 일원이 되는 결단에 대한 권면이고 후자에서는 이미 기독 공동체의 일원이 된 사람들에게 성도의 정체성을 강조하며 이 땅에서의 역할을 강조하는 권면의 글이기 때문이다. 여하간 베드로에게 있어서 구원, 구속 또는 거듭남은 강조점의 차이에 의한 서로 다른 표현이지 본질적 경험의 차이를 나타내는 표현은 아니다.

사도행전에서의 베드로와 초기 전도자들의 주요 사역 중 하나는 치유였음을 알 수 있다. 예수 후 최초로 나타난 치유의 기적은 베드로와 요한에 의하여 이루어졌으며(행 3:1-10), 많은 병자들과 귀신들린 자들이 그에 의해서 나음을 얻었으며(5:14-16), 빌립에 의해서도 그같은 유의 치유가 일어났으며(8:6-7), 아나니아가 바울을 위해 안수하니 바울이 다시 보게 되었고(9:12), 중풍 병든 자가 베드로에 의해 치유 받았으며(9:32-35), 죽은 자가 살아나기도 하였다(9:40). 그러한 치유의 경험의 중심부에 있었던 베드로가 그의 서신서에는 그러한 치유에 대한 어떤 언급도 하지 않는 것은 참으로 이상하다. 강조점은 재림을 기다리는(벧전 4:7) 공동체가 외부로부터의 핍박 때문에 소망을 잃어버린 채 포기 상태에서 과거에 돌이켰던 정욕적인 삶으로 되돌아가지 말 것과 서로 뜨겁게 사랑하는 가운데 선행에 힘쓰게 하기 위한 윤리적 측면이다. 그러나 은사를 어떻게 활용하여야 하는 가를 말하고 있는 점은(벧전 4:10-11) 이 공동체의 정황이 위에서 언급한 윤리적 측면을 최우선적으로 강조해야 할 정황이었지만 그것과 함께 그들이 이미 경험하고 있는 은사의 활용을 통해서 공동체내의 결속력을 증진시키는 역할을 피력하고 있다는 사실을 짐작케 한다. 그 은사의 목록이 바울에게서처럼 구체적으로 언급되어 있지 않고 다만 말과 관련된 것과 봉사와 관련된 것은 바울 공동체 내에 나타나고 있는 은사들이 베드로 공동체내에도 나타나고 있다고 보아도 어려움이 없을 것이다. 왜냐하면 고린도전서에 나오는 은사는 사실상 베드로가 말하는 것처럼 말과 관련된 은사들과 봉사와 관련된 은사로 대별될 수 있기 때문이다. 이와 같은 관점에서 베드로 공동체 내에도 베드로의 경험과 함께 치유의 역사를 경험하였을 것이라는 점을 유추할 수 있을 것이다.

3.1.2 야고보 공동체

야고보 공동체의 경험의 문제는 야고보서가 당시의 팔레스타인 지방에 흩어져 있는 기독 공동체를 향한 서신이라는 전제하에[26] 이해될 수 있을 것이다. 이 서신이 기독교가 완전한 율법의 완성으로

---

[26] 이 문제에 대한 자세한 논의는 James B. Adamson, James the Man and His Message (Grand Rapids: Eerdman, 1989), 6-18 를 참고할 것.

인식하고 있는 유대인 기독 공동체의 산물[27]이라고 한다면 야고보서에 나타나고 있는 야고보 공동체의 경험에 대하여 쉽게 이해가 가능하게 된다. 야고보서에는 그같은 인식과는 정반대적인 야고보 공동체의 부정적 현상을 반영하고 있는 수많은 어휘들이 서신 전체에 걸쳐서 나오고 있다. 뿐만 아니라 이 공동체가 실현해야 할 과제로서 참 종교성을 들어내는 어휘들 또한 부정적 면을 나타내는 어휘만큼이나 나오고 있다.[28]

이러한 사실을 염두에 둔다면 야고보 공동체는 실현 가능한 또한 실현해야 할 사명이 있는 종교성은 있지만 실은 그것을 어떤 이유에서 현실적으로 실현하지 못하고 오히려 그 반대적인 모습을 들어내고 있다고 결론을 내릴 수 있다. 이러한 결론은 우리로 하여금 이 공동체의 경험에 관한 빛을 던져 주는 결론이 된다. 그렇다면 어떤 경험이 그들에게 있었을까. 이들은 하나님의 뜻에 의하여 진리의 말씀으로 새로 태어난 사람들이다(1:18). 이렇듯 새로 태어난(거듭남 혹은 중생 혹은 신생) 그들은 첫 열매로서 참 종교성을 실현해야 할 당위성을 갖게 되는 것이다.[29] 그러나 그렇지 못한 현상 때문에 이 공동체 내에는 여러 세속성을 드러내는 현상이 나타나고 있다. 이러한 현상의 지적과 원인 제시 그리고 그에 대한 해결책이 이 서신서에 담겨 있

---

27) Ibid., 29.
28) 야고보 공동체가 겪고 있는 부정적 면 또는 기대와는 반대적인 면은 서신서 전체에 걸쳐서 무려 40개 이상의 어휘로 반영되고 있다.
29) 그렇지 않으면 Adamson, ibid., 14에서 말하는 것처럼 옛 종교의 약점을 뛰어넘는 참 종교로서의 가치를 상실하게 된다. 왜냐하면 이미 기존의 종교가 이 지역에 만연해 있었기 때문에 그들과 차별이 없는 종교는 단지 유대교의 다른 한 종파 이외의 그 아무 것도 아니기 때문이다.

다. 그 해결책[30]을 통하여 거듭난 공동체가 경험하여야 할 참 종교성이 무엇인지 재구성할 수 있다면 우리가 목적하는 바를 달성할 수 있다.

거듭난 야고보 공동체에게 있어서 이 세상에서 참 종교성을 실현해 나가기 위하여 전제되는 것은 그들이 가져야 할 세계관이라고 말할 수 있다. 그들이 모든 어려움을 참고 견디며 이 땅에서 거듭난 사람으로서의 역할을 수행하며 믿음을 지키며 진리를 지켜나가기 위해서는 그러한 모든 삶이 오늘만의 한시적인 삶이 아니라 예수 그리스도의 재림에 대한 소망에 기인한다는 것이다(약 5:7-8). 그날에는 심판이 있을 것임을 분명히 하고 있다(5:9). 그리고 그날을 소망하면서 인내하는 사람들에게는 복이 있을 것임을 분명히 하고 있다(5:11). 그러나 그들이 그같은 삶을 실천하지 못하는 이유는 바로 그들의 성결치 못한 마음속에 있는 정욕(1:15; 4:3)과 악한 것과 더러운 것(1:21) 그리고 시기심(3:16) 때문임을 알 수 있다. 이러한 마음에서 발로되는 것은 세속 지향적 삶이기 때문에 이 공동체 내에는 다툼(4:1)과 차별 대우(2:4) 및 착취(5:4) 또는 압제와 법정 비화가(2:6) 나타나며 그 결과 실족한 사람들이 공동체를 떠나게 되는 일이 일어나고 있다(5:19). 그리고 이 공동체 내에 질병에 의해 고통 당하는 사람들이 생겨나고 있다(5:14).

질병에 대한 치유에 대한 언급은 죄의 고백과 연결되어 있다. 그러한 연계는 질병의 원인이 단지 개인적인 죄의 문제라기보다는 위

---

30) 저자 야고보는 자신의 삶을 통하여 자신이 이 서신에서 제시하고 있는 해결책으로서의 참 종교성 실현을 몸소 실천하고 그가 실천한 참 종교성의 실현은 거듭난 기독 공동체가 경험적으로 실현 가능한 것으로 여기고 이 공동체에게 제시했을 것이다.

에서 지적한 전 공동체내에 만연하고 있는 공동체원 사이의 갈등 즉 공동체내의 죄에 의한 결과임과 치유에 전제되는 것은 연대적인 죄의 고백임을 말하기 위함이라고 보아야 할 것이다. 그러므로 이곳에서 치유(하나님의 치유)는 내적인 정화 즉 공동체 내의 사회적 질병의 치유를 전제한다고 할 수 있다. 사회적 질병의 치유로서 죄를 고하는 것은 다른 말로 말하면 사회적 질병의 근본 원인인 마음의 정화와 관련이 있다. 마음의 정화로서 야고보는 "마음을 성결케 하라"(4:8)라고 표현하고 있다. 이렇게 볼 때 야고보서에서 야고보 공동체의 경험과 관련하여 성결의 문제와 공동체 내의 사회적 질병과 치유의 문제가 아주 중요하게 연결돼 있음을 알 수 있다. 야고보 공동체는 거듭난 공동체로서 성결의 체험을 통하여 치유의 사역을 재림 때까지 이루어 가야할 경험적 종교성 실현이라는 역할을 가지고 있다고 하겠다.

3.1.3 히브리 공동체

히브리 공동체도 역시 이 공동체가 안고 있는 문제에 대한 해결책의 제시라는 점에서 위의 야고보 공동체의 경우와 유사성이 있다 하겠다. 이 공동체는 이미 예수 그리스도의 구속사역을 힘입어 거룩하게 되어 하나님을 섬겨온 공동체이다. 이 서신에는 공동체의 일원이 되는 경험으로서 직접적으로 거듭남과 관련시키고 있는 곳은 없다. 그러나 이들은 양심이 깨끗하게 되었고(9:14), 양심의 악을 깨닫고 몸을 맑은 물로 씻기움 받았음을(10:22), 그리고 그리스도의 피로 거룩함 받았음을(10:14, 29), 또는 빛을 받았다고(10:32) 말함으로 새로운 존재가 되었음을 시사하고 있다. 이곳에서 그들의 구원의 경험을 거룩하게 됨에 중점을 두고 있다는 것은 특기할 만하다. 이 공동체는 하나님을 섬기는 삶을 시작한 처음부터 고난을 견디며 옥에 갇히기도 하며, 재산을 빼앗기기도 하며, 사람들에게 따돌림을 받기도 하였으나 이 모든 것을 기쁨으로 견디었다(10:32-34). 그러한 삶이 거룩하게 된 공동체의 거룩한 삶의 표지들이었다.

그러나 이들에게 계속되는 고난은 그들의 거룩한 삶에 대한 회의심과 신앙생활에 대한 포기(10:38)라는 위기 상황까지 몰고 갔다. 이같은 상황하에 있는 이 공동체를 위로하고 격려하기 위하여 히브리 저자는 이 공동체가 거룩하게 되었음을 강조하면서 시작할 때 거룩하게된 자신들의 완전한 거룩을 위하여 전진할 것을 촉구하고 있다(3: 14; 12:14). 뿐만 아니라 죄의 유혹을 뿌리치고 마음이 강퍅하게 됨을 피해야 될 것(3:7-13)과 물질적 고난 때문에 진정한 축복을 빼앗기는 어리석은 자가 되지 말 것을 권면하고 있다(12:15-17). 왜냐하면 그리스도가 재림할 때 죄로부터의 완전한 구원에 이르며(9:28), 하나님이 다스리는 완전한 도성에 이르러 완전한 안식을 누리게 되는 영광을 경험하기 때문이다(13:14). 그처럼 고난을 겪을 때 끝까지 견디어 완전에 이르는 것은 이미 예수의 삶에서 그 원형을 보았고 그들은 그 뒤를 따라야 한다는 것이다(5:7-9). 예수의 뒤를 쫓는 것은 결국 예수가 하신 것처럼 아직 거룩케 되지 못한 사람들을 거룩케 하는 사역에 참예함을 말한다(13:12-13). 결론적으로 이 공동체는 거룩케 되어 하나님을 섬기는 공동체가 된 후 그리스도의 재림 시에 완전케 될 거룩을 기대하면서 지속적으로 죄를 거부하며 순종하는 가운데 거룩케 하는 사역을 감당하는 거룩한 삶을 추구하는 공동체의 경험에 그 초점이 맞추어져 있다.

3.1.4 요한 공동체

요한 공동체 안에 있는 사람들을 가르쳐, 생명을 가진 자(3:14; 5:12), 하나님께로서 난 자(3:9; 5:1, 4, 18), 하나님께 속한 자(3:11; 4:2), 하나님 안에 거하는 자(4:13) 하나님이 그 안에 거하는(4:15), 그리고 성령을 받은 자(2:20; 4:13; 4:24; 5:13) 라고 표현하고 있다. 이 모든 표현들은 참 생명이신 하나님의 생명을 소유하고 그와 생명의 관계를 가진 자들임을 드러내려는 의도에서 기인한 것이다. 거듭났다 혹은 중생을 경험했다는 말은 이같이 생명을 소유하고 생명의 관계를 가진 신자들의 경험을 단적으로 표현하는 말일 것이다. 그같은 생명의 관계를 갖기 위하여 필요한 것은 하나님께서 그 일을 위해 예비하신 것과 그것을 어떻게 받아들이는 가에 달려 있다. 하나님께서 예비하신 것은 독생자인 예수를 이 세상에 보냈다는 것이다(4:9). 예수는 우리 죄를 위한 화목제물이며(4:10), 세상의 구주며(4:14), 우리를 살리는 분이며(4:9), 세상의 죄를 없이 하시는 분이다. 우리가 죄를 자백하고(1:9) 하나님께서 예수 안에서 예비한 사실을 믿으면(4:2, 15; 5:1) 죄를 씻음 받고 영생을 얻게 되는 것이다.

이들에게 주어진 세계관은 이중적인 구조로 형성되어 있다. 하나는 세상과의 관계이며 다른 하나는 시간의 종말론이다. 이들이 살고 있는 세상은 악한자가 기독 공동체를 대적하는 장으로서(2:13), 마귀가 일을 꾸미며(3:8), 영적 싸움과(4:1-6) 미혹이 있는 곳이다(2:16). 그러므로 이 세상에서의 신자들은 오직 성령 안에서 그의 계명인 사랑을 실천함으로 하나님 안에 거할(3:23-24) 때에만 세상을 이기며, 악한 자를 이기며, 죄를 이기며 승리한다는 것이다. 비록 이 세상에서는 핍박과 미움과 고난이 있겠지만 그것은 영속적이 아니며 한시적이다. 그것은 그리스도의 재림과(2:20) 함께 종말의 사건을 맞게 될 것이다. 그때는 심판의 날이자(4:17) 영광의 날일(3:2) 것이다.

그같은 이중 구조는 이들의 역할에 대한 틀을 마련해 주는 것이 된다. 이들의 존재의 의미와 정체성을 유지하기 위해 가장 중요한 것은 하나님을 사랑하며 서로를 사랑하라는 계명을 지킴으로 하나님 안에 거하는 것이다. 이렇게 할 때 그들은 죄에게서 해방되며(3:6) 세상을 이기며(5:1) 빛 가운데서 진정한 사귐을 갖게 되는 것이다(1:7). 이것이 세상과의 분리지만 세상은 예수가 그렇게 하셨던 것처럼 참 생명의 소식을 전해 들어야 할 대상이다(5:16). 공동체의 순수성을 유지하면서 서로 사랑하며 증거의 삶을 그리스도의 재림시까지 살아야 하는 것이다. 거룩한 자에게서 기름 부음 받았다는 말은 이들이 거룩한 공동체임을 시사하는 것이며, 사랑이 온전케 되야 한다는 시사는(4:17) 완성된 거룩의 또 다른 표현이다. 마음으로 거리낌이 없는 또는 죄로부터 참 자유를 누리는 상태, 온전한 사랑을 함으로 온전한 사귐을 누리는 상태 이것이 온전한 거룩의 상태인 것이다.

3. 2. 바울 공동체

3.2.1 회심의 경험

바울의 공동체들[31]은 어떤 경우에든지 이방 사회에 세워진 기독 공동체들로서 이들 공동체에 속한 사람들은 로마서에 반영되고 있

---

31) 바울이 교회들에게 보낸 편지 중 로마에 있는 기독 공동체는 바울이 세우지 않았고 골로새에 있는 기독 공동체는 누구에 의해서 세워졌는지 논란의 대상이 되고 있지만 바울이 그들에게 쓴 편지의 내용을 통해 우리는 그들의 경험과 삶의 방향에 대하여 재구성할 수 있다고 전제한다.

는 로마의 기독 공동체[32]를 제외하고는 이방인들이다. 바울은 기독 공동체의 일원이 될 수 있는 사람은 유대인은 물론 이방인들도 포함된다고 분명히 밝히고 있다(예, 엡 2:11-19).

로마에 있는 유대인들과 이방인들로 구성된 기독 공동체의 경험은 로마서에서 잘 반영되고 있다. 먼저 유대인들이 기독 공동체의 일원이 될 수 있었던 것은 그들이 과거에는 율법아래서 하나님께 열심이 있었으나 그 열심은 하나님의 의를 모르고 자신들의 의를 세우려는 그릇된 지식에 근거하고 있다는 사실을 깨닫고(롬 10:2-3) 율법으로는 죄인임을 인정하고(롬 3:9-20) 율법의 행위에 의해서가 아니라 오직 예수를 믿음으로 의롭다 함을 받음으로 인해서이다(롬 3:22). 이방인들은 그들의 과거의 이방 신들을 섬기던 삶과(롬 1:23) 그로 인한 부도덕한 삶에서(롬 1:24-32) 하나님께 회개하고(롬 2:4) 예수의 구속 사건을 믿음으로 받아들임으로 하나님과 화목케 되고 의롭게 됨으로 인해서이다. 우리가 여기에서 주의 깊게 보아야 할 것은 로마서의 강조점은 유대인이나 이방인이나 차별이 없이 믿음으로 의롭다함 받고 하나님과 화목을 이루는 경험을 통하여 기독 공동체의 일원이 된다는 것이다. 로마서에서는 칭의의 개념이 구원의 개념보다 더 강조되고 있는 것은 사실이다. 분명한 점은 의롭다 함에 대한 강조나 구원에 대한 개념이 덜 사용되었다 하지만 칭의와 구원은 별개의 개념이 아니라 구원은 칭의를 전제하며 칭의의 결과로서 구

---

32) 롬 16:1-15의 인사말에 나타난 내적 증거에 의하여 로마 공동체의 구성원들이 다수의 이방인과 소수의 유대인으로 구성되어 있다는 사실은 누구든지 받아들이고 있다. 이 문제에 관하여는 Karl Donfried, ed., Roman Debates, (Peabody: Hendrickson, 1984)에서 여러 학자들의 견해를 수용하면서 학자들의 그같은 결론을 소개하고 있다.

원을 말함으로 서로 필연적인 관계에 있음을 보여주고 있다는 것이다(롬 1:16-17; 10:9-10).

로마에 있는 기독 공동체 외의 다른 공동체들에게[33] 있어서의 그들의 경험은 그들이 이방인으로서의 삶을 버리고 기독 공동체의 일원이 되었다는 점에서 유사성이 있다고 하겠다.[34] 그들은 하나같이 이방인들의 종교적[35] 삶의 전형인 하나님을 모르며 율법도 없고 오직 우상을 섬기며 소망도 없이 퇴폐된 도덕적 삶 가운데 살아오다가 바울이 전하는 복음을[36] 듣고 예수를 구주로 시인하여 살아 계신 하나님을 섬기는 삶으로 변화된 경험이다. 그러한 경험을 칭의, 구원, 구속, 그리고 화목이라는 어휘를 사용하여 표현하고 있다.[37]

이상에서 본 바와 같이 바울의 교회들에게 보내는 편지에는 공동체원들의 최초의 신앙의 경험에 대하여 중생 혹은 거듭남이라는 어휘를 전혀 사용하고 있지 않음을 알 수 있다. 그러나 그들의 경험이 중생의 경험임을 밝혀주는 결정적 단서가 디도서에 나온다. 그곳에

---

33) 갈라디아, 데살로니가, 에베소, 골로새, 빌립보, 고린도 지방에 바울에 의해서 세워진 기독 공동체들.

34) 엡 (2:11-14), 실진 (1:9, 4:5),

35) A. D. Nock, Early Gentile Christianity and its Hellenistic Background (New York: Harper & Row, 1964), 4-7에서 당시의 이방인들의 종교 형태는 황제 숭배 종교, 시민 종교, 신비 종교로 대분 되는데 모든 시민들은 물론 노예들도 반드시 위의 세 가지 종교 형태 중 최소한 하나 이상의 종교에 연루돼 있었다고 말하고 있다.

36) 바울이 전한 복음의 내용은 어느 지역에서나 천편일률적으로 전한 것이 아니라 바울이 하는 지역의 사회 문화적 상황에 맞춰서 접촉점과 강조점을 달리하면서 전하였다. 예를 들면 고린도에서는 예수의 성경대로 죄를 위하여 죽으심과 장사 지냄과 삼일 후의 부활과 현현에 대한 것이고(고전 15:3-6); 빌립보에서는 예수의 주권에 대하여 강조하고; 데살로니가에서는 하나님의 진로 하심에 대하여 강조하였음을 알 수 있다.

37) 갈라디아 교회와 빌립보 교회에는 칭의(갈 2:16; 빌 3:9); 고린도 교회와 데살로니가 교회는 구원(고전 1:18, 22; 15:2; 살전 2:16); 에베소 교회는 구속, 구원, 그리고 화목(엡 1:7; 2:8, 14-16); 골로새 교회는 구속(1:14)이라는 어휘를 사용하고 있다.

서 바울은 중생의 경험이 위에서 언급한 서신서들에서 중요하게 언급된 구원과 칭의가 중생의 새로운 창조와 관련돼 있음을 밝히고 있다: "우리를 구원하시되 우리의 행한바 의로운 행위로 말미암지 아니하고 오직 그의 긍휼하심을 좇아 중생의 씻음과 성령의 새롭게 하심으로 하셨나니……우리로 저희 은혜를 힘입어 의롭다 하심을 얻어 영생의 소망을 따라 후사가 되게 하려 하심이라"(딛 3:5-7). 그러므로 바울의 글을 통하여 나타난 바울의 기독 공동체의 초기 신앙적 경험은 신앙인들이 성령의 새로운 창조인 중생을 통하여 본질적으로 새로운 피조물로서의(고후 5:17) 새로운 삶의 시작이라는 것이다. 그러므로 바울의 기독 공동체의 초기 신앙적 경험은 구원, 구속, 칭의, 또는 화목이라는 관계적 변화와 중생이라는 본질적 변화의 동시적 경험이라고 결론을 내릴 수 있다.

3.2.2 회심 후의 경험

사실상 바울의 서신들은 바울의 공동체의 일원이 되는 초기적 경험에 대하여 상술하고 있는 것이 아니다. 바울의 최우선의 관심사는 회심 공동체의 보존에 있다. 바울은 회심 공동체가 내적 또는 외적 요인들에 의하여 복음에 합당한 삶을 살아가는데 실패하여 자신이 제시한 복음의 길에서 이탈하기 때문에 복음 전파와 복음의 수호와 복음의 진전을 위한 자신의 모든 수고가 헛되게 되는 것을 방지하는 것이다.[38] 그러한 목적을 위하여 바울은 여러 가지 방법을 사용하

---

38) Sungkook Hong,"Paul's Efforts at Consolidation of Converts: A Sociological Study of I Thessilonians and Philippians," (Boston University: Unpublished Dissertation, 1994)에서 데살로니가 교회와 빌립보 교회의 예를 들어 종교적 공동체의 보존을 위한 사회학적인 이론들을 도입하여 이를 논증하고 있다.

고 있다. 첫 번째, 자신이 직접 교회를 방문하여 당면하고 있는 문제를 해결하는 방법; 두 번째는 각 교회에 각각의 교회의 특수 여건에 상응하는 편지를 보내는 방법; 세 번째, 자신의 대리자를 파송하는 방법; 네 번째, 세워진 지도자들과 교신하여 문제 해결하는 방법이다.[39] 바울이 서신서들에서 사용하고 있는 신학적 어휘들 혹은 교리적 어휘들은 사실상 각 회심 공동체의 보존을 위한 노력의 결실이라는 사실을 우리는 알 수 있다.[40] 그러므로 바울의 교리적 또는 신학적 내용은 실제적인 경험과 전혀 상관없는 추상적인 형이상학적 어휘들의 나열이 아닌 바로 경험적으로 실재하는 현상에 대한 설명 혹은 명령 혹은 계율 혹은 명제들인 것이다. 왜냐하면 각 회심 공동체에서 당면하고 있는 문제들은 추상적인 형이상학과 관련된 이념이 아닌 새로운 종교에로 전환하여 생기는 많은 문제 속에서 어떻게 하면 신앙을 잘 지키며 복음에 합당한 삶을 살까하는 실재적인 문제이기 때문이다. 그들에게 필요한 것은 실제의 삶 속에서 가시적인 경험을 통하여 그들이 새로 발견한 복음적 삶의 영위가 가능하기 때문이다. 그러므로 우리는 바울의 직접적인 경험과 관련된 언급은 말할 것도 없이 교리적 혹은 신학적 언급을 통하여도 회심 공동체의 회심 후의 경험이 어떤 것들인지 재구성하는 것이 가능하다.

회심 공동체의 보존과 전수라는 관점에서 볼 때 그들이 경험한 것들 그리고 바울이 그들에게 제시한 경험화 돼야 할 것들이 무엇인지 이해하게 된다. 먼저 회심 후에(중생을 경험한 후에) 그들에게 나타

---

39) Wayne A. Meeks, The First Urban Christians: The Social World of the Apostle Paul (New Haven: Yale University Press, 1984), 111-39.
40) Hong, 232-33.

난 변화는 무엇이겠는가. 이 문제에 대한 답은 지금까지 여러 측면에서 논의되어 왔다. 그러나 이곳에서는 그 변화에 대하여 단순히 명제적인 답을 추구하는 대신 회심과 관련하여 논의된 사회학적인 관점에서 들여다봄으로 우리의 이해를 보다 심화시키려고 한다. 데이비드 스노우와 리챠드 메칼렉(David A. Snow and Richard L. Machalek)은 회심 후의 변화는 회심의 네 가지 지표로 나타난다고 하였다: 1) 일대기의 재구성; 2) 새로운 해석 체계의 확립; 3) 새로운 세계관의 정립; 그리고 4) 자신의 역할의 재구성.[41] 바울의 회심 공동체에 나타난 변화를 위의 네 가지 지표로 재구성하면 다음과 같을 것이다.[42]

이들은 먼저 과거와는 전혀 새로운 세계관을 가지게 되었다. 그들의 세계관은 바울의 회심 후 형성된 기독론에 입각한 묵시적 종말론과 같은 것이다. 베커에 따르면 유대교적 묵시사상에 기초를 둔 바울의 메시아관이 예수 그리스도 안에서 실현되었고 하나님의 마지막 승리에 대한 기대는 그리스도의 재림과 함께 실현될 것이다라는 것이다.[43] 그리스도의 재림에 대한 종말론적 신앙이 바로 회심 공동체의 세계관을 형성하는 결정적 요인임을 발견한다.[44] 종말론적

---

41) David A. Snow and Richard Machalek, "The Convert as a Social Type," Social Theory, ed. R. Collins, 259-89 (San Francisco: Jossey-Bass, 1983).
42) 여기에서는 회심한 유대인들을 제외하고 회심한 이방인들에게 나타나는 지표만을 논의하게 될 것이다. 회심한 유대인들은 그 지표들이 바울에게 나타났던 것과 동일한데 바울에게 나타났던 지표는 Sung Kook Hong, "A Sociological View of Paul's Conversion," in 복음과 신학 1권 (평택대학교 신학연구원, 1996):113-38, 참조할 것.
43) J. Christiaan Beker, Paul The Apostle: The Triumph of God in Life and Thought (Philadelphia: Fortress, 1980), 136.
128) 예를 들면 데살로니가전서 전체는 이 같은 사실 위에서 바울은 교인들에게 위로하고 있고(살전 1:10; 2:19; 3:13; 4:18; 5:23); 빌립보서는 그리스도의 재림과 함께 그리스도의 궁극적 승리와 그리스도인들의 영광스러운 변화에 대하여 말하고 있고 (빌 3:20-21); 고린도 교회에 대하여는 그리스도의 재림의 사건은 자신의 통치와

신앙은 그리스도의 재림으로 궁극적 완성이(consum- mation)이루어지지만 실상은 예수의 초림에 의해서 이미 실현되기 시작해서(already) 재림에 의하여 완성된다. 이렇듯 이중적 종말론이 회심 공동체의 세계관이다.[45] 초림에 의해 시작된 새로운 삶은 재림을 대비하는 삶이라는 큰 구조 속에서 그들은 자신들의 일대기를 재구성하는데,[46] 그 일대기는 그들의 모든 삶의 방향은 자신들의 몸을 하나님을 향한 그리고 이웃을 향한 예배적인 삶의 실현에 두고 있다.[47]

바울의 회심 공동체들이 그같은 세계관속에서 그리스도의 재림 때까지 자신들의 삶의 일대기를 구성하고 그것을 실현시키기 위한 역할을 수행하게 될 때 그는 자신의 모든 수고가 깃든 선교적 사명은 성공적으로 완수된다고 보았다.[48] 그것이 단순히 인본주의적인 성취에 있는 것이 아니라 하나님의 계속적인 은혜와 성령님의 능력

우리 몸의 부활의 실현 그리고 주를 사랑하여야 하는 경고의 의미를 담고 있고(고전 15:23-24; 16:22); 로마서에서는 그리스도의 재림은 구속 사건의 완성이요 완전한 구원의 성취를 말하고 있고(롬 8:19-23; 13:11); 골로새서에서도 역시 성도들의 영광에 대하여 말하고 있다(골 3:4).

45) J. Paul Sampley, *Walking Between the Times: Paul's Moral Reasoning*, (Minneapolis: Fortress Press, 1991), 7-24.

46) 딛 2:12-13에서 그리스도인들의 모든 삶의 방향과 동기와 소망이 예수 그리스도의 재림에 있음을 명백히 히고 있다: "… 우리를 양육하시되 경건치 않은 것과 이 세상 정욕을 다 버리고 근신함과 의로움과 경건함으로 이 세상에 살고 복스러운 소망과 우리의 크신 하나님 구주 예수 그리스도의 영광이 나타나심을 기다리게 하셨으니…." 그리고 사도 바울 자신의 삶 자체도 그리스도의 재림과 연계시켜 살았음을 밝히고 있다: "내가 선한 싸움을 싸우고 나의 달려갈 길을 마치고 믿음을 지켰으니 이제 후로는 나를 위하여 의의 면류관이 예비되었으므로 주 곧 의로우신 재판장이 그 날에 내게 주실 것이니…"(딤후 4:7-8).

47) 롬 12장 이하에서 회심한 자는 하나님을 향하여 거룩하고, 살아 있고, 하나님이 기뻐 받으시는 삶을 위하여 자신의 몸을 드리며 또한 공동체 안에서 구체적으로 그러한 삶을 실현하며 더 나가서 불신 이웃에게도 화평을 위하여 자신을 드리는 예배적인 혹은 봉사적인 삶이라고 말하고 있다. 그러한 삶을 가르쳐 회심한 사람들의 마땅한 예배(롬 12:1)라고 규정하고 있다.

48) Judith M. Gundry Volf, *Paul and Perseverance: Staying in and Falling Away* (Tuebingen: Mohr, 1990) 에서 이 문제를 논증하고 있다.

그리고 그에 대한 믿음에 의해서 성취된다는 점이다. 세상 속에서 그 역할을 수행함에 있어서 그것이 실현되지 못하게 저해하는 요소들이 이 세상과 자신 안에 존재한다는 사실 또한 중요하게 제시되고 있는 것이다(갈 5:16-24). 믿음 안에서 자신의 정체성을 이해하고 성도들에게 은혜로 주어진 것을 이해하고 또 세상 안과 우리 안에 있는 저항 요소를 이해하며 그것을 극복하게 하는 힘이 어디 있는지 이해하게 하는 체계가 회심 후에 성도들에게 주어진 해석 체계인 것이다.

바울에게 있어서 그리스도인들이 주님 재림 때까지 이 세상에서 세상과 죄와 마귀의 궤계를 이기고 승리하는 비밀은 크게 세 가지로 나눌 수 있다. 하나는 회심 공동체 내에서의 성도들 간의 튼튼한 교제와 하나로 묶여짐 속에서 함께 성숙해 나가는 것이다(예, 엡 4: 12-16). 이 세상 속에 있지만 이 세상과 다른 공동체의 일원으로서의 정체성을 유지하며 재림이라는 종말론적 목표 지향적 삶을 통하여 세상과의 분리를 유지하는 것이다.[49] 그렇듯 세상과 분리한 가운데 서로를 교화(edification) 하면서 함께 성숙해 나가기 위해 회심 공동체 내에 하나님의 은혜로 주어진 것은 조직 신학적 표현으로는 은혜의 수단들이다. 은혜의 수단들은 교회, 은사, 하나님의 말씀 그리고 기도다. 그 중에 은사는 여러 종류의 은사들이 나오는데 모든 신자들은 각자 성령님의 수여에 따라 받은바 은사를 활용할 것이 기대되고 있다(롬 12:3-13; 고전 12:3-31; 엡 4:11-12). 많은 은사들 중 특이한 사실은

---

49) Meeks, 84-96 에서 구별된 공동체를 나타내는 꼬리표를 다는 언어를 사용하고 있다고 말하고 있다. 바울의 윤리적 권면은 일면으로는 세상적인 삶과 회심 공동체의 삶의 차별화를 다른 면으로는 회심 공동체내의 일원들이 서로 연합하여 덕을 세우는 일에 힘 쓸 것을 말하고 있다.

고린도 교인들은 병 고치는 은사를 행하였다는 점이다. 은사에 대한 언급이 기록된 서신들을 통하여 로마 교회나 에베소 교회에는 이 은사가 나타났다고 하는 언급이 없으나 고린도 교회에는 그 은사가 자주 활용되었다는 사실을 알 수 있다(고전 12: 30). 위의 두 교회에서는 분명 병 고치는 은사가 행해졌다는 어떤 증거도 없다. 나머지 은사에 관하여 언급되지 않은 데살로니가 교회[50], 빌립보 교회, 갈라디아 교회, 골로새 교회는 그들 교회들의 특수한 정황 때문에 은사에 대한 언급이 필요치 않았을 것이지 은사가 시행되지 않았기 때문에 그러한 언급이 없었다고는 말할 수 없다. 병 고치는 은사에 관한 언급이 없든지 아니면 은사 자체에 대한 언급이 없던 간에 바울의 사역에 있어서 나타난 치유의 은사나[51] 고린도 교회에서 분명하게 병 고치는 은사가 나타났다는 점은 병 고치는 은사가 당시의 모든 교회 안에서 공통적으로 활용되었던 중요한 은사였다고 결론을 내리게 한다.

두 번째로는 적극적으로 기독 공동체들이 복음을 전파하고, 방어하고, 확장시켜 나가는 일에 참예 하게 되는 것이다. 바울에게 있어서 기독 공동체를 공동체 되게 하는 영적 힘은 그들이 세상과 차별화된 소극적 삶만이 아니라 적극적으로 그들이 새롭게 발견한 복음의 진리를 전파하고 방어하고 확장하는 일에 바울과 함께 동참함에 의해서 가능하다. 바울은 그 일을 위하여 직접 권면하거나 또는

---

50) 이 교회는 명확하게 은사에 대한 언급은 없지만 예언과 같은 은사가 나타났음을 암시한다(살전 5:20).
51) 바울에 의해서 나타난 루스드라 지방에서의 치유의 역사(행 14:8-10)와 에베소 지방에서의 치유의 역사(행 19:12)를 예로 들 수 있다.

격려하기도 하고(빌 1:5), 기도 제목을 내기도 하고(골 4:2), 헌금할 것을 장려하기도 하고(빌 4:14), 사람을 파송하기도 하고(빌 2: 19), 고난을 받기도 했다(고후 11:13-27). 바울에게 있어서 온 기독 공동체가 그 일에 투신하는 것은 이 복음이야말로 어느 특정한 지역에 국한되는 것이 아니라 전 로마 제국에 걸쳐서 모든 사람들이 경험하여야 할 사회적 실재(social reality)인 것이다.[52] 그렇게 되므로 전 기독 공동체는 하나의 전 세계적 바탕 위에서 존재하며 그 신앙생활을 실천하는 유효 구조를 이루게 된다.

세 번째는, 위에서 언급한 두 가지를 달성하기 위하여 반드시 필요한 것은 바로 기독 공동체에게 있어야할 영적 능력이라는 것이다. 공동체가 재림이라는 세계관을 가지고 그에 대한 소망을 가지고 있는 것이 아주 중요한데 그것이 성령의 능력으로 가능하다는 것이다(롬 15:13; 고전 2:5). 뿐만 아니라 공동체가 의의 열매를 맺기 위하여는 성령을 따라 행하여야 한다(갈 5:16; cf. 롬 8:12). 복음 전파 시에 성령의 능력이 나타나기도 했다(롬 15:18; 살전 1:5; cf. 빌 1:6). 바울에게 있어서 그 같은 성령의 능력은 거룩함, 깨끗함, 사랑의 충만, 그리고 성령의 충만에 의해서 가능한 것이다. 그러기에 바울에게 있어서 기독 공동체가 거룩함을 늘 유지해야 하는 것이 필수적이다(고후 7:1). 바울이 문제 많은 그래서 복음의 빛을 가리는 고린도 교회를 가르쳐 육체에 속한 교회라고 칭하고 있다(고전 3:1). 이 교회를 향한 바울의 권고의 초점이 교회의 거룩성에 맞추어졌다는 사실을 주목하여야 한다.[53]

---

52) Berger and Luckmann의 개념으로서 사회 내에 존재하는 문화적으로 전수된 모든 전통 그리고 사회 제도를 다 포함하여 사회 실재라고 한다.
53) 이 사실은 바울은 고린도 교회를 향하여 그들의 지향해야 할 목표를 "거룩"과 "신령

뿐만 아니라 다른 교회들에게도 많은 권면 중에서도 "거룩"해져야 한다는 권면이 중심부를 이루고 있다.[54] 그같은 권면은 교회들에게 보낸 편지에서뿐만 아니라 개인들에게 보낸 편지에서도 개인의 신앙 생활은 물론 모든 신앙인들의 신앙생활의 동력과 목표로서의 거룩한 삶을 말하고 있다(딤후 2:3).

바울에게 있어서 거룩의 개념은 이중적 구조를 가지고 있는 것으로 판단된다. 하나는 그리스도인이 된 것 자체를 이교도적 삶에서 구별되어 깨끗하게 된 상태로서의 거룩의 개념이다. 그같은 사실은 고린도 교회가 가지고 있었던 문제에 대한 바울의 답변에서 유추할 수 있다. 고린도 교회는 바울에게 결혼하여 자녀를 가지고 있으면서 부부 중 한쪽만이 신앙을 가지고 있는 경우에 신앙의 차이로 인한 이혼의 가능성을 묻는 질문한다. 이때 바울은 한쪽의 신앙을 인하여 다른 쪽과 자녀들도 거룩하게 될 가능성에 대하여 말하고 있다(고전 7:12-14). 여기에서 바울은 신앙을 가지게 될 때 거룩하게 된다고 말하고 있다. 이같은 경우의 거룩은 신앙인으로서의 근본적인 분리에 대한 상태적 거룩임에 틀림없다.[55]

함"이라는 두 어휘 속에 포함시키고 있다(고전 1:30; 2:13-15; 3:1, 16; 6:11, 19; 7:14; 10:4; 12:1; 14:1, 37; 15:44; 16:20; 고후 7:1).

54) 예를 들면 로마서에서 실질적인 권면이 시작되는 어두에서 "거룩한 산 제사로 드리라"(롬 12:1); 갈라디아 교인들에게는 성령을 따라 행하라(갈 5:16-24); 에베소 교회에게는 "거룩함으로 지으심을 받은 새 사람을 입으라"(엡 4:24), "성령의 충만을 받으라"(5:16), 거룩한 교회(5:26- 27); 빌립보 교회는 "무엇에든지 정결하며"(빌 4:8); 골로새 교회는 "하나님의 택하신 거룩하고…"(골 3:12); 데살로니가 교회는 거룩한 행실(살전 4:3, 4, 7), 거룩하게 보존시킴(5: 23)에 대하여 권면한다.

55) 고전 3:17에서 "누구든지 하나님의 성전을 더럽히면 하나님이 그 사람을 멸하시리라 하나님의 성전은 거룩하니 너희도 그러하니라"라고 말한 것도 이 고린도 공동체가 하나님의 성전으로서 거룩하게 된 공동체임을 즉 상태적으로 분리된 거룩임을 뒷받침하고 있다. 왜냐하면 이 교회는 신령한 공동체가 아닌 육신에 속한 공동체라고 지칭하고 있기 때문이다(3:1-3).

다음으로는 신앙이 된 후에 경험되어야 할 본질적(ontological) 거룩이다. 데살로니가 교인들에게 바울이 서신을 보낼 때 신앙을 가진 사람이라도 성적 부도덕으로 말미암아 부정케 될 수 있으며 이 경우에 거룩은 아직 달성되지 않은 것으로 말하고 있다(살전 4:4-7). 뿐만 아니라 고린도 교회가 신앙을 가진 공동체지만 그 공동체 내에 나타나고 있는 성적 타락, 분파주의, 법정 싸움, 빈부의 차별, 비판, 탐심, 은사로 인한 갈등 등을 보게 될 때 바울은 이 공동체가 아직 거룩을 온전히 이루지 못한(혹은 체험하지 못한) 공동체라고 말하고 있다(고후 7:1). 그러기에 바울은 이 교회에 편지를 쓸 때 거룩을 온전히 이루어야 할 것을 말하고 있다. 그렇게 될 때 교회가 가지고 있는 온갖 더러운 것에서부터 깨끗하게 될 것이라고 말하고 있다.[56]

IV. 닫는 말

4. 1. 요약

우리는 지금까지 사중복음 즉 중생, 성결, 신유, 재림이라는 관점에서 예수님의 삶과 사역을 조명하였고 초기 기독 공동체의 경험에 대하여 분석하였다. 이 과정에서 우리는 예수님의 삶과 사역 속

---

56) 고후 7:1에서 "사랑하는 자들아 이 약속을 가진 우리는 하나님을 두려워하는 가운데서 거룩함을 온전히 이루어 육과 영의 온갖 더러운 것에서 자신을 깨끗하게 하자"로서 이미 주어진 거룩을 완전하게 나타냄으로 그 모든 부정한 행위들의 근원지인 영혼과 실행자인 자신들의 몸이 깨끗케 됨을 뜻한다. 그것은 다른 말로 말하면 몸으로 행한 부정한 행실과 또한 그 근원지인 영혼 자체가 깨끗케 됨을 의미한다.

에 하나의 원형으로서 예수께서 중생의 경험은 하나님 나라에 들어가기 위해 모든 사람들에게 제일차적인 경험이어야 할 것을 강조하였음을 보았다. 자신의 십자가 사건은 율법에서 지시하고 있는 영생을 얻기 위한 실체임을 보여주었음을 알 수 있었다. 그리고 그의 치유 사역은 세 가지 영역에 걸친 사역임을 보았다. 그 하나는 사회 현상적으로 나타나는 소외 계층을 향한 사회적 치유의 영역이고, 다른 하나는 육체를 온전케하는 육체의 치유이고 마지막으로는 영혼이 건강케 되는 치유이었다. 예수의 사역은 제자들로 하여금 그가 이룬 사역의 내용들이 그의 재림 시까지 계속되게 하는 종말론적 세계관에 입각한 것이 었음을 알게 되었다. 그리고 예수는 그같은 사역이 하나님의 뜻이며 그 일을 이루는 것이 하나님의 거룩한 사명임을 알아 그 일을 이룸으로 자신과 그 일을 거룩하게 하는 것임을 분명히 했다. 예수는 본질적으로 거룩하였지만 그 일을 완성함으로 그 거룩을 완성하게 되었다.

초기 기독 공동체의 경험으로 우리는 비바울적 공동체와 바울 공동체로 나누어 분석하였다. 비바울적 공동체는 베드로 공동체, 야고보와 히브리 공동체 그리고 요한 공동체로 분리하였다. 베드로 공동체에서도 예수의 경험과 유사한 경험들이 나타남을 알게 되었다. 그 공동체의 일원이 되는 것은 회개와 믿음에 의한 중생으로 가능하였고 그리스도의 재림이라는 종말적 사건을 향한 거룩한 공동체로서의 선한 삶에 대하여 강조함을 보았다. 베드로는 자신이 성령 충만함의 경험을 그의 서신서에서는 본질적으로 거룩함에 기인하는 것으로 이해하고 있다. 거룩의 강조는 이미 거룩하게 된 상태가 완전한 것이 아니라 완전함이 경험되어야 할 당면과제임을 말하는 것이다. 그것은 자신이 오순절 경험하였던 유의 경험일 것이다. 그에게 나타난 치유의 능력은 그의 공동체 전체에 걸쳐서 나타나는 것으로 이해하였다.

하나님의 뜻으로 새로 태어난 야고보 공동체는 참 종교성을 실현하여야 하는 과제를 안고 있다. 그것을 위한 전제로서 주님의 재림시까지 참고 견디며 세속적인 것을 배척하여야 할 것이 제시되고 있다. 그러나 그들의 성결치 못한 마음속에 있는 정욕과 악한 것과 더러운 것으로 인해 그 과제를 실현하는데 실패하고 있는 모습을 보여주고 있다. 그로 인해 공동체내에서 상처를 받고 이탈하는 사람들이 생기고 있다. 야고보 공동체는 이 문제의 해결을 위해 성결의 체험이 필요하며 그러한 경험을 바탕으로 공동체 내에 존재하는 육체적인 질병과 사회적인 질병을 치유하는 과제가 주어졌다:

> 히브리 공동체의 일원이 되는 경험으로 중생이라는 직접적인 표현은 사용하고 있지 않지만 예수 그리스도의 사역을 힘입어 거룩하게 된 새로운 존재에 대하여 말함으로 새롭게 태어남의 경험을 간접적으로 표현하고 있다. 거룩하게 된 공동체가 완전한 거룩의 실현을 위하여 정진할 것에 대하여 말함으로 성결의 체험의 필요성을 제시하고 있다. 그리고 그리스도의 재림과 함께 이를 완전한 구원을 소망하면서 예수가 하신 것처럼 거룩케 되지 못한 사람들을 거룩케 하는 사역에 참예하는 것이 이 공동체의 역할임을 말하고 있다.

거듭나서 새 생명을 가진 요한 공동체는 거룩을 유지하는 가운데 이 세상에서 하나님과 그 아들 예수 안에 있는 참 생명을 증거함으로 어두움과 거짓 진리와 죄책에 짓눌려 있는 세상 사람들에게 하나님과의 사귐과 사랑 안에서의 동료들과의 사귐을 통해 진정 자유함과 담대함을 얻게하는 치유의 사명을 가지고 있다. 이것이 주님 재림 시까지 지속되어야 하는 요한 공동체의 역할이라 하겠다.

바울 공동체의 일원이 되는 경험으로 성령의 새로운 창조인 중생의 경험이라는 본질적 변화와 구원, 구속, 칭의, 또는 화목이라는 관계적 변화의 동시적 경험이다. 그처럼 중생의 새로운 탄생을 경험한 이들은 그리스도의 재림에 대한 종말론적 신앙이라는 세계관을 가지고 있으며 그러한 세계관 속에서 예배적인 삶의 실현을 그들의 역할로 보고 있다. 예배적인 삶은 기독 공동체들이 복음을 전파하고 방어하고 확장시켜 나가는 일에 동참함을 포함하고 있다. 바울 공동체내에 널리 활용되었던 중요한 은사로서 병고침의 은사가 있었다. 바울에게 있어서 거룩의 개념은 이중적 구조라 하겠다. 이교도적 삶에서 구별된 상태로서의 거룩과 그후에 경험하여야 할 본질적 거룩이다.

4.2. 결어

이상에서 본 바와 같이 예수님을 비롯한 초기 기독교의 경험은 분명 사중복음에 입각한 것이다. 기독 공동체의 일원이 되기 위한 조건으로서 직접적으로든 혹은 간접적으로든 중생을 말하고 있다. 예수님이 세워준 자신의 재림에 입각한 세계관은 모든 공동체에 내에서 확고하게 유지된 세계관이다. 모든 기독 공동체는 중생을 통하여 세상에서 분리된 의미에서 거룩한 공동체라고 명명되어졌으나 그것으로 끝나는 것이 아니라 본질적으로도 거룩하게 되어야 할 과제를 안고 있다. 그러나 그러한 경험의 방법이나 시기 등에 대하여는 직접적인 정의는 내려지지 않고 있지만 그에 대한 결정적 단서는 사도들의 오순절 후의 변화된 모습에서 찾아 볼 수 있다. 끝으로 기독 공동체의 이 세상 속에서의 역할은 복음을 증거함으로 치유적인 역할을 감당해야 한다는 그리고 예배적인 삶을 살아야 한다는 과제를 안고 있다고 말할 수 있다.

결국 초기 기독 공동체 내에서 경험되어진 또는 경험되어져야 할 것들은 중생, 성결, 신유(치유) 그리고 재림이라는 사중복음의 골격 안에서 통합되어 진다는 결론을 내리게 된다. 그렇다면 성결교단이 사중복음이라는 토대 위에 세워져 있다는 의미는 자명해 진다. 그것은 이 천년 전에 예수의 삶과 사역에서 그 원형을 보았고 그 원형에 따라 그 후의 기독 공동체들의 경험이 실재적으로 형성되었음을 신약은 증거하고 있다. 그같은 신약적 경험은 신약 당시의 경험으로만 끝나는 것이 아니라 이 천년의 기독교 역사 속에 경험되어졌던 것이다. 현대에 들어와서 요한 웨슬리의 성결 운동에서 더욱 명확하게 드러났고 심프슨에게서 체계화됨으로 성결교단의 탄생을 가능케 한 경험들이다. 그러한 경험들과 그에 대한 지식 체계는 오늘의 우리들에게 유효 구조와 전통을 만들어 낸 것이다. 그러므로 진정 성결교단이 오늘의 세계 속에서 그 역사적 존재 이유를 찾으며 사명을 감당한다고 한다면 모든 교회들이 이같은 사중복음이 실제적인 삶 속에서 체험하게 함으로 성서적 복음의 요체가 현대에 있어서 유효 구조가 되도록 하여야 한다는 데 있다. 그렇게 되면 성결교회는 성서적 복음의 요체를 전 세계에 전파하는 선구자적 역할을 다 할 것이다.

[홍성국, 성결대 성결신학연구소,「한국성결교회와 사중복음」(1988)]

7

한국성결교회의 세례 이해
-헌아식과 유아세례를 중심으로-

I. 여는 글

1960년대 초 예수교대한성결교회와 기독교대한성결교회로 분립된 한국성결교회는 작금에 와서는 과거와 달리 대립과 갈등, 반목의 상태를 넘어서서 외견상으로는 연합과 일치 운동으로 진행되어 나가는 한층 고무된 모습을 보여주고 있다.[1]

2000년 구성된 '한국성결교 교류협력위원회'가 2001년에는 '한국성결교회 연합회'로 발전되었고, 2002년에는 신학분과위원회를 비롯한 제 분과 위원회가 조직되어 양교단의 상호 교류와 협력증진을 도모하게 되었다.[2] 그 결과 양교단은 공동학술대회 개최, 공과 및 캘린더 공동 제작 등 가시적인 연합, 협력 활동의 열매를 맺게 되었다.

2004년에는 1월 12일에 양교단의 임원 및 중진들로 구성된 합동

---

1) 정상운, 『聖潔敎會와 歷史硏究 (V)』 (서울: 성결교회와 역사연구소·한국복음문서간행회, 2004), 114.
2) 정상운, 『聖潔敎會와 歷史硏究 (V)』, 114-15.

연구위원회가 공동 신년하례회 후 1차 모임을 가지며 교류 협력에 머물지 않고 일치를 향해 행보를 내딛는 급류를 타고 있다. 합동연구위원회 1차 모임에서는 양교단 합동 당위성에 대해서 공감을 하지만 교단 내부 사정이나 합동에 대한 이해 또는 파장을 고려할 때 6인 소위원회를 구성하여 심도 깊은 논의를 계속해 나가기로 하였다.[3]

1907년 동근성(同根性)의 예성과 기성 교단이 연합과 협력해서 합동과 일치라는 새로운 국면으로의 전환은 아직도 선행되어야 할 것들이 많다. 진정한 한국성결교회의 하나 됨은 양교단의 장기간 연합과 협력이나 아니면 단기간 합동과 일치가 가져다주는 양자 간의 장단점과 설사 합동을 이루지 않아도 지금과 같은 우호적 협력 관계가 갖는 장단점을 냉철히 분석하고 결과를 예견하여 미래지향적인 발전적 방향으로 도출해 나가야 할 것이다. 무엇보다도 과거 분립의 요인들에 대한 역사적 반성이 선행되어 하며, 우선적으로 성결교회의 신학적 정체성에 대한 양교단의 일치 문제를 검토해야 할 것이다.

기독교대한성결교회는 1996년 개정된 「헌법」 총강 '제25조 교회력과 교회 예식'에서 세례 예식 항목에 유아세례를 첨가하고, 초기부터 시행해 오던 헌아식을 삭제하였다. 그러나 2004년 현재까지 예수교대한성결교회는 유아세례를 기독교 성결교회와 같이 받아들이지 않고, 한국성결교회 신학적 전통에 따라 교회예식의 하나인 헌아식만을 시행하고 있다. 앞서 말한바 1907년 정빈과 김상준에 의해 시작된 한국성결교회의 동근생인 예수교대한성결교회와 기독교

---

3) "합동 연구위원회 첫 가동," 「성결신문」 108호, 2.2 (2004): 1.

대한성결교회는 유아세례 도입과 헌아예식을 폐지한 점에 있어서 상반된 입장을 보여주고 있다.

따라서 본고에서는 한국성결교회의 세례 이해라는 제목 아래 헌아식과 유아세례를 중심으로 양교단의 신학적 차이와 그 원인에 대해 성결교회사적으로 살펴보고자 한다.

II. 한국성결교회의 헌아예식(유아세례)에 대한 역사적 이해

1. 요한 웨슬리의 유아세례 이해

웨슬리(J. Wesley)는 '세례란 우리를 하나님과 계약 속으로 들어가게 하는 입회성례전(initiatiory sacrament)'으로 보았다. 세례를 구약의 할례(circumcision)의 대치로 할례와 마찬가지로 하나님과의 계약에 대한 표지와 인장으로 보고 모든 신자에게 있어서 은혜의 수단으로서 그리스도께서 제정하신 것으로 말한다.[4] 그는 '세례에 관한 논문(A Treatise on Baptism)'에서 구체적으로 세례가 가져다주는 유익성을 다음의 4가지 원칙으로 말하며 세례의 중요성을 강조하고 있다:

첫째, 세례에 의해 우리는 그리스도의 죽음의 공로가 적용되어 원죄로 인한 정죄로부터 씻음을 얻게 된다.

둘째, 세례에 의해 우리는 하나님과의 영원한 계약 관계에 들어가

---

4) John Wesley, *The Works of John Wesley* (Grand Rapids, Michigan: Baker Book House, 1984), 188.

게 된다.

   셋째, 세례에 의해 우리는 교회의 구성원이 되고, 그 결과 교회의 머리되신 그리스도와 한 지체가 된다.

   넷째, 세례에 의해 우리는 본질상 진노의 자식에서 하나님의 자녀로 바뀌어진다.[5]

예수께서 요단강에서 침례를 받으신 것과 달리 웨슬리는 세례의 형식에 대해서는 침수례라는 특정한 방식에 매일 필요가 없다고 생각했다. 따라서 그는 물을 가지고 씻거나(by washing), 잠기게 하거나(dipping), 뿌리게 하는(sparkling) 3가지 방식 중 그 어느 것 하나를 규정하지 않았다고 보았기 때문이다.[6]

웨슬리는 다양한 세례 형식을 인정한 영국 성공회의 입장에서 서서 신약성경이 세례에 있어서 한 가지 방법만을 가리킨다고 생각하지 않았다. 웨슬리는 세례의 형식을 구원에 필수적이라고 생각하지 않았으나, 성인의 경우에는 회개하고 믿는 자가 수세의 대상임을 분명히 밝히고 있다. 그러나 그는 유아기에 있어서 시행되는 유아세례에 있어서는 세례중생설(Baptismal regeneration)을 찬동하고 있다. 즉 유아세례와 성인세례를 구분하여 세례중생교리를 성인이 아닌 유아

---

5) John Wesley, *The Works of John Wesley*, 190-91.

6) John Wesley, *The Works of John Wesley*, 188. 속사도 시대의 문헌인 『열두 사도의 교훈(Didache)』 7장에서는 초기 기독교로 소급되는 관습인 세례 형식 즉, 아버지와 아들과 성령의 이름으로 흐르는 물 가운데서 세례를 주는 관습이 나오고 있다. 그러나 7.1과 달리 7.2-3에서는 만일 흐르는 물이 없을 경우에는 다른 물로, 그것도 여의치 않다면 아버지와 아들과 성령의 이름으로 3회 머리 위에 물을 뿌릴 것을 언급하고 있다. 흐르는 강에서 침수례를 행하던 예식이 약례를 병행하게 된 것은 2-3세기 전후로 박해가 심해져 이교도들이 강가에서 세례를 주는 기독교인들을 살해하는 일들이 많아지자, 침수례 방식을 기피함으로 약례도 허용된 것으로 사료된다.

들에게만 적용하였다. 따라서 유아세례(infant baptism)의 정당성을 5가지 이유를 들어 변호하고 있다:

> 첫째, 유아들도 원죄의 죄책 아래 놓여있기 때문에 세례를 통해 씻겨져야만 구원받을 수 있다.
> 둘째, 유아들도 복음적인 계약 아래 여전히 놓여있다면 그 계약의 영원한 인침인 세례를 받을 권리가 있다.
> 셋째, 유아들도 하나님의 교회 안에 들어올 수 있고, 엄숙한 성례전적 봉헌을 할 수 있다면, 그들도 세례의 귀중한 대상이 된다.
> 넷째, 사도들이 유아들에게 세례를 베풀었다면 그들도 세례의 본질적(proper) 대상이다.
> 마지막으로, 유아들에게 세례를 베푸는 것이 모든 시대와 지역에서 기독교회의 일반적인 실천(general practice)이었다면, 이것은 사도들의 실천에서 유래된 것이 분명할 것이고, 따라서 그리스도의 정신과 부합되는 것이다.[7]

유아세례를 받을 때에 중생한다고 믿은 웨슬리의 세례중생설은 초대 교회의 산물이라기보다는 313년 밀란칙령이 발표된 콘스탄틴 이후의 국교회 시대의 산물로 봄이 타당하다. 유아세례론은 신약성서에 명백히 증언되어 있지 않을 뿐만 아니라, 신약성서의 세례론에 의해서도 배제되기 때문이다.[8]

---

7) Wesley, *The Works of John Wesley*, 193.
8) Johannes Schneider, 『*Die Taufe in Neuen Testament*: 신약성서의 세례론-유아세례 성서적인가?』, 서동수 역 (서울: 성결교회와 역사연구소・바울서신, 2003), 146.

2. 만국성결교회(만국사도성결연맹 및 기도동맹)의 이해

웨슬리 이후의 감리교회는 세례에 의한 중생의 개념을 받아들이지 않았다. 웨슬리는 성인의 세례는 중생과 동일시될 수 없지만, 유아의 세례는 중생과 동일시될 수 있다고 보았다. 그러나 감리교회는 유아세례는 단지 중생의 표시일 뿐, 그 효과는 나중에 진정으로 회개할 때 나타난다고 보았다. 천주교나 성공회는 유아세례를 통해서 원죄가 씻어지고, 원죄의 죄책이 사해지며, 성령의 역사가 시작된다고 믿었다. 하지만, 미국 감리교회는 이런 세례에 의한 중생을 거부했다. 그리고 그런 역사는 회개하는 역사가 일어날 때 주어진다고 본 것이다.

미국 감리교회는 웨슬리의 뒤를 따라서 유아세례의 형식을 받아들였지만, 그 내용을 받아들이지 않았다. 이것은 영국 감리교회에서도 마찬가지로 나타나 19세기 후반에 유아세례에 대한 심각한 논쟁이 벌어졌다. 일부 영국 감리교인들 가운데서 웨슬리가 유아의 세례시에 중생한다고 가르쳤기 때문에 이것을 받아들여야 한다고 주장하였다. 여기에 대해서 리그(James H. Rigg)는 감리교회가 웨슬리의 모든 것을 받아들일 필요가 없다고 주장하였다. 1882년 영국 감리교 연회는 개인에 따라서 세례시 중생을 받아들일 수도 있다고 양보하였지만 전체적으로는 리그의 주장을 지지하였다.[9]

한국성결교회의 모체가 되는 동양선교회에 지대한 영향을 끼친 만국성결교회는 세례 형식에 대해서 특정한 방식에 구애받지 않는

---

9) 박명수, "웨슬리안 성결운동의 세례 이해에 대한 역사적 고찰," 「성결교회와 신학」 1, (1997): 137-38.

유연한 입장을 보이고 있다:

> 8장
> 세례의 형식에 대하여 모든 사람은 자신의 마음에 충분히 납득되는 대로 행하게 하라. 그리고 어떤 설교자나 평신도도 어떤 특정한 방식을 강요하지 못하게 해야 한다. 그렇지 않으면 그들을 적당하게 처리할 것이다.[10]

그러나 미국 감리교회와 같이 유아세례를 받아들이지 않고, 13장에서 헌아식(Consecration of Children)을 채택하고 있다.[11] 초기 만국성결교회는 세례의 방식에 대해서는 수세자의 입장을 최대한 수용하는 면을 보이고 있으나, 유아세례는 인정하지 않았다. 그러나 1910년 매뉴얼(Manual)을 보면 과거와 달리 '14장 세례(Baptism)'에서 두 가지 내용을 첨가하고 있다. 첫째는 세례에 대한 정의와 두 번째는 유아세례의 항목이다:

> 세례는 성령에 의해 영혼 속에 나타나는 내적인 사역의 외적인 표지이다. 세례의 형식에 대하여 모든 사람은 자신의 마음에 충분히 납득되는 대로 행하게 하라. 그리고 어떤 설교자나 평신도도 어떤 특정한 방식을 강요하지 못하게 해야 한다. 그렇지 않으면 그들을 적당하게 처리할 것이다. 유아세례는 교회에서 유지되어야 할 것이다.[12]

---

10) *Manual of the International Apostolic Holiness Union and Churches*(1905), 10.
11) *Manual of the International Apostolic Holiness Union and Churches*, 24.
12) *Manual of the International Apostolic Holiness Union and Churches*, (1910),

만국성결교회는 성령론적 입장에서 세례란 내적인 성령의 역사를 전제하지 않고 이루어질 수 없음을 말하며 초기 입장과 달리 헌아식 대신에 유아세례로 변경하는 모습을 보이고 있다.(유아세례 예식순까지 첨가)[13]

3. 동양선교회 - 한국성결교회의 이해

만국성결교회는 주지하는 바와 같이 급진적인 웨슬리안 성결운동으로 간주된 단체로 성결운동에 대한 전통적인 웨슬리안 가르침들이 너무나 협소하다고 생각하여 성결의 교리에만 머물지 않았다. 이 그룹은 중생과 성결이라는 웨슬리안 이중 구원에 더하여 신유와 전천년설 재림론을 가르치면서 기존의 감리교회로부터 이탈된 다른 교회 조직과 신학적 배경을 가진 성결운동 단체이다.[14]

동양선교회의 기원과 목적(1925년)은 만국성결교회의 1897년의 「헌장(Constitution and by - Laws of the International Holiness Union and Prayer League)」과 비교하여 보면 동양선교회(Oriental Missionary Society)나 만국사도성결연맹과 기도동맹(만국성결교회의 전신)의 설립 목적이 동일한 설립노선을 견지하고 있음을 볼 수 있다.[15] 그러나 1919-1923년 만국성결교회(International Holiness Church)의 「헌장」에는 1925년 동양선교회의 16개 교리신조보다 하나 더 많은 17개 조항으로 나타난다. 이

15-16.
13) *Manual of the International Apostolic Holiness Union and Churches*, 50.
14) 정상운, 『한국성결교회사(Ⅰ)』(서울: 은성, 1997), 51.
15) 정상운, 『聖潔敎會와 歷史硏究 (Ⅱ)』(서울: 은성, 1999), 36.

양 기관 신조의 차이점은 만국성결교회가 동양선교회와 달리 11항 (article)에서 방언을 공적인 기도나 성례전 집행시에 사용을 금하는 내용이 추가된 차이가 있고, 13조(Baptism)에서 만국성결교회가 유아세례(infant baptism)를 인정하고 있지만, 동양선교회는 유아세례를 거부하고, 또한 침수례(Immersion)를 받아들이는 차이를 보이고 있다.(기타 15개 조항은 동일한 항목으로 나타난다.)[16]

1925년 초기 한국성결교회(동양선교회 조선야소교 성결교회)의 교리는 나사렛교단을 비롯하여 웨슬리안 신학계열의 교파들이 거의 다 유아세례를 채택하고, 만국성결교회도 처음과 달리 선회하여 유아세례를 인정한 것과 달리 유아세례 대신 헌아식을 채택하고,[17] 세례 방식도 침수례로 정하여 시행한 것으로 나타난다:

第十二節 洗禮

洗禮는 信者가 聖神의 役事로 그 心畫이 거듭난 것을 表示하는 橙式이니 此 禮式을 執行하되 聖經를 依하야 沒禮로 할지니라[18]

동양선교회와 초기 한국성결교회는 유아세례를 인정하지 않았던 만국성결교회의 1910년 이전 초기 입장과 같은 태도를 보였으나, 세례의 방식에 있어서는 초기 이후의 만국성결교회와 달리 침수례만을 인정하고 있다. 그러면 어떻게 동양선교회-초기 한국성결교회

---

16) *Manual of the International Holiness Church*(1919-1923), 12-21; Oriental Missionary Society: General Statement of Belief(1925).
17) 吉寶崙, 『東洋宣教會 聖潔教會 教理及條例』 (京城: 東洋宣教會 聖潔教會 出版部, 1925年), 86-87.
18) 吉寶崙, 『東洋宣教會 聖潔教會 教理及保例』, 18-16.

가 만국성결교회의 신조를 거의 다 수용하면서, 유아세례에 있어서는 초기 만국성결교회와 같이 헌아식을 받아들이고, 더 나아가서 만국성결교회와는 전혀 다른 성격의 침수례를 받아들이게 되었는가?

이 점에 있어서 우리는 동양선교회가 만국성결교회의 지부(支部)로서 그들의 교리와 신조를 그대로 받아들인 선교단체가 아니라 인적, 물적인 면에서도 많은 도움을 받는 것은 사실이나, 교회는 신약성서로 돌아가자는 환원주의(還元主義) 정신에 서서 그들의 나갈 방향을 오순절 직후 초대 교회로 잡고, 신약성서의 증언이나 가르침과는 다른 내용들을 채택하지 않은 분명한 모습을 보여준다. 이것은 동양선교회가 19세기 미국의 근대복음주의 운동과 성결운동에서 어느 한쪽에만 메이지 않고 복음주의 큰 틀 안에서 다양한 내용을 수용하고 있는 면을 보여주고 있다.

동양선교회가 유아세례를 거부하고 헌아식을 시행하고, 침수례를 주장한 것은 기독교연합선교회(C&MA)의 심프슨(A. B. Simpson)과 심프슨에게 영향을 받아 1888년 미시건에서 기독교연합선교회와 관련된 직임을 받아 봉사하였고,[19] 이후 1897년에는 냅(M. W. Knapp)과 함께 만국성결교회를 조직하여 회장을 맡았던 리스(S. G. Rees)의 영향도 고려해야 한다. 이 점은 앞으로 수행해야 할 연구 주제의 하나가 되기도 하겠다. 하지만 분명한 것은 기독교연합선교회가 동양선교회에 끼친 영향을 부정할 수 없고, 심프슨이 개혁주의 신학 전통의 장로교회를 사임하고 초교파적인 독립사역을 하게 된 중요한 이유 중의 하나는 유아세례의 반성경적 폐단을 깨닫고, 실제로 자신이 침

---

19) 정상운, 『한국성결교회사(Ⅰ)』, 107.

수례를 받았기 때문이었다.

심프슨은 자신이 체험한 신유에 대한 강조와 약례 대신 침수례를 주장하는 것 뿐만 아니라, 유아세례를 반대하는 자신의 행동이 교회 제직들과 마찰을 일으킬 것을 예견하고 1881년 11월 7일 장로교회를 사임하였다.[20] 토처(A. W. Totzer)는 이에 대해 다음과 같이 말하고 있다:

> 심프슨이 '13번가 장로교회'의 목사직과 장로 교단을 떠나게 된 것은 첫째로 몇 단계의 신유의 경험과 또 다른 하나는 성결의 가르침대로 침수례에 의한 세례의 교리를 받아들였고, 유아세례를 반대했기 때문이었다.[21]

해방 이전 한국성결교회는 침수례에 의한 세례를 베풀었고, 또한 유아세례는 인정치 않고, 헌아식(獻兒式)을 시행하였다. 한국성결교회는 1929년에는 1924년부터 시행된 교역자회(敎役者會)를 폐지하고, 제1회 연회로 교단 제도를 변경하였다. 이때 침수례를 정식으로 시행하지만, 부득이한 경우에는 침수례가 아닌 약식도 받아들이는 결정을 하였다:

> 우리 동양선교회에서는 세례를 헌법상 침례로 시행하여 왔으나 실

---

20) Charles Edwin Jones, *A Guide to the study of the Holiness Movement* (Metuchen: the Scarecrow Press, 1974), 498.
21) A. W. Tozer, *Wingspread-A. B. Simpson: A Study in Spiritual Attitude* (Camphill: Christian Publications, 1943), 85.

행상 불편한 점이 많음으로 병든 사람이나 늙은이나 잉태한 녀인이나 기타 부득이한 사정에 한하야는 략식으로 할 수 있게 변경되였고.²²

이처럼 침수례를 원칙으로 하고, 부득이한 경우에 약례를 허용했음에도 불구하고 1945년 해방 이전에는 세례 때에 침례를 베풀었다.²³ 그러나 침수례 시행에 대한 특별한 경우의 예외가 인정되는 변화도 세례 곧 침례라는 의식이 1945년 해방 이후 재흥총회에서는 세례의 정의를 바꿀 뿐 아니라, 침수례 세례 방식을 삭제하는 급진적인 변경을 하였다:

세례자는 신자가 회개하여 그리스도의 이름으로 죄 사함을 받아 중생함으로 교회에 속함을 표하는 예식이다.²⁴

1962년 예수교대한성결교회(이하, 예성)와 기독교대한성결교회(이하, 기성) 분립 이후 성례전에 대한 두 교단의 세례관은 현저한 차이를 보이고 있다. 기성 「헌법」에는 다음과 같이 기록되어 있다:

제3장 예배규범/제24조(예배와 성례전)

---

22) 李明植, 『朝鮮耶蘇軟 東洋宣教會 聖潔教會 略史』(京城: 朝鮮耶蘇敎 東洋宣敎會 聖漢敎會 出版部, 1929), 31-32.
23) 한 실례로, 1927년 6월 19일에 경성에 있는 6개 성결교회가 아현동 성서학원에 모여 주일 연합 예배를 드리고 오전 예배 후에 성서학원 침례못에서 260명에게 침례를 베풀었다. 「活泉」, 통권57호 (1992): 56.
24) 「헌법」 (서울: 기독교대한성결교회 총회본부, 1955), 23.

가. 세례예식

주 예수는 하나님의 아들이요 우리 구주로 믿음과 죄 사함을 받아 하나님의 자녀됨을 증거하는 표가 되는 성례이다.²⁵

이와는 달리 예성 「헌장」에는 다음과 같이 나오고 있다:

제2절 성례전
제26조 성례전의 정의
1. 세례: 이는 주 예수께서 친히 명하신 성례인바(마 28:9), 교인이 회개하여 「그리스도」의 이름으로 죄 사함을 받아 거듭나므로, 「하나님」의 자녀됨을 증거하는 것이다.
세례예식은 물에 완전히 잠기는 침례식을 거행해야 한다. 여건이 허락지 않으면 약식 세례도 줄 수 있다.²⁶

기성이 재흥총회에 따라 침수례를 폐지한 것과 달리, 예성은 1962년 교단 분립 때에 헌법개정전권위원회에서 '헌장 전문'의 내용과 같이 교단 연차 회수를 1921년으로 환원할 뿐만 아니라 교단 명칭도 '기독교'가 아닌 교회조직 당시인 '예수교'로 환원하고, 성결교회 본래의 사명과 신조와 특색을 재확립하며 정치제도를 쇄신하려는 3가지 노선에 따라 해방 이전과 같이 세례에 있어서 침수례를 다시 복원시켜 초기 전통을 계승하는 차이를 보이고 있다.²⁷

---

25) 「헌법」(서울: 기독교대한성결교회 총회본부, 1998), 19.
26) 「헌장」(서울: 예수교대한성결교회 총회본부, 2002), 36.
27) 「憲法」(서울: 예수교대한성결교회 헌법 개정전권 위원회, 1962), 9-10.

침수례에 대한 예성, 기성의 큰 변화와는 달리 1996년까지는 예성과 기성 모두 해방 이전과[28] 마찬가지로 헌아식을 시행하여 왔다. 1955년 「헌법」에는 유아세례는 나와 있지 않고, 대신 '제10장 성례전 및 의식'의 제2절 의식에 보면 헌아식(獻兒式)이 나와 있다. 이 헌아식 제도는 지금도 예수교대한성결교회 「헌장」에 규정되어 있고, 모든 성결교회가 이것을 준수하여 오고 있다.[29] 예성 「헌장」에 보면 '제27조 예식의 구분'에 헌아식이 나와 있다.[30]

그러나 기성은 1996년 개정된 「헌법」에 '제25조(교회력과 교회예식)'에서 헌아식을 삭제하고, 대신에 '세례예식(유아세례)' 항목을 삽입함으로 유아세례를 전격적으로 받아들였다.[31] '제2절 교인'란을 보면, 교인을 "예수 그리스도를 구주로 믿고 본 교회에 등록한 모든 자로 신입교인, 세례교인, 유아세례교인으로 나누며" 그 자격은 "유아세례교인: 세례교인의 자녀로서 예문에 의하여 유아세례를 받은 자"로 한정하고 있다.[32] 뿐만 아니라, 1996년 헌법을 새로 개정하면서, 예식서를 「헌법」에 분리시켜 '침례가 원칙이니라'는 말이 삭제될 뿐만 아니라, 더 나아가 유아세례 예식문이 새로 첨가되는 큰 변화를 보이고 있다.

---

28) 헌아식의 한 예로, 1938년 청진 신암동교회에서는 김영범 목사 주례하에 29명의 아동에게 헌아식을 거행하였다. 「기쁜소식」(Good News), 제5권 6월호, 17.
29) 정상운, 『聖潔敎會와 歷史硏究 (I)』 (서울: 이레서원, 1997), 101.
30) 「헌장」, 387.
31) 「헌법」, 19.
32) 「헌법」, 24.

III. 기독교대한성결교회의 유아세례의 수용 요인

1. 미주성결교회와의 합동

기성은 예성이 광림하우스에서 개최된 총회에서 교단 총회와 비상총회로 나뉘어져 내적 분규와 갈등을 빚을 때인 1996년 유아세례를 교단적으로 받아들였다. 기성의 유아세례의 도입은 지금까지 한 세기간 성결교회 전통 중의 하나로 인식되고 시행되어온 헌아식을 폐지하는 결과를 낳았다. 기성이 헌아식을 폐지하고 유아세례를 도입하게 된 것은 성결교회의 세계화를 위하여 1995년 기독교대한성결교회 제89년차 총회와 기독교 미주성결교회 제16회 총회가 통합을 결의하는 데서 비롯되었다.[33] 1996년 기성은 개정 헌법의 필연성을 3가지로 설명하는 중에 미주성결교회와의 관계에 따른 개정의 이유를 다음과 같이 말하고 있다;

> 첫째는 한국성결교회가 세계 속의 성결교회로 발전하게 됨에 따라서 명실공히 온 세계 성결교회의 중심적인 기능을 수행함에 있어 그 명칭이나 제도가 세계화될 수밖에 없는 입지에서 헌법 개정의 방향이 설정된 것이다.[34]

이것에 대해 박명수 교수는 다음과 같이 말하고 있다:

---

33) 「헌법」, 8.
34) 「헌법」, 6.

미주 성결교회는 미국이라는 선교 상황에 적응하기 위하여 유아세례를 수용하였다. 다른 교파들이 받아들이기 때문에 거기에 편입되지 못하면 소외당하는 것 같다는 목회적인 차원에서 이루어진 것이다. 그러나 두 교단을 통합시키기 위해서는 예전이 같아야 하기 때문에 한국성결교회가 미주 성결교회의 입장을 수용한 것이다.[35]

2. 목회일선에서의 수용성 제기

미주성결교회와 합동문제 이외에 유아세례 수용의 요인으로 우리는 높게는 목회 일선에서 사역하는 일부 목회자들의 유아세례 필요성에 대한 요청을 한 요인으로 들 수 있다. 이것에 대해 한 예로 기성 정락유 목사는 다음과 같이 유아세례의 실행을 제안하기도 하였다:

> 첫째는, 유아의 부모들이 자녀의 세례를 원하고 있다는 사실이다. 이들이 유아세례를 원하게 된 동기는 우선 이 사람들 자신이 전에 소속했던 교단에서 유아세례를 받고 우리 교단에 전입한 신자이거나 그밖에 유아세례를 실행하는 타 교단의 영향을 직접 혹은 간접으로 받았기 때문일 것이다. 다른 한편, 어떤 이들은 순수한 신앙심에서 부모인 자신들이 받은 세례를 자녀에게도 받게하려는 동기도 전혀 없지는 않을 것이다. 그러나 문제는 앞서 언급한 다수의 부모들이 우리 교단에서 유아세례의 불이행(不履行)을 알고 나서 깊이 이해하기

---

35) 박명수, "웨슬리안 성결운동의 세례 이해에 대한 역사적인 고찰," 148-49.

보다는 상당한 괴리감(乖離感)을 느낀 나머지 불만을 품고 타 교단으로 가버리는 안타까운 사실에 있다.

둘째는, 본 교단에서 목회하는 상당수의 교역자들이 유아세례의 실행을 원하고 있다는 사실이다. 이 역시 어릴 때와 평신도 적에는 유아세례를 실행하는 교단에서 자라오다가 우리 교단의 신학을 하고 안수받은 목사들이 대부분이다. 그리하여 어떤 교역자는 신자들의 자녀에 대해서는 본 교단의 헌법을 준수하여 헌아예식을 실행했지만 자신의 아이에 대해서는 헌법을 어기고 유아세례를 베풀었다는 것이다. 또 어떤 교역자는 자기 아이를 유아 때에 헌아예식을 준행했지만, 세례를 받게 하지 못한 것이 지금까지 서운하다고 한다. 이러한 일련의 태도는 우리 성결교단의 교역자로서 문제가 없지는 않다. 그러나 이러한 태도가 어디 몇몇의 교역자들 뿐이겠는가?[36]

3. 교단신학으로서 웨슬리신학의 편향성

필자는 1989년 「성결대 교수논문집」과 「현대종교」를 통해 1962년 서울신대 교수논문집 「神學과 宣敎」(제1집) 창간호를 기점으로 웨슬리신학적 전통을 기반으로 하여 모든 것을 그 속에 포괄시키고 수용하는 신학방법론에 대해 문제점을 제기한 바 있다.[37]

조종남 교수는 "웨슬리신학과 성결교회"의 주제로 4회 연재한

---

36) 정락유, "유아세례의 실행을 제안하다," 「활천」 통권 427호, 81.
37) 鄭祥雲, "聖潔敎會性 回復에 對한 硏究," 「聖潔大學校 敎授論文集」 (제18집, 1989년): 115.

논단에서 사중복음과 웨슬리신학을 관련시켜 첫째, 사중복음에 대한 강조는 웨슬리신학과의 만남에서 발전되었고 둘째, 사중복음을 웨슬리신학의 체계 속에서, 특히 웨슬리의 구원론 테두리 안에서 전개시키는 것이 바람직하다고 설명하였다.[38] 이러한 주장은 신학적인 면에서 살펴볼 때 별 무리가 없는 논지의 전개처럼 생각이 들 수 있지만, 사실 그렇지 않다. 한국성결교회의 역사적인 특수성 입장 즉 성결교회의 신앙적 유산과 신학적 전통에서 검토해 보면 많은 문제점이 야기된다. 이미, 필자는 이러한 문제에 대한 반론(反論)을 다수의 논문과 책으로 표명한 바 있다.

단연코, 한마디로 말해서 한국성결교회 신학을 웨슬리신학이 전부 수용할 수 없다. 한국성결교회가 초기 복음전도관 전도 표제를 넘어서서 교리적 강조로서까지 초기 복음전도관 시대 이전인 일본 동양선교회 초기 설립 때부터 현재가지 주장하고 가르쳐온 것은 웨슬리신학이 아니고, 사중복음이었다.

사중복음(四重福音)은 19세기 북미성결운동의 영향으로 발원된 것으로 중생, 성결, 신유, 재림이라는 사중 유형의 순복음으로 불리웠다. 한국성결교회의 사중복음 중의 신유, 재림의 복음은 18세기 웨슬리 신학적 유산으로부터 직접적으로 전수받지 않았다.[39] 더구나 감리교와 웨슬리안계열의 교단이 유아세례를 인정한 반면, 동양선교회 한국성결교회는 앞서 언급한 대로 초기 이후의 한국성결교회의 신조를 모두 다 받아들이지 않은 점도 주목해야 한다. 한국성결

---

38) 조종남, "웨슬레신학과 성결교회," 「活泉」, 405호, 73.
39) 정상운, 『聖潔敎會와 歷史硏究 (Ⅱ)』 (서울: 이레서원, 1999), 46.

교회가 장로교, 감리교와 같이 교파형 선교로 이루어지지 않고, 처음부터 선교회로 시작되었고, 또한 칼빈주의 신학과 대조적인 입장에서 웨슬리신학의 큰 틀 속에 있지만 웨슬리신학과 이질적인 다른 요소들도 성서의 증언(證言)과 일치하고 선교적 유익을 가져 주는 선에서는 다양하게 수용하였기 때문이다.

따라서 만일 한국성결교회가 성결교회의 신학과 교리를 웨슬리 신학에만 국한시켜 웨슬리의 구원론 테두리 안에, 또한 웨슬리의 성결론 중심에서만 일체의 신학적 유산과 방향을 편향적으로 찾고, 그것을 교단신학으로 고착화시키고, 현시대에 적용하려는 노력을 경주한다면 상대적으로 교리적인 면에서 많은 역사적인 유산들을 잃어버리는 우(愚)를 범하게 된다.[40] 그 단적인 예가 바로 1996년에 기성 총회에서 행해진 헌아식을 폐지하고 유아세례를 제정한 일이다.

Ⅳ. 닫는 글

1. 비판적 분석

1) 유아세례의 시행은 신약성서의 근거가 분명치 않다.

유아세례를 주장하는 이들은 대개의 주장이 그러하듯이 장로교 신학자 중의 원로인 한철하 교수의 경우를 예로 들면, 그는 "聖禮에 대하여"에서 유아세례를 시행해야 할 근거로 첫째, 구약 시대의 할

---

40) 정상운, 『聖潔敎會와 歷史硏究 (Ⅱ)』, 40.

례와 둘째로 예수께서 어린아이들을 용납하고 그들 위에 안수하신 일을 들고 있다.[41] 유아세례 옹호론자들은 행 16:15, 33; 18:8과 고전 1:16을 들어서 유아들이 포함된 가족 전체의 세례를 말하고 있다. 그러나 바르트(K. Barth)를 비롯한 일단(一團)의 성서학자들은 유아세례에 관련된 성경 구절(마 18:1-10)들이 유아세례에 관련된 온당한 본문으로 인정하고 있지 않다고 지적하는 사실에도 주목해야 한다. 구약의 할례와 유아세례를 동일하게 간주하는 것도 마찬가지이다. 베를린대학 교수였던 쉬나이더(Johannes Schneider)는 다음과 같이 말하고 있다:

> 신약성서의 세례는 하나님에 대한 인간의 회심과 그리스도에 대한 믿음과 이 믿음의 고백을 전제로 한다. 원시 기독교의 세례가 성인세례라고 말하는 것은 충분치 못하다. 이것은 너무 형식적인 규정이다. 신약성서적 세례는 그리스도를 믿는 자들의 세례이다. 신약성서적 세례는 피세례자에 의하여 고백된 믿음을 근거로 실행된다. 신앙고백에서 세례를 갈망하는 그리스도를 믿는 자는 동시에 그의 개인적인 구원의 경험을 표명해야 한다. 믿음 안에서 그에게 그리스도의 구원사역이 개인적으로 유효하다는 확신이 주어진다. 바울은 그것을 다음과 같이 표현하고 있다: "그리스도는 나를 사랑하셨고 나를 위해 자신을 희생하셨다(갈 2:20)."
>
> '그리스도를 믿는 자들의 세례'라는 표현은 이 표현이 아직 성인이 되지 않았지만 구원의 소식을 듣고 의식을 가지고 자신에게 적용하

---

41) 한철하, "聖禮에 대하여", 발표논문 초록, (1997. 9): 12-13.

여 믿고 자신의 책임과 의지로 세례를 갈망할 수 있는 나이에 도달한 어린이들을 내포하기 때문에 '성인세례'라는 표현보다 훨씬 사실에 맞다. 반대로 유아세례는 신약성서에 증언되어 있지 않다.[42]

할례가 유아세례의 대치(代置)라면, 왜 유대인 전통에 따라 할례를 받으신 예수께서 요단강에서 침례를 받으셔야 했는가? 구약의 할례와 유아세례를 동일시하는 것은 신학적인 가설(假說)에 불과하다.

2) 성결교단 신학은 웨슬리신학의 모든 것을 반영하고 있지 않다.

웨슬리신학이 한국성결교회의 신학적 전통과 유산을 모두 수용하고 있지 않다는 것은 자명한 사실인데, 스스로 웨슬리신학의 체계로 들어가서 그것과 이질적인 것을 모두 제거한다면, 한 세기간 축적되어 왔고 자타로부터 성결교단 신학의 정체성으로 인식된 성결교회의 신학적 전통을 단절하고, 훼손시킬 위험성이 있다. 웨슬리신학의 편중은 웨슬리신학 외에는 모든 것을 부차적(副次的)으로 간주하며 삭제해도 될 부차적인 내용으로 잘못 인식하게 할 수 있는 문제점을 갖고 있다. 다시 말하면, 일선 목회자들에게 지금까지 시행하여온 전통적인 헌아식을 배제하고, 장로교, 감리교와 같이 유아세례를 실행하여야 할 당위성을 제공해 준다:

> 그러므로 우리 교단은 이제라도 유아세례의 실행을 광범위하게 준수해야 한다. 웨슬리의 견해가 그러하고, 교회의 전통이 그러하며 하나

---

42) Johannes Schneider, 서동수역 『Die Taufe in Neuen Testament: 신약성서의 세례론-유아세례 성서적인가?: 요하네스 쉬나이더의 신약성서의 세례론』, 146.

님의 말씀인 성서의 증거가 그러하기 때문이다.[43]

필자는 앞서 언급한 바와 같이 이미 1989년에 발표된 논문을 통해 "한국성결교회의 80년 역사 속에서 성결교회성(聖潔敎會性)의 하나로까지 특징 지워지는 헌아식을 버리고 유아세례를 채택하고자 한다면, 성결교회의 신학적 위상을 차치(且置)하더라도 감리교회와 다른, 교단적 차별성과 위상은 무엇인가?"라고 지적한 바 있다. 예성은 기성과 달리 지금도 헌아식과 침수례 제도를 변함없이 시행하고 있다. 적어도 헌아식을 버리고 유아세례를 채택할 때는 교세 신장이라는 정치적인 교단의 입장과 목회성장의 논리를 내세우기 전에 신학적인 충분한 검토를 하고, 공론화된 뒤에 결정해도 늦지 않다. 같은 목회자의 입장이지만 송기식 목사는 아래와 같이 주장하였다.

> 요한 웨슬리는 유아세례를 인정하였으므로 우리도 유아세례 제도를 도입해야 한다는 의견이 제시되었다(「활천」, 427호, p. 87). 또 인천 동지방의 어떤 목회자는 유아세례가 목회전선에서 부딪혀 심각한 문제가 되므로 유아세례의 실행을 제언한다고 했다(「활천」, 427호, p. 79). 여기서도 역시 우리는 재세례파가 아니니 속히 유아세례를 도입하는 것이 타당하다는 것이다. 그러나 이렇게 되면 우리는 왜 성결교회인가: 웨슬리신학 위에 유아세례를 도입하고 현대에 유행하는 해석으로 사중복음을 다 설명해 버린다면 우리는 감리교회로 돌아가 버리는 것이 낫지 않을까? …

---

43) 정락유, "유아세례의 실행을 제안하다," 82.

필자는 현재 목회 경력 27년째인데, 유아세례 문제로 큰 불편을 당해 본 일이 별로 없다. 현행 헌법이 타 교단의 유아세례를 인정하고 있을 뿐 아니라, 우리의 입장을 설명할 수 있는 헌아식이라는 훌륭한 제도가 있기 때문이다. 우리가 세계 교회의 큰 줄기에서 볼 때 웨슬리적 전통에 속한 것은 틀림이 없지만, 한국성결교회가 웨슬리의 기침 소리까지 모방할 필요는 없다고 본다."[44]

한국성결교회는 1921년 교단으로 경화된 뒤 동양선교회를 따라 교단의 교리적 가르침의 내용으로 16개 신조를 채택하여 시행할 때부터 유아세례를 받아들이지 않고, 대신에 성서적인 내용에 입각한 헌아식을 채택하여 부모의 신앙보다는 세례받기 이전의 피세례자의 개인 신앙고백을 중시하였다."[45]

필자는 1989년에 웨슬리 신학체계 속에 사중복음을 포함시켜 전개하려는 노력 위에 웨슬리신학과 다른 침수례를 삭제하고, 더 나아가 헌아식을 빼고 유아세례까지 받아들인다면 한국감리교회와는 분명히 그 출발부터 다른 역사적 특수성과 내용을 가진 성결교회를 상대적으로 감리교회와 같은 웨슬리 계열의 신 감리교회(Neo-Methodist Church)로 전락시키는 결과를 낳지 않는가?라는 질문을 던진 바 있는데,[46] 정말 한국성결교회와 감리교와 다른 신학적 차이점은 무엇인가? 한국성결교회는 웨슬리안 계열의 신학 전통 위에 서 있으나, 그렇다고 웨슬리 신학의 모든 내용을 수용하고 있지 않다.

---

44) 송기식, "보관심과 특수성," 「활천」, 통권 428호(1988.3): 87.
45) 鄭祥雲, "聖潔敎會性 回復에 對한 硏究," 175.
46) 鄭祥雲, "聖潔敎會性 回復에 對한 硏究," 165.

2. 제언적 물음

첫째, 교단의 신학적 교리 결정 문제는 교단총회의 정치 기구에서의 결의 이전에 신학자들의 충분한 의견 개진이 있고 교단 저변의 공감대를 형성한 후 이루어져야 한다. 성결교단의 전통적인 예식 가운데 하나로 굳어진 헌아식을 버리고 유아세례를 새로 채택한다면 전통에서 남는 것은 무엇인가? 급변하는 21세기 세계 교회 속의 한국성결교회이 역할과 위상 강화를 위해 성결교회의 세계화를 꾀하는 것도 중요하지만 그러한 과정에서 간과하지 말아야 할 점은 성결교회 고유의 교단적 특성 내지 전통의 훼손 문제이다. 필자는 지금으로부터 15년 전(1989년: 필자 주)에 성결교단 신학은 자기 정체성 불분명이라는 위기상황에 놓여져 가고 있음을 다음과 같이 지적한 바 있다:

> 다원화된 현대사회 속에서 전통성 상실은 성결교회의 천부적인 본래의 사명을 다하지 못하고, 마치 뿌리 없는 나무와 같이 내적인 생명력이 고갈되고, 결국은 무방향성으로 나아가게 된다. 우리는 단순히 과거지향주의에 빠져 현시대에 탄력적인 적응력을 갖지 못하는 수구주의적 답보일률의 성결교회의 모습에서 탈피해야 하고, 또한 그와 반대로 우리의 것을 가볍게 여기고, 타 교단의 것을 무비판적으로 쉽게 모방하거나, 답습하려는 비주체적인 사대주의적 신학적 노예근성을 버려야 한다.[47]

---

47) 鄭祥雲, "聖潔敎會性 回復에 對한 硏究," 181.

목회적인 측면에서도 타 교단 신자의 수평 이동에 대한 양적 증가의 관심도 교단적인 신학 전통에서의 바른 이해를 통하여 타교단 교인에게 대한 헌아식과 같은 성서적 전통의 훌륭한 예식을 가르치는 적극적인 교육적 대응(對應)이 필요하다고 생각한다. 교회 역사에 보면 유아세례 찬반에 대한 신학적 논쟁이 오래전에 있어왔고, 유아세례 인정이 한국교회에 있어서도 장로교, 감리교를 중심으로 대세를 이루고 있기 때문에 새삼 다시 논의한다는 것이 불필요한 일로 보이나, 작금의 한국성결교회에 있어서는 그렇지만도 않다. 다소 논쟁의 불협화음이 일어나겠지만 성서적인 면을 비롯한 다각도의 신학적인 검토와 몇 년 전에 기성에서 채택된 유아세례 수용에 대한 재논의가 필요하다고 생각된다.

신자(信者)의 세례를 고수하므로 헌아식을 채택하여 지금까지 시행된 역사적 신앙 유산 위에 한국성결교회의 신학적 전통을 바로 세우고, 공고히 하는 일을 위하여 성결교회와 역사연구소와 한국성결신학회가 공동주최하고, 논문을 발표하는 일은 성결교 신학사상사 면에 있어서 대단히 중요한 일이 아닐 수 없다.

[성결대학교, 성결교회와 역사연구소,『유아세례 다시 보기』(2004년)]

정상운(鄭祥雲)

학력

성결대학교 신학대학 신학과
한양대학교 철학교육 전공 석사, 한국사 전공 문학박사(Litt. D) 과정 수료
침례신학대학교 역사신학 전공 신학석사, 철학박사(Ph. D)
Moldova Free International University 명예 인문학박사(Doctor Honoris Causa)

주요 경력

현재

성결대학교 신학과 교수(1987년 - 2023년 현)
성결교회와 역사연구소 소장
한국기독교한림원 원장
한국대학기독총장포럼(KUCPK) 회장
한국신학회 회장
대한민국기독교원로의회 실행섬김이(공동회장)
Vietnam Hongbang International University 명예총장
한국성결교회연합회 연구위원장
예수교대한성결교회 신학연구위원장

과거

성결대학교 총장(제5-6대)

성결대학교 신학대 학장, 교목실장, 신학대학원장, 선교대학원장, 목회대학원장 등

성결신학연구소 소장

영암신학연구소 소장

Yale University 연구교수(Research Scholar)

Washington Baptist University 객원교수

한국복음주의역사신학회 회장(2-3대)

한국복음주의 신학대학협의회 회장

한국신학대학총장협의회(대교협) 부회장

전국기독교 대학원장협의회 회장

한국성결신학회 회장

한국성결교회와 문학연구회 회장

한국성결교회연합회 신학분과위원장

한국성결교회 백년사 집필위원장

2005세계한인신학자대회 대회장

2007포럼 공동회장

라이즈업 코리아(사) 대표회장

저서

『새벽을 깨우는 사람들: 인물로 본 성결교회사』(1995, 은성), 『교회사의 사람들』(1995, 이레서원), 『성결교회사』(1997, 은성), 『성결교회와 역사 연구(Ⅰ)』(1997, 이레서원), 『성결교회와 역사 연구(Ⅱ)』(1999, 이레서원), 『영암 김응조 목사와 신사 참배』(2001, 이레서원), 『성결교회와 역사 연구(Ⅲ)』(2001, 한국복음문서간행회), 『성결교회와 역사 연구(Ⅳ)』(2002, 한국복음문서간행회), 『성결교회역사총론』(2004, 한국성결신학회/성결교회와 역사연구소/한국복음문서간행회), 『성결교회와 역사 연구(Ⅴ)』(2004, 한국복음문서간행회), 『사중복음』(2005, 성결교회와 역사연구소), 『사중복음』개정판(2010, 성결교회와 역사연구소), The Fourfold Gospel (Institute of the Korean Sungkyul Church and History, 2010), 『성결

교회역사총론』 개정판(2012, 성결교회와 역사연구소), 『쉽게 풀어 쓴 한국교회사』(2016, 소망플러스), 『한국성결교회 백년사』(2019, 성결교회와 역사연구소/킹덤북스), 『겸손과 온유의 목회자, 곽재근 목사』(2021, 대한예수교장로회(합동한신)/킹덤북스), 『성결교회와 역사 연구(6)』(2023, 성결교회와 역사연구소/ 킹덤북스), 『한국성결교회와 역사』(2023, 성결교회와 역사연구소/ 킹덤북스), 『한국성결교회와 사중복음』(2023, 성결교회와 역사연구소/ 킹덤북스)

공저

『성결교회와 세대주의』(1999, 성결대학교 출판부), 『새천년과 한국성결교회』(1999, 성결교회와 역사연구소/바울서신), 『알기쉬운 교회사』(2000, 이레서원), 『영암의 신학 사상』(2001, 성결교회와 역사연구소/바울서신), 『신유』(2002, 바울서신), 『이명직 김응조 목사 생애와 신학 사상』(2002, 한국성결교회연합회 신학분과위원회/ 바울서신), 『알기 쉬운 세계 교회인물사』(2002, 성결대학교 출판부), 『성결의 기수』(2002, 성결대학교 출판부), 『유아 세례 다시 보기』(2004, 성결교회와 역사연구소/바울서신), 『사중복음 연구』(2005, 성결교회와 역사연구소/연음사), 『성결교회인물전 1집』(1989, 일정사), 『성결교회인물전 2집』(1992, 일정사), 『성결교회인물전 3집』(1995, 도서출판 성지), 『성결교회인물전 4집』(2000, 두루), 『성결교회인물전 5집』(2001, 두루), 『성결교회인물전 6집』(2003, 두루), 『성결교회인물전 7집』(2004, 두루), 『성결교회인물전 8집』(2005, 두루), 『성결교회인물전 9집』(2005, 두루), 『성결교회인물전 10집』(2006, 두루), 『성결교회인물전 11집』(2006, 두루), 『우리 세대 미래가 있는가: 이 시대 대학 총장에게 길을 묻다』(2019, 대학총장포럼/ 킹덤북스), 『천주교는 개신교와 무엇이 다른가』(2019, 한국신학회/킹덤북스) 외 다수의 논문.